蜗牛景区管理系列丛书

景区旅游商品
开发与管理案例

徐 挺 编著

中国旅游出版社

编 委 会

课题组组长　徐　挺

课题组成员　宋昌耀　陈丽嘉　张明曦　归　航
傅林峰　贾　然　马　蕾　漆家进
宋彦亭　刘丹丹　张　丹

序

即使在大众旅游日益散客化、多元化和个性化的今天，景区仍然是吸引旅游者的主要场所和目的地，但社会上长期存在着旅游景区门票价格过高、涨价过快的负面评价。一般认为，目前我国多数景区业态单一，门票收入占比较高，入园后二次消费不足，业内人士将其称为“门票经济”。但事实上，这一现象已经有了很大改观。据统计，2015年全国A级景区门票收入中景区门票收入只占到23.03%，餐饮收入占24.83%，商品收入占19.58%，住宿收入占19.89%。其中工业旅游类景区的商品收入高达66.71%，博物馆类景区的商品收入也达45.04%，这两类景区的商品收入都已高于门票收入。此外，乡村旅游、红色旅游、历史文化类景区的商品收入也都超过了门票收入。但主题游乐（主题乐园）景区的门票收入占比高达61.13%，商品收入仅占13.20%；科技教育类景区门票收入也占到了47.77%，商品收入只占15.84%。说明在A级景区内仍然存在着结构性的“门票经济”问题。只有对景区进行供给侧改革，才有可能在不影响景区经济效益的前提下，降低门票价格。而增加景区旅游商品收入则不失为一项行之有效的解决良策。但对于景区应如何开发研制和经营管理旅游商品，尤其是如何利用景区的文化特色，开发出具有地方特色、民俗（民族）特色的旅游商品，从而形成各个景区拥有自主知识产权（Intellectual Property，IP）的一景（景区）一品（商品）格局，对于提升景区核心竞争力，发挥景区在地区经济发展中的带动效应具有重要意义。另外，从微观上看，景区在实施和对标《旅游景区质量等级的划分与评定》（GB/T1777）工作中，其中“旅游设施与服务质量评分”细则，对于购物场所的容量与布局、建筑外观、购物品类型、购物品特色、购物环境和秩序等都提出了明确的要求。从5A级景区的创建实践来看，这些都是目前申报5A级景区比较容易失分的项目。总之，景区的商品开发与运营管理已经成为旅游学界和业界亟待破解的难题。但目前鲜有这一专业领域的著述问世。

以徐挺领衔的蜗牛（北京）景区管理有限公司团队，从景区规划和运营的实战出发，结合国内景区实际案例，在系统梳理国内外旅游商品研究现状和既有理论的基础上，编著了这本《景区旅游商品开发与管理案例》，对我国目前景区的旅游商品开发与经营管理做了很好的经验总结和归纳，对不同类型景区的商品开发与经营管理模式做了有益的探索和尝试，从中我们可以分享到蜗牛（北京）景区管理有限公司团队积累多年的从业经验和思想智慧。

景区商品开发与管理是一个实践性很强的课题，只有坚持问题导向，从实践中不断总结经验，找出内在的客观规律，形成具有普适性的理论范式，再用以指导实践或修正理论。因此，本书的出版不仅对于景区管理者具有实践指导意义，而且对于从事旅游景区和旅游商品研究的学者也有一定的借鉴参考价值。诚如古人云：开卷有益。

是为序。

张凌云　谨　识

2017 年 3 月于北京定福庄

前言

2015 年，国务院办公厅在《关于进一步促进旅游投资和消费的若干意见》中明确提出了要扩大旅游购物消费的意见；而近期，一系列关于旅游供给侧改革的讨论中，同样也提出了旅游商品需要供给方紧随市场需求，从理念和结构上进行调整，进一步引导消费的要求。旅游商业作为旅游景区经济收入的主要来源之一、基本游客接待功能之一和景区聚集人气的重要因素，越来越被旅游产业政策制定者和景区管理相关工作者重点关注和研究。良好的旅游商业模式，已经成为景区塑造商品业态、展示文化、丰富体验和优化产业链的重要途径。

笔者在近五年考察国内大量旅游景区的过程中，发现我国当前大多数景区的收入来源严重依赖门票经济，景区缺乏多元和二次收入来源，收入存在结构性失衡，与其庞大的游客量相比，人流量、旅游商业消费所带来的现金流和旅游乘数效应，几乎微不足道。尤其是我国大多数旅游景区旅游商品的开发与管理，其产业链条多为分散配合式生产，缺乏从设计到销售完整的产业链，因此造成很多旅游商品缺乏独创性、地域特色、艺术品位和品牌意识，景区之间售卖的商品同质化严重、科技与文化含量相对较低，甚至还有部分景区销售质量低劣、制作工艺粗糙、包装简陋的商品；再加上景区管理部门对于旅游商品市场重视不够，商业设施落后，细分市场不明确和游客消费心理营销分析不到位、商业布局与展陈方式缺乏人性化等诸多问题，旅游商业对旅游景区经济的促进作用和经济贡献率亟待提升。

鉴于此，笔者总结了近二十年景区管理的经验，结合旅游供给侧改革，从旅游商品的设计、生产、营销、销售和市场环境等宏观角度，以及从旅游商品业态布局及构成、商业氛围营造、商品展陈、商品文化性与体验性、商业物流与结算方式、商业管理和营销等角度，研究基于游客视角的旅游商品的开发路径、管理手段和运营的经验，并以乌镇、西塘、袁家村、南锣鼓巷、屯溪老街、黎阳 in 巷等旅游商品开发与管理较为成功的景区为案例，为旅游商业相关从业者提供可借鉴和操作的方案。

本书提倡，在旅游景区商品开发与管理过程中，所有与旅游商品相关的从业者应首先转变简单经营意识，不能将旅游商品的开发单纯视为一种技术应用、经济发展过程，而应同时将其看作是一种人类文化的解读、呈现乃至转化的社会行为。

最后，笔者要特别感谢以下诸位朋友、同事参与本书的编撰，感谢他们的热情支持和辛勤付出。尤其要特别感谢北京第二外国语学院厉新建教授指导其研究生宋昌耀、漆家进、马蕾、贾然等同学撰写了本书案例篇中的 8 个案例；感谢北京第二外国语学院张凌云教授为本书作序；感谢茹薏、史云凡、覃浩庭等同事整理了部分案例初稿；感谢四川省旅游局提供峨眉山景区、九寨沟景区部分资料；感谢浙江省旅游局提供杭州西溪湿地旅游区、横店影视城部分资料；感谢黄山文化旅游股份公司提供黎阳 in 巷部分资料；感谢中国旅游出版社的鼎力支持；感谢郭海燕的支持，为我们出版本书及今后出版后续系列丛书打开大门并提出宝贵意见。

徐挺

2017 年 3 月

于北京远洋国际中心

目　录

第一章　旅游商品研究综述[①]

旅游商品作为旅游收入的重要组成部分，一直是研究者们研究讨论的重点内容。特别是近几年随着国民出游能力和消费水平的提升，购物在游客旅游过程中的地位不断攀升。根据《全球旅游购物报告 2015》的相关数据显示，自由行旅游者中有 53.6%的人会把购物列为主要目的，足见旅游商品的重要性所在。国家在《关于进一步促进旅游投资和消费的若干意见》中也明确提出了要扩大旅游购物消费；在关于旅游供给侧改革的讨论中，同样也提出了旅游商品需要供给方紧随市场需求，从理念和结构上进行调整，转变旧观念适应新需求，进一步引导消费。可见，对于旅游商品的研究是必要的。

一、国内外旅游商品研究的主要进展

国外关于旅游商品的研究在 20 世纪八九十年代已初成体系，而国内关于旅游商品的研究则是随着 90 年代旅游的兴起而开始，从概念界定入手逐步深入。到了 21 世纪初期，已经吸引了一大批研究者，从不同领域展开了一系列的研究和探讨。近年来，随着市场大环境的变革，学者们关于旅游商品的研究在关注市场需求的同时，更表现出了鲜明的时代特点。

（一）旅游商品的界定和内涵

1. *旅游商品的概念界定*

关于旅游商品概念的界定可谓众说纷纭。学者们首先对于旅游商品所属的时空范围存在争议。争议点集中在旅游商品是专指旅游活动中购买的商品，还是包含其他时段。顾维舟（1990）认为旅游商品是旅游者在异地购买并在途中使用、消费或携回使用、送礼、收藏的物品；陶汉军（1994）认为旅游商品是旅游者在旅游活动中购买的，以物质形态存在的实物，亦可称为旅游购物品；田里（1994）同样认为旅游购物品是旅游者在旅游活动中购买的各种日用品、纪念品礼品，用以铭记旅游者的旅游经历，具有

① 执笔人：陈丽嘉　马蕾

纪念意义。以他们三位为代表的很多学者认为，旅游商品的时空性应特指异地的旅游活动期间，在这一期间内购买的旅游商品，才能称为旅游商品或旅游购物品。而张文祥（1992）则认为旅游商品应包含旅游者在旅游准备阶段和旅游过程中购买的一切实物产品；田伦（1998）认同张文祥的观点，他认为凡旅游者为旅游购买的或在旅行游览过程中购买的实物商品都应称为旅游商品。这一分歧反映出了对于旅游商品认知的两种不同的理解，前者强调的是在旅游活动中购买的商品，具有纪念意义和实用价值；而后者则关注的是旅游活动的整体性，包含了活动前与活动中两个阶段，将二者所有的商品都归纳在了旅游商品范围之内。

同样，学者们还对旅游商品的形态存在不同观点。以上述学者在概念中提到的观点为例，许多专家认为旅游商品是指以物质形态存在的实物，是可使用可携带的。但是有一小部分学者将旅游商品形态范围做了进一步扩展。张爱国（1990）认为旅游商品并不限于旅游购物品的狭小范围，而应该是旅游者在旅游购买活动中所需要的实物产品和一系列服务的总和。王大悟等（2000）根据这一观点，将旅游商品归纳为广义和狭义两种：广义旅游商品是指旅游产品；而狭义的旅游商品则专指旅游者在旅游活动中所购买的实物商品。这一概念的提出，是将旅游商品与整个购物体验的过程进行了融合。朱虹（2015）也认同这一观点，他认为从广义上旅游商品是旅游者在旅游前、旅游过程中所购买的所有具有交换价值的劳动产品，包括旅游日常消费品、旅游纪念品、旅游线路以及各种服务等；而狭义的旅游商品是指旅游者在旅游过程中，出于商业目的以外购买的、能反映旅游地特色的有形商品。就像谢彦君（2006）在阐述旅游体验时所提到的，体验作为一个完整的过程，与旅游世界和生活世界均存在着密不可分的关联，不可拆开来看。而旅游商品作为一种体验活动的载体，自然也与所在环境存在紧密关系。因此如此说来也不无道理。

在概念上的第三个争议点则在于对旅游商品在特征和种类上的界定。吴克祥（1994）认为旅游商品具有区域性，在时空上能明显体现出旅游目的地的标识。具有吸引力强、情绪价值高、层次性丰富的特点。张文敏（2000）则将旅游商品的地域性具象到了地域文化特性和内涵的实物商品上。特指包含旅游者在旅游活动整个过程中购买的具有区域文化特征的一切物品。突出了地域性和文化性两个特点。李艳（2001）将旅游商品的地域性和文化性体现在了实物分类上，认为旅游商品应包括旅游纪念品、文物古玩及仿制品、实用工艺品、土特产、特种工艺美术品、旅游日用品等。而刘敦荣（2002）将旅游商品又精练为了氛围旅游纪念品、旅游用品和旅游消耗品三类。国家技术监督局早年间发布的《旅游服务的基本术语》中规定，旅游购物中的商品一般具有纪念、欣赏、保值、馈赠意义或实用价值，主要包括旅游纪念品、旅游工艺品、旅游用品、旅游食品和其他商品五大类。由此可以看出，随着时代的变迁，旅游商品在种类及特征上都发生着与时俱进的变化，文化性或地域性已不再是旅游商品唯一的特点，特别是近年来随着创意旅游带动的创意旅游商品发展，为市场注入了新鲜而具有活力的能量。但是不论如何变革，文化作为旅游原动力的重要来源，依然是旅游商品的基础保障。

根据以上观点，可以看到旅游商品是一个大概念，没有明确的定义能包含所有商品。正如张凌云（1990）教授说的那样，旅游商品是一个模糊的、边界不确定的和动态的集合。而关于它的诸多讨论，无非也就是具有统计学意义上的归纳，并不能够做出清晰的界定。

2. *旅游商品的内涵及相似概念辨析*

在关于旅游商品的诸多讨论中，旅游商品的内涵挖掘以及与其他几个相似词汇之间的辨析，是21世纪初期的讨论热点。苗学玲（2004）认为旅游商品的内涵是地方性差异的体现，它是一种地域的相对优势，同旅游者居住地与目的地在自然、社会文化和经济情况的对比程度有直接关联。马晓晶（2005）运用旅游符号学的理论给出了解释，认为旅游商品实际的符号价值是旅游消费符号价值。它代表的是旅游者在世俗社会中地位的象征和旅游者自我形象的象征。可以看出，两位学者的观点虽然侧重点不同，但是关于旅游商品内涵的探讨都是从旅游消费者的角度出发展开分析的。所以旅游商品的内涵实际上反映的是消费者的特征。

之后苗学玲还根据不同的内涵意义，对旅游产品、旅游商品、旅游纪念品和旅游工艺品进行了辨析，理顺了几个概念之间的联系。她认为旅游商品是指由旅游活动引起旅游者出于商业目的以外购买的，以旅游纪念品为核心的有形商品。而旅游商品的有形与旅游产品的无形相对应；旅游纪念品是旅游商品的核心类别，与免税商品同属一个级别；而旅游工艺品和土特产同属旅游纪念品之下的亚类。这一分类明确了几个概念之间的层级关系，进一步从逻辑关系上细化了早年学者们关于旅游商品概念中部分分类的属性。但是仔细想来，由于旅游商品多属性的特点，这一种逻辑性的分类方式也只能是在大范围上划定彼此间的关联，并不能准确到每一类旅游商品都有唯一的分类方式。例如，具有地方特色的食品，究竟该划归到旅游商品中旅游食品的范畴内还是土特产之中，就不能给予明确的解释。

（二）旅游商品与旅游者关系的相关研究

旅游购物作为旅游商品的出售途径，是旅游者在旅游过程中一项重要的活动。而旅游商品作为旅游购物的核心载体，它的设计与生产，自然是由以旅游者为代表的买方市场需求来决定的。这实际就是在市场经济下最基础的供需双方关系问题。因此，要想充分研究旅游商品，就一定要对买方市场和卖方环境进行分析和了解。

而对于买方市场的研究，一直也是国内外学者聚焦的重点。特纳和瑞森格（Turner & Reisinger）转引吉（Gee，1987）的观点肯定了旅游购物是研究旅游商品的重要基础，同时他们认为旅游者的购物行为不同于一般的购物，可能表现出多种购物动机。因为这种非惯常性的异地购物行为会受到购物者内在情感状态、需求以及个人属性等多方面影响。琼斯（Jones，1999）首先通过对需求动机的研究，提出了旅游者购买旅游商品除了获得商品外，更多的可能是寻找一种在不同程度的特殊环境中购物的体验。明确了一种不同于普通购物的特殊动机是什么，即感受不一样的体验，也阐明了旅游购物作为整体旅游体验中的一个重要环节的作用。之后，特纳和瑞森格（2001）通过实证研究论证了旅游者在购买旅游商品时，需求类型具有多样性的特点。即旅游商品不仅由纪念品组成，还有针对个体性差异所表现出的对于如衣服、珠宝、书、工艺品、免税商品、电子商品等各类产品的需求。杰森·王（James Wong，2003）等人通过对东西方游客在中国香港购物的满意度实证比较研究得出了东方游客在服务质量、产品质量、产品多样性及价格等方面对香港购物的满意度比西方游客低的特点。反映出了旅游者文化及价值观差异会对旅游商品的选择产生很大影响。我国学者梁学成和郝索（2005）通过对西安旅游商品进行实证性考察后发现，旅游者对于旅游商品的需求选择存在明显的差异性，而造成这些差异的影响因素与旅游者自身属性有关，如与年龄、受教育程度、客源地差异等方面都存在显著关联。

在对卖方环境中旅游商品的研究中，学者们通常也是采用对旅游消费者进行实践调查来获取对旅游商品的评判。Heung（1998）通过实证分析确定了影响游客购物的四个重要因素，分别是有形产品质量、服务质量、产品价值和产品可信度，并指出有形产品质量不是影响游客购物满意度的最重要因素。这一观点的提出，既肯定了旅游商品应包含产品本身的价值和其附加值两方面内容，同时也肯定了附加值的重要性。国内很多学者通过对不同区域开展的旅游商品实证性研究，得出了旅游者在购买当地旅游商品时会表现出选择当地特色产品的购买特点，并且对不同旅游商品存在不同需求。例如，杨美霞和周国海（2009）在对张家界、凤凰古城开展调查时发现，民族旅游区旅游商品的特色、质量、价格是游客关心的重要内容。游客在购买时最关心的因素是旅游商品的民族性、地方性，这与在大都市购买旅游商品时存在较大的差异。可见旅游商品的选择很大程度上与旅游目的地本身的社会文化和自然环境背景有着紧密的关系。这些都反映出了旅游商品的外在表现与内涵价值对于旅游者的实际购买会存在潜在的影响。

而结合旅游商品与旅游者共存的整个互动过程来看，特纳和瑞森格（2001）总结出的几个特点，可以更加直观地理解旅游者与旅游商品之间的关系，那便是旅游购物活动首先是作为旅游者旅游活动中的一部分存在的，因其创造了一种有吸引力和有魅力的环境而进一步激发了旅游者的关注或兴趣。而通过旅游商品这一具有娱乐性和刺激性的载体资源，使得旅游者根据自身偏好表现出了消费行为。同样需要关注的是，虽然在实践性检验中并没有成为最重要的几个影响因素的存在，但是在旅游商品开发和营销的过程中，销售地点和方式的选择以及服务环节是否完善，会对旅游商品的购买体验产生直接或间接的影响。

（三）旅游商品与旅游购物环境的关系研究

究竟旅游购物环境会如何对旅游者在商品的选择上产生影响，笔者梳理了以下学者的研究观点进行说明。Jansen-Verbeke 从整体出发，提出了人、产品、地点三位一体的购物经历分析模型。而这其中的“地点”实际上所指的就是旅游购物大环境。这个大环境首先是指旅游者旅游目的地环境，它的自然风光、文化风俗、人文内涵都为旅游者对本次旅行的整体感知奠定了基础，为旅游者在旅行中的其他行为定了一个基调；“地点”的第二层意思实际是指实际发生消费行为的旅游购物地，可能是一个集中的购物街区，也可能是零散的购物商店。但是无论哪一种，如果要想使三位一体的旅游经历得到高满意度，那么实际购物环境则必须要能与大旅游地环境相融合，还要营造出足够吸引游客注意力的购物环境，同时又能与出售的旅游商品相匹配。可见，在三位一体的购物经历模型中，“地点”占有绝对重要的地位。特纳和瑞森格（2001）认为购物氛围与旅游商品的购买存在直接关联。旅游者在购物期间主观意识上往往喜欢搜寻唯一性的或是具有独特性的产品和纪念品。而决定他们是否会购买产品的因素中就包括了旅游商店的位置。

之后的一些学者则是通过实证性调查，论证了旅游购物环境的重要性。韩国学者许甲中（1999）通过对韩国和日本旅游购物点的调查，发现旅游购物设施以及购物商店的设置对旅游者购买意愿存在重要影响。他对购物点设施如何满足当代旅游者需要以及如何把传统的露天市场向旅游购物市场推进的问题进行了深入的研究。阿提拉·亚克塞尔（Atila Yuksel，2006）通过实证数据分析验证了购物环境与游客购物行为之间的关系模型，得出了游客对购物环境的感知会影响到购物情绪、价值及购物行为的结论。杨美霞（2007）认为，在我国随着市场经济的发展，旅游商品产业集群势必成为带动旅游商品产业发展的必然结果。说明集聚性的旅游购物环境会在一定程度上带来更大的收益。

从上述内容能够看到旅游购物环境的质量对于旅游商品的被购买情况存在重要的影响，会直接影响旅游消费者对于旅游商品的认知。毕竟作为体验的过程，氛围的好坏会使体验者产生多种情绪上的变化，进而导致结果的改变。但是目前关于如何来对旅游购物环境进行设计或者受欢迎的旅游商店具有哪些共性或特点，尚没有学者进行系统的总结或梳理，这正是本书编写的出发点所在。

二、旅游商品的开发与推广

学者对于旅游商品的诸多研究，其实归根结底还是希望能够通过深入了解旅游商品的本质，有效地分析问题进而找到如何使旅游商品更具内涵和销售更好的途径及方法。而结合我国实际情况来看，可以从问题导向的角度来梳理学者们关于旅游商品开发与推广的意见或建议。

（一）存在的问题

针对我国旅游商品目前存在的问题，主要从设计、生产、营销、销售以及市场环境几个方面来讨论。

首先是设计环节。设计作为产品的原生动力，是决定旅游商品是否受欢迎的重要一环。旅游商品的设计首先要考虑的是消费者的切实需求以及所在地的实际情况，旅游者会购买旅游商品的大多数前提是这一旅游目的地具有足够的吸引力，促使旅游者前来旅游而产生的后续消费行为。理论上在了解了消费市场的需求之后结合地方特点设计出的产品再配合适宜的营销方式就会获得比较好的销售效果。但是由于我国旅游商品的产业链条上多为分散配合式生产，缺乏独立的从设计到销售的产业链条，因此并不能较好地做到“环环相扣”。所以为了考虑各环节上的利益效益问题，旅游商品的设计环节则逐渐沦为次要部分，多依照于链条下游的需求或是利益来源者的需要来完成。这就不难解释为什么我国现在很多旅游商品存在缺乏独创性、地域特色、艺术品位和品牌意识的问题。商家通过复制其他地区热卖的旅游商品，不仅节省了设计及生产费用，同时也压缩了生产时间加快资金回流，而这是直接导致各地售卖的旅游商品出现了同质化现象和产品的科技与文化含量相对较低问题的直接原因。另外，由于这种做法并没有准确把握旅游商品的特点和消费者需求，使得有些旅游商品存在便携性和运输性较差的问题。同时，因为设计研发资金有限以及设计环节边缘化的趋势，使许多传统工艺的传承和专业人才的扶持也面临着巨大挑战。

其次是生产环节。同样是利益链问题，在生产环节表现出的最明显一点就是旅游商品制作工艺粗糙，批量化生产，用料质量低劣包装简陋，同一种类的商品由于生产企业不同呈现出了不同水平；第二点就是在生产环节中，由于产品种类不同，存在商品与包装由不同企业合作完成的问题，但是由于信息沟通不畅或其他原因，导致很多旅游商品的产品与包装存在不配套的问题；第三点是旅游商品生产企业普遍存在规模化程度不高、分布不均衡的特点，这就使得研发力度不够以致无法创造更多的价值。

再次是营销与销售环节。彭蝶飞（2006）指出合理的区域旅游商品营销策略对提高知名度和美誉度、扩大其市场份额、实现利润的最大化都起着重要的作用。而好的营销策略通常包括明确的市场定位、制定合理价格、选择有效促销方式、创新销售模式、创建商品品牌及市场信息反馈等方面的内容。对应旅游商品中现存的一些问题，第一，对购物游客的市场细分和消费心理的营销分析不到位。有很多商家只是在盲目地复制时尚的营销口号或用一种方式来营销所有产品，这些没有深入发掘本地区客源市场的细分类型和喜好特点的做法显然消费者是不会买账的。第二，很多旅游商品质次价高，也是旅游商品营销中的一大问题所在。这样不仅游客不会购买旅游商品，同时也使旅游商品企业乃至旅游地的信誉度严重受损。第三，销售方面，销售渠道单一以及物流体系滞后，配套服务不足的问题尤为突出。加之各环节间的断点问题导致的信息流通不畅，更是会直接出现产销配合低效的问题，也会为销售方面的恶性竞争建造温床。同时由于旅游商品中一贯存在旅游商品销售信息反馈系统不完善、不健全的问题，使反馈信息无法回流到上游设计团队中，对于产品的完善以及品质的监管都十分不利，使产业链无法形成闭环式发展，不利于产品的更新和升级。

最后是大的市场环境。虽然近年来国家在促进旅游商品消费方面已经给予了一些政策引导，但是在过往发展中积累的市场秩序混乱、各环节信息不对称、政府有关部门或景区缺乏统一规划管理和协调等问题，依然是使旅游商品市场无法得到更好发展的根本性问题所在。许多地方在旅游发展过程中存在重“游、娱”轻“购物”思想，使得旅游商品设计者开发意识淡薄，旅游购物环境不尽如人意。同时由于对消费者需求以及购买情况没有透彻的了解，管理者们对于旅游商品的安排呈现出基本类型齐全但结构层次不合理的特点。有些商店售卖的旅游商品甚至是除了雷同性极强的低档商品外就只有非常规性的或不易于携带的大件贵重商品。许多特色的真正能反映出民族地方特色的商品却处于未被开发和利用的状态。有些地方虽然关注到了传统工艺的吸引力价值，但是没有与本地文化相融合，这就导致了全国各地景区几乎在某一时段都出现了一架老式织布机旁摆放着一摞色彩鲜艳的“纯手工围巾/织布”的场景。这种跟风模仿的现象暂不追究其生产的产品是否手工制作，是否存在欺骗消费者的嫌疑。单就形式而言，对于现今“走南闯北”经验丰富的旅游者们来说已经是审美疲劳的桥段了，未免落得掩耳盗铃的名声。而这种市场落后于消费者的现象，也确实是供给侧改革中最突出的问题。除此之外，服务者服务意识欠缺以及旅游商品知识产权法律保障薄弱等问题，都是行业有待全面发展和改进的重点部分。

所以综上所述，借用曹国新（2005）的观点，即所有问题的最根本原因都是中国旅游商品的市场失灵问题。它表现为旅游资源性形成的公共物品、产权关联引起的外部经济、附加价值不确定带来的信息不充分、不可移动性造成的自然垄断、差异化产生的不完全竞争、旅游行为生成的心理效用、不可抗力潜伏着的投资风险这几方面的问题。

（二）具体的措施

要解决问题，首先，所有与旅游商品相关的从业者就要从意识上发生转变，即不能将旅游商品的开发仅视为一种技术、经济过程，而应同时将其看作是一种人类文化的承袭、积累乃至创新的行为。这就需要在现代旅游商品的开发中从传统中启发创意、从文化中获取灵感。同时，要将民族文化渗透于旅游商品开发的各个环节，并且注重对资源的保护。而对于产业链上的各个环节，就应该由有关管理部门对产业进行升级改造，提高统筹管理的意识，制定各级旅游商品发展规划，优化购物环境和服务。政府也应当制定并实施标准生产和质量认证制度，建立起知识产权的保护制度。而设计者和生产者则应将重点回归到各自领域，对产品设计注重文化、内涵、独特性、艺术性的追求，生产企业则应该在产品生产质量上给予保证，在产品配套包装上求精求细。

通常根据问题来给出有针对性的解决措施是最高效的办法，但是由于行业完整性以及政策法规并非一言而成的特点，目前学者们针对旅游商品改进的具体策略更多的是从营销角度出发。而一些生产企业或是文化创意类公司则是从设计环节进行改进和创新。因此下文主要从旅游商品该如何进行营销来展开讨论。

营销作为产品推广的重要途径，在各行各业都有着重要的地位和作用。而旅游商品营销同样有着举足轻重的作用。刘曙霞（2009）认为旅游商品营销是提高旅游业综合经济效益的重要途径，且旅游商品营销方式的创新是改变旅游商品营销现状和拓展旅游商品营销市场的需要。因此就要从以下几个方面做好旅游商品的营销工作。

第一，要有明确的市场定位，这个定位需要依照旅游目的地的实际特点来分析，并由此来判定目标市场的各类群体特征是什么，他们的需求点在哪里，并由此提炼出最具吸引力的元素，为创建商品品牌服务。就像提起袁家村，人们就会与民俗文化和传统小吃联系起来，这就是一种品牌效应。说到乌镇，人们就会觉得那里是充满江南水乡文艺气息的地方。

第二，旅游商品的品牌建设，就是要在依托于当地文化自然背景之下，充分了解目标市场所喜欢的东西是什么，将那些元素与当地文化、社会、自然背景相融合，再通过图片、文案、宣传语或影像的方式进行宣传，给人们留下对旅游地最深刻的印象，营造出一种或唯美或冲击感十足的吸引点。当然品牌的建设是需要有优质产品支持的，这样才能使品牌形象得以树立和推广。而产品在宣传上也要注意“三化”即系列化、多样化、配套化的特点。

第三，在制定合理的价格方面，建立弹性的旅游商品价格机制，则更利于消费者选择，同时帮助商家实现利益和信誉最大化。促销方式上，有研究表明以超市开架方式为主的经营模式是目前阶段消费者比较喜欢的一种购物方式。这一特点充分说明了消费者更青睐于自由选择度大、选择范围广的购物方式。这样的方式无疑也更有利于商家开展实体促销活动。

好的营销还要做到宣传渠道上的创新，这不仅体现在传统的宣传方式上要做好，也表现在运用新时期社交媒体、网络平台、移动终端上宣传方式的运用。特别是将宣传与销售共同应用到虚拟平台上，将达到事半功倍的效果。就像乌镇的官方网站上，不仅能充分了解所有食、住、行、游、购、娱的信息，同时还可以在线购买乌镇的旅游商品。这就将产业链进行了延伸，打通了多个环节，实现了旅游经济效益最大化。

三、小结

综合来看，对于旅游商品业的发展，第一，要确定以旅游者为中心的营销观念，采用准确详细策略进行市场细分。第二，在旅游商品的生产、供应和销售中尽量消除信息不对称问题，实现各环节一体化则会更加便于产业的运作。同时注重旅游商品设计的系列化、旅游商品生产规模化以及在营销中创立旅游商品品牌化，使旅游商品有过硬的实力。第三，配合市场对于旅游购物环境以及政策管理机制的优化，就会实现旅游商品经济效益的最大化。

通过梳理前人的研究内容可以看到，关于旅游商品概念内涵以及现存问题和解决对策的内容已经涉及得十分全面了。但是深入到对策的具体操作尚缺少系统的总结，对于国内优秀的旅游商品案例缺乏介绍和总结。同时对于旅游购物环境的相关研究还十分缺乏，需要引起学者们更多的关注。

第二章 乌镇旅游商品开发分析①

一、乌镇旅游开发状况

（一）乌镇基本状况

乌镇景区镇域面积 71.19 平方公里，作为我国著名的国家 5A 级景区，其具有十分优越的地理位置。乌镇地处沪、苏、浙三省市交界，位于浙江省嘉兴市五县之一的桐乡市北端，距离桐乡市区 13 公里。京杭大运河从其西侧穿过，北接江苏省苏州市吴江区，西临湖州市，是两省三市交界之处。乌镇景区到周边省市的交通十分便利，乌镇景区距离东边的嘉兴县 27 公里，北部吴江区 60 公里，湖州市 45 公里，距离上海、杭州和苏州的距离分别是 140 公里、80 公里和 80 公里。从陆路交通来看，有县级公路姚震线贯穿镇区，经姚震公路可与省道盐湖公路、国道 320 公路、国道 318 公路、沪杭高速公路、申嘉湖高速公路、乍嘉苏高速公路相衔接。从航空线路看，乌镇景区可通过便捷的陆路交通，直接到达上海虹桥国际机场、上海浦东国际机场和杭州萧山国际机场（图 2-1）。

乌镇是一座具有悠久历史的重镇。关于乌镇的历史可以追溯到 7000 年前新石器时代的马家浜文化。乌镇地处两省、三府、七县交界处，历代都是边境要地。春秋时期，乌镇成为吴国防备越国的边境要塞，史称“乌戍”。宋代，乌镇分为分乌墩镇、青墩镇，后改名分为乌镇和青镇。1912 年，乌、青两镇依旧分治；直至 1950 年 5 月，乌、青两镇终于合并，统称为乌镇，属桐乡县，隶嘉兴，直到今日。乌镇人杰地灵，历代名人辈出。古有谢灵运、萧统、范成大、夏同善等，现有茅盾、王会悟、丰子恺等大家。在乌镇景区内，仍保留着茅盾故居、孔另境纪念馆、沈泽民纪念馆、王会悟纪念馆等历史文化经典，供游客游览。

源远流长的历史为乌镇留下了丰厚的民风民俗。在乌镇，节日众多：贺岁拜年、元宵走桥、清明踏青、立夏称人、端午食粽、分龙彩雨、天贶晒虫、中元河灯、中秋赏

① 执笔人：宋昌耀 张明曦 马蕾 宋彦亭 漆家进

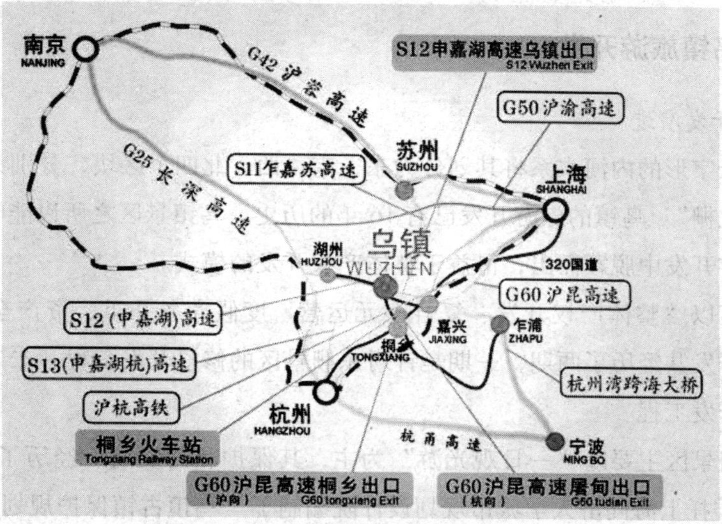

图 2-1　乌镇周边交通示意

资料来源：乌镇旅游官网

月、重九登高、冬至祀祖、腊月小更。十二节气风俗让整个古镇都充满了浓郁的文化和地方色彩。除了传统的节气节事习俗以外，乌镇还一直留存着蚕花习俗、长街宴、古戏台、香市、茶馆风情、水上集市等。乌镇地处杭嘉湖腹地，生产丝绸，养蚕习俗由来已久，于是形成了乌镇一带的赞蚕花、蚕花绵兜、望山头、轧蚕花等习俗。香市是乌镇颇具代表性的一种民间风俗，其规模仅次于杭州的西湖香市。香市每年从清明节开始，前后有半个月的时间。这段时间，人们在乌将军庙、修真观和普静寺一带摆摊卖杂书，戏班子在这里杂耍、表演武技、马戏等。后来，香市渐渐匿迹了。乌镇景区保护开发之后，五花八门的民间艺术和风俗组成的香市成了乌镇旅游中重要的民俗活动，吸引了来自国内外的游客到访游玩。乌镇的宗教文化由来已久，在南梁时期，乌镇就出现了规模相当的寺庙建筑，至今西栅景区仍保留着石佛寺、慈云寺等多处宗教场所。

总之，乌镇旅游的发展，旅游业态的布局和旅游商品的开发，离不开其得天独厚的地理位置、悠久的历史和丰厚的民俗文化遗产。乌镇优越的地理位置，通达的交通，使得全国游客可以通过便捷的交通到达此地，也满足了旅游商品店家货源交通渠道的要求。悠久的历史和丰厚的文化遗产，为乌镇旅游商品的开发提供了浓厚的历史感和地方感，丝绸、蚕花、茶等都逐渐发展成为乌镇的旅游商品，随着旅游的不断发展，其旅游商品的类别也更具多样性。

（二）乌镇旅游开发

1. 旅游开发演进

乌镇，十字形的内河水系将其划分为东、南、西、北四个区块，分别为“东栅、南栅、西栅、北栅”。乌镇的旅游开发已有16年的历史。乌镇景区之所以能够在全国的古镇、古城旅游开发中脱颖而出，得益于整体产权开发的模式。

乌镇景区以“整体产权开发、复合多元运营、度假商务并重、资产全面增值”为核心模式，开发共经历了两期，一期是针对东栅景区的修复开发工程，二期是针对西栅景区的保护开发工程。

乌镇东栅景区主要以“一日观光游”为主，其保护和开发前后经历了约三年时间。1998年乌镇委托上海同济大学城市规划设计院编制了《乌镇古镇保护规划》，1999年编制《乌镇古镇首期整治保护总体规划》开始针对乌镇东栅实施。针对东栅的保护和修复工程主要围绕遗迹保护、文化保护和环境保护这三大工程展开。乌镇在全国的古镇和古城保护中成功推出了“管线地埋”“改厕工程”“清淤工程”“泛光工程”“智能化管理”等保护模式，使得东栅景区焕然一新。乌镇东栅景区于2001年正式对外开放，并受到国内外游客的一致好评，成为中国著名的古镇景区。

西栅景区开发保护实施以观光、度假和商务相结合的方式，在整体开发过程中实施景区内当地居民整体迁出的策略。乌镇西栅工程在开发中采取先投资、后开发的方式，即先以全资买断西栅所有原商铺和住家的房屋产权，此举投入资金达3.5亿元之巨，在此基础上实现整个景区开发的主体一元化，规避开发中主体多元化带来的诸多弊病。从2003年开始，乌镇西栅景区保护工程正式启动。西栅景区前后投资达十多亿元，保护工程旨在打造一个全新“观光+休闲体验型”的水乡古镇模式。此次工程保存了贯穿于西栅老街的30余万平方米的明清建筑，72座古石桥，天然湿地5万多平方米，景区内设有酒吧、女红、餐饮、民俗等设施，并且整个景区都配有直饮水和免费无线网络。西栅景区成功保护开放，成了中国古镇将观光、休闲、度假和商务活动功能完美结合的典范。

根据中青旅2014年年报数据可知，首届世界互联网大会和第二届乌镇戏剧节的成功举办，使乌镇的品牌知名度和市场影响力空前提升。2014年乌镇景区继续保持着快速发展的良好态势，多项经营数据再创历史新高。2014年乌镇景区全年营业收入达9.67亿元，同比增长25.72%，实现净利润3.11亿元，同比增长9.9%；全年累计接待游客692.6万人次，同比增长21.69%；其中东栅景区接待游客365.7万人次，同比增长17.22%；西栅景区接待游客326.9万人次，同比增长27.12%。乌镇景区的成功与其统一开发和统一管理密不可分。从开发伊始，乌镇景区便由乌镇旅游股份有限公司直接管理。乌镇旅游股份有限公司成立于1999年，现在是由中青旅控股股份有限公司和桐乡市乌镇古镇旅游投资有限公司共同投资经营的股份制企业。起初乌镇共有三个投资方，分别是中青旅控股股份有限公司、桐乡市乌镇古镇旅游投资有限公司、IDG风投公司，三方分别占有51%、34%和15%的股份。2013年，中青旅控股股份有限公司收购由IDG风投公司持有的“乌镇旅游”15%股份，成为最大的投资方（图2-2）。

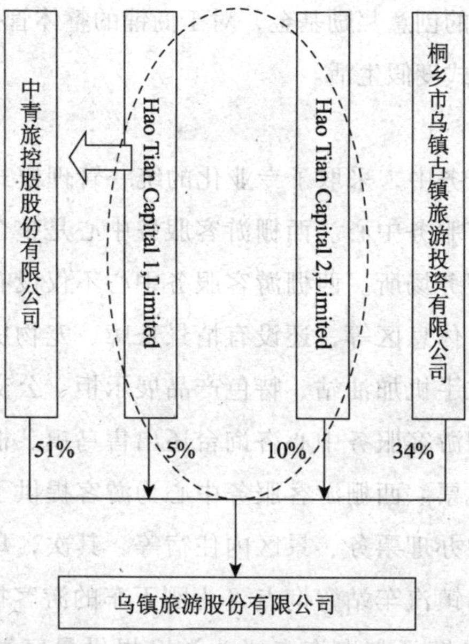

图2-2　回购前后乌镇旅游股份有限公司股权结构示意

资料来源：中青旅控股股份有限公司公告

随着旅游电子商务的不断发展，2014年，乌镇景区加快推进电子商务平台建设，不仅与原有的淘宝、OTA保持合作平台，还与Agoda、京东商城、工商银行融e购等搭建了销售平台。除此之外，乌镇景区还开发了自有微信公众号，开通了门票、住宿、套餐和相应消费项目的预订和支付功能，乌镇景区电子商务平台基本搭建完成。

2. 景区管理

乌镇产权集中统一管理的景区管理模式，成功打造出了休闲体验式度假旅游目的地。产权集中的模式可以有效地避免乌镇陷入过度商业化的陷阱。乌镇西栅景区采用的是原住居民全部迁出的模式，将原住居民安置在古镇外围，原有的住房开发为民宿、酒店、餐饮、商业，而原住居民可以优先返回到古镇从事旅游服务行业。同时，乌镇将产权归公司的店铺从功能上加以规划，严格限制商业店铺泛滥，避免了古镇重蹈“商业化”覆辙，公司化运作实现了服务的标准化和符合市场规律的开发策略。

统一管理实现体验式度假生活。开发改造民居商业街、民宿，乌镇旅游股份有限公司负责所有经营权的审批，整体管控。乌镇景区管理设有景区管理部、综合管家部、车船管理部、商铺居住保洁组，其中含有场馆、检票、保安、消防员、船工、游船售票、游船导游、保洁员等岗位。西栅景区不仅形成了高端度假酒店标准的客栈，而且形成了独具特色的女红街。女红街引入创意性的以女红工艺为主的商业业态，而且对于店铺的要求甚高。商家必须提交店铺的可行性方案，经过审批后，方可开业，同时，为了鼓励店铺的创意性，提设一定的创意奖励基金，对于商铺的整体管控，提高了古镇旅游的趣味性，实现了游客的体验式度假生活。

3. 游客管理与服务

乌镇在游客管理和服务中，采取了专业化的统一管理模式。首先，乌镇在东栅和西栅两个景区均设有游客服务中心。西栅游客服务中心是整个乌镇景区中配套最为完善，功能最齐全的游客服务场所。西栅游客服务中心不仅设有传统的售票处、自助售票机、咨询台、行李房、休息区等，还设有情景长廊、宠物房、超市、咖啡吧、影视厅、饮水机、擦鞋服务、手机加油站、特色产品展示柜、公交站点、免费的无线网络覆盖信息显示屏等。西栅游客服务中心咨询台还出售乌镇、桐乡汽车站发往周边地区的车票及全国各地的飞机票。西栅游客服务中心为游客提供了一站式的专业化贴心服务，游客可以在这里集中办理票务、景区内住宿等。其次，乌镇在景区外也设有两个旅游咨询点，分别位于乌镇汽车站咨询点（为刚下车的游客提供景区住宿、交通、住宿咨询和预订服务）和乌镇子夜咨询点（为游客提供景区游玩、住宿、消费和火车票代售点等业务）。

西栅景区注重专业的服务管家制度。景区在其游客服务中心及景区内各酒店设有首席礼宾官（Chief Concierge Officer，CCO），提供景区内的交通资讯、行李托运、门票及入住办理服务，为游客选购特色礼品等专业管家式的一站式服务。

西栅景区内餐饮主要包括民宿家常菜、乌镇特色菜和特色小吃。民宿家常菜和乌镇特色菜由以锦岸私房菜、公社知青餐厅、民国餐厅为代表的餐饮名店和景区内的民宿提供。民宿提供的菜品和价格由乌镇旅游股份有限公司实行统一标价，避免出现哄抬物价的情况，为游客提供放心安全的美食体验。

西栅景区住宿酒店种类齐全，特色鲜明，价格合理，客房将乌镇地方传统建筑和现代装饰风格相结合，为游客提供不同品位的住宿休闲选择。

住宿主要分为四类，每种类别下的酒店也有不同的风格和特色。

精品酒店（高端会所），包括：锦堂行馆、盛庭行馆、恒益行馆、宜园精品酒店。四家酒店共有 96 间客房，22 间套房，2 套别墅。门市价格在 1980～28000 元/间/晚不等，网络销售价相差不大，淡旺季略有浮动。大部分的房间享受赠送西栅景区门票、免费乘坐 VIP 小船、赠送礼品等的服务。度假酒店，包括：枕水度假酒店、通安客栈、昭明书舍、望津里精品酒店、水巷驿、水市客舍。门市价格在 680～58000 元/间/晚不等，大部分房间价格是 680～1980 元/间/晚，网络销售差别不大，淡旺季略有浮动。乌镇民宿，分布于西栅景区内西市河的南北两岸，或面水或临街。共有 449 间（套）的客房形式多样，总共房型 65 种。门市价格在 238～2800 元/间/晚不等，大部分房间价格是 470～800 元/间/晚，网络销售差别不大，淡旺季略有浮动。青年旅舍，包括：水巷驿青年旅舍、紫藤青年旅舍。水巷驿青年旅舍共有 146 个床位。门市价格与销售价格一致，不因淡旺季有价格变动，价格主要分 60 元、80 元、100 元、120 元、150 元/间/晚五个档次。

西栅景区交通完善，景区内部和景区外部交通实现了良好对接，实现了良好的通达性和便利性。西栅景区内部为了方便游客的游览，在景区东西方向两条游览车道，为游客提供搭乘和运送行李的服务。景区内游览车提供 24 小时服务，实行 5 元/人次票价（住宿客人凭房卡或住宿登记单免费乘坐）。景区内水上运营线路分为六条线路，分别是：（1）游客服务中心（安渡坊）—码头如意桥码头（文昌阁）；（2）游客服务中心（安渡坊）码头—望津里码头（龙形田）；（3）灵水居码头—如意桥码头（文昌阁、乌将军庙），灵水居码头—龙形田码头；（4）枕水西码头—游客服务中心码头（安渡坊），枕水西码头—如意桥码头（文昌阁）；（5）乌将军庙码头—游客服务中心码头（安渡坊）；（6）龙形田码头—灵水居码头，龙形田码头—游客服务中心码头（安渡坊）。完善的水上运营线路，周全的服务，满足了游客的游览需求(图 2-3)。

景区外部，乌镇景区镇区交通完善，东栅景区和西栅景区之间有便捷的免费车可供游客搭乘。乌镇与杭州、上海、苏州、南京等周边城市对接。乌镇汽车站、桐乡汽车站每天与杭州、湖州、苏州、上海、温州、嘉兴、武康、海宁等城市实现一天近 12 小时不间断发车。桐乡高铁站的通车，拉近了乌镇与全国各地的距离，提高了省内和省外游客到达乌镇的便捷度（图 2-4，图 2-5）。

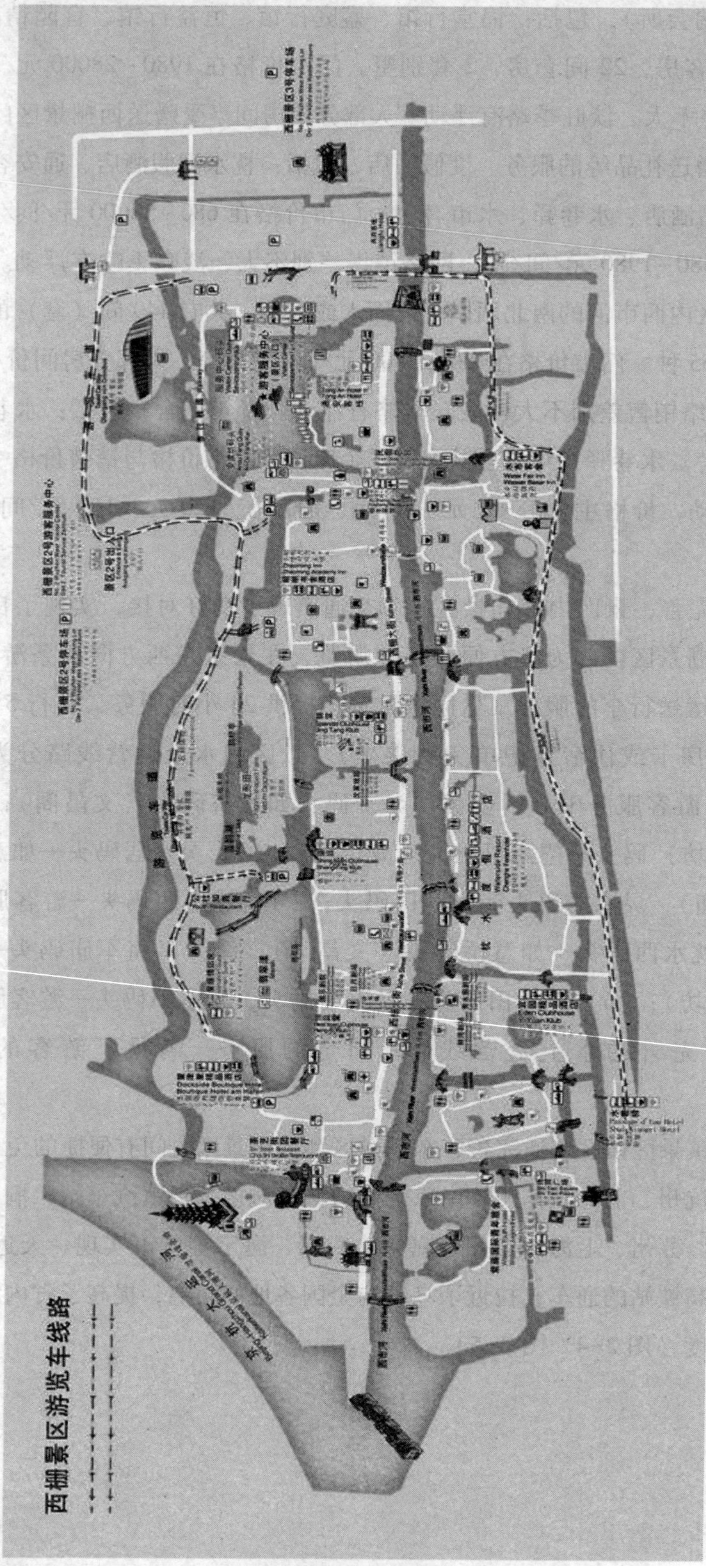

图2-3 乌镇西栅景区游览车线路图

资料来源：乌镇旅游官网

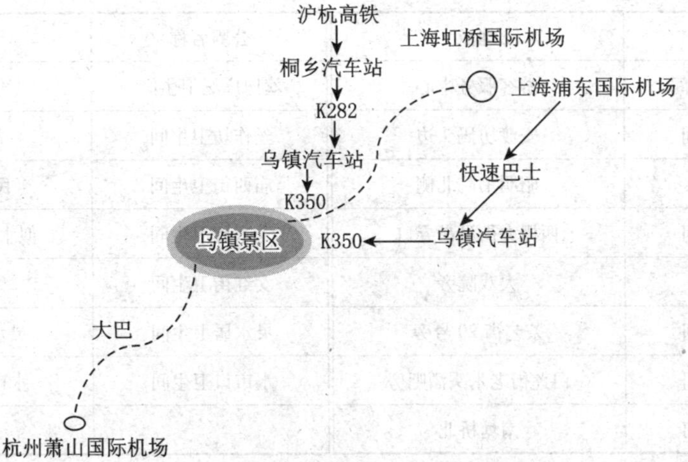

图 2-4　乌镇到周边城市机场交通图

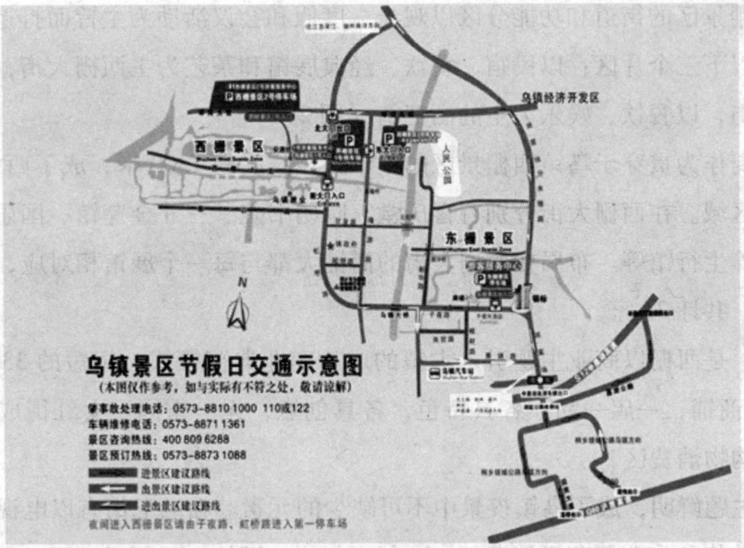

图 2-5　乌镇景区节假日交通示意

资料来源：乌镇旅游官网

西栅景区的卫生间共有 15 间，设置距离合理，每个卫生间均有自己的服务范围，景区卫生间以温馨的环境布置，人性化的管理与服务，为游客提供舒服、干净的服务设施（表 2-1）。

表 2-1　西栅卫生间分布

公厕名称	地点	公厕名称	地点
服务中心卫生间	游客服务中心	丝田广场卫生间	丝田广场西侧
安渡坊卫生间	安渡坊码头边	丝作坊卫生间	益大丝号内
昭明卫生间	昭明书院北侧	庙西街卫生间	民宿 69 幢旁
洪昌弄卫生间	西栅大街洪昌弄口	秀水廊卫生间	似水年华酒吧西侧
戏台卫生间	大戏院旁	女红街卫生间	女红街 71 号
茶艺街卫生间	茶艺街 20 号旁	灵水居卫生间	灵水居码头西侧
白莲塔卫生间	白莲街老木头酒吧旁	水市口卫生间	水市口风雨长廊
南塘桥卫生间	南塘桥北		

资料来源：乌镇旅游官网

4. 街道功能分区

乌镇西栅景区的街道和功能分区以观光、度假和会议活动为主旨而打造。西栅景区大致可分为以下三个片区：以民宿、餐饮、经典展馆和茶艺为主西栅大街，以特色商铺为主的女红街，以餐饮、娱乐为主的酒吧街（图 2-6）。

西栅大街作为贯穿于乌镇西栅景区的主干道，长度约 1300 米，成了西栅主要展馆、民宿的布局区域。在西栅大街分别有喜庆堂、昭明书院、三寸金莲馆、国乐戏院、大茶饭、恒益堂养生行馆等。布局在西栅大街的商铺大都与每一个展馆相对应，多以民俗特色商铺为主，共计 31 家。

女红街，是西栅以商业主题引入古镇的成功商业典范模式。短短的 330 米女红街，分布着 36 家商铺，一店一品，各具特色，各具创意，无一雷同。女红街成为西栅游客主要的商业购物消费区。

酒吧街主题鲜明，成了乌镇夜景中不可缺少的元素。在酒吧街有以电视剧《似水年华》为主题装修的专业葡萄酒消费区——似水年华红酒坊、伍佰回酒吧，景区唯一一家摄影主题餐厅——步步莲花艺术沙龙，用老木头构建的主题酒吧——老木头酒吧，景区唯一一家 live house 型酒吧——老树林酒吧。不同风格的酒吧，传递不同的气韵，展示出乌镇夜晚多面的魅力。

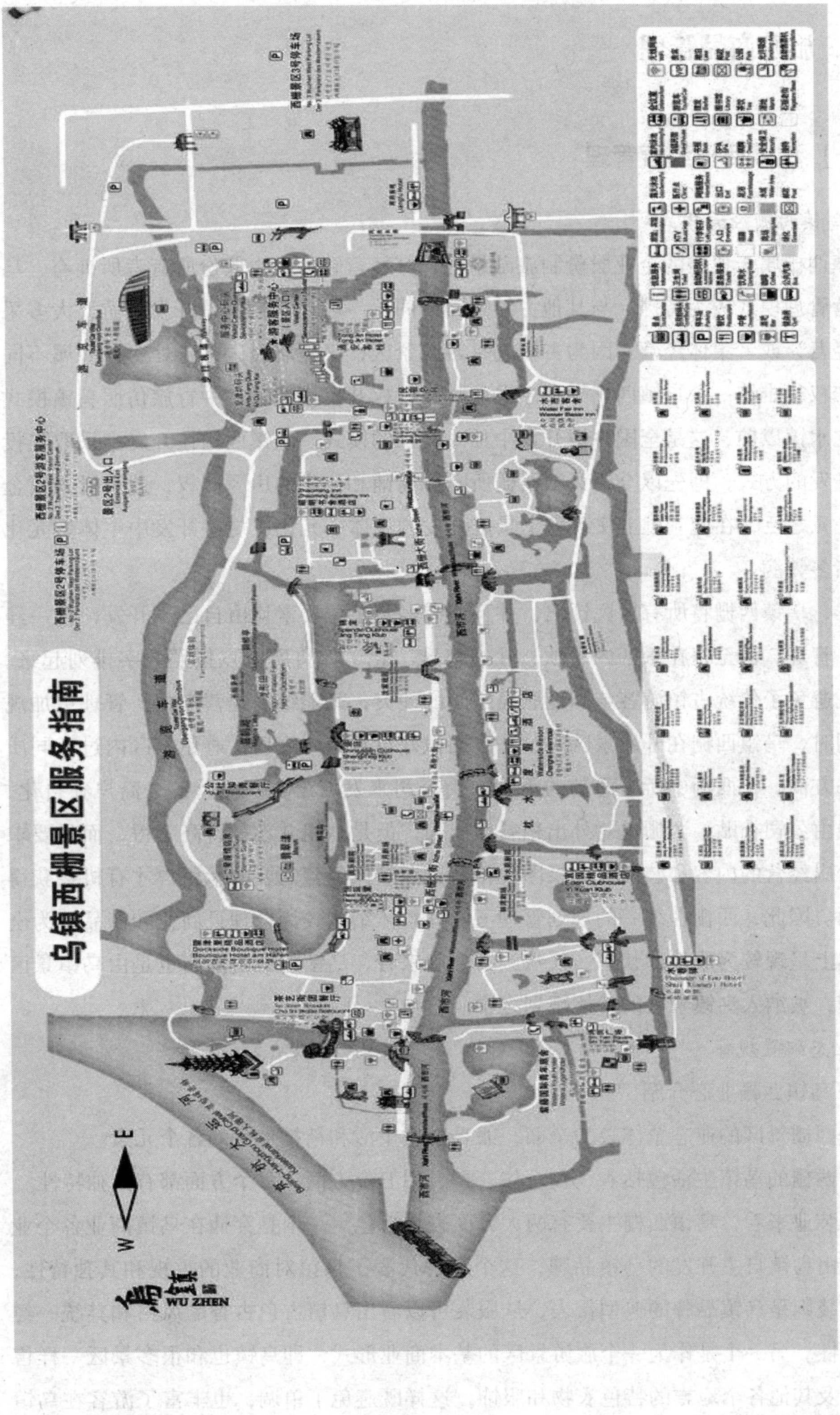

图2-6 乌镇旅游景区整体图

资料来源：乌镇旅游官网

二、旅游商品管理

（一）乌镇西栅经营管理

1. 乌镇西栅经营模式

乌镇西栅属于典型的企业股份制旅游景区，其经营管理权由股份所有者所拥有，乌镇的经营管理模式较为特殊，与其他古镇景区不同。一般而言，古镇开发旅游，大多采取租赁经营，或者集体经营。因为古镇既是旅游景区，又是居民区，各处房产归属不同居民，产权很难统一。乌镇西栅开发中采取整体产权开发模式，在中青旅仿照乌镇模式开发古北水镇以前，这是全国古镇开发中独一无二的模式。乌镇西栅在开发中采取先投资、后开发的方式，即先以全资买断西栅所有原商铺和住家的房屋产权，此举投入资金达 3.5 亿元之巨，在此基础上实现整个景区开发的主体一元化，规避开发中主体多元化带来的诸多弊病。

这样，乌镇西栅将所有居民迁出，并且所有经营单位要素均由自己来开发，统一经营，统一管理，甚至将在景区内餐饮、住宿等统一化，如将所有点按照数字排列起来。这样，既避免了传统古镇游客与当地居民之间的冲突，又能统一经营产权，管理更加规范化。同时，乌镇西栅在开发景区时，一方面做好自身统一规划，避免景区内过于同质化；另一方面，在西栅中所有商铺的承租户由公司来发放工资，保持各个商户独自化，亏损的钱由公司补贴。西栅也对外出租餐饮店面，但是承租并不是价高者得，而是要求承租户给出经营的内容和装修的效果图，符合二期整体经营需要的承租户才有机会获得这个店面。因此，西栅在统一的规划管理下，其整体结构较为合理且商业和商品较为全面，整体上呈现较为成熟的状态。仅从旅游商店来看，乌镇的旅游商店也是由乌镇景区统一管理，被纳入乌镇景区的整体规划之中。

2. 业态配置规律

（1）乌镇西栅业态介绍

乌镇西栅景区的业态总体较为全面，兼具物质生活和精神生活的各个元素。

乌镇西栅的乌镇生活包括衣、食、住、行、用五个方面，每个方面都有其独特性。

从服装业来看，乌镇西栅主要有两大方面较具特色。一个是穿插在乌镇商业各个业态之中的由乌镇自主开发的乌镇品牌，这个品牌代表了乌镇对商业的重视和其独特性，其中，服装则是乌镇品牌的典型代表，从服装可以看出乌镇古色古香的风格和其统一经营的特殊性。另一个是作为一个旅游景区的基本商业形式，即乌镇也和很多景区一样售卖本地以及其他各个地方的特色衣物和服饰，这样既避免了单调，也丰富了游客在乌镇西栅的见闻。

从餐饮业来看，乌镇的餐饮业主要集中于四个部分。第一，是住宿业的附带餐饮业，即在乌镇住宿处游客的早餐或者游客要求的午餐或晚餐，这样的餐饮和景区外差别不大；第二，是专门从事餐饮的餐饮业，这种餐馆在乌镇西栅也是广泛存在的，其主要在满足游客基本需求的同时，加上当地的一些餐饮特色，但相对于西栅其他业态来说，餐饮业的同质性较高，但餐饮业菜品的价格较为统一，便于管理；第三，是售卖小吃和零食的餐饮业，这种小店专门售卖如棉花糖、酥等，这样的餐饮小店相对来说不是特别多，但也存在。与景区外的差别在于其没有统一的小吃街；第四，是经营茶馆、酒吧之类的餐饮业。这样的餐饮在各大景区较为广泛，乌镇西栅也有所趋同。

从住宿业来看，乌镇景区内外皆有住宿，在内的住宿整体价格高于在外。乌镇景区外的住宿总体上和其他地方差异不大，乌镇景区内的住宿总体保持古镇的风格，重在让游客体验当地生活。另外，乌镇西栅的住宿业主要有两种，一种是主营住宿的商家，一种是住宿和餐饮相结合的商家，价格上都有不同等级。

从交通来看，乌镇位于浙江省嘉兴市桐乡，桐乡有高铁站，因此市外到达相对较为方便；另外，从桐乡高铁站到乌镇西栅景区有直达的公交和出租，抵达桐乡后到达乌镇也相对较为快捷；在乌镇景区内，设有相应的游览车，方便游客从景区和住宿处较为方便地来往。

从日用品来看，乌镇西栅本是一个古镇性质的景区，虽然在保存原貌上下了一番功夫，但毕竟也要符合现代游客的即时需求。乌镇日用品则是把两者很好地结合起来，即自主创作和现代风味的结合。一方面可以借鉴全国较为知名的日用品制作模式，如枕头；另一方面又尝试着探索出新，自身制作，能满足实用和销售两大功能。

乌镇西栅的精神生活包括观赏类和参与类两个方面，这两者在部分商业业态上能够相互融合，都给游客游览西栅景区的休闲生活添砖加瓦。

从观赏类的商业业态来看，西栅除了自身景区的观赏性以外，还具有符合游客日常需求的剧院、电影院以及相关的剧场。这些观赏类的场所，一方面与当地的风俗民情结合起来，另一方面是与现代科技结合起来，把两者融入西栅的建筑设施及水乡风味之中。这样，可以满足游客更加多样化的需求。

从参与类的商业业态来看，西栅本身性质是主要集中于观赏的景区，但由于其独特的经营模式，让很多游客能够住在景区之中，因此，游客的参与性大大提高。而从业态来看，西栅会经常举办一系列具有参与性的民俗活动，如灯会，一方面吸引潜在游客，另一方面提升现有游客的满意度。这些业态总体上与乌镇景区本身地方特色活动相结合，展现出古镇原有的风味（表2-2）。

表 2-2　乌镇旅游业态分类及典型代表

	用途	生活类	生产类
物质生活	衣	花想容、乌镇品牌	草木本身染坊
	食	祖传香饼、兴诚甜品、瑞景泰小吃	叙昌酱园
	住	乌镇民宿、西府客栈、紫藤青年旅舍	
	行	游览车、游船	
	用	状元枕、皂艺馆、包包袋	青兰工舍
精神生活	观赏类	国乐剧院、蚌湾剧场、露天电影	
	参与类	莲足道馆、巡更、花灯	

（2）乌镇西栅业态分布

乌镇景区的业态较为齐全，其来自于对西栅景区最原始的全面规划。在规划中，西栅景区的功能分区及分布相对较为重要。

第一部分是以西栅大街为主的综合街区功能分区，这个街区位于西栅两边河道的北部，整个街道整体呈现直线型，且街道相对较长。这个街区是综合街区，里面包含了食、住、游、购、娱等多个要素，如住宿、饮食、邮局、药堂、电影院等，既能够满足对古镇民俗风情体验的需求，又能满足游客在古镇逗留期间的基本生活需求。另外街上整体上是民居与商家的结合，民居的元素主要结合古镇的特色，同种类型的商家集中度较低，较远可能会有一两家相同商家。

第二部分是以女红街为主的旅游购物街道功能分区，这条街区位于西栅河道的南边偏东的区域，街道总体不长。街道上主要是售卖与女性相关的工艺品，如梳子、女红、女衣服、挂饰等。这条街道主要满足女性游客或情侣游客对于旅游纪念品的需求。各个商家间也相互不重复，售卖商品相对有特色。例如，檀木纪念品商店旁边的是梳子纪念品商店，刺绣纪念品商店旁边是古玩纪念品商店，这样，总体上保持着较为特色的状态。

第三部分是以住宿民宿和交通走廊为主的功能分区，这个区域主要位于景区河道南面及西面。该区域主要满足游客的住宿和交通的需求，总体旅游商店较少。

第四部分是以酒吧茶馆为主的休闲功能分区，这个区域主要位于景区河道的北面及西面，整个区域呈现出聚集的状态。与乌镇其他的传统古风味不同，这部分区域主要满足游客休闲体验的需求，呈现稍微现代化的特色。

（3）业态分布规律

①商家沿河较多

整体上来看，乌镇整体的很多体验型的商家如餐饮和茶馆靠近河道，且喜欢将桌子和设施放到离河道较近的位置。这样，一方面能保持整体的一致性；另一方面能让游客在用餐的同时欣赏河道和整个乌镇的风景。

②住宿景区化

景区的住宿设施一般都设置在景区之外，但乌镇由于其统一规划和管理，将住宿放到景区以内。这样，既能方便游客能够更好地体验当地的风俗民情，又能促进游客的相关旅游消费，带动旅游经济效应。

③主要业态同质化较低

西栅景区的主要吸引物是西栅景区的风俗民情及江南水乡的古建筑欣赏。乌镇在主要业态，如旅游景点、旅游特色街区及旅游商店的同质化程度相对较低，一方面，保持了整个景区的完善性；另一方面，整体上保持了其新鲜感和独特性。

④兼具全面性和特色性

西栅景区拥有的业态整体上较为丰富，如电影院、酒吧等能够满足游客多方面的需求。但具体到各个业态，如旅游商品，西栅景区具有湖笔、刺绣等旅游商品，颇具特色，这样总体上较为完整。

⑤业态正规化

由于统一的经营和管理，乌镇里面的各项旅游业态都趋于正规化和成熟化，给游客的感觉是在一个综合性的商城中旅行。这样既方便业态的管理，又排除了许多不正规的部分，例如，景区内没有路边贩卖的小摊，也没有不正规的工作人员，给游客提供了相对健全的保障。

（二）乌镇西栅旅游商品管理

1. 乌镇西栅旅游商品种类

1997 年 4 月 1 日国家技术监督局《旅游服务的基本术语》中关于“旅游购物”的解释，将旅游商品分为旅游纪念品、旅游用品、旅游食品和其他商品四大类。

乌镇西栅的旅游商品在全国范围内相对知名，这与乌镇统一规划和管理有关，同时，其旅游商品相对也非常有特色。上述的四种旅游商品乌镇兼具，且每种类型的旅游商品皆有自己的特色。

从纪念品看，乌镇西栅的旅游纪念品主要包括文物古董、书画金石、工艺美术品、土特产和药材、服装等几大类。西栅作为一个古镇，文物古玩相对也较多，且样式多样，在景区内有专门绘画的人家，并将自己的书画制作成艺术品卖给游客的，也有多种形式的工艺品，如在瓦片上印照片、刺绣等，其尤以女红街最为多样。乌镇也是一个江南小镇，里面有传统药堂，土特产商店，其药材和土特产种类较多。另外，乌镇西栅有售卖以自己品牌制作的服装和相关物品，颇具特色。

2. 乌镇旅游商品特征

仅从旅游商品来看，乌镇旅游商品相对比较成熟，且较为全面，兼具地域性、便捷性、美观性和多样性四个特点，其中其地域性和多样性的特点较为明显。从乌镇旅游商品的分布来看，乌镇旅游商品特征也较为明显，其统一化的经营保证了旅游商品不会同质化。游客每经过一家旅游商店都会有一种新的感受，这对提高旅游吸引力有很大的效应。另外，乌镇旅游商品由于基本是在旅游商店里面进行交易和售卖的，因此其质量相对较有保障，且很多商品皆是原创，加有乌镇品牌，宣传效果很好。后面对旅游者对乌镇西栅旅游商品特征的感知部分有详细描述。

三、乌镇旅游商品

（一）商铺及商品总论

乌镇西栅景区内共有80余家大大小小的商铺，所售商品内容涉及食品、工艺品、创意纪念品、服饰用品等各类产品。商铺的分布存在一定的规律性，相对集中在客流量较大的两条知名的商业街上，分别是女红街和西栅大街。每家商铺基本都利用了沿街或沿河的老民居，只对其内部进行了改建，而外部依然保留了民居古朴的样貌，与整个古镇融为一体。店铺的经营权是由景区统一授予的，受景区的保护和管理。在景区的统一规划下，西栅景区的商铺形成了“一店一品”的商品特点，即每一家店所售的商品都具有独特性，在各自主题下尽最大可能做到精致，同时价格透明，不存在虚抬价格，名不副实的情况。这些特点确保了所售商品的质量，增加了消费者购买体验的丰富性和满意度，同时避免了许多古镇类景区会出现的旅游商品严重雷同等问题。除了上述优势，“一店一品”特色中，每家店铺在室内外装潢设计以及店内商品摆放上也都有各自独特的讲究，接下来就细化到各个商铺，来对他们的商铺及商品进行具体的介绍。

（二）商铺及商品介绍

1. 女红街

女红街全长约330米，共有商铺36家，是乌镇西栅景区著名的商业街。各类手工传统商品和创意类艺术品在此均有销售。一点一品的销售方式既保证了商品的品质，又使游客在选购中随时有新奇的感受。下文以自西向东的顺序介绍店铺，逐一对其内部商品及商品摆放特点进行描述。

(1) 乌之屋语

这是一家主营创意纪念品的小商店。店铺外围布满绿色的爬山虎，门口的老式石磨盘与爬山虎相呼应，催生出时光流逝的年代感。店铺各有北西朝向的两个门，游客在其中游览的路径为“L”形。从朝西入口进入后首先映入眼帘的是左手边①深褐色仿古桌上摆放的各类极富创意且色彩缤纷的钥匙链、杧果木手镯、佛教摆件、风铃及形态各异的木雕。透过玻璃窗可以看到正对面①对开仿古老柜中摆放的是做工精细、体量相对较大的佛教摆件、木雕及民族饰品。右转后左侧②桌子上陈列着色彩斑斓的民族手工编织项链，同侧墙上则是挂着根据形状排布但颜色各异的民族风格耳环。右手边③桌子上有序摆放着民族及宗教饰品，同时抬头处恰到好处地挂着一面镜子，以便游客试戴使用。①、②架子上摆放着许多卡通创意类小摆件。④桌子及③架子主要是体量较小的石质项链、卡通挂件和编织类小饰品（图 2-7）。

综合来看这家以经营民族、佛教主题饰品为主的店面，在商品布局上有如下几个特点：所售商品色彩十分丰富，摆放在深褐色木质老家具桌柜中更能突出其色彩；物品分小区域穿插摆放，让女性顾客易产生好奇心和兴趣，觉得种类丰富；将价格相对低廉的物品通常摆放在左右侧接触性最强的桌上、墙上等最显眼易取的位置，价格相对昂贵或是体量较大的则放置在高层的架子上。

图 2-7　乌之屋语内部结构平面图及实拍图（摄影：宋昌耀）

（2）青瓷苑

青瓷苑是一家经营浙江丽水青瓷产品的店，青瓷技艺作为一种非物质文化遗产，其产品是极好的工艺品。该店铺有一个北向开门，门前摆放着一个画着莲花的大青瓷盘，内部盛满水（风水角度有招财之说）。店内为“L”形布局，左侧③柜子和④架子分别摆放着青瓷瓶、瓷质佛像、瓷质茶具和装饰摆件。③架子为仿古圆形木质多宝阁，这也是一进门最吸引人眼球的地方，多宝阁上摆放的多为做工精细的佛像和摆件，架子后面墙上挂有一些青瓷制画以作点缀。①、②架子上挂着价格相对便宜、体量较小的瓷项链、小挂饰和小茶具。①、②柜子上摆放的物品以茶具、佛像、大型摆件为主，价格比进门处的商品更高，且越往上价格越高。店铺最里侧摆放了临窗的茶座，客人可以在此品茶赏街景，在古朴的氛围中十分有意境。收银台在中间夹角处，便于店员对商品的管理（图2-8）。

该店的整体摆架以黑色木质仿古家具为主，与青瓷相配更能突出古朴、雅致的质感。该店摆设基本按商品价格大致区分，进门处小物件价格多集中于30~180元；再往里走，内部的一些展品价格则为1000~5000元不等，可以满足各层次消费者的需要。在商品的排布中也是看得出老板最希望的还是抓住大众客源市场，由于多数消费者以浏览为主，因此将成本及价格均较低的商品摆在了最显眼的地方。

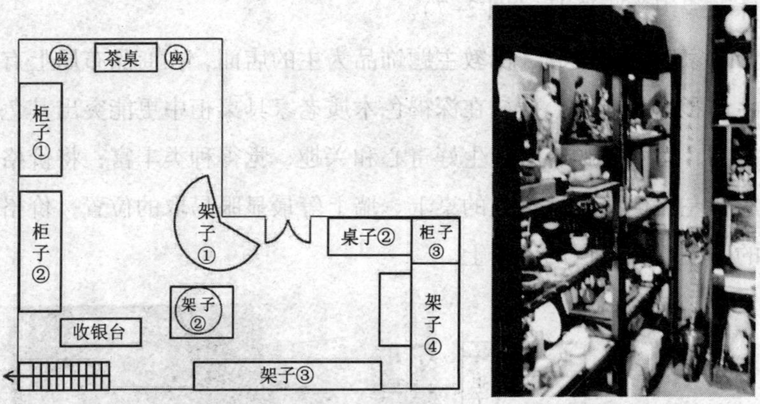

图2-8 青瓷苑内部结构平面图及实拍图（摄影：张明曦）

（3）林春记漆作

这是一家颇具特色的商铺。店家主营的是漆器工艺品，艳红色的漆器制品展示在玻璃橱窗中，吸引着来往游人的目光。店内陈设整体为浅棕色的仿古家具，一进门最显眼的⑤柜子位置上摆放着各种漆器小摆件和首饰。进门的右侧的①架子分内、外两层，外层为对外展示，把店内主营代表性商品摆放在上面供游客欣赏；内层是朝向室内游客的架子，摆放着彩漆制作的各种卡通小寿星摆件。④柜子内摆放着彩漆卡通人物摆件，柜子旁是一个老式的梳妆台上面挂着一些漆器首饰。②架子和③柜子内主要摆放着形态各异的红漆器盒子，①柜子和②柜子内则放置了一些漆器饰品和雕刻摆件（图2-9）。

由于漆器制品的价格相对较高且制作出的物品具有一定的局限性，因此为了适应大众的需求，店主在店内主要位置放置了一些价格亲民、形态独特的彩漆器及陶瓷类制品。店内商品的价格大致可分成三段：10~50元、180~280元、500元及以上。主营红漆器制品价格普遍为中等偏上，其他非红漆器类产品价格便宜。店内整体呈回字形布局，增加了游客与商品的接触性。

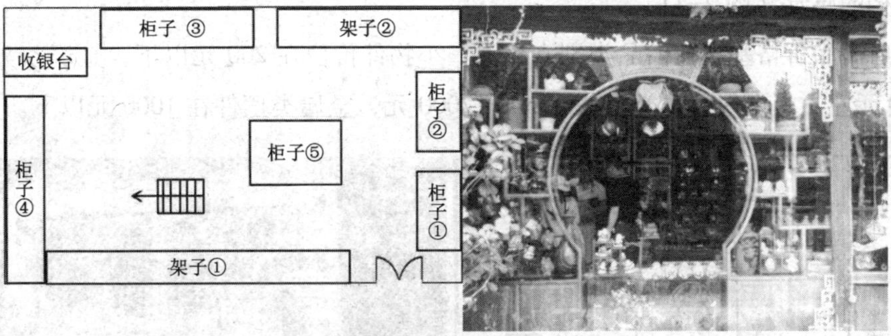

图 2-9　林春记漆作内部结构平面图及实拍图（摄影：马蕾）

（4）花开的地方，一方来帕寄心知

这是一家主营真丝及棉质手帕、丝巾的店，内设十分简约舒适。①架子为四方形架子，上面挂着色彩斑斓的手帕。②架子上摆放的是一些做工十分精细的上等丝巾。③架子上按照材质和形状将丝巾进行了分类摆放（图 2-10）。

店内经营的商品以素色为主，色彩多样的产品会单独摆放，看起来整齐且具有一定的对比性。商品价格按材质分为两大类：棉质商品价格 10~60 元，真丝类商品均统一标价为 158 元。在价格的设定上有梯度符合游客购买心理，真丝产品统一的价格扩大了游客的可选范围及购买可能性。

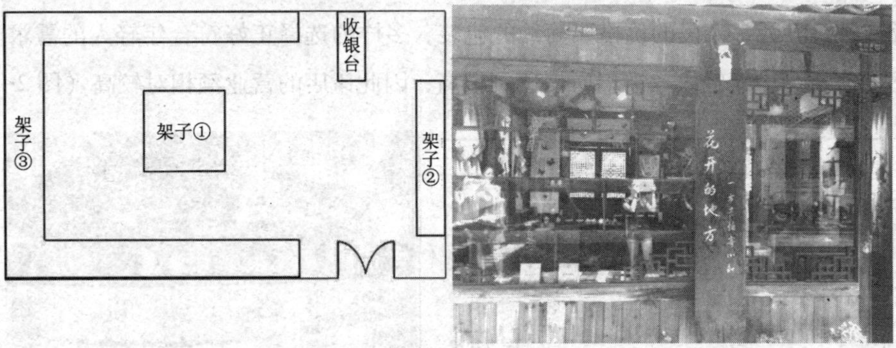

图 2-10　商铺内部结构平面图及实拍图（摄影：宋彦亭）

（5）女红街 92 号

这家店主营产品是金属类创意商品和工艺品。④柜子作为对外展柜将店内核心的铜质工艺品、金属类民族工艺品进行展示。进门处①架子加柜子分别在靠上层摆放了金属茶具，①柜子中低层摆放了金属类小型首饰，①架子中低层摆放了耳钉、项链等首饰。①桌子上摆放的是品种多样的小挂件、摆件、饰品等。②柜子和③柜子是蓝绿色的欧式复古柜，里面摆放的是一些宝石嵌在金属装饰里的饰品，由冷光灯照着商品烘托出一种复古高档的感觉（图 2-11）。

该店商品价格基本按商品类别来分类：小物件价位在 200 元以下，金属茶具价格多在 1000 元左右，金属首饰类价格在 500~2000 元，金属类摆件在 1000 元以下。

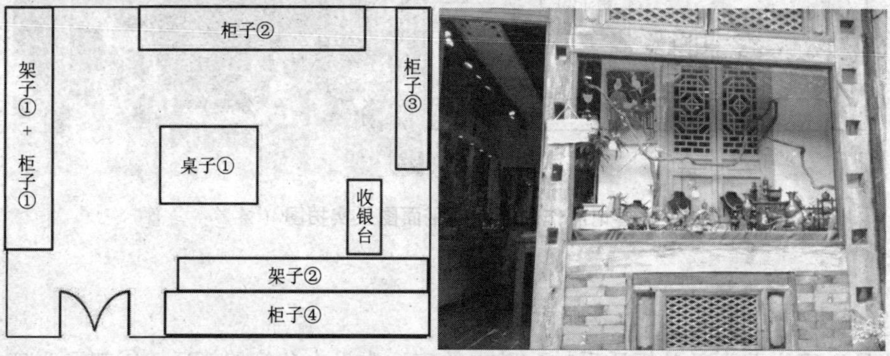

图 2-11　女红街 92 号内部结构平面图及实拍图（摄影：漆家进）

（6）RE 调香室

这是一家经营香水的商店，属于浙江、上海一带的品牌连锁店。店内布置整齐简约，墙是纯白色的，货架为灰色砖砌架子，每层有暖光灯打在商品上。商品均为黑色瓶子和白色包装盒组合，左右有规律地分开摆放，呈现简洁雅致的视觉效果。所有商品均展示在三个架子上，按照男士专用、女士专用做基本分架，内部再按香型进行分层摆放。商品价格一律 210 元，亲民的价格、简约的包装、多样的选择正好符合年轻人的需求。又因该景区游客类型中年轻人及情侣所占比例很高，因此该店的营业额相对较高（图 2-12）。

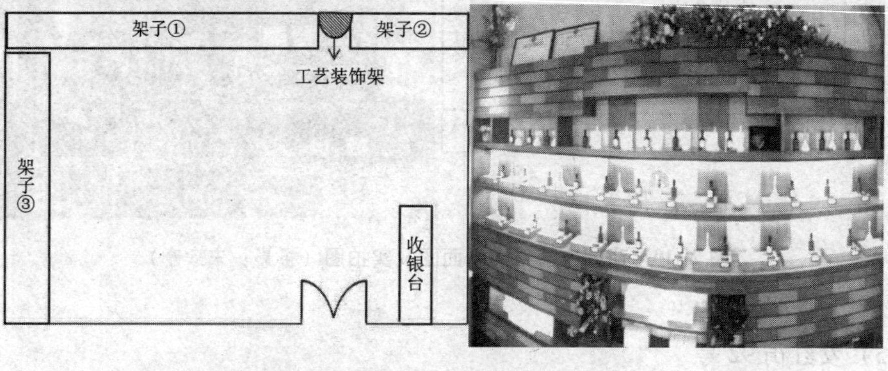

图 2-12　RE 调香室内部结构平面图及实拍图（摄影：宋昌耀）

（7）阿婆的茶铺

阿婆的茶铺以特色梅花糕为主营产品，副产品为五种风味各异的自制饮品。所有商品价格均为 5 元。店铺由老民居改建而成，保留了传统风格。店铺南面整体开放，梅花糕制作展示台在显眼的位置，游客可以看到当地特色小吃梅花糕的制作过程。店铺内共有两张桌子，临窗临门各一个，店内最多可同时容纳 10 人一同停留。店内提供的饮品均为老板自己原创调制，当季饮品分别是：酸梅汤、柚子茶、熏豆茶、麦乳精、锅糍茶，饮品名称用粉笔写在小黑板上，充满童年回忆。饮品类别随季节变化而做更换（图 2-13）。

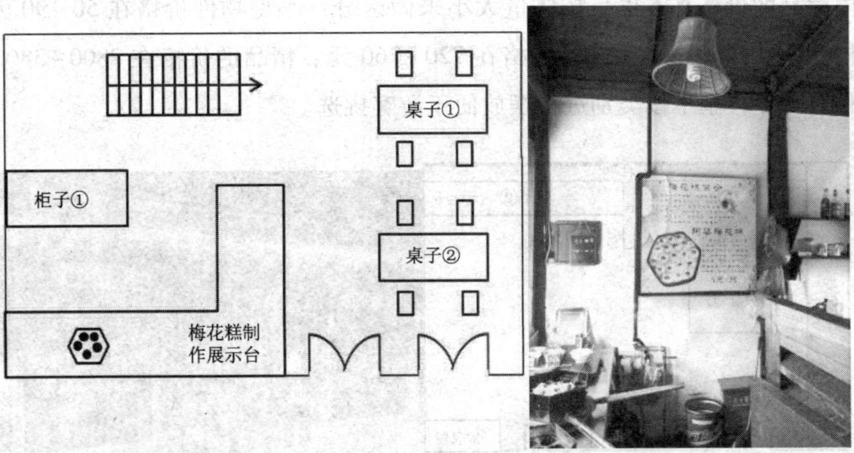

图 2-13　阿婆的茶铺内部结构平面图及实拍图（摄影：张明曦）

（8）手工烙画

这是家在木头及葫芦上烙画的工艺品店，①架子上摆放的是各类小葫芦烙画工艺品，按个头差异摆放在各层。①桌子上放置的是小葫芦和木质烙画，商品体量较①架子略大。②、③架子上摆放的是木质烙画工艺品。临近玻璃的②桌子上展示的是葫芦制作的手链、挂件和一些小饰品，精巧可爱。店家将②桌放在窗前展示，也是希望借此来吸引更多游人进店参观挑选。商品价格基本按物件大小来区分，小物件25~100 元不等，大物件 600~5000 元不等（图 2-14）。

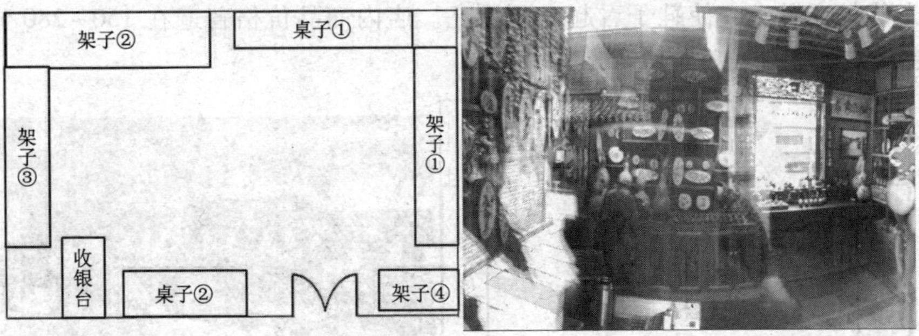

图 2-14　手工烙画内部结构平面图及实拍图（摄影：马蕾）

（9）麦艺斋

这是一家经营麦秆工艺品的店，以手工麦秆画为主打商品。南向通体为门，进门后可以看到北侧墙面挂着大体量的麦秆画，①桌子上摆放着麦秆制作的手工摆件、扇子等小物品。①架子上挂着用麦秆编织的包和工艺相对精细的麦秆扇子，②桌子上摆放的是麦秆制作的小画，放置在相框中可以放在家中做摆件。①柜子作为对外展示区，上面摆放着精致的麦秆画作品（图 2–15）。

店内商品的价格基本也是按体量大小来做区分：小型物件价格在 50~90 元、中型物件价格在 360~460 元、大物件价格在 720~760 元、精品的价格在 2800~3800 元。店内布局相对有序，基本按类别进行摆放便于游客挑选。

图 2–15　麦艺斋内部结构平面图及实拍图（摄影：宋彦亭）

（10）金履八香

这是一家主营巴基斯坦民族鞋的特色小店，经过时就能看到摆在店面橱窗里（即①架子）造型别致且极富民族特色的尖翘头布鞋以及彩色串珠穿成民族纹饰的凉鞋。店内最明显的①桌子位置上环绕式摆放的同样是巴基斯坦民族布鞋和凉鞋。②、③柜子中上层摆放的是民族布鞋，下层摆放的是串珠式凉鞋、拖鞋、布鞋和少量冬款皮靴。②桌子一层摆放的是布鞋和童鞋，顶层摆放的是民族皮靴和马靴，彰显民族风格。架子上每层都有暖光等打在鞋上，使鞋子看起来更漂亮。店内商品价格普遍在 150~280 元，靴子价格为 360 元左右（图 2–16）。

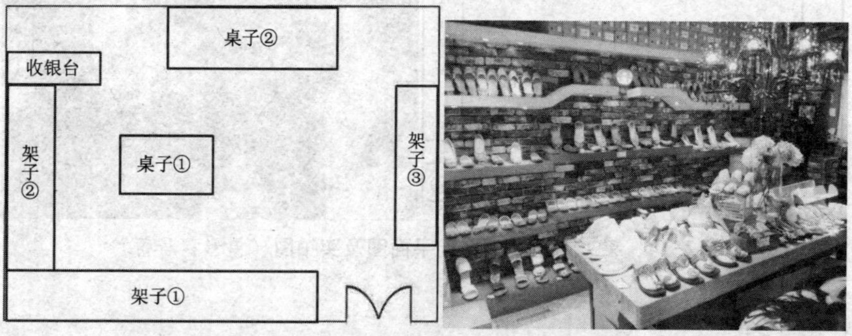

图 2–16　金履八香内部结构平面图及实拍图（摄影：漆家进）

（11）包包袋

包包袋主营各类包，进门①桌子上摆放的是 10 元左右的仿编织类的小包袋。①仿古架子上放置的是草秆编包，对边的⑥架子为对外展柜，放置了一些中型的民族纹饰手提包和挎包。②架子上放置的是图案繁多的草编包；③架子上放置的是民族风情的包，④、⑤架子上放置的是价位在 400~700 元的手工民族图绣包；⑦架子上放的是民族绣包和皮包，价位在 700 元左右；⑧架子为手包区，价格在 180~380 元（图 2-17）。

该店整体布局相对明显，由价位决定。但是所售商品并没有特定主题，也没有当地特色，更像是民族包类旅游商品的一次大汇总。

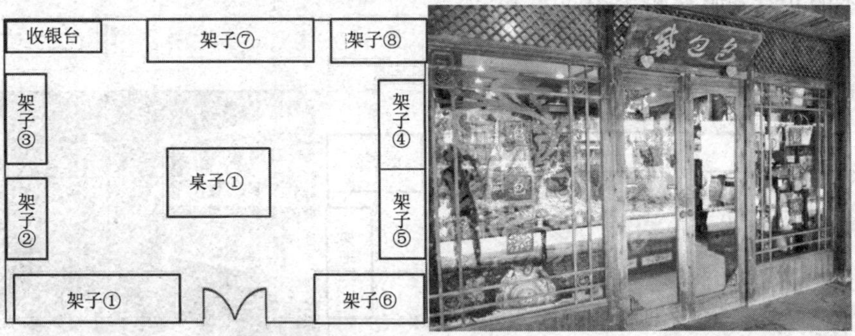

图 2-17　包包袋内部结构平面图及实拍图（摄影：宋昌耀）

（12）花想容

这是一家经营棉麻布类衣服的店，①架子作为对外展示台，选用了江南镂空式木门框作为架子挂衣服，②、③、④架子同样是用木门框作为架子来挂商品，其中③架子上方在墙上挂了几件具有代表性的展品。①、②挂衣架在相对较矮的架子上挂了更多可选择的商品，且价格相对较便宜。但整体商品摆放相对比较杂乱，并无类别可寻，选购时需要花更多时间在翻找的过程中（图 2-18）。

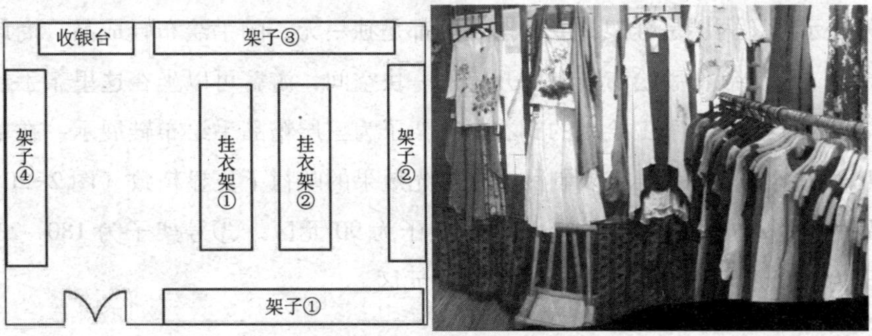

图 2-18　花想容内部结构平面图及实拍图（摄影：张明曦）

（13）女红街 67 号

这是一家主营手工钩线类工艺品的特色小店，内部装修为粉色墙面配以纯白色展架台的形式，让人感觉舒适、温馨、富有童趣。展台的位置挨近临街玻璃窗，上面按照工艺品体量的大小有序地摆放着毛线钩织而成的玩偶、小羊、卡通人物、小熊和圣诞老人，生动可爱十分吸引过往游客的眼球。①桌子上摆放着手工钩线制成的童鞋和小帽子，价格均在 68 元左右。①架子上摆放的是情侣玩偶，价位按大小不同存在差异，②架子上分三层摆放着毛线钩织成的玩偶，造型多样惟妙惟肖，按价格由下至上逐步上升。②桌子摆放着体量较大的钩织玩偶，③架子上摆放的是各类钩织童帽，④架子上挂着钩织类的儿童衣服（图 2–19）。

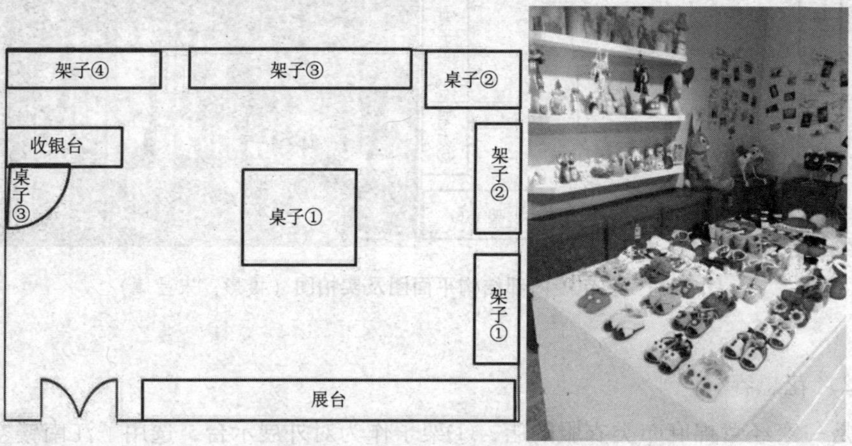

图 2–19　女红街 67 号内部结构平面图及实拍图（摄影：马蕾）

（14）浮世绘

浮世绘是一家经营手绘布鞋布衣的创意品商店，①、②架子分内、外两层，临街外层是对外展示架，内层是鞋架，上面摆放的都是独一无二的手绘布鞋成品。商店正中间的工作台是老板为制作手绘布鞋专门开辟的一块空间，游客可以坐在这里亲手绘制自己的布鞋。③架子上挂着手工绘制的布衣，④架子为三层精品手绘布鞋展示。在单品展示区挂着几件图案精美的手绘布衣制品，在灯光效果的映衬下更显精致（图 2–20）。

商品的价格基本为分区摆放①、②号架子为 90 元区，③号架子为 180～230 元区，④号架子为 150 元区，单品展示为 300～380 元区。

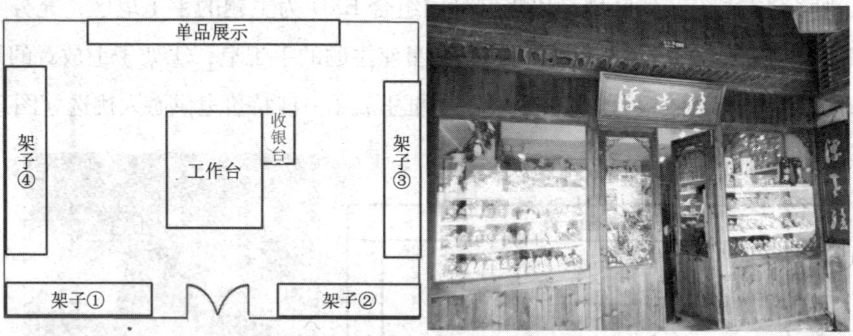

图 2-20　浮世绘内部结构平面图及实拍图（摄影：宋彦亭）

（15）女红街 65 号

这是一家经营烟斗等烟类制品的店。店铺装修整体为仿民国风格，枣红色的木质家具及地板，配以厚布流苏窗帘和复古玻璃展柜彰显档次。进门后左手边的③柜子是香烟专柜；②架子中摆放的是价位在 55~300 元的烟斗；①架子为十层的烟斗展示柜，价位在 800~1800 元；①柜子为组合柜，里面放置着一些老物件作为装饰；②柜子是打火机专柜商品，最高价格在 1000 元左右（图 2-21）。

门口的沙发区专供游人休息，同时该店还向游客提供红药水、地图以及纸笔等人性化服务。

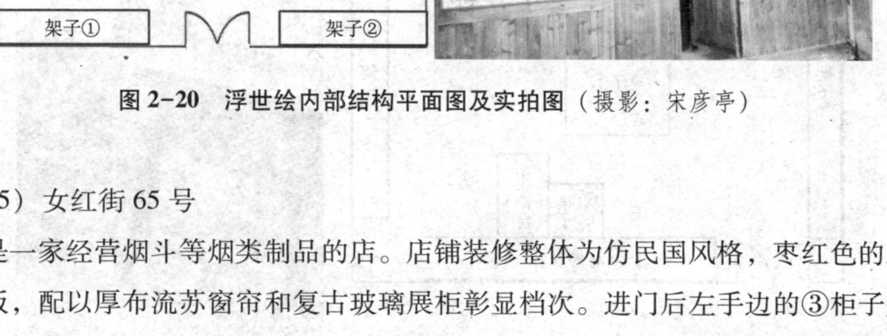

图 2-21　女红街 65 号内部结构平面图及实拍图（摄影：漆家进）

（16）皂艺馆

皂艺馆是一家经营各类香皂用品的商铺，与看到的其他香皂用品店不同的是，这家店开发了香皂的无限可能，无论从材质、形态还是功能，凸显出了创意性。从该店门口经过就会被扑面而来的香味所吸引，对外展台上展示的各类手工皂展品，色彩清新造型各异，十分吸引游人眼球。进门最显眼的①桌子上摆放的是价格适中，功能、造型各异的手工皂和与洗浴有关的副产品；③架子上摆放的是一些具有独特功能性的手工皂和各国生产的进口皂；②架子最左端有一块区域是以当红韩国组合 EXO 为主题的手工皂区，充分考虑年轻群体的需求，其余部分放置了一些创意造型和星座主题的手工皂；①架子上放置的是各类卡通造型的手工皂；靠近收银台的②桌子上的小框里放了一些特价皂供游人挑选（图 2-22）。

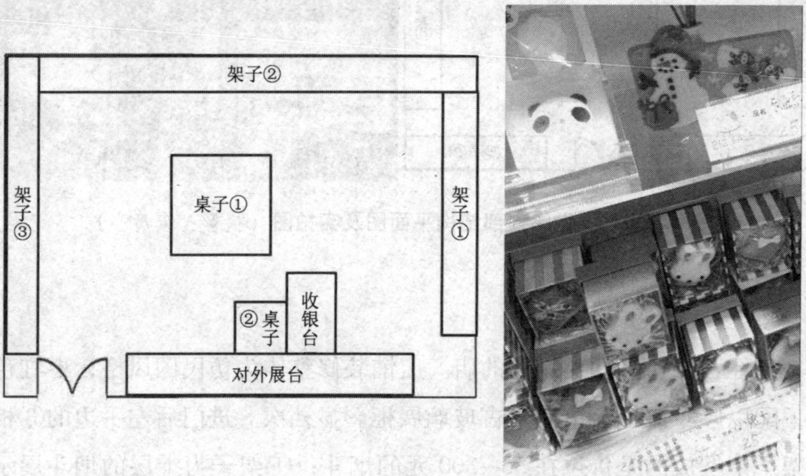

图 2-22　皂艺馆内部结构平面图及实拍图（摄影：宋昌耀）

（17）大内画轩

大内画轩主要经营的产品是内画瓶工艺品。进门后随处有印花蓝布的装饰元素，体现出了当地特点。②、③架子上摆放的是大小各异的鼻烟壶、内画壶工艺品，在架间横梁上悬挂了一些钥匙扣、手环类小挂件。①桌子上放置的是价位在 120~180 元的挂件饰品，①、②柜子里放置的是高档的内画瓶、挂饰类工艺品，价位普遍在 400 元以上。④架子同样摆放着鼻烟壶，四层的架子上不同价位的产品穿插着摆放。①多宝阁架子作为对外展示，放置了精美的鼻烟壶、内画瓶、茶具和球中球等工艺品，旁边的几株垂枝上还挂着内画工艺饰品，自然而吸引游人目光。商铺中部，店家坐在工作台前仔细绘制着内画壶，那份宁静与整个店铺以及产品融为一体，让游客在店内也能放下浮躁的心，安静地欣赏每一件产品（图 2-23）。

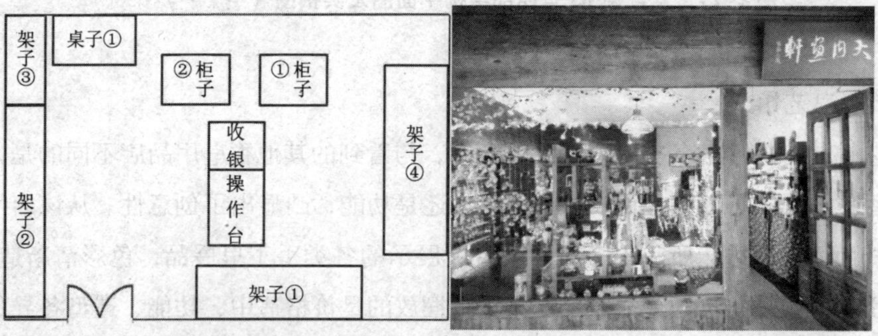

图 2-23　大内画轩内部结构平面图及实拍图（组图）（摄影：张明曦）

（18）陌上花开

陌上花开临河而居，是一家制作牛骨雕刻的手工艺品店。店内一进门最先看到的是工作台的位置，女店员在专注地雕刻着手工艺品，其背后悬挂着的牛角、牛皮水壶和毛毡营造出一种浓浓的民族特色。右侧展板上悬挂着应客人要求做好的牛骨雕刻挂饰，黑白分明小巧精致。①架子是以藤条为架，悬挂了牛骨雕刻的项链和挂饰。下面桌子上的是独立摆放的牛骨佛串手环。①柜子和挂件部分摆放的主要是情侣挂件和牛骨耳环；②柜子和挂件的位置上放置的是创意牛骨雕刻、摆件和挂件；③柜子上主要摆放的是牛腿骨制作的雕刻制品和摆件，分散地挂在墙上，与对面紧密的挂饰形成对比。全店商品基本分为三个档次，40~60 元区间、60~100 元区间和 350~1280 元区间（图 2-24）。

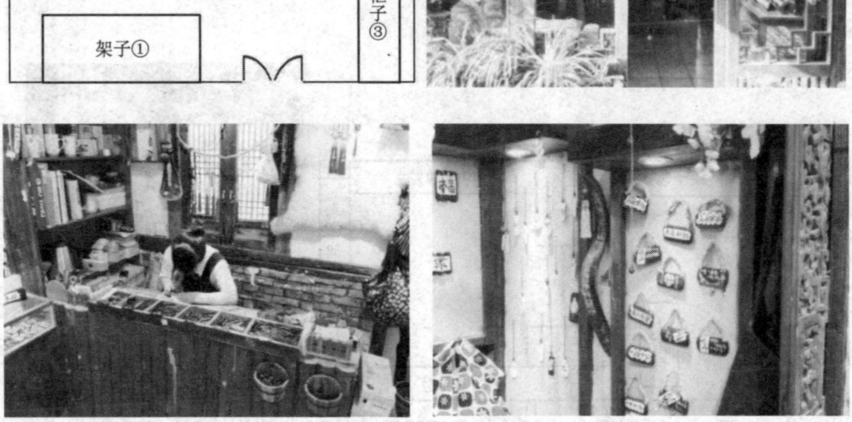

图 2-24　陌上花开商铺内部结构平面图及实拍图（组图）（摄影：马蕾）

（19）重逢国货铺

该店主营以国货化妆品、护肤品和生活用品，两侧对外展示架上摆满了富有怀旧气息的老式包装的化妆品。店内装修以暗绿色为主色调，展柜及展台全是以未刷漆的旧木材做原料制成，增添了年代感。①桌子上放置的是百雀羚的相关小产品，便于结账时选择；②桌上放置的是护手霜、面膜、粉底等产品；①、②、③架子上分类放置着一些洗发水、沐浴液、香水等产品，摆放相对无秩序，更像一个老国货的博物馆（图 2–25）。

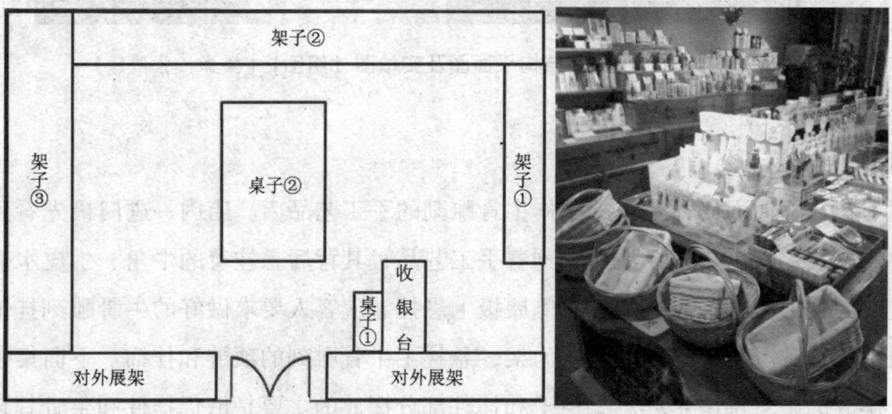

图 2–25　重逢国货铺内部结构平面图及实拍图（摄影：宋彦亭）

（20）状元枕

这家店得名原因是店内出售的一种特殊工艺的枕头——状元枕，它所内涵的工艺是一项非物质文化遗产（枕内有多种中草药成分）。店铺为长方形店面，店内出售的产品除状元枕外，还有真丝枕头/枕巾、靠枕和各类摆件。①架子上摆放的是靠枕和绣枕；②架子上摆放的是记忆枕和旅行颈枕；③架子上放置的是一些布艺摆件如小老虎枕；①桌子上放置的是特价的真丝枕套和枕巾；④架子上放的是大一点的枕头和靠枕，对外展柜上放置的是状元枕和一些靠枕。在店铺东北角放置着一个仿清代沙发，沙发上摆放着状元枕，让游客有种身临其境之感（图 2–26）。

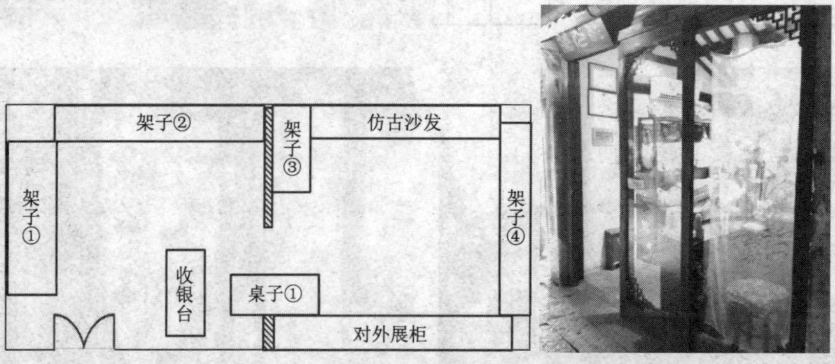

图 2–26　状元枕内部结构平面图及实拍图（摄影：漆家进）

（21）女红街 40 号

这是一家古香古色的制作竹简雕刻艺术品的店，两侧的对外展柜内放置着用竹简刻制的古代经典著作，富有韵味。①桌子上放置了一块青檀木雕刻而成的大型圆形佛像，②桌子上放置着竹简卷轴、竹片和叶脉做的书签，③桌子上放着竹制匾额、经文，上面②挂件挂的是一些竹简制成的植物画和孔子画像。①挂件上悬挂着竹简刻的佛经、人物像、钥匙链等工艺品，①、②、③架子上放的都是一些竹简刻字、经文卷轴、匾额等工艺品。工作台上放着店主正在制作的半成品（图 2-27）。

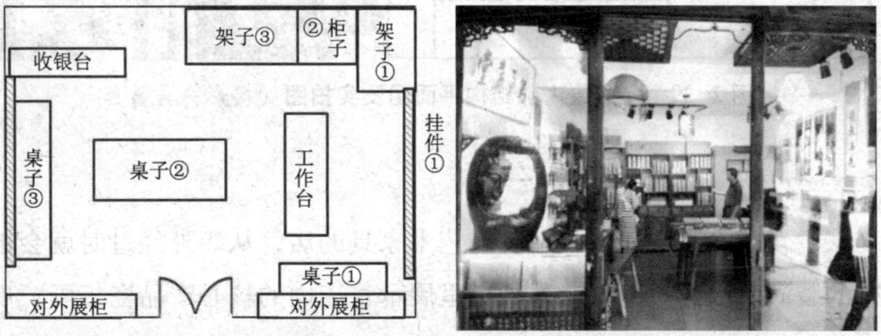

图 2-27　女红街 40 号内部结构平面图及实拍图（摄影：宋昌耀）

（22）美满开心屋

美满开心屋是一家瓷质工艺品店，③架子上码放的是各种瓷杯，②桌子上放置的是瓷质茶壶，④架子上放的是成对的瓷质工艺品，③、④桌子上放的是瓷质手工挂件，⑤架子上放置的是价格相对昂贵的瓷质佛像以及佛珠，①、②架子以及①桌子上放的都是瓷制品摆件和工艺品，①、②挂件的位置挂的都是一些富有生活气息的小画。整个店铺生活气息浓厚，所售卖的东西多以和谐幸福为主题，与店名相呼应（图 2-28）。

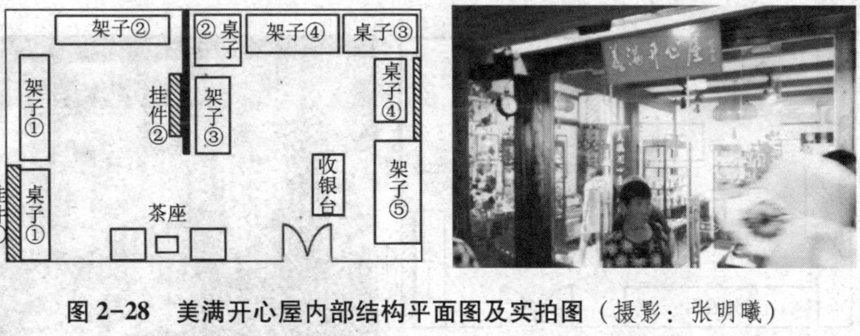

图 2-28　美满开心屋内部结构平面图及实拍图（摄影：张明曦）

（23）多彩绘

多彩绘是一家经营棉麻布艺女包的连锁店。店内采用统一的金属货架，每层货架都整齐码放着各式女包。进门桌子上放置着钱包和手包，对外展架上放置的包价位在

400~500元，①架子上的包价格在200~800元，②、③、④架子上的包价位在400~500元。本店售卖的包以颜色丰富、图案多样为主要特点（图2-29）。

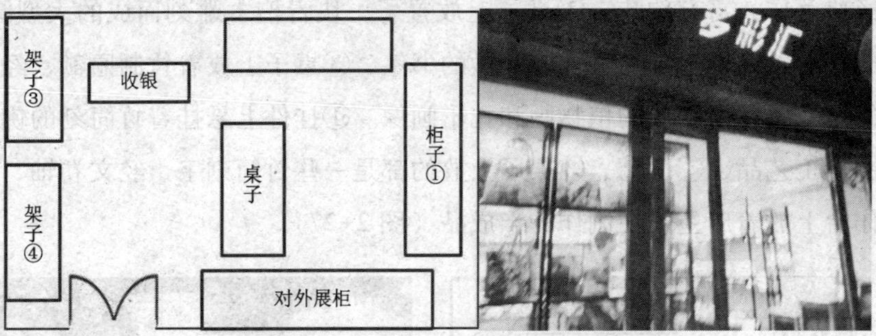

图2-29　多彩绘内部结构平面图及实拍图（摄影：马蕾）

（24）青兰工舍

这是一家主营精品手绘瓷板画和装饰艺术家具的店，从店外经过时就会被店内富有极强艺术感的装潢所吸引。门口对外展柜里展示着店内的核心产品瓷板画，展台上摆放着瓷板画工艺制作的小摆件以及该店专门设计的包装系列，灯笼改造的挂灯和复古门框做成的画框带出了浓浓中国风。店内①桌子上摆放的是一些实用的小挂件和摆件，①墙上挂着几幅精致的手绘瓷板画作品。②桌子上放置的是以旗袍为原型制成的摆件，②墙上整齐地挂着中等体量的方形瓷板画作品。③桌子上放着一些手工艺品，③墙上挂放的是小体量方形瓷板画，架子上放的都是方形的瓷板画，④桌子上放的是一些包装系列的副产品，④墙上挂放的是各类瓷板画（图2-30）。

该店最大的特点就是富有艺术气息的装潢设计让游人觉得很有吸引力，同时做工精细，图案新颖的瓷板画艺术品也让游客有耳目一新的感觉，在暖光灯的映照下极显质感。不免让游人愿意再多停留一段时间。

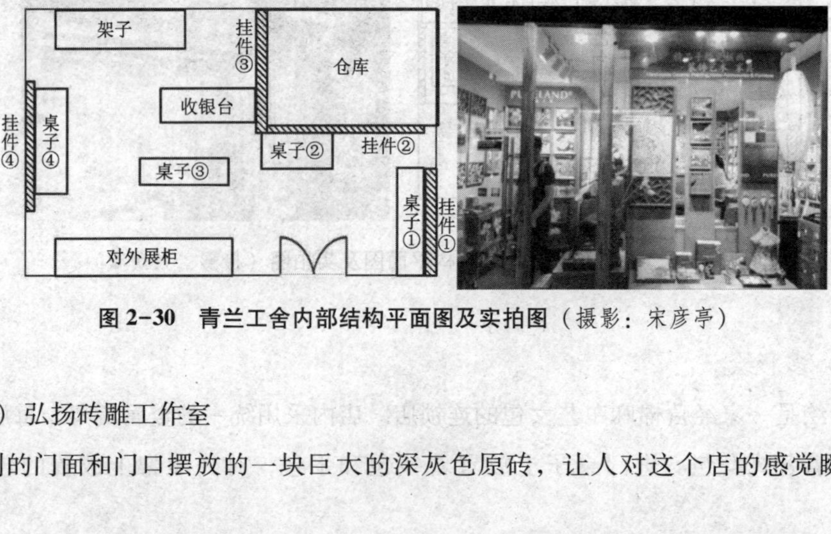

图2-30　青兰工舍内部结构平面图及实拍图（摄影：宋彦亭）

（25）弘扬砖雕工作室

粗制的门面和门口摆放的一块巨大的深灰色原砖，让人对这个店的感觉瞬间定义为：粗犷。店家是一位制作砖雕木雕的手工艺人，透过简易的临街玻璃门就能看到店主坐在工作台前仔细地敲刻着石砖。①墙上摆放着他制作的砖雕，粗犷的石砖上刻画着细致的图案，不禁让人有一种极强的对比感。①柜子和收银台上摆满了木雕小摆件，①架子上放的是精致的木雕作品，墙上横向挂着一幅巨大的石雕作品。进入二进房间，②柜子上放的是木质小挂件和佛珠手串，⑤柜子上放的是体量较大的木雕作品。③、④架子上码放的是木质首饰盒、食品盒、传统桌椅摆件等。对外多宝阁展柜上放的是店内出售的精品木雕制品（图 2-31）。

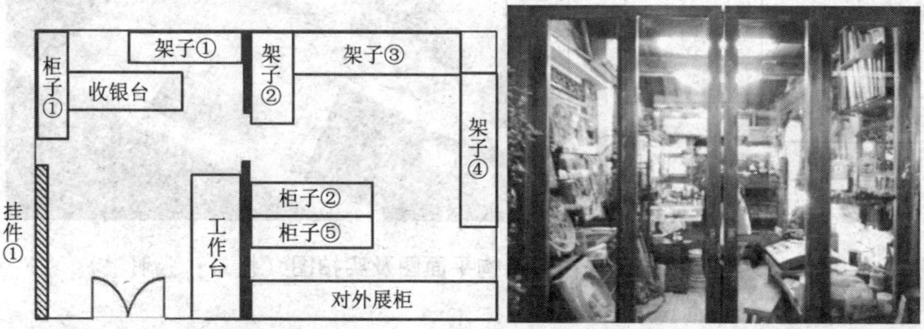

图 2-31　弘扬砖雕工作室内部结构平面图及实拍图（摄影：漆家进）

（26）丝锦庭

这是一家乌镇自主经营的品牌店，主营丝巾等纺织制品。进门后在左侧有四个老式传统纺织架，在上面悬挂着各类丝巾制品用来做商品展示。③架子上也整齐地挂着各式丝巾；桌子上摆放着价格相对实惠的丝巾品种；①、②架子上摆放的也是丝巾，展示价位相对高一些。店内的丝巾价格跨度较大，为 30~300 元（图 2-32）。

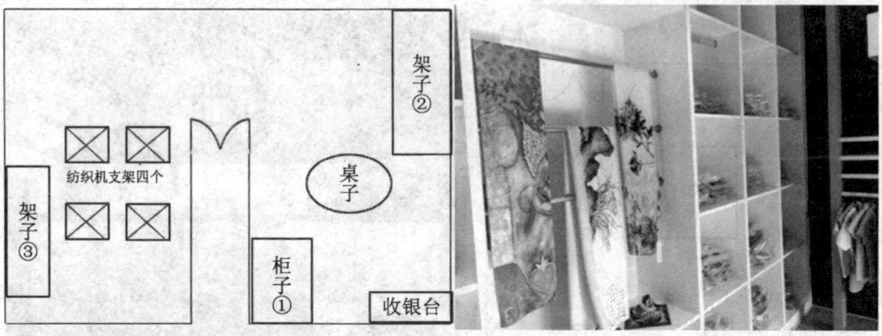

图 2-32　丝锦庭内部结构平面图及实拍图（摄影：宋昌耀）

（27）女红街 27 号

这是一家刺绣手工艺品店。进门处②架子上摆满了吉祥主题的手工刺绣挂件，多宝阁中还穿插着摆放了手绣扇面、小屏风等作品。临街窗前的刺绣展台是一架老式的刺绣手工支架，上面放置着店家正在制作的一幅莲花刺绣作品和图样。店内桌子上放的是一些价位便宜的旅游纪念品，包括丝巾和手帕等。②、③架子上放的是一些手工刺绣作品，①架子上放的是双面绣屏风，做工相当精细。中间挂件的位置上挂着一排价位在 1500 元以上的手工刺绣作品，下一排的刺绣作品价格相对较便宜，为 300 元左右（图 2-33）。

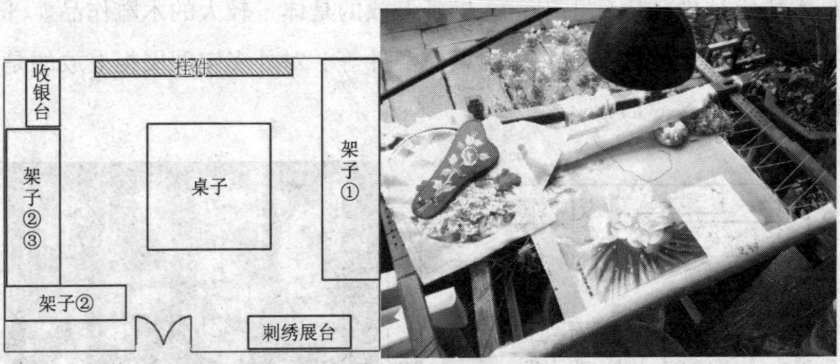

图 2-33　女红街 27 号内部结构平面图及实拍图（摄影：张明曦）

（28）女红街 26 号

这是一家具有浓浓文艺气息的特色茶坊，主营商品是具有乌镇地方特色的乌镇胎菊以及各类造型茶及茶具。①架子的位置摆放的是精美简约的各类茶具，②架子上按照类别摆放着各类茶叶，造型精美而古朴的各式包装十分吸引人眼球，架子上的植物装饰给整个店铺营造了一种自然安逸的选购氛围。桌子上摆放的是店铺主打茶叶产品和自己设计制作的瓷质茶具，以及与饮茶有关的配套副产品。店员在店内走动，提供试饮服务。店外临河的位置是这家店的室外品茶区，游客在店内选好茶品，由店员冲泡好后在室外品尝（图 2-34）。

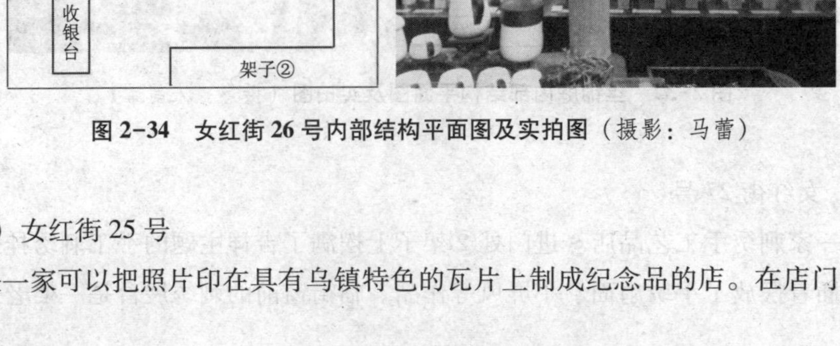

图 2-34　女红街 26 号内部结构平面图及实拍图（摄影：马蕾）

（29）女红街 25 号

这是一家可以把照片印在具有乌镇特色的瓦片上制成纪念品的店。在店门口就整齐地码放了三层灰色的原瓦，展架上展示着以各种照片制成的瓦片纪念品，十分富有新意。店内桌子上摆放的是体量较小的瓦片纪念品成品，②架子上是店主与一些名人合照制成的瓦片纪念品，①架子上摆放的是一些乌镇风景照片的瓦片纪念品。游客到此可以将在乌镇拍摄的好作品直接给店主，在休憩区内等待半小时左右的时间，就会得到属于自己的乌镇瓦片纪念品（图 2-35）。

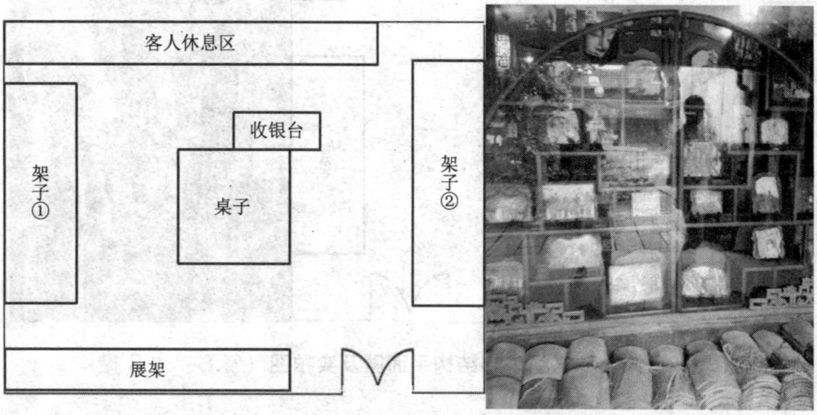

图 2-35　女红街 25 号内部结构平面图及实拍图（摄影：宋彦亭）

（30）女红街 19 号

这是一家主营儿童玩具和模型的店。店铺门口摆放着一个 1.3 米左右的机械玩偶，很吸引目光。店内正中是以航母为原型制成的展示桌，上面放置着各类飞机模型，①展示架上摆放的是店内各类典型商品的汇总，有汽车模型、飞机模型、机器人等。①架子上摆放的是手工制成的精致金属摩托车模型，还有一些手枪模型。②架子上放置的是各类航运飞机、战斗机和汽车的模型。这家店给人的印象就是主题鲜明，所针对的群体是带小男孩儿的家庭游群体（图 2-36）。

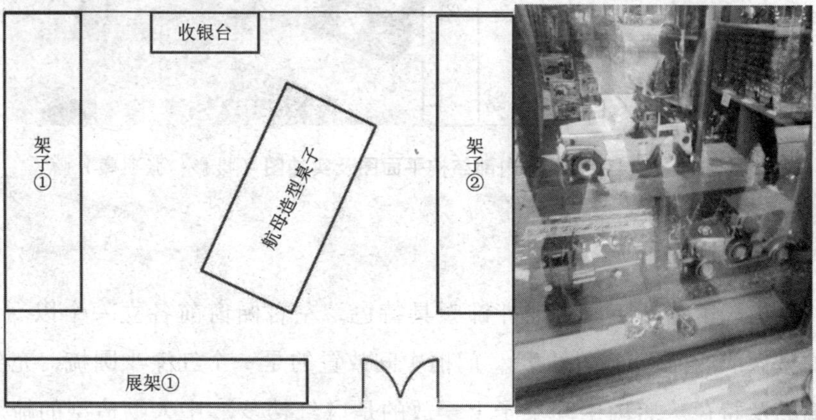

图 2-36　女红街 19 号内部结构平面图及实拍图（摄影：漆家进）

（31）天使私房绣

这是家主营中式女装的店，展示桌上平铺这几套特色搭配，①、②衣架上挂着各类中式风格的女装，大致按类别进行摆放。左右各有一个试衣间（图 2-37）。

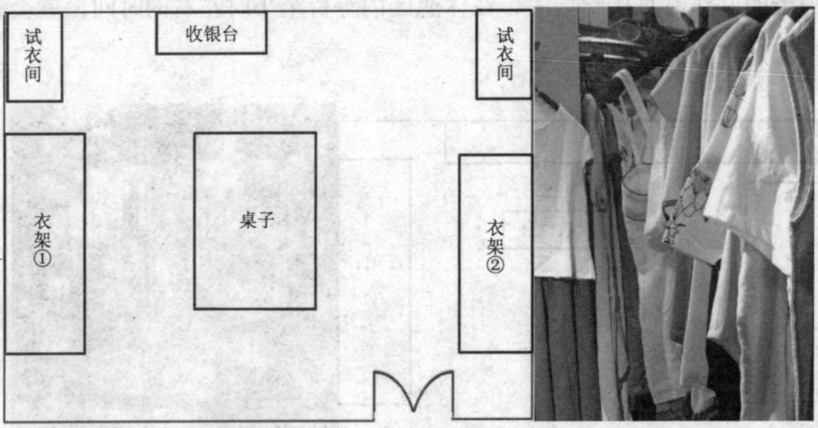

图 2-37　天使私房绣内部结构平面图及实拍图（摄影：宋昌耀）

（32）女红街 18 号

这是一家经营各类记事本的店。店内装潢很简约，商品排列也很明确，②架子上摆放的是各种花布和植物标本制成的记事本，①架子上摆放的是各色皮艺做成的记事本。中间桌子上摆放的是价格相对便宜的独具本土特色的商品，如当地风景制成的明信片、书签等（图 2-38）。

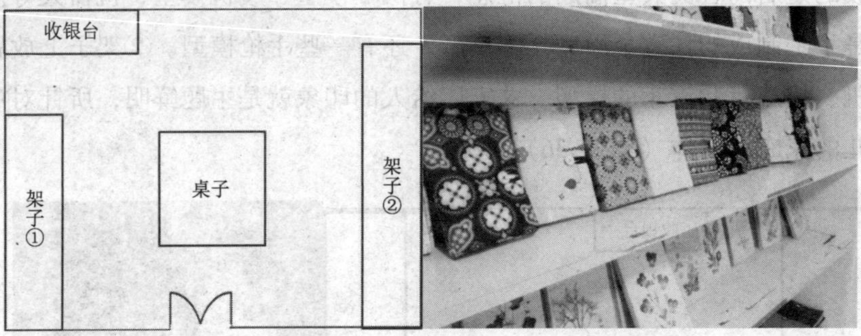

图 2-38　女红街 18 号内部结构平面图及实拍图（摄影：张明曦）

（33）女红街 17 号

这是一家梳子工艺品店，店铺外饰颇具特色，左右橱窗前各立一个以《红楼梦》中人物为原型做成的梳子（放大版），门框中间放置的是一个红漆半圆梳，充分体现出店铺所售商品及特色。店内中间桌子上摆放的是《红楼梦》中人物造型的梳子，这也是销量最好的产品。①玻璃柜中展示的是青檀木梳，价格实惠。柜子上方挂着一些造型别致、材质良好的梳子，价格相对高一些。②柜子内展示的是红漆梳，大小各异，图案新颖十分喜庆。③柜子内展示的是蝴蝶造型的双拼梳，极具艺术感。④柜子中安放的是一些牛角梳，放在相框里展示。在收银台后面墙上，还挂着店内所有类型梳子的合集版，用意是买者在交款时无意间的一瞥可能会对其他商品产生兴趣，增加购买可能（图2-39）。

图 2-39　女红街 17 号内部结构平面图及实拍图（摄影：马蕾）

（34）檀木壹家

这家店主要经营木质工艺品，两侧展示架上放置的是木雕、手串、挂饰、扇子等工艺品。中间桌子上放置的是木剑、木雕、木梳、发簪等，中间挂的是生肖木牌和各类小挂饰。店内所售商品整体价格相对合理（图2-40）。

图 2-40　檀木壹家内部结构平面图及实拍图（摄影：宋彦亭）

（35）乌镇自营品牌

这是一家乌镇自营产品店，主营各类服装。入口处多为女装，内有部分男装，主要以古镇风格为元素设计的服装。采用棉麻、丝质等为原料，图案偏民族图饰。店内除服装外，还有专设的围巾区（图2-41）。

图 2-41　乌镇自营品牌内部结构平面图及实拍图（摄影：漆家进）

（36）月半闲居

月半闲居位于女红街 30 号，主要商品是手链、项链和各种摆件。②、③处为橱窗展示区，展示的是该店特色鲜明、个性凸显的摆件，吸引游客入店观赏和购买。④、⑤、⑥处为三层橱柜，④为手链区，价格高者在包装盒中陈列，而价格较低者则摆放在玻璃罩中；⑤处为各种挂饰；⑥处为第三层，放有各种项链，价格较高，因此位置也较高。⑦、⑧、⑨处为各种摆件，但⑦处由于位于店铺中央，始终位于游客视线范围内，摆件价格较低，也是销量最好的区域；⑧、⑨摆件价格较高，单体较大，故置于角落。①处为两层，一层为各式石质手链，二层为项链（图 2-42）。

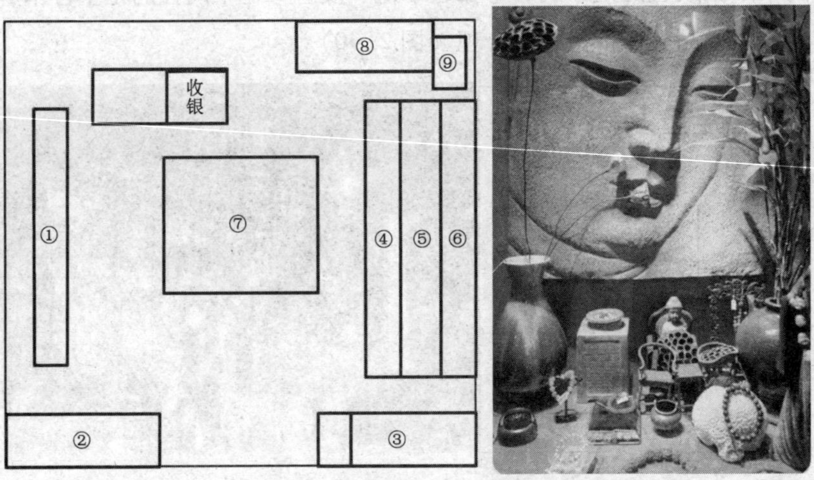

图 2-42　月半闲居内部结构平面图及实拍图（摄影：漆家进）

2. 西栅大街

西栅大街全长近 1.3 千米，是西栅景区内另一条主要的商业街道。31 家具有历史底蕴、民俗特色的商铺汇聚于此，与女红街的细腻与时尚形成鲜明对比。

（1）通安商行

通安商行是一家服务于周边民宿的百货超市，既有乌镇特色商品如三白酒、姑嫂饼、蚕丝被等，也有普通饮料、零食等。通安商行分区特征明显，①、②处是橱窗展示区，①处橱柜中是乌镇茶香、木质礼盒，②处是蚕丝被、三白酒、扇子、茶壶等。③、④柜台展示区，主要是三白酒、姑嫂饼等传统特产。⑤、⑥橱柜包括饮料、休闲食品、生活用品（图 2-43）。

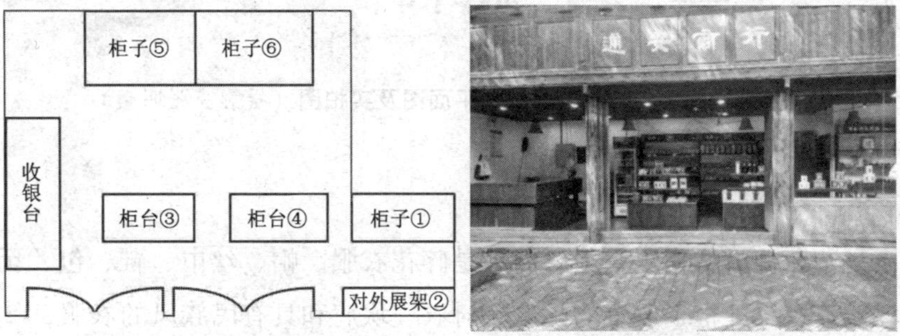

图 2-43　通安商行内部结构平面图及实拍图（摄影：宋昌耀）

（2）火柴天堂

火柴天堂是以火柴为主营商品的文创商品商铺。该商铺最为吸引游客的地方在于其创意、嘻哈的标语，如“前方发现大批美女”“老婆说啥就是啥”等，将火柴与创意标语恰当地结合，让游客驻足观看，吸引顾客购买（图 2-44）。

图 2-44　火柴天堂内部结构平面图及实拍图（摄影：宋昌耀）

（3）水乡船韵

水乡船韵是一家主营模型船的商铺。江南水乡自然离不开船，模型船自然成为应景的旅游商品。进门左侧是大船区，右侧是中船区，中间柜台中是各式小船，价格也最低，而最里处的橱柜中摆放着各式中船，价格最高（图 2-45）。

图 2-45　水乡船韵内部结构平面图及实拍图（摄影：张明曦）

（4）宏源泰号

宏源泰号与西栅染坊相连，主要商品是碎花衣服、帽、丝巾、鞋、包、玩偶等。整个商铺分区明显，①处柜子放置的是碎花衬衣、坎肩和具有民族风的衣服，②处柜台中是手拿包，价格在 15~25 元，③处墙上搭着丝巾，柜台中是布鞋，④处柜台中是布玩偶，⑤处是肩挎包（图 2-46）。

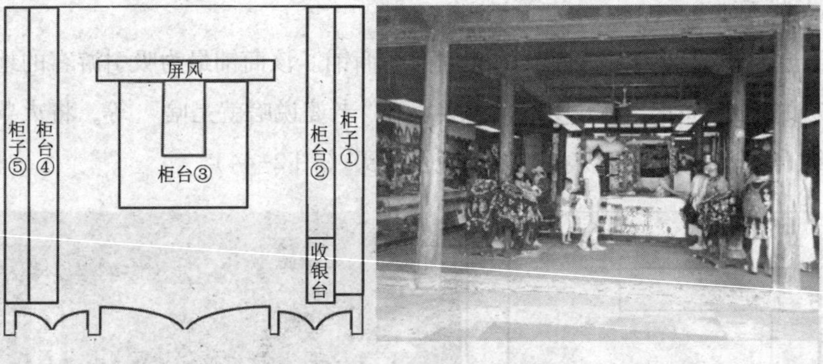

图 2-46　宏源泰号内部结构平面图及实拍图（摄影：马蕾）

（5）叙昌酱油店

叙昌酱油店位于西栅大街东端。主要商品包括酱油、原油、酱、酱鸭、东坡肉、酒等食品。门口处有一圆形大酱坛，营造、展示以酱为主题的商铺氛围。半包围的柜台能使游客充分接触到商品，柜台、橱柜上摆放着大小不同的酱坛，柜台中摆放着东坡肉、三珍蹄等酱肉。橱柜是三列四层，为了充分展示各类商品和售卖高价商品，一、二层（隐蔽、价低）是小酱坛，三、四层（突出、价高）是乌镇特色酒，橱柜中有灯光照射，使其突出展示。叙昌酱油店与民宿临近，有助于游客就餐食用（图 2-47）。

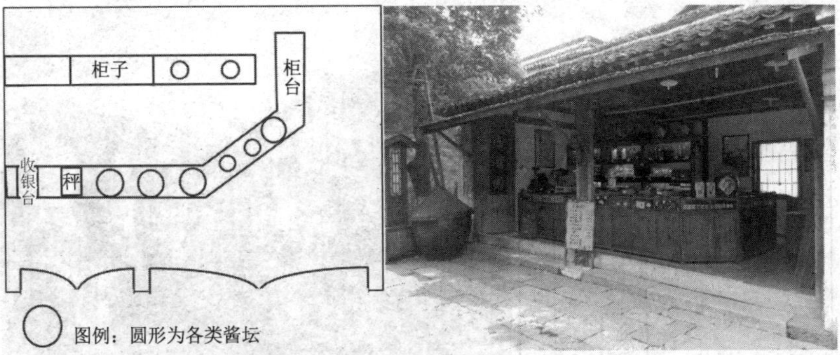

图 2-47　叙昌酱油店内部结构平面图及实拍图（摄影：宋彦亭）

（6）连环画书店

连环画书店位于西栅大街，主要商品是连环画。连环画是我国时代的产物，也是一代人儿时的记忆。书店门口处有木板凳供游客休息，两侧①处是隔层中摆放着各类主题的连环画，可供游客翻看。柜台和橱柜则是售卖区，全是包装的新品，既有成套的如《东周列国志》《水浒传》等，也有单独成册如《西游记故事》《中国成语故事》等。总体而言，连环画书店的展陈特点在于进门两侧供游客翻看的阅读品和柜台、橱柜售卖区的分区（图 2-48）。

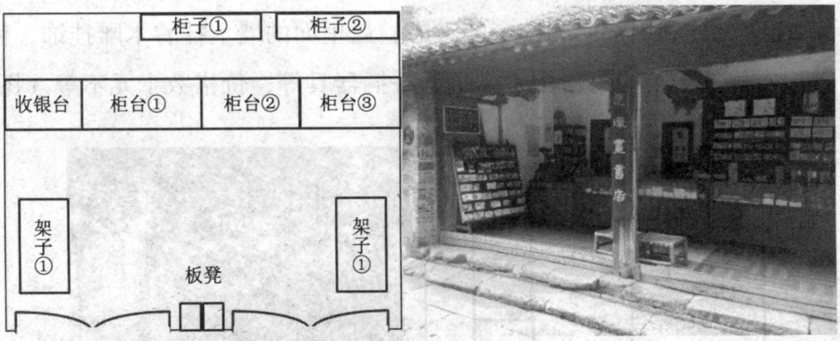

图 2-48　连环画书店内部结构平面图及实拍图（摄影：漆家进）

（7）张恒兴灯笼铺

张恒兴灯笼铺位于西栅大街，分为售卖区和制作展示区两个店铺。主要商品是各类花灯。制作展示区由手工艺人现场展示花灯的制作过程，游客也可以自费亲自体验制作。由于商品单一，售卖区（见图）装饰摆设也较为简单。①、②为两个木质大方桌。每面墙壁上悬挂着各式各样的花灯，小花灯 15 元，大花灯 20 元，柜台上空悬吊着制作精细的镂空灯笼 25 元（图 2-49）。

图 2-49　张恒兴灯笼铺内部结构平面图及实拍图（摄影：宋昌耀）

（8）洛神香氛小铺

洛神香氛小铺与洛神 SPA 相邻，位于西栅大街中部，以沐浴和香氛为主题，主要商品包括木雕挂饰、浴盐、手工皂、香熏包、熏香与香插器具等。进门左侧橱柜中摆放着陶制、木制、玻璃制摆件。香熏包台上摆放着各式香料和香包，游客可根据自己偏好的香型搭配制作香包，价格在 30~40 元；柜台上摆放着柠檬、玫瑰、甜橙、薰衣草等香型的浴盐，盛放在坛形、铁塔形等各式盛器中，游客可 DIY 混搭浴盐，大罐 55 元、小罐 36 元。出于充分利用空间和安全的考虑，最里面的墙上挂着木雕挂饰，价格在 200 元以上。进门右侧的柜台中有泰国手工皂、香插器具等，价格数十元不等（图 2-50）。

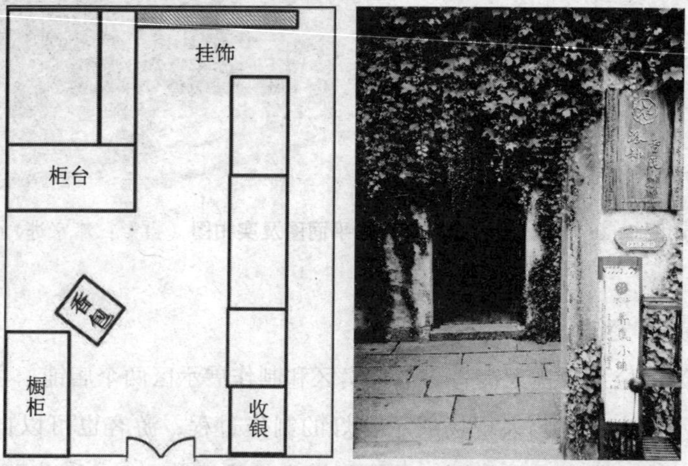

图 2-50　洛神香氛小铺内部结构平面图及实拍图（摄影：张明曦）

（9）乌香堂

乌镇素有“七月三十插地香”的习俗，因此在西栅内可看到多处售卖熏香。乌香堂是一家基于乌镇传统民俗而开设的店铺。主要商品有各类香熏制品、香炉、香插器具、点香器等。香熏制品中，既有常见的茉莉香、绿茶香，也有以本地杭白菊为原料精制的白菊香，还有乌镇浓郁特色的“乌将军香”“地藏香”“财神香”等。

乌香堂内部陈设简约，风格素雅，禅韵十足。①为古式方格药橱，盛放各式熏香。②柜台中熏香包装精美，价位偏高；③处为香炉、香插器具，价格数十元不等（图 2-51）。

乌香堂西侧有橱窗展示。

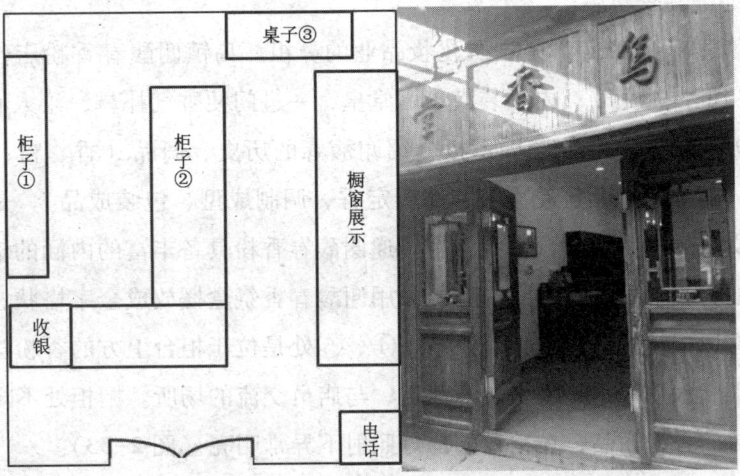

图 2-51　乌香堂内部结构平面图及实拍图（摄影：马蕾）

（10）三寸金莲馆

缠足是我国古代束缚女性健康发展的封建恶习。乌镇三寸金莲馆位于西栅大街中部，是基于我国古代妇女缠足文化而开设的文化商品店，以解放女性的脚为卖点售卖女式碎花布鞋，还包括碎花布提包、挂饰等。三寸金莲馆内，木柱上悬挂着碎花挂饰。①处贴墙方格中摆放着各式女式布鞋。②为游客试鞋、休憩的长条凳。③为低矮玻璃展柜，展示的是旧式精品布鞋。⑤处为现场展示布制商品的裁剪、制作，墙壁上悬挂着各式布包。吧台前的大桌子上摆放着各种布制小商品，价格相对较低，有助于游客在结账时额外购买（图 2-52）。

三寸金莲馆与三寸金莲博物馆相连，从卖场可直达后面的博物馆，有助于游客深入了解我国的缠足文化及其历史。

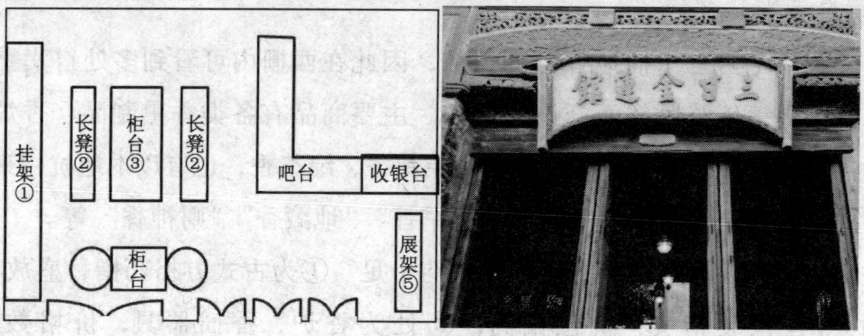

图 2-52　三寸金莲馆内部结构平面图及实拍图（摄影：宋彦亭）

（11）谢馥春香粉店

谢馥春创建于 1830 年，是中国化妆品业的鼻祖。乌镇谢馥春香粉店位于西栅大街中部，外观门框古朴大气，内里装潢华丽堂皇，一进门便香气扑鼻，沁人心脾。①、⑥处及座椅上方的墙壁上悬挂着展示板介绍谢馥春的历史、商品（香、粉、油）和香粉的传统工艺（鲜花采撷、鲜花熏染、冰麝定香、调制成型、包装成品），是对谢馥春厚重的历史、文化的静态说明，也向游客传递谢馥春香粉具备丰富的内涵的信息，同时还能够让驻足的男士聊以打发时间。②处采用谢馥春香氛盒摆放成金字塔状，整齐、有序的展陈给游客以视觉的冲击和吸引。③、④、⑤处是位于柜台上方的香粉尝试区，包括香囊香件、胭脂水粉等，是吸引游客驻足、与店员交流的场所。橱柜处不规则卡格中摆放着成套包装的香粉商品，在精致的饰灯照射下异常明亮（图 2-53）。

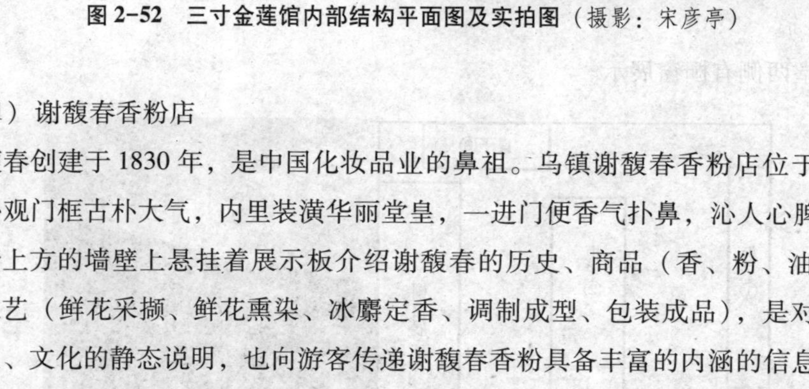

图 2-53　谢馥春香粉店内部结构平面图及实拍图（摄影：漆家进）

（12）桥头花铺

桥头花铺位于西栅大街与定升桥相交处，依水而建，傍树而居，浓浓郁郁葱葱。花铺主要售卖各种永生花、吊花、花环、手链等商品。由于区位绝佳，游人如织。门口角落处高耸的木质门框上雕刻着圆形“桥头花铺”，别样精致。门前④处花环栉比，受到青年女性热捧，儿童可以自费体验制作花环的乐趣。门前⑤处三层木质搁架上摆放着各式各样的小盆永生花，较贵的在上，60~100 元；便宜的在下，5~15 元不等。屋内装饰紧凑，空间充分利用，③处吊花迎面而来，①、②古铜色木桌上摆放着礼盒干花、微景观等创意商品，橱架上是各式摆件、手链等（图 2-54）。

图 2-54　桥头花铺内部结构平面图及实拍图（摄影：宋昌耀）

（13）乌镇邮局

乌镇邮局位于西栅主干道西栅大街，是一家提供慢邮服务的创意邮局。店铺内右侧墙上装饰着各路旅游者来此填写的明信片与留言，也有地图册可供游人自取。柜台内展示有手绘、彩绘以及摄影类明信片。柜台后的展柜按照年份陈列着 1~30 年不等的慢邮邮箱，可于若干年后将顾客填写的明信片寄出。左侧则是顾客休息区，有桌椅可供旅游者在此休息并填写明信片等。店铺后门可通向乌镇邮差博物馆。商铺把最能体现特色的游客手写明信片挂于墙上作为装饰，起到营造氛围的作用，也能够促进顾客的消费欲望，柜台内展示明信片，方便顾客挑选，同时有利于售货员进行讲解（图 2-55）。

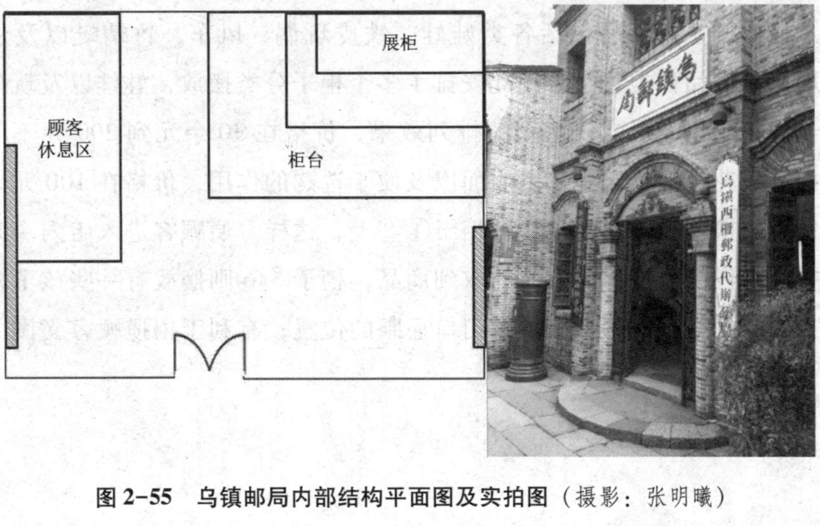

图 2-55　乌镇邮局内部结构平面图及实拍图（摄影：张明曦）

（14）遗墨轩

遗墨轩是西栅大街上一家经营书籍、文玩的商铺。展架①、②摆放有一些店主从各处搜集来的民国时期的摹本等古书，具备一定收藏价值，展柜则用来展示手串、印章等文玩物件。店内家具、展柜皆为木质，古书以透明塑胶袋保护，放于展架，比较贵重以及易碎的文玩等则置于展柜内，防止碰坏，并且易于讲解（图 2-56）。

店内整体风格简洁素雅，摆架与展柜皆为木质，与所售商品相协调，为顾客营造古色古香的氛围，店内面积不大，然而通过对于布局的巧妙运用，使得游客在店内漫步一周就可以观赏到全部商品，书籍等用透明塑胶袋装好，易于观看但也能提供保护作用，展柜则用来展示一些更可能会被选购的文玩摆件等，方便提供介绍。

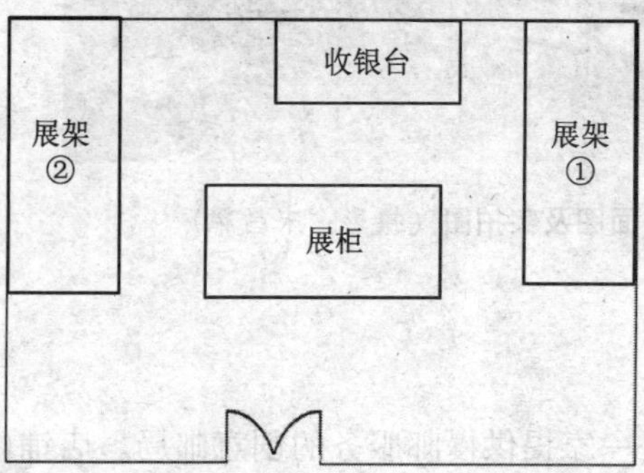

图 2-56 遗墨轩内部结构平面图及实拍图（摄影：马蕾）

（15）乌镇囡囡

乌镇囡囡是西栅大街上一家很有名气的玩具商店，位于乌镇邮局边。门口摆放着一个立桶作为招牌，旧时妇女将孩子放入立桶，使孩子不会乱跑，便于看护，是该店一大特色。店内的主要商品包括各类娃娃、铁皮玩偶、风车、竹蜻蜓以及皮质灯笼等。由于店内小商品种类繁杂，因此安排了多个柜子分类摆放，娃娃以及玩偶等则摆放在有格子的柜子里，形成视觉上的排列效果，价格在 30 余元到 200 元不等。皮纸灯笼则悬挂于天花板上，起到装点店面以及便于选购的作用，价格在 100 元以内。比较小而且便宜的摆件和纪念品被放在柜子①②上，这样方便顾客进入店内一眼就能看到，并且在店内任何位置都能方便的取到商品，柜子⑤⑥则摆放有一些孩子喜欢的小物件，例如竹蜻蜓等，这两个柜子在门口显眼的位置，有利于招揽顾客（图 2-57）。

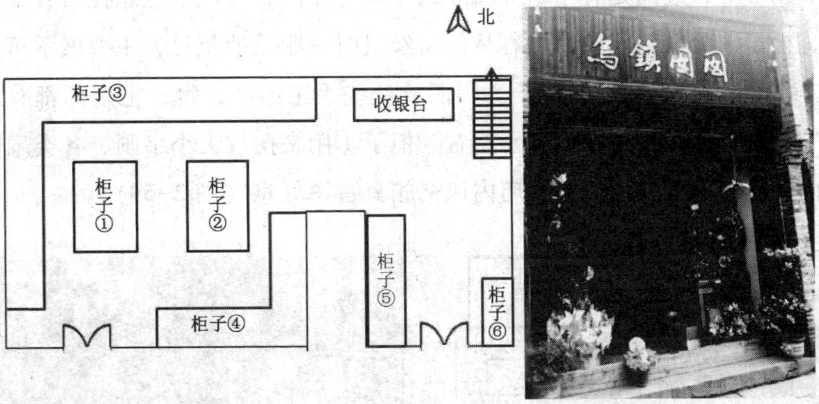

图 2-57　乌镇囡囡内部结构平面图及实拍图（摄影：宋彦亭）

（16）乌陶坊

乌陶坊经营陶艺制品，属于典型的“前店后坊”型江南作坊，前店销售的商品大部分为后坊制作。前店商品中较为特色的为陶笛、陶瓷器具及各类装饰品，产品大部分采用深挖黏土，经特殊而复杂的制作、烧造工艺，传承和延续了数千年的陶艺文化精髓，充分挖掘展示和再现乌陶文化的精神内涵和人文历史风貌。

乌陶坊店内布局简洁清雅，柜子①、②分别用于展示陶笛以及手工的陶瓷器皿等，其中较大的陶笛售价为 200 元左右，小陶笛售价在 100 元以内。靠墙的架子①用于展示成套茶具，架子布局错落有致，结合墙上不规则的装饰画，形成空间美感。靠墙处的架子③被划为三层，包括许多小格子，分类放置杯子以及陶笛等。柜子②后方有店内员工表演陶笛吹奏，陶笛音质拙朴而别有风味，吸引不少游客驻足欣赏与购买（图 2-58）。

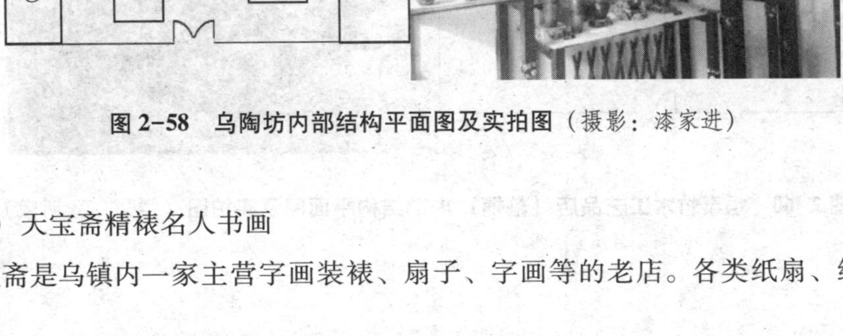

图 2-58　乌陶坊内部结构平面图及实拍图（摄影：漆家进）

（17）天宝斋精裱名人书画

天宝斋是乌镇内一家主营字画装裱、扇子、字画等的老店。各类纸扇、绢扇从 30

元到150元不等，进门处有一扇屏风隔绝屋外与屋内，屏风上也悬挂着各类折扇方便顾客挑选，柜子③处较为显眼，顾客从门口经过时一眼就能望见，主要展示价位便宜的折扇，在30元左右。屏风后的柜子②则摆放一些手工团扇，每一把扇面都有所不同，扇面是手工绘制创作，价格在150元左右。柜子①用来摆放大小字画、各类扇子以及茶具等。店内整体布局古典而简洁，店内风格颇具古镇气息（图2-59）。

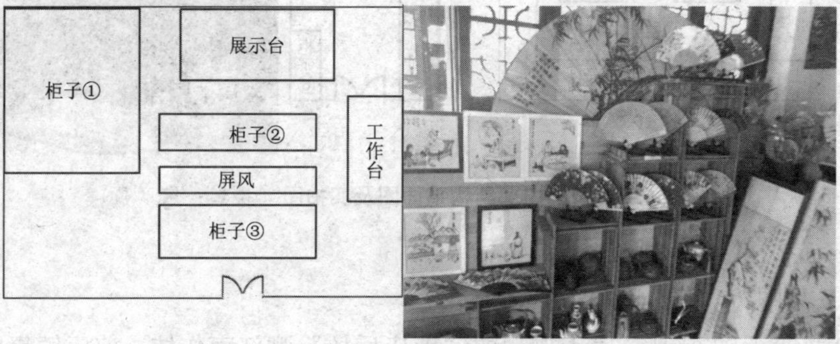

图2-59　天宝斋精裱名人书画内部结构平面图及实拍图（摄影：宋昌耀）

（18）恒泰竹木工艺品店（箍桶店）

位于西栅大街中段的恒泰竹木工艺品店（箍桶店），是一家集中展示乌镇传统木工与竹刻工艺的店铺。乌镇竹木工艺拥有悠久的历史，乌镇竹刻更是市级非物质文化遗产。店内有老师傅现场制作传统箍桶技术以及竹刻竹雕工艺。

由于木桶体积较大并且难以码放，店内布局陈设较为简单，进门后右侧码放着箍好的木桶，店主也在此处工作，店内左侧有一展示柜，用以展示一些竹木制成的小摆件以及竹制杯子等，便于顾客挑选，店内风格清新拙朴（图2-60）。

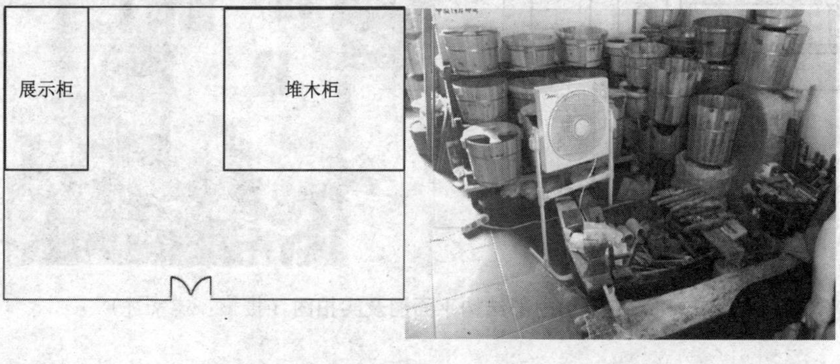

图2-60　恒泰竹木工艺品店（箍桶）内部结构平面图及实拍图（摄影：张明曦）

（19）文宜斋

文宜斋是一家以销售文房四宝为主的传统文化用品商店。店面坐北朝南，“文宜斋”三字店招为乌镇老字号招牌。店内装修古朴，荟萃富有中国传统书香门第特色的笔、墨、纸、砚，以及各类富有浓郁乌镇地方特色的书画旅游纪念品。

进门左侧是旅游纪念品柜台，销售明信片、文化衫、乌镇特产纸张、文房四宝等，柜台边竖立着文宜斋的招牌。店内正中央的展台则是按笔墨纸砚分类，四方形的展台每一面分别可以选购笔墨纸砚，正对大门的是乌镇著名的湖笔，各种型号都陈列在展台上，便于顾客挑选，湖笔的价位都在百元以内（图 2-61）。

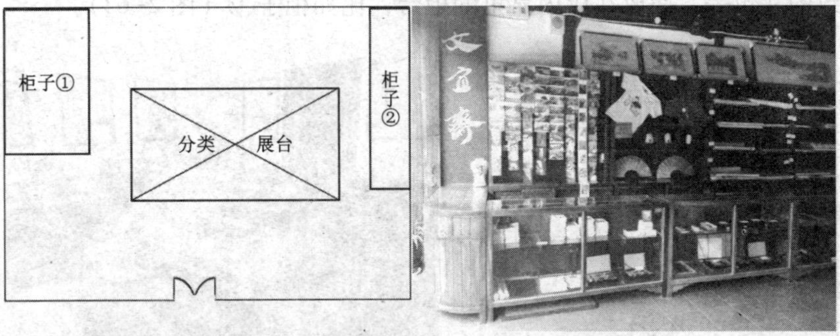

图 2-61　文宜斋内部结构平面图及实拍图（摄影：马蕾）

（20）恒丰伞铺

恒丰伞铺是一家专门出售油纸伞的店铺。伞铺位于西栅大街上，店内面积不大，布局简洁，主营具有古镇特色的油纸伞与折扇，进入店门，迎面是老式的木质柜台，柜台后有一面展示柜，展示柜上层用以展示各类折扇，下面则展示各种颜色的油纸伞。店铺的天花板上倒挂着十来把不同颜色的伞，不仅能方便顾客挑选，也能够作为独特的装饰。油纸伞价格为 78 元起（图 2-62）。

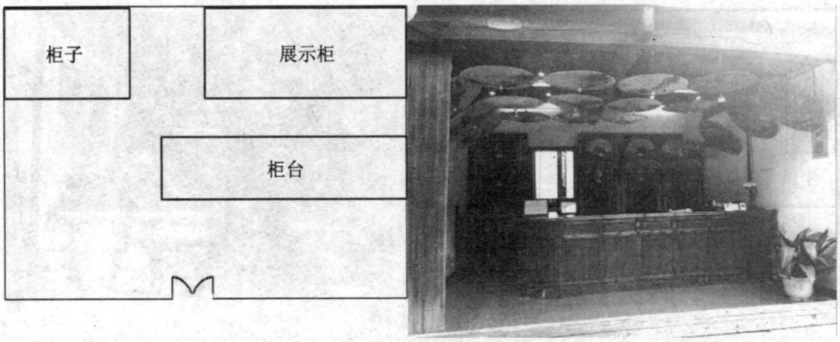

图 2-62　恒丰伞铺内部结构平面图及实拍图（摄影：宋彦亭）

（21）筷子店

筷子店位于西栅大街，店内主营各种富有特色的筷子，价格为 10 元起，靠近店门的方桌上摆有百家姓筷子，顾客可以挑选印有自己姓氏的筷子购买，仅需 10 元。店门口标语“送筷子等于送快乐”，利用筷同快音，赋予了筷子喜庆的含义。店内墙上则悬挂了不少关于筷子的图片以及小知识。

进店后最为显眼的是柜子④，不论游客以何种路线进出本店，基本上要经过这个柜台，这个柜台上的商品实用且便宜，大多在 10 元左右，同时也有不同的种类，方便顾客选择。较具特色的商品则摆放在柜子②处，可供游客慢慢挑选，同时也有一些比较昂贵但是精致的礼包等，摆放在店内靠里的柜台，比如柜子①（图 2-63）。

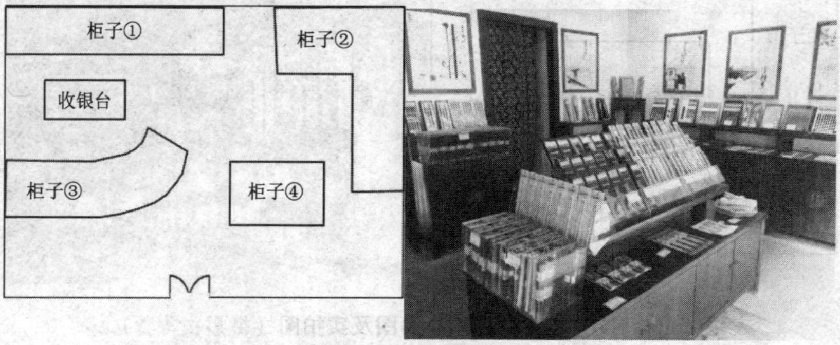

图 2-63　筷子店内部结构平面图及实拍图（摄影：漆家进）

（22）赐器堂

赐器堂是一家专门经营紫砂茶具等的老字号店铺。店内布局陈设左右对称，风格古朴典雅。由于紫砂茶具易碎，店内的展柜，大都有玻璃罩保护。店中央展柜用以展示一些比较便宜小巧的紫砂摆件、茶具等，靠后的展示柜和展示架也用于展示茶具。店内有单件茶杯出售，也有成套茶具出售（图 2-64）。

图 2-64　赐器堂内部结构平面图及实拍图（摄影：宋昌耀）

（23）王茂源糖果

乌镇西栅“王茂源糖果店”源于明正德年间，该店铺为沿街邻水两开两层店铺，专营江、浙、沪三地的各色糖果，同时也会销售一些礼品、礼盒等，颇具当地风味，店铺面积不大，橱窗边摆有棉花糖以及小盒装糖果，同时店内设有座椅可以小憩，同时欣赏沿河风光。

店内靠门处有手工糖果的现场制作，可以看到师傅正在进行芝麻糖等糖果的制作，右边是阶梯状的柜台，糖果按照口味、原料分别摆放，包括麦芽糖、话梅糖、芝麻糖、花生糖等，展柜最下层摆放各类糖果礼盒，包装比较简单，价格为 30 元，上层则是包装更为简单的糖果，价格在 10 元到 20 元不等。店内还有一个单独的展示柜，方便顾客选购糖果，同时有桌椅可供休息（图 2-65）。

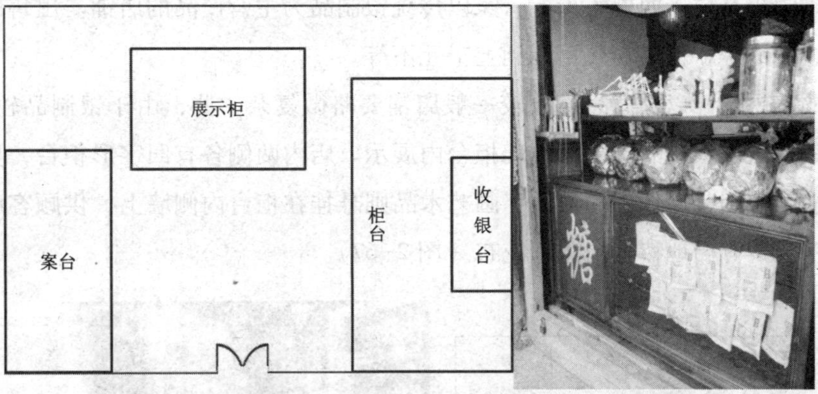

图 2-65　王茂源糖果内部结构平面图及实拍图（摄影：张明曦）

（24）本草乌茶

乌镇“本草乌茶”又名“五行养生堂”，源于明正德年间，系江苏客商王茂源依据《本草纲目》调养原理，结合江浙之茶、花、果、籽、茎等在西栅开设的调理养生堂。王茂源“本草乌茶”精心研制了乌梅、桂花、桑葚、茅根、杭白菊、竹叶、神仙草、乌龙、龙井茶、红花、枸杞等 100 多种单方和复方保健饮品。在殿堂设有可供煸、烘、煨、炖、冲泡等现场演示的“煨煲柴灶”和免费饮品。

柜子③摆放着一些罐装茶叶，包括龙井、安吉白茶、正山小种、金骏眉以及滇红等。价格在 160 元左右，左边有可供客人休息品茶的桌椅，柜子①处有店员随时泡茶供客人品尝饮用，柜子②处摆放一些简装茶叶，价格在 30 元左右，品种以乌镇比较有名的各类花茶为主（图 2-66）。

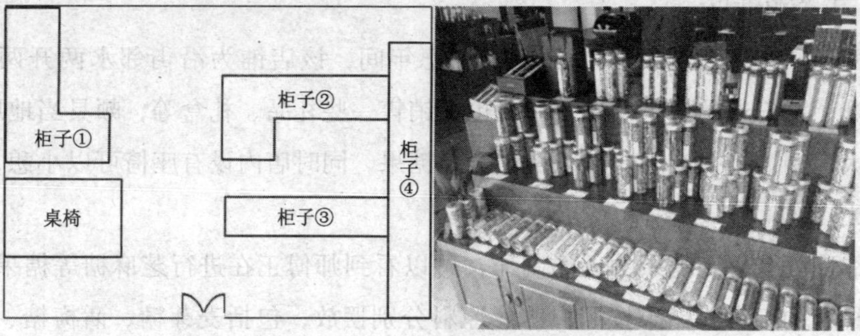

图 2-66　本草乌茶内部结构平面图及实拍图（摄影：马蕾）

（25）肇庆堂银楼

肇庆堂银楼是位于西栅大街上一家以传统银制品为主营产品的店铺。出售的银制品包括戒指、手镯等，价格在几百元到上千元不等。

银楼的室内设计以及商品摆放较一般店铺要略微复杂一些，由于银制品较为贵重，也易于氧化，店内银制品均放在玻璃柜台内展示。店内两侧各有回字形柜台，更为贵重一些并且能够起到装饰作用的银质字画艺术品则悬挂在柜台内侧墙上，供顾客欣赏。店内小桌上铺有具有当地特色的蓝印花布（图 2-67）。

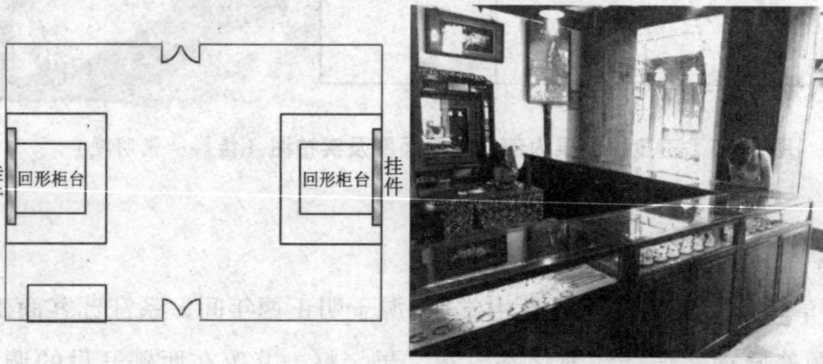

图 2-67　肇庆堂银楼内部结构平面图及实拍图（摄影：宋彦亭）

（26）南北干货

南北干货位于西栅大街上，是一家老字号干货店，店内主营各类特产干货，包括大枣、核桃、开心果、银耳、蘑菇等，店内布局完全仿照老式干果店，门口处是以红布和蓝色花布覆盖的两张木桌，摆放一些简装即食干果，包括无花果、枣、话梅等，价格也非常便宜，均在 10 元左右，游客从门口经过即可看到。店内柜台处摆放着数个玻璃罐，用以储存干果，不仅防潮亦使顾客一目了然。同时店内也有一些干果礼包出售，价格在几十元不等（图 2-68）。

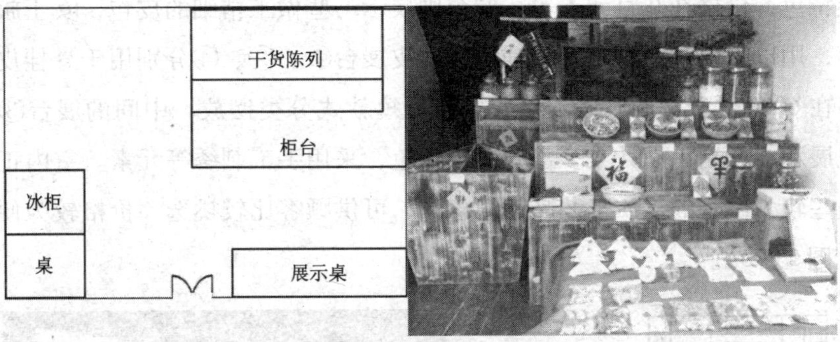

图 2-68　南北干货内部结构平面图及实拍图（摄影：漆家进）

（27）裕兴布行

蓝印花布是我国传统的民间工艺精品，已有上千年的印染历史。乌镇是蓝印花布的原产地之一，目前已有用蓝印花布制作的衣服、帽子和拖鞋等。裕兴布行位于西栅大街上，主营产品最富乌镇特色的各类蓝印花布产品，包括衣帽、背包、印花布挂件等，店内也有蓝印花布匹售卖。店内摆有身着蓝印花布童装的假人模特，在正中间挂有“中华老字号”招牌，展示桌上摆放各类蓝印花布匹，方便顾客对比挑选。右侧是蓝印花布花样展示，同时也有柜台，内有各类蓝印花布制造的挂件等纪念品，墙上用于悬挂各类成衣以及背包，蓝印花布不仅结实、便宜，亦具有浓厚的民族气息，以蓝印花布做出的成衣等，价格均在 100 余元。乌镇内设有蓝印花布染坊，店内销售的印花布皆为染坊制造(图 2-69)。

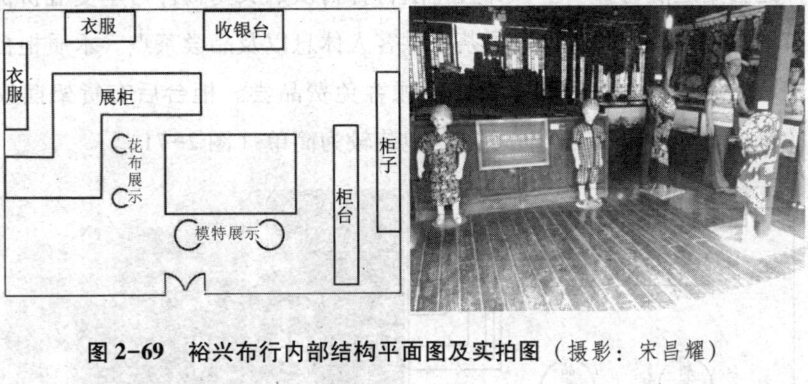

图 2-69　裕兴布行内部结构平面图及实拍图（摄影：宋昌耀）

（28）顺昌号皮草

顺昌号皮草是西栅大街上一家主营各类皮衣、皮草等的店铺，且皮制品的设计大多富有民族特色，是西栅大街上为数不多的消费较高的店铺之一。店内分为外间和里间，外间柜台和展示桌上主要用于展示一些比较便宜的皮包和皮鞋等，皮包大多小巧精致，富有民族特色，价格在几百元不等。橱窗则展示一些做工精细的皮包，女士旗袍，皮制工艺品等，用以吸引过往游客。店铺里间的皮展台①、②、④分别用于悬挂皮衣、皮草等，价格在6000元至20000元不等，按照长短款式分类摆放，中间的展台③用于手工制作皮包展示，皮制品设计大多富有民族特色，采用手工刺绣等元素。室内正中央展架上摆放一些较为便宜的皮质工艺品、纪念品，可供顾客比较挑选，价格较为便宜，也比较实用（图2-70）。

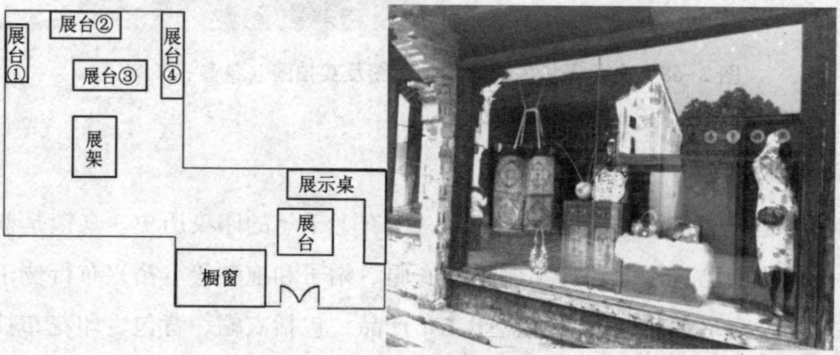

图2-70　顺昌号皮草内部结构平面图及实拍图（摄影：张明曦）

（29）乌梅青号

乌梅青号是西栅大街上一家广受消费者好评的酸梅汁以及各类话梅干果的专卖店。主营产品包括乌梅、玫瑰花、乌梅茶、乌梅汁等。最受欢迎的乌梅汁价格是10元一杯，购买乌梅汁还会赠送随行杯一个，并且持随行杯再次购买乌梅汁可享受五折优惠。乌梅青号店内布置古色古香，并且设置了茶座供客人休息以及品尝茶点。木质柜台上用大号玻璃罐和瓷罐盛放青梅、乌梅等零食，供顾客免费品尝。柜台后有货架摆放各类干果等。话梅的价格均为一包二三十元不等，包装较为简单（图2-71）。

图2-71　乌梅青号内部结构平面图及实拍图（摄影：马蕾）

（30）竹制品店

这家店铺主营竹木制品，乌镇的藤器、竹器盛于明清，特别是因竹制家具价廉物美，至今使用仍非常普遍。此外还有竹木制作的花灯、油纸伞等。店铺门框上悬挂着手工制作的各类竹篮、竹筐、簸箕等，门口有手工艺人现场展示传统玩具竹蜻蜓的制作，竹蜻蜓价格较为便宜，每个只需 30 元，受到儿童的喜爱。店内正中间摆放着桌子和货架，有各种竹木制作的工艺品等，价格在几十元不等，可供顾客挑选，店内四周摆放着展柜，以及竹制的桌椅，店内家具均以竹木所制，设计风格透露出拙朴的气息（图 2-72）。

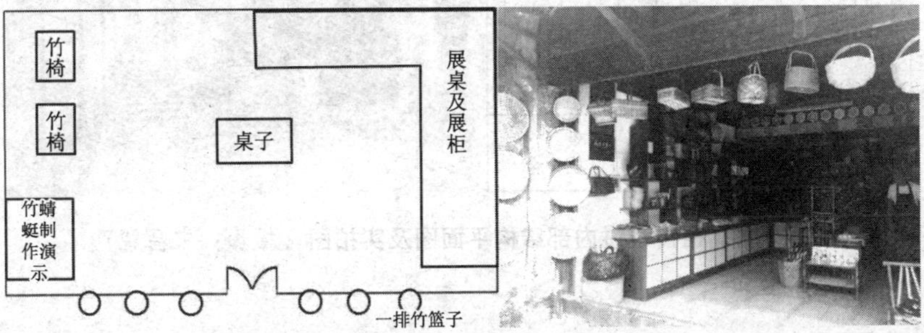

图 2-72　竹制品店内部结构平面图及实拍图（摄影：宋彦亭）

（31）糕点店

这家店铺是西栅大街上一家传统的老字号糕点店，店内主打商品是乌镇的各类特色糕点，包括姑嫂饼、满桃片、步步糕等传统糕点。靠外的柜台呈阶梯状，用竹篓分类盛放各类散装糕点，有竹筐提供给顾客，顾客可以自己选取糕点，再统一称量付款。散装糕点的价位为 20 余元一小盒。店内靠里侧的收银台处有一些礼盒装糕点可供馈赠亲友，价格大多在几十元左右（图 2-73）。

图 2-73　糕点店内部结构平面图及实拍图（摄影：漆家进）

3. 定升桥东侧

（1）祖传香饼

祖传香饼店是一家经营霉干菜扣肉烧饼的商铺。店铺左侧是烤制烧饼的炉子和制作烧饼的柜台，柜台上方悬挂着“祖传老铺出妙品、味香浓淡宜细嚼”等饮食文化标语。售卖区摆放着霉干菜扣肉烧饼，并标明5元/只。橱柜、柜台、标牌等都是棕色木质，与商铺外观和古镇氛围相协调（图2-74）。

图2-74　祖传香饼内部结构平面图及实拍图（摄影：宋昌耀）

（2）瑞景泰小吃

瑞景泰小吃是一家主营江南小吃的商铺，主营粽子、五香豆腐干、酸梅汤、芝麻糊等，价格在7~25元。小吃铺呈长方形，左端为制作区，现场展示小吃的制作过程中部为吧台，售卖饮料、雪糕，其余部分为就餐区（图2-75）。

图2-75　瑞景泰小吃内部结构平面图及实拍图（摄影：张明曦）

（3）兴诚甜品

兴诚甜品与瑞景泰小吃相对，是主营甜品的商铺，包括双皮奶、杧果露、甘露、西米露、龟苓膏、芝麻糊、纯牛奶、烧仙草、各式果茶和果汁等，价格在 15~30 元不等。兴诚甜品总体展陈简单，左侧为就餐休憩区，右侧为制作区，柜台上摆放着新鲜水果，给游客传递甜品新鲜的信息（图 2-76）。

图 2-76　兴诚甜品内部结构平面图及实拍图（摄影：马蕾）

（4）咖喱喫茶

咖喱喫茶是一家简餐休闲吧，主营各类饮料、小吃等，具体包括白酒、啤酒、红酒、现磨咖啡、花茶、刨冰、咖喱饭、面条等。店铺门口摆放的绿植营造出葱郁生机的氛围，临水而居又增添几分灵动，书架上被翻旧的杂志和书记忆着过往游客的痕迹，吸引游客的停留。正如门口处的标语所言，“在这里/停下脚步/宁静可以让伤感隔离……”为充分利用空间和拿取方便，吧台上摆放着各式高脚杯，橱柜中有各类酒水（图 2-77）。

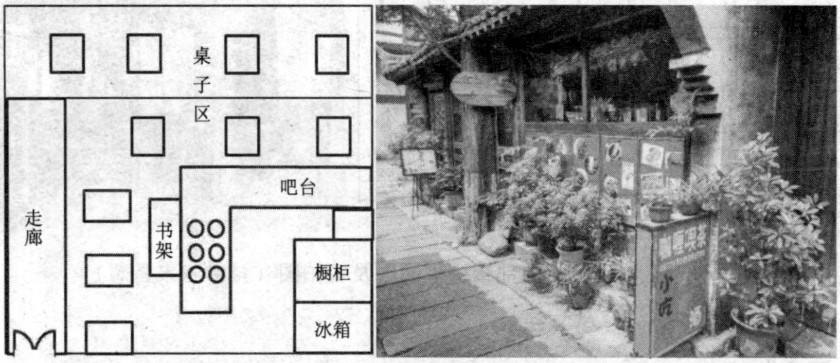

图 2-77　咖喱喫茶内部结构平面图及实拍图（摄影：宋彦亭）

（5）海边人家

海边人家主营特色小吃和饮品，小吃包括包心鱼丸、撒尿牛丸、肉面、肉燕等，饮品包括酸梅汁、绿豆汤、冰糖雪梨、薏米凉糕汤、黑糖姜母茶等。案台上有制作食品的蒸笼、电磁炉、灶台等，游客既可以在①、②处就餐，也可以随即带走。饮品 5 ~ 10 元不等（图 2−78）。

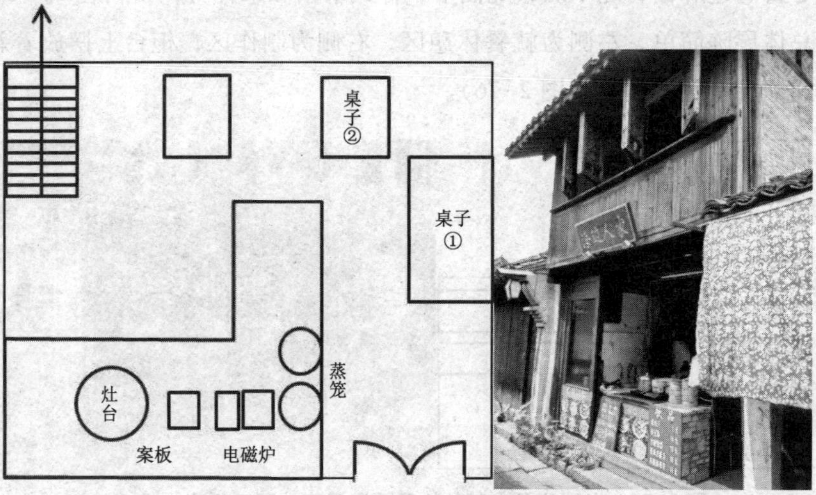

图 2−78　海边人家内部结构平面图及实拍图（摄影：漆家进）

（6）沈记糕点

沈记糕点是一家经营花生糕的店铺，包括红豆、杏仁、桂花、芝麻、绿豆等口味糕点。①整齐地摆放着包装好的各口味糕点，后面的屏风上悬挂着装裱的诗词体现尚古韵味。②处是花生糕的制作台，向游客展示花生糕的制作过程，吸引游客购买（图 2−79）。

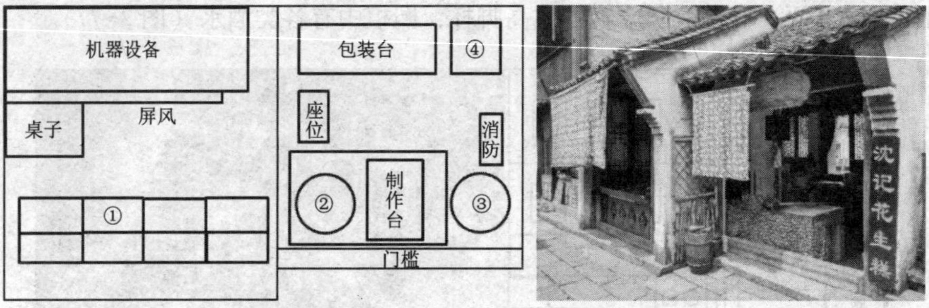

图 2−79　沈记糕点内部结构平面图及实拍图（摄影：宋昌耀）

（7）谭麻花

谭麻花是一家主营麻花的店铺，包括冰糖糯米、麻辣椒盐、黑芝麻、绿豆沙、巧克力等各种口味。乌镇谭麻花以回味童年、乌镇记忆为主题赋予麻花以童年记忆、以文化内涵。柜台上玻璃罩中展示着各种口味的麻花，展示台中摆放着各种包装的麻花，既可零买又可整买，既可自食也可送礼。盛放台墙上是介绍乌镇谭麻花的文字，供游客了解、品味。右侧是包装台，为零买的游客包装入袋。该店铺展陈特点在于玻璃罩中整齐地摆放着各种口味的麻花，既吸引眼球、又干净卫生，是一种典型的食品展陈方式。值得提出的是，该店铺收银台处标识鲜明地表明可以支付宝支付，是一种现代、先进、逐渐为人所接受的支付方式（图 2-80）。

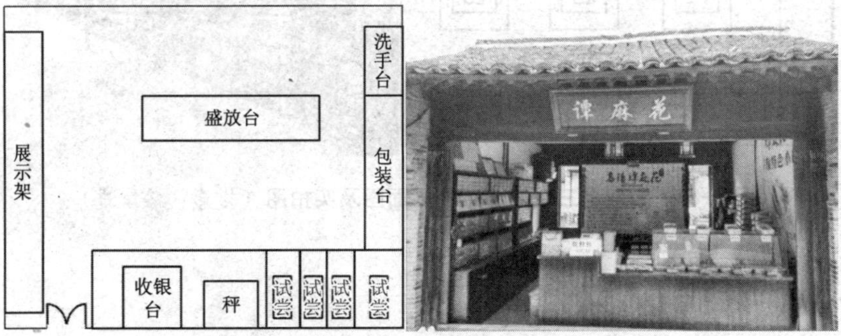

图 2-80　谭麻花内部结构平面图及实拍图（摄影：张明曦）

（8）叙昌酱园

叙昌酱园是前店后厂式的店铺，其后是叙昌酱园成规模的酱坛，是西栅文化展示区之一，前面是商铺，售卖各种酸、辣、酱菜，包括萝卜条、藕片、蒜、泡菜、剁椒等。柜台区域主要分为南方风味和北方风味两部分。格橱区展示着精美包装的酱菜，价位较高；①处橱柜中摆放着袋装酱菜，价位较低。门口墙上标语表明“温馨提示：本店购物，代办快递”，为游客提供邮递服务（图 2-81）。

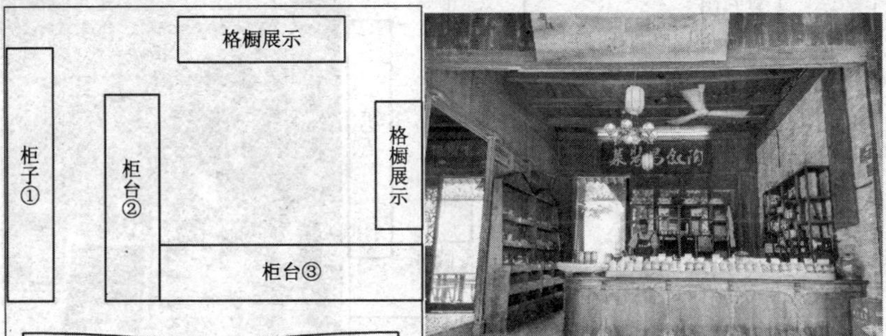

图 2-81　叙昌酱园内部结构平面图及实拍图（摄影：马蕾）

（9）陶叙昌三珍

陶叙昌三珍是依托叙昌酱园的另一商铺，主要商品有酱油、酱鸭、醉鱼干、三珍排宝、豆腐干等酱制食品，以及姑嫂饼、酥糖、乌镇三白酒等。①、②、③柜台为三层，价格较低，销量较大；④处橱柜中的商品包装精美，橱柜中照射着温和的黄色灯光，价格较高（图 2-82）。

图 2-82　陶叙昌三珍内部结构平面图及实拍图（摄影：漆家进）

4. 当年照相馆

当年照相馆位于乌镇西栅景区秀水廊 15 号，是一家提供饮品、休息、明信片代寄以及相片自助冲印的店铺。店内正中央是一张方桌，摆有各类旅游纪念品、明信片、挎包等可供顾客选购，明信片价格为 5 元一张，左侧是吧台，顾客可以在此购买饮品以及甜点，人均消费 30 余元。右侧有桌椅可供游人休息，同时亦可眺望窗外景色，架子①、②处摆放有乌镇风景明信片，游客可以在店内挑选，填写，再由店员代寄，代寄费 2 元。同时，店内利用矮墙和架子隔出了数个小空间，可供游客享受安静的氛围。进门右侧柜子处还有各类相机可供游客欣赏以及租赁（图 2-83）。

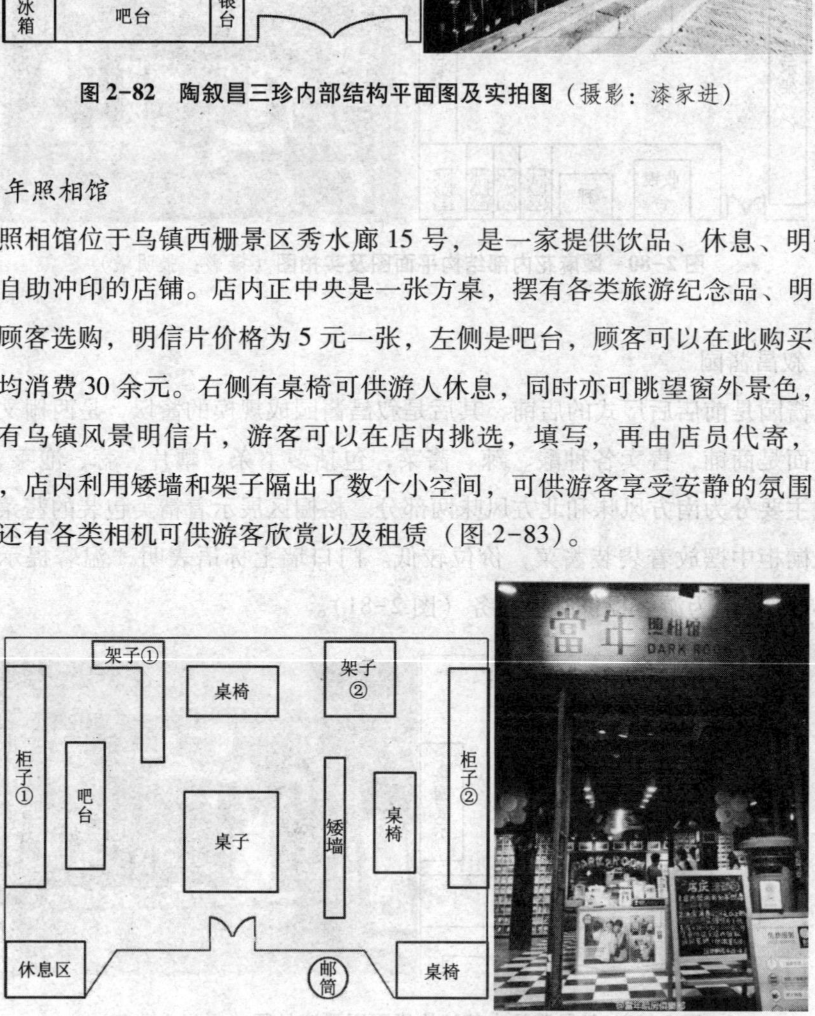

图 2-83　当年照相馆内部结构平面图及实拍图（摄影：宋彦亭）

（三）展陈特点介绍

虽然该景区的店铺及所售商品种类繁多，但无论是售卖创意礼品的店铺还是传统工艺品以及食品的店铺，西栅景区的店铺在店面布置及产品摆放上均存在一定的共性。

第一，在店铺整体装潢上，除去部分销售创意礼品的店铺，以及咖啡馆的店面设计跟随所售商品的特点来定之外，西栅内的店铺大多采取古色古香的设计风格，店铺内桌椅、展柜等大多为木质或竹制，以与古镇气息相协调；第二，大多商铺会在店内正中设有一展示桌，放置一些较为便宜小巧的纪念品，展示桌亦可以固定顾客在店内的路线，顾客通常会围绕着展示桌在店内参观一圈，而展示桌上的商品，由于位置显眼，体积轻巧，价格便宜，购买量也会相对较高；第三，大多数设计手工制作的店铺会将制作台置于门口位置，使得游客从店门口路过时被制作场景所吸引，如竹木制品店、雕刻工艺品店、刺绣店、手工糖果店等；第四，如果店铺设有橱窗，大多会摆放店内最具代表性且最能吸引顾客的商品，有些店铺会在店门口摆放新奇的摆设以吸引顾客，比如乌镇囡囡门口的立桶、状元枕、当年照相馆等；第五，靠近店门的商品大多较为便宜，而比较贵重或是容易被碰坏的商品则通常在店铺靠内的部分，较高的位置、玻璃展柜内以及拐角处，既可以利用空间，也能对商品起到保护作用；第六，食品类旅游商品柜台在门口处，这样便于向游人展示其特色产品，同时也便于选购；第七，店家在商品价格上会有一定的梯度安排，每家店按照价位基本能分出高、中、低三个档次，满足不同消费群体的需求；第八，女红街作为主要商业街，虽然商铺紧密相连，但每家店铺实行“一店一品”战略，即每一家店都有一个主题，且只经营该主题下的产品，保证了品质和独特性。同时，同类型或近似产品不会相邻，以避免游客会选择性地跳过相似店铺，增大了每一家店的进入可能性。

此外，女红街上所经营的产品，以女性产品居多，在商品设计、商品摆放以及商品的体验性上也充分考虑了广大女性消费者的需求，如产品设计或包装颇具文艺气息。商品摆放会偏向于成双成对或有鲜明的颜色对比，引起女性消费者的好感。还有很多试尝、试饮类活动以及摆放一些传统手工艺机器来吸引游客关注。

以上这些展陈方面的特点可谓是乌镇西栅景区的优势及特色所在。凭借店铺的这些独到之处，加上景区内规范的统一管理，使得来此游览的人都很喜欢这里的旅游商品并会带一些回去，在这里游人可以获得较好的旅游购物体验经历。

四、游客视角的西栅旅游商品

（一）人口统计特征

在西栅景区共发出 91 份问卷，回收 91 份，2 份无效。有效问卷占 97.8%。

表 2-3　西栅游客基本特征

项目	项目分类	有效百分比
性别	男	44%
	女	56%
	合计	100%
年龄	17 岁及以下	15.73%
	18~24 岁	35.96%
	25~34 岁	30.34%
	35~44 岁	10.00%
	45~54 岁	3.37%
	55~64 岁	2.25%
	65 岁及以上	1.10%
	合计	98.75%
学历	初中及以下	5.62%
	高中及中专	23.60%
	大专	19.10%
	本科	39.33%
	研究生及以上	11.24%
	合计	98.89%
职业	国有企业	11.24%
	民营企业	6.74%
	外资企业	3.37%
	政府部门	10.11%
	个体/私营	12.36%
	学生	44.94%
	其他	10.11%
	合计	98.87%
收入	1500 元以下	41.57%
	1500~3000 元	15.73%
	3000~5000 元	19.10%
	5000~8000 元	13.48%
	8000 元以上	7.87%
	合计	97.75%

注：89 份有效问卷中，有一位游客未填写个人信息

性别与年龄。女性游客略多于男性游客，占 56%，男性游客占 44%。年龄介于 18 岁到 24 岁的游客所占的比例最高，约占 35.96%，其次是 25 岁到 34 岁的游客，约占 30.34%，另外 17 岁及以下游客约占 15.73%，其他年龄阶段的游客所占比例较低。

学历分布。拥有本科学历以及高中和中专学生所占的比例较多，分别是 39.33%和 23.60%，另外大专学历的游客所占比例约为 19.10%。前来西栅旅游的游客中，还在学

校就读的在校生占了很大的比重。

职业分布。以学生所占比例最高，约为44.94%，个体/私营户、国有企业员工和政府部门工作人员所占比例分别为12.36%、11.24%和10.11%。其他职业所占比例较低。

收入分布。由于学生的比重较大，月收入在1500元以下的游客所占比例最高，其次是3000~5000元和1500~3000元的游客，分别占19.10%和15.73%。

对西栅旅游者的基本信息的统计分析表明，前往西栅旅游的游客中，学生所占的比例最多，但学生的月收入通常在1500元以下，对旅游商品的购买能力比较有限。

（二）旅游商品特征

根据调查结果分析，对购买当地旅游商品抱有可有可无态度的旅游者占最多数，约占60.67%，其次是经常购买以及每次都购买旅游商品的旅游者，分别占24.72%和11.24%。在来到西栅旅游的旅游者当中，有35.12%的旅游者打算购买旅游商品，其中有54.39%的旅游者已经购买。有22.47%的旅游者不准备购买旅游商品，11.24%的旅游者对于是否购买旅游商品保持观望态度。由此可见旅游者对旅游产品的购买态度取决于旅游商品是否能够激发他们的购买欲望。这就涉及游客希望购买哪种旅游商品，希望在什么样的环境下购买，希望旅游商品具有什么样的特点，此外，还有旅游商品的价位问题。

根据旅游者希望在西栅景区中购买到的旅游商品（表2-4）的调查结果分析，希望在西栅景区中购买到创意纪念品和工艺品的游客所占比例最高，分别占53.93%和47.19%，另外，29.21%的游客希望在西栅景区中购买到收藏品。

表2-4　游客希望购买到的旅游商品分布

商品类别	比例	商品类别	比例
土特产品	16.85%	创意纪念品	53.93%
服装饰品	13.48%	收藏品	29.21%
生活用品	7.87%	其他	4.49%
工艺品	47.19%		

根据对旅游者愿意承受的商品价格的统计结果分析表明，多数旅游者愿意承受的最高价格在300元左右，约占43.82%；29.21%的旅游者愿意承受的最高价格在100元左右；只有10.11%的旅游者愿意接受500元左右的价格。在西栅的旅游者中，学生占了很大的比例，而学生没有固定收入也是他们购买力不强的主要原因。

在购买旅游商品的目的方面，旅游者购买旅游商品的目的通常是赠予亲朋好友（71.91%），55.06%的旅游者也会选择自己使用或留作纪念，另外有31%的旅游者会因为个人爱好和收藏而购买旅游商品，仅有 12.36%的旅游者会因为一时冲动而购买。

在店铺方面，绝大多数旅游者会选择在特色的店铺中购买旅游商品，约占总数的 84.27%，38.2%的旅游者会在纪念品专卖店中购买，另外，19.1%的旅游者也会选择在小摊点中购买旅游产品。由此可见具有地方特色以及创意性的店铺能够吸引更多的旅游者驻足以及消费。

在前来西栅的旅游者中，购买的旅游商品包括土特产品（44.94%）、创意纪念品（41.57%）、工艺品（32.58%）等，也有小部分游客会选购服装、生活用品以及收藏品。其中多数游客（62.92%）选购的是他们认为具有独特性的商品。可见，具有地方特色的独特的旅游商品会更加受到顾客的欢迎，景区应当针对地方特色，加强特色旅游产品的开发以及销售。

（三）游客对旅游商品与商铺的重要性评价

采用里克特量表，对于前往西栅的游客对旅游商品与商铺的期望值进行调查，用 5 分法将游客对于各项的重要性感知分为：非常重要（5 分）、重要（4 分）、一般（3 分）、不重要（2 分）、非常不重要（1 分）。

调查结果（表 2-5）显示，游客对西栅旅游商品的质量、价格合理性、地域特色、纪念性以及文化性的期望值较高，均在期望值平均值（3.688）之上。游客的整体满意度略低于对旅游商品的期望值。因此，有必要从游客角度考虑，加强对商品质量以及价格的监管，同时也要着重提高商品的创意性以及特色。

对商铺期望值的调查结果（表 2-6）显示，游客对西栅商铺的服务态度（4.55）和口碑（3.74）的期望值较高，均在期望值均值（3.65）之上。由此可见，商铺管理者应对服务人员的服务态度加以重视，以提高游客满意度。同时，好的服务态度对于提高商铺的口碑也会大有裨益。

表 2-5　游客对旅游商品的重要性评价

项目	重要性（排名）	项目	重要性（排名）
价格合理	4.07（2）	纪念性	3.91（4）
便于携带	3.66（6）	文化性	3.82（5）
质量优良	4.18（1）	收藏性	3.44（8）
包装精美	3.24（9）	地域特色	3.92（3）
知名度	3.09（10）	均值	3.688
实用性	3.55（7）	整体满意度	3.674

表 2-6　游客对商铺的重要性评价

项目	重要性	项目	重要性
商铺位置	3.02（6）	货品陈列	3.56（4）
商铺外观	3.43（5）	服务态度	4.55（1）
商铺口碑	3.74（2）	均值	3.65
内部装饰	3.62（3）		

（四）总结分析

通过分析问卷调查的诸项内容后，可以从游客视角总结出一些有助于商品开发与店铺经营方面的经验。

首先，从购买意愿角度来讲，九成以上的游客对购买旅游商品抱有积极或是中立的态度，所以对于商铺经营来说，潜力购买市场是巨大的。因此，将潜在购买者转化为实际购买者就要有更精准的差异化市场定位，通过满足需求来激发游客的购买欲望。

其次，就游客购买偏好及实情来看，游客大多乐于在特色店铺中为亲友或自己选购土特产品、创意纪念品、工艺品和收藏品。这一特点与乌镇西栅景区的主要客源集中在18~34 岁的女性群体为主有关，她们的购物偏好是既喜欢求新求异具有文艺情怀的新鲜事物，也喜欢最具代表性的拥有当地古朴韵味的“土特产品”，所以在旅游商品开发时就要在这两个“极”上做文章，将“时尚”与“传统”进行融合，充分挖掘地域特色优势和商品纪念价值，杜绝平淡无奇的大众旅游商品。

再次，在商品定价方面，由于客源市场另一大特点就是以学生群体为主，虽然他们具有很强的购买欲，但无奈受收入情况影响购买能力相对有限。同时，由于大部分游客对于购买旅游商品的中立态度，导致他们不会愿意花大价钱在旅游商品上，因此商品定价就要突出性价比高的特点，在确保产品质量的同时要有合理的价格，让游客有种“物超所值”的感觉。针对这一特点，可将每家店的主打旅游商品定价在 100 元左右，中端产品定价在 100~300 元，便于推广。

最后，对于商家来说除店内装饰以及货品陈列上要足够吸引游客之外，优质亲切的服务态度和良好的信誉更为重要。对乌镇西栅景区的游客进行调查后发现整体满意度略低于对旅游商品的期望值，所以今后商铺店主要重视服务态度和自身信誉度，向游客提供价格合理且具有创意性和地方特色的好商品。

五、旅游商品开发经验

乌镇旅游商品开发成功的原因是多方面的，其根本原因在于商铺旅游商品的供给与游客对商品需求的匹配，具体而言，商品的地方特色与创意特征、商铺制度与业态配置、古镇吸引力与游客规模等共同影响西栅旅游商品收入规模。

（一）挖掘地方特色，创意文化品牌

西栅旅游商品地方特色浓厚。西栅旅游商品处处体现着江南古镇的地域环境，处处体现着江南古镇的历史内涵。南北干货的干散货、乌镇邮局的明信片体现着乌镇作为京杭大运河明珠的优越区位，乌香堂、洛神香氛小铺的熏香制品体现着当地祭祀礼仪的传承延续，宏源泰号的碎花衣饰体现着当地自古以来的印染工艺和制衣传统，恒泰竹木工艺品店（箍桶店）的木桶体现着水乡村民生产生活的勤劳朴实，不一而足。

西栅旅游商品着力创意品牌。西栅商铺往往将商品中添加创意文化元素、打造特有的商品品牌，给游客耳目一新之感。尤以女红街特色突出，旅游商品材质多样、设计新颖、内容独特、品牌鲜明。

地方特色与创意文化完美结合。如入口处的水乡船韵专卖模型船，火柴天堂专卖创意火柴。木船是江南古镇出行的必要交通工具，火柴是近现代生产生活的取火工具，地理、历史特征明显，而与创意文化结合起来的商品受人瞩目。

通过挖掘地方特色、创意文化品牌，乌镇西栅的旅游商品俨然成为古镇吸引力的一部分，成为提升游客满意度、促进口碑营销的实实在在的理由。

（二）迎合游客心理，优化商品供给

迎合游客对旅游商品的需求心理是乌镇西栅旅游商品开发成功的关键因素。乌镇西栅游客有两个特征：一是对乌镇江南水乡抱有期待的大众游客。对于此类游客，乌镇做精水乡特色、做优服务管理。旅游的本质在于差异，古镇因为其“古”，与现代都市、异地文化的不同而成为游客向往的旅游目的地。二是青年游客居多的特征。对于此类游客，以女红街为主的商铺在提供旅游商品时主要提供时尚化、年轻化、情侣化的旅游商品。

优化商品供给有三个方面。一是商铺与文化展示区的结合，如染坊与宏源泰号、三寸金莲博物馆、叙昌酱园与陶叙昌三珍等，游客在了解江南古镇文化内涵后会增加购买相应旅游商品的可能性；二是商铺外观设计与古镇风格的协调，既有牌匾、挂幡、木条门等江南古镇的特色，又有如女红街中落地橱窗的样品展示，是吸引游客走进商铺、购买商品的第一印象；三是商铺内部的展陈技巧，如空间布局、灯光照射以及依据价格、易碎性等原则的恰当摆放。商铺之间的协调、商铺的外观设计与氛围营造等从不同层面优化商品的供给。

（三）强化古镇营销，严格招商制度

强化营销、吸引庞大的潜在游客是乌镇西栅旅游商品开发成功的基础。通过名人营销、网站营销、节事营销等方式，提升古镇知名度，吸引来自世界各地的游客。具体而言，名人营销，宣传茅盾故居，增加文化气息。此外，刘若英“来过，便不曾离开”的广告词深入人心。网站营销，乌镇旅游网站内容丰富，更新及时，充分传达出乌镇旅游的魅力。节事营销，将传统节事与当地特色相结合，举办世界互联网大会、湖羊节等节庆活动，增强游客的体验度。

“一店一品”的商铺制度无疑是乌镇西栅旅游商品开发成功的重要原因之一。庞大的游客量吸引众多商家，因此乌镇从来不愁招商问题。乌镇景区股份有限公司严格的商铺招商制度避免商铺主营商品的重复，这既能够丰富古镇内涵，也可避免游客的审美疲劳，还可以防止相同商铺间的压价竞争、影响古镇商业氛围。严格的招商制度、高满意度的旅游体验、口碑宣传、成规模的游客量、更为严格的招商形成良性的生态圈，旅游商品成为生态圈中重要的角色。

总之，乌镇西栅旅游商品开发成功在于微观层面旅游商品的美化、中观层面把握供需的强化以及宏观层面古镇营销与招商的优化。正是这种多层次、全方位的精心打造，使旅游商品收入成为乌镇西栅营收中的重要组成部分，也成为游客津津乐道的吸引点。

第三章 西塘旅游商品开发分析[①]

一、西塘旅游开发状况

(一) 西塘基本状况

1. 地理位置和特征

西塘景区镇域面积 82. 92 平方公里，镇在行政上隶属于浙江省嘉兴市嘉善县，在地理位置上位于江、浙、沪的交界，故西塘镇有“吴根越角”之称。东距上海 90 公里，西距杭州 110 公里，北距苏州 85 公里，南距嘉善县城 9 公里。据居民的叙述，自较早的时期起，西塘与上海在地缘上就保持了较亲密的联系。西塘镇到周边省市陆运和空运都极其方便，沪杭铁路、沪杭高速铁路、沪杭高速公路、申嘉湖高速公路、杭州湾跨海大桥北连接线、亭枫高速连接线、320 国道都穿境而过，乘坐汽车、高铁、火车均能到达。周边还有上海虹桥国际机场、上海浦东国际机场、杭州萧山国际机场三大机场，都是国内重要的空运交通枢纽。由于地处杭嘉湖平原，位于长江三角洲腹地，西塘全镇地势平坦、水网交织、土地肥沃、气候温和、四季分明，属亚热带雨季气候（图 3-1）。

2. 历史回溯

西塘古称青塘、斜塘。相传春秋时期，伍子管屯兵本县，开凿伍子塘以兴水利，引胥山（现嘉善县西南 12 里）之水直抵境内，故亦称肯塘。唐代开元年间在现西塘所在地建有村落，南宋时村落渐成规模形成了市集，元代开始依水而市渐渐形成集镇。明代在此建市镇，界永安、迁善两乡，初名斜塘，后称西塘。至明清时期西塘已经发展成为江南手工业和商业重镇。

3. 古镇风貌与文化

元、明时期，西塘凭借鱼米之乡、丝绸之府的经济基础和水道之便，发展成一座繁华、富庶的大集镇，窑业、米市、食品、制陶业等行业日益兴旺。古镇现存的许多古宅大院，是当时古镇先人致富后的结晶。古镇区内 9 条河道纵横交织，将古镇分为 8 个区

---

① 执笔人：张明曦　归航　陈丽嘉　贾然　傅林峰　马蕾　漆家进

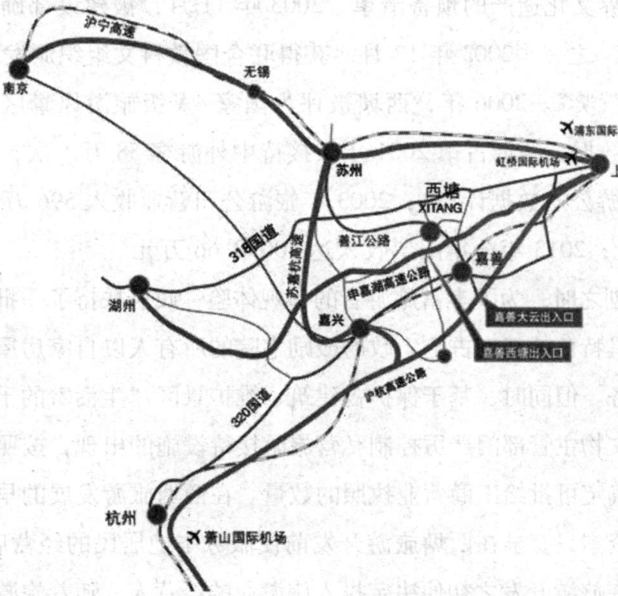

图 3-1　西塘地理位置及周边交通示意

资料来源：西塘旅游官网

块，在其中有 27 座古桥将市镇连通。街道临河而建，商铺的生意就在河边做成。旧时水乡农家的出行以河为道、以舟代步，许多交易在船上岸边进行。为此，一种连接河道与店铺又可遮阳避雨的特殊建筑——“廊棚”应运而生，并代代传承相沿成习，西塘至今保存着 1300 多米长的廊棚。由于坐落在水网之中，这里的建筑颇有惜土如金之风，无论是商号或是民居、馆舍，在建造时对面积都寸寸计较，房屋之间的空距压缩到最小范围，由此形成了 120 多条长长的、深而窄的弄堂，长的超过百米，窄的不到 1 米，形成了多处“一线天”。在过去，陪弄与大宅边门相接，终年见不到阳光，仅靠天井里的一点自然光日照。这或许和江南水乡大户人家建宅的理念相吻合：“银不露白，暗可藏财”，主人的卧室亦是如此，以暗为安。由于直至近代西塘的通行方式仍以水路为主，外来影响较少，故能使西塘较完美地将古镇保留至今。至今仍保存着 25 万平方米的完好明清建筑；据 1996 年拟开发旅游时的相关文字叙述，生活于此的居民依然延续着上千年的“日出而作，日落而息”的传统生活习俗，因而被誉为“生活着的千年古镇”。

（二）西塘旅游开发

1. 旅游开发演进

西塘 1996 年开始筹备旅游开发事宜，1997 年正式开始接待游客。1998 年，西塘与其他五镇一同以江南水乡古镇的名义联合申报了世界文化遗产，2001 年 7 月被列入联合国教科文组织世界文化遗产的预备清单。2003 年 11 月，被建设部确认为“首批中国十大历史文化名镇”之一。2003 年 12 月，获得联合国教科文组织颁发的“2003 年度世界遗产保护杰出成就奖”。2006 年，西塘被评为国家 4A 级旅游风景区。根据嘉善县和西塘镇官方发布的数据，西塘古镇 2001 年共接待中外游客 58 万人次，旅游公司营业收入 600 万元（以旅游公司数据计算）；2003 年旅游公司营业收入 596 万元；2006 年实现门票收入 1510 万元；2013 年全年门票收入达 10090. 66 万元。

在旅游景区草创之时，为了丰富旅游者的参观体验，政府扶持了一批私营景点——主要是保存完好、别具特色的江南古宅。政府鼓励宅院的所有人以自家房屋为资源，为旅游者提供参观讲解服务。但同时，基于保护古建筑、维护景区“生活着的千年古镇”氛围的需要，当地旅游与文物主管部门严厉控制私营旅游接待设施的出现，按照沿街房屋门面数计算百分比，以此确定可批给工商营业执照的数量。在西塘旅游发展的早期，参与旅游相关接待经营的私人资本只有早在西塘旅游开发前便服务本地居民的经营店铺（如早点铺、小商店）和极少数在旅游开发之初便决定投入旅游业的经营人。随着旅游者数量和旅游收入的急速增长，越来越多的本地居民开始尝试“卖东西给游客”来赚取收入，同时外来资本亦循着西塘旅游高速发展的商机而来。虽然政府主管部门并未放宽管理标准，但仍有越来越多的店铺在古镇区内出现。在 2005 年，西街沿街店铺不足 10%，而 2009 年，烟雨长廊沿河段与西街两侧，各类大小店铺以数百计，未开门迎客的门面房屋不足 10 间。

2. 景区管理

西塘镇旅游开发是典型的由政府主导的模式：政府主持进行前期规划、政府出资对基础设施（道路、桥梁、廊棚等）进行修缮和维护，并由政府组建旅游管理公司对景区整体进行经营并求偿。在西塘镇目前承担旅游相关管理职能的政府部门古镇保护与旅游管理委员会与景区经营的执行主体西塘旅游文化发展公司实际上有极大程度的重合。

西塘民居客栈是市场推动下的居民主导表现为市场发展的产物。西塘的民居客栈是随着西塘旅游的发展、住宿游客增多，居民自发筹建的。西塘居民在民居客栈管理中处于绝对主导地位，而政府对客栈的管理力度尚且不足。由于西塘民居客栈的消防与安全不能达到住宿业标准，所以西塘镇政府并不批准民居客栈的申办。但事实上，由于西塘作为“生活着的千年古镇”，居民住宅全部在景区内，景区外的宾馆、旅馆无法满足广大游客的需要，因而景区的民居客栈有较广的客源基础，成为西塘旅游住宿接待业的主力。虽然西塘的 120 多家民居客栈都是“非法无照经营”的，但是政府并未对其采取管制措施，实际上是默认了民居客栈的存在。

3. 街道功能分区

西塘镇作为旅游景区经营的范围即是其古镇区域约 1 平方公里的范围。景区内参观景点和旅游接待设施主要集中在塔湾街沿河部分（烟雨长廊）、西街（分为上西街、下西街）和塘东街北段。

西塘的雨廊（廊棚）是江南水乡中独一无二的建筑，是古镇中一道独特的风景线。所谓雨廊，其实就是带顶的街。西塘的廊棚以其独有的绰约风姿吸引着中外游客。西塘的街道大多有廊棚覆盖，使商人贸易、行人过往无日晒雨淋之忧。廊棚沿河一侧有的还设有靠背长椅，供行人休息。廊棚多为砖木结构，一般宽 2~2.5 米，集中在北栅街、南栅街、朝南埭等商业区，总长有 1000 米，既可遮阳又可避雨，最具特色的当数临河的部分。

西塘西街是明清时代就有的商业街，两旁有 10 多家古董店，玉器、瓷器、木雕等应有尽有。除此之外，这里还有一些家庭作坊，做些美味的小吃，像粉蒸肉、一口粽、八珍糕等，味道很正宗。西街给人的第一印象就是很长很长，就如一条长长的弄堂。西塘的茶楼都古色古香，门口挂着大大的“茶”字，木桌、木椅、木窗都属于老古董，很是亲切。

古镇最繁华的商业街——塘东街，又名西塘酒吧一条街。紧邻安境桥、酒文化博物馆，风景秀丽，有不少酒吧、商铺和客栈。塘东街是民国至解放战争时期西塘最为繁华的街道之一，塘东街上还有好多酒楼，以前有“借问酒家何处有，胥塘河边处处楼”的说法。

景区内官方经营的参观景点包括：倪宅、护国随粮王庙、圣堂、西园、种福堂、醉园、陆坟银杏、根雕馆、民间瓦当陈列馆、中国酒文化博物馆、中国纽扣博物馆、明清木雕馆。在沿烟雨长廊自送子来凤桥向西至景区西端止的一段河道上，景区经营方设有游船。在河道另侧中段搭建戏台，逢节假日夜间进行地方戏曲表演（图 3-2）。

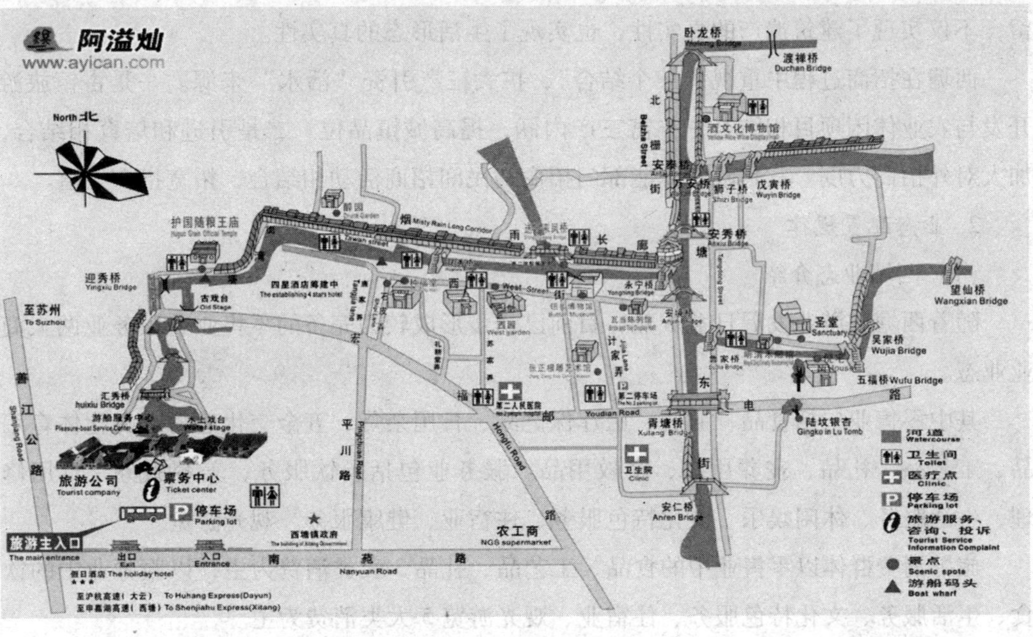

图 3-2 西塘景区导览图

资料来源：西塘旅游官网

二、旅游商品管理

（一）西塘经营管理

1. 招商制度与原则

西塘在发展模式上隶属于乡镇政府的乡镇企业经营模式。西塘在1996年成立了古镇保护管理委员会办公室。同年又成立了西塘旅游文化发展有限公司。在企业性质上，旅游公司是一家隶属于西塘镇政府的乡镇集体企业，是典型的政企合一体制。在资金方面，旅游一直依赖镇政府在政策和资金上的照顾。因此旅游公司表面上是独立核算，实际上完全是镇政府在运作。西塘的招商制度紧紧围绕着“文化遗产保护”这一主题。

管理上均以政府为主导，有相关的管理部门（如管理委员会）和运作公司（如旅游公司），以保护性规划作为指导，所有的工程项目和业态组织均有一定的申报执行秩序和实施目标，这可有效避免乱搭乱建造成实施中的再度破坏。

操作上，注重时序性、整体性和真实性。按一定的步骤，有计划执行年度的目标，避免了一些盲目的政绩工程和赶时间献礼工程，避免了重复工作；按计划进行整治项目，便于资金的良性循环，同时使得风貌的整体性得以完善。实施中注重原住民的迁与留，不仅实现了建筑遗产的真实性，也实现了生活形态的真实性。

西塘在招商过程中重视“三个结合”，扩大三产引资“活水”来源。一是古镇旅游开发与农业休闲项目相结合，丰富三产内涵，提高城镇品位。二是引进和培育相结合，加大对外招商力度。三是政府职能部门招商与民间招商活动相结合，拓宽招商渠道。

2. 业态配置规律

（1）西塘业态介绍

随着西塘旅游业发展日益成熟，目前已初步形成较为完备的零售业和服务业两大商业业态。

其中零售业包括食品、服装、医疗保健品、日用杂货、五金交化建材、文化体育用品、工艺品、礼品、丧葬用品、宗教用品。服务业包括餐饮服务、美容服务、日用修理、生活服务、休闲娱乐、文化特色服务、住宿业、健康服务、观光游览。

旅游消费群体以零售业中的食品、工艺品、礼品3大类消费为主，以服务业中的饮食、生活服务、文化特色服务、住宿业、观光游览5大类消费为主。

西塘的餐饮业已较发达，这里特产丰饶，如善酿黄酒、八珍糕、荷叶粉蒸肉、六月红河蟹、水豆腐、青团子、立夏塌饼、馄饨鸭、狮子球、面筋汤等名优特产、风味小吃和菜肴等不胜枚举，有些在网上已经甚为有名，如西塘一线天的青豆、芡实糕，一些口味好的饭店如老品芳、钱塘人家等都在网络上广受好评，很多游客慕名而去。在空间分布上，每走几米远就有商铺贩卖各种食品，大都现产现卖，价格合理。沿河街道上，有数十家饭店餐馆供应热菜及特色食品，临河而建，环境幽雅，干净整洁。古镇景区内也有十余家特色咖啡馆、茶座、饮料店。总体来说，西塘供应的食品物美价廉，品种繁多。餐饮类店铺充足且分布合理。

在住宿业方面，总体来说，西塘住宿条件不错，整齐洁净，大些的旅馆稍贵些，私人旅馆相对便宜，而且挑选余地很大。类型包括三大类：古宅类，临水类，宾馆类。其中古宅类最能体现江南古镇的古韵特色。景区内的明清古宅多位于深巷内院，庭院幽深，一切陈设皆为老古董，虽然不临水，但宅院宽大，可深切体会古镇望族的古韵生活。同时，西塘完善的住宿条件也为游客留在当地安心夜游提供了保证，干净的卫生条件，适中的价格，特色的雕花大木床等，很多宾馆还可以在网上预订，这些完善的服务措施都能促使西塘的旅游更快地发展。

在文化特色服务业方面，西塘古镇具有深厚且丰富的文化底蕴，如宅院文化、儒商文化、酒文化等，西塘保存完好的明清建筑是体现其宅院文化的重要载体，花园弄塘和廊棚是西塘的特色，当其中悠然走来一位撑着油纸伞的姑娘，或是穿着朴素的头戴草帽的当地人，游客步伐自然而然地会随着他们的出现而慢下来，体验着他们带来的故事，即便是拍照留念也有了更让人兴奋的缘由。这既真实再现当年的情景、延续当年的风貌，同时又让游客参与其中，形成互动，增加兴致。但西塘仍存在着许多不足，如游客仅能通过静观古朴雅致的房屋、精致小巧的居中花园来感受宅院文化，并不能带给游客更真切、更深刻的文化体验。

在观光游览业方面，西塘以其依河而建的街衢、临水而筑的民居、借水而行的乌篷船为特色的水乡风貌吸引着全国各地的游客。同时西塘的纽扣博物馆、江南瓦当陈列馆、明清木雕馆、黄酒陈列馆等，使游人不仅从表面上欣赏到水乡风景，还可以更深入地了解当地民间传统文化。其中的不足之处在于游客不能与当地居民有更多的互动，没有充分发挥人文精神和人文特色的作用，因此大部分游客仅停留在观光游览的层面上，旅游者无法深刻体验古镇生活，因而造成重游率低等一些问题。

在生活服务业方面，西塘镇一些附属设施，旅游副业发展都已比较完善。比如夜晚沿河泛舟的项目，镇里的酒吧、茶座也给游客在玩累的时候有个小憩休闲之所，能够让游客充分享受游玩的乐趣。而镇里的西餐厅、桌游吧、草垛堂等也满足了不同游客的需求，让游客在欣赏美景的同时，感受到景区提供的便捷服务。

最后，礼品、工艺品方面，西塘的旅游商品种类繁多而且具有明显的特色和吸引力，能够激起游客的购买欲。

（2）西塘业态分布

西塘商业板块主要分为夜游西塘、休闲西塘、美食西塘、文化西塘四个板块。

商业板块塑造成特色休闲餐饮名片：80%为休闲餐饮集聚区域（含酒吧），以餐饮特色为项目切入点，导入一批拥有中高档的品质老字号餐馆及代表性酒吧休闲餐饮业态，20%为娱乐、文化、零售、体验等业态。

“夜游西塘”板块，这一板块旨在让游客体验西塘的慢生活。在西塘看夜景也是一道独特的风景。这个街区位于西塘景区的北部，整个街道整体呈现直线型，且街道相对较长。这个街区以夜市为主，里面包含了食、住、游、购、娱等多个要素，如主打品牌客栈“千里走单骑”“华尔街酒号”“一米阳光”，“烧烤乡”的特色烧烤，以及许愿潭的夜间放花灯活动，既能够满足对古镇民俗风情体验的需求，又为西塘的夜景增添了独特的魅力与无限的乐趣。

“休闲西塘”板块，这一板块的文化定位在于体验西塘休闲生活，这一街区位于西塘景区的西南角，该街区总体面积相对较小，街道上主要是茶楼、咖啡店等悠闲场所。例如兰亭序茶楼、碎蝶音乐咖啡。这条街道主要满足游客感受民风与驻足休憩的需求。各个商家间也相互不重复，不同的茶楼、咖啡店都有着自己的特色。

文化和美食西塘主要特色是在江南氛围下体验新旧生活的交融。

“美食西塘”板块位于西塘景区东南部，该街区面积最大，是以各类特色小吃餐饮为主打的综合街区功能区，弄堂和廊棚中分布着各种各样的特色小吃，如赏一味豆腐花、隆中对、塘龙面、香油米花糖等特色美食。这一部分主要满足游客“吃”的需求。

“文化西塘”板块位于西塘景区中南部，该街区街道相对紧凑狭小，整个街区呈现出了西塘地区的民俗文化，如剪纸、皮影表演、内画艺术等。同时，又有着各类手工作坊，满足了游客对旅游纪念品的需求。

（3）业态分布规律

①商家沿河较多

整体上来看，西塘很多体验型的商家如餐饮和茶馆都靠近河道，且喜欢将桌子和设施放到离河道较近的位置。这样，一方面能保持整体的一致性，另一方面能让游客在用餐的同时能欣赏河道和整个西塘的风景。

②住宿景区化

一般景区的住宿设施都设置在景区之外，但西塘由于其统一规划和管理，将住宿放到景区以内。这样，既能方便游客能够更好地体验当地的风俗民情，又能促进游客的相关旅游消费，带动旅游经济效应。

③主要业态同质化相对较低

水乡古镇西塘至今还保留着原汁原味的“小桥、流水、人家”的情调和风韵，吸引着广大的游客到此体验古镇风情。弄堂和“千米长廊”（ 廊棚）成为其特色景观。

西塘在主要业态，如旅游景点、旅游特色街区及部分旅游商店的同质化程度相对较低，一方面，保持了整个景区的完善性；另一方面，整体上保持了其新鲜感和独特性。

④种类齐全、各具特色

西塘古镇拥有的业态整体上较为丰富，如电影院、酒吧等能够满足游客多方面的需求。但具体到各个业态，如旅游商品，西塘的特色小吃芡实糕、手工纪念品盘扣等，受到了广大游客的喜爱，总体上较为完整。

⑤业态发展成熟化、正规化

由于多年来在政府主导下的经营和管理，西塘景区的各项旅游业态都趋于正规化和成熟化，给游客的感觉是在一个综合性的商城中旅行。这样既方便业态的管理，又排除了许多不正规的部分，如景区内没有路边贩卖的小摊，也没有不正规的工作人员，给游客提供了一定的安全保障。

（二）西塘旅游商品管理

1. 西塘旅游商品种类

根据旅游商品对旅游者的不同需求和效用，可以将旅游商品分为旅游纪念品、旅游用品、旅游食品和其他商品四大类。

西塘的旅游商品具有一定的特色，这得益于西塘店铺及产品的选择多融合了各种创意元素，对传统民俗文化进行了创新发展，西塘的特色小店不计其数，因而其旅游商品也相对具有特色。上述的四种旅游商品西塘兼具，且每种类型的旅游商品皆有自己的特色。

西塘的旅游商品主要包括文物古董、书画金石、手工艺品、药材、特色美食小吃、特色服饰等几大类。西塘作为一个古镇，民间艺术也相对较多，且样式多样，在景区内有木雕、核雕艺术品，也有民间艺人将自己的书画制作成艺术品卖给游客的。西塘也是一个江南小镇，里面有传统药堂、土特产商店，其药材和土特产种类较多，另外，西塘的体验性产品也非常多，如猫的天空之城概念书店可以让游客写寄给未来的明信片，大大增强了游客的参与性。

2. 西塘旅游商品特征

仅从旅游商品来看，西塘旅游商品相对比较成熟，且创意与古朴同存，兼具地域性、精致性和多样性的特点，其中其地域性和多样性的特点较为明显。西塘旅游商品基本体现出江南古镇的地域性特征，所涵盖的种类涉及各领域。游客每经过一家旅游商店都会有一种新的感受，这对提高旅游吸引力有很大的效应。另外，由于西塘旅游商品基本是在旅游商店里面进行交易和售卖的，因此其质量相对较有保障，且很多商品皆是原创，做工精致，质量上乘，纪念意义十足，游客们耳口相传，因而宣传效果很好。

西塘旅游商品也存在着一些不足，如旅游商品雷同的问题以及旅游商品西塘特色不足的缺憾。

三、西塘旅游商品

（一）商铺及商品总论

西塘景区内共有1400余家各种类型的商铺，商品内容涉及古董、食品、工艺品、创意纪念品、服饰用品等各类产品。商铺分散在各条街区中，与当地民居、学校、超市等基础设施相互融合。其中客流量及商铺相对集中的两条知名商业街分别是西街和烟雨长廊。商家基本利用了沿街或沿河的老民居，对其内部进行了改建，而外部依然保留了民居古朴的样貌，与整个古镇融为一体。店铺的内部装潢各具特点，充分体现着店家独到的审美和认知。店铺因与民居融合在一起，因此店铺充满着生活气息，而民居与商铺风格相呼应，又形成了一道别样的风景。接下来就对两条主要街道的精品商铺进行介绍。

（二）商铺及商品介绍

1. 西街

西街全长600余米，聚集了157家商铺，是西塘古镇景区中商铺最为密集的商业。各类传统商品、特色小吃和创意类艺术品在此均有销售。狭窄悠长的街道中人头攒动，鳞次栉比的商铺配上店家卖力的吆喝声，热闹非凡。下文选取了西街中19个具有代表性的店铺，对其内部商品及商品摆放特点进行描述。

（1）西街114号

西街114号是一家以经营扇子和汽车模型为主的店铺。对外展台玻璃柜里放置的是一些精美的汽车模型，柜台上方放置的是价格实惠的手工木质动物造型圆珠笔；①号架子上放的是军用汽车、卡车和机车的模型；②、③、④号架子上放的是精美的折扇；①、②号桌子上放置的是动漫人物小摆件；在一进门右侧墙上挂着许多创意造型的冰箱贴和中小体量的浮雕。该店商品价格相对便宜，中高端价位商品以汽车模型为主（图3-3）。

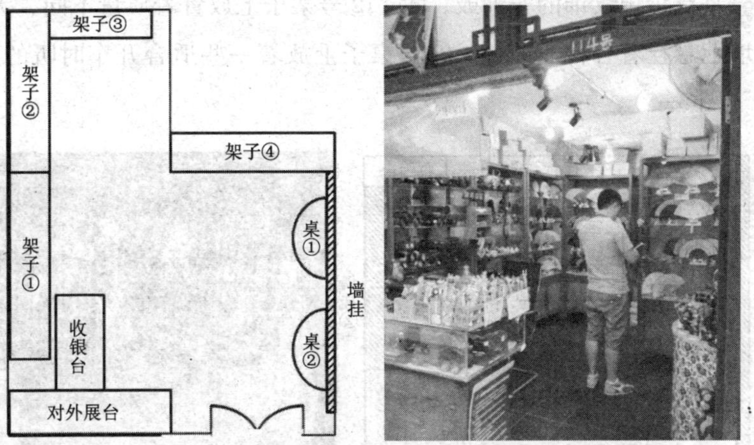

图 3-3　西街 114 号店铺内部结构平铺示意图及实拍图（摄影：张明曦）

（2）云衣坊

这是一家主营民族风格服饰的店铺。在门口对外展台上摆放着传统手工制作的挂饰，在白色毛毯的映衬下显得更具民族风格。一进门四周墙上悬挂着店家精心搭配的几套店内服饰样品，简约的配色和舒适的衣料材质使人看到后不免想要更进一步深入店内一探究竟。进入二进门，中间是木质座椅供游客休息，①、②号架子上挂满了风格统一但却各具特色的服饰，收银台在隐蔽的右侧，既可以监控店内情况，又不会影响客人视线。店内悬挂的传统样式纸灯，营造出一种安逸复古的舒适氛围（图 3-4）。

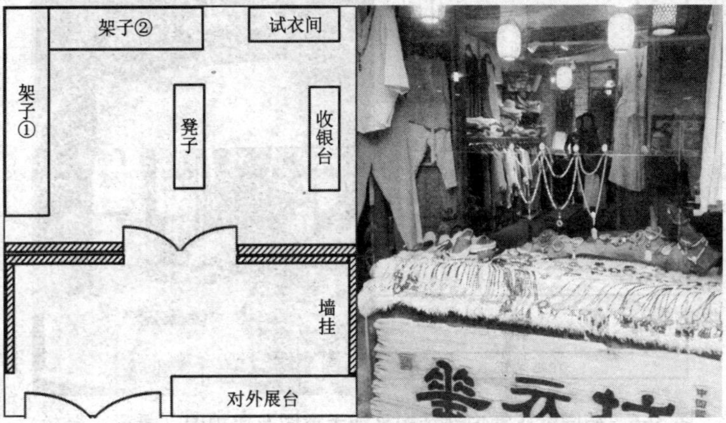

图 3-4　云衣坊店铺内部结构平铺示意图及实拍图（摄影：归航）

（3）乐器店

这是一家经营便携式乐器的商店，以尤克里里和非洲鼓为主。甩卖区放置的是廉价乐器及相关制品；①号墙上悬挂着五彩斑斓的各种手绘图样的尤克里里，①号桌子上区内放置着中号具有传统纹饰的非洲鼓；①、②号架子上放置着质量不同、大小不一的非洲鼓；②号墙上悬挂着各种非洲鼓，②号桌子上放着一些适合开车时听的旅行 CD，方便游客选购（图 3-5）。

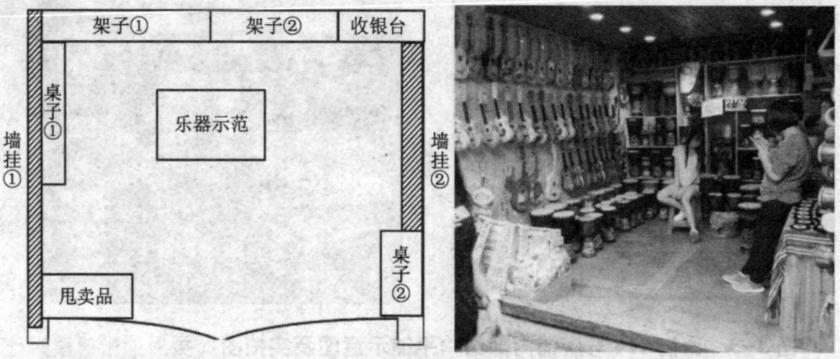

图 3-5　乐器坊店铺内部结构平铺示意图及实拍图（摄影：马蕾）

（4）老杨药膳酥

该店是一家经营药膳酥的西塘老字号店铺，门店外延展架上摆放着各种口味的药膳酥单品和礼盒。内部①、②号架子上按照口味放置着药膳酥礼盒。店员在工作台上加工药膳酥，再由其他店员将半成品送至操作台前，由另一名店员进行切块装盒。这一过程既是工作也是表演展示互动的一个环节（图 3-6）。

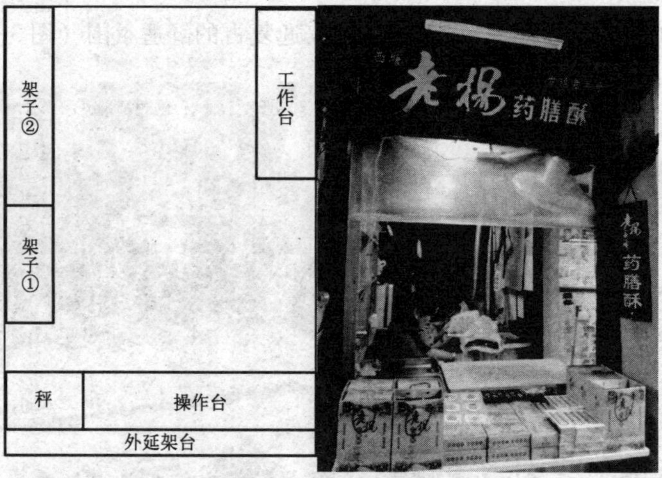

图 3-6　药膳酥店铺内部结构平铺示意图及实拍图（摄影：贾然）

（5）我擅刻木

我擅刻木是一家独具风格的木雕艺术品店。临门的②号桌子上放置着的是价格低廉的木质小把件，工作台的位置上店家每日会定时在此加工木艺品，供游客欣赏。①、②、③号墙上挂着工艺精美的大型民族浮雕类木质工艺品，①号桌子上放着体量较大的木质摆件，桌子四周挂有小型幸运木雕挂饰。④、⑤号墙上挂有瓷质壁挂，有扇形和圆形两种（图 3-7）。

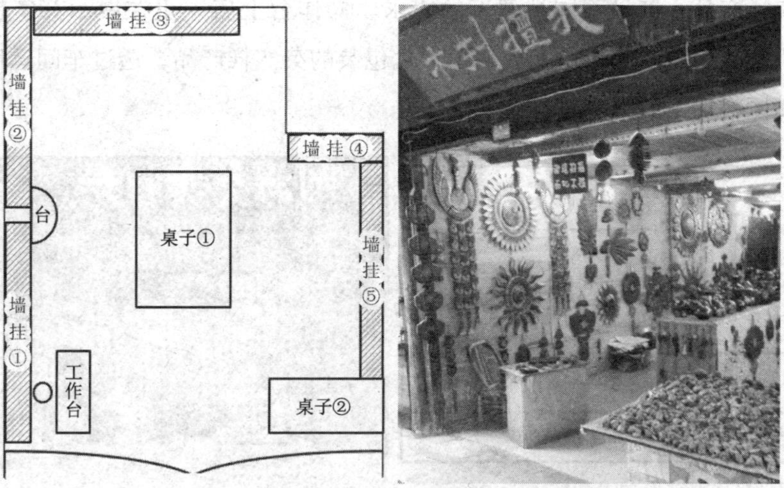

图 3-7　木雕店内部结构平铺示意图及实拍图（摄影：漆家进）

（6）Taste me 美国酸奶冰淇淋

该店以经营酸奶冰淇淋为主要特色，对外展示区内有大型海报对产品进行介绍和宣传，同时还有模仿实物的产品模型，给予消费者最直观的展示。店内①、②号架子是冰淇淋实物区，客人可以跟随店员根据自己所选口味，看到店员为他们制作冰淇淋的整个过程。之后客人可以在餐饮区内坐着品尝酸奶冰淇淋。店内装潢简洁干净，让游客进入后会有一种放慢脚步、安心品尝的感觉。同时半互动体验式的制作过程，可以极大地丰富游客的感知体验（图 3-8）。

图 3-8　冰激凌店内部结构平铺示意图及实拍图（摄影：漆家进）

（7）阿海芡实糕坊

这是一家制作当地特色小吃芡实糕的小店。产品展示区中展示的是包装不同、大小各异的芡实糕产品，满足不同消费者的需求。操作台上店主正在展示芡实糕的切割过程，直观明了。店内右侧架子上放满了大盒包装的芡实糕产品，透过车间透明的玻璃可以看到里面原料加工的整个过程（图 3-9）。

图 3-9　芡实糕店内部结构平铺示意图及实拍图（摄影：傅林峰）

（8）小林煎饼

小林煎饼是一家制作煎饼及多种零食的小店铺，进门最显眼的位置放着加工煎饼的机械设备展示，右侧②号柜子中放着以煎饼为基础制成的煎饼卷、煎饼片、煎饼块等丰富多样的各类小吃。①号柜子中放着大小各异、包装精美的煎饼类零食礼盒，价格适中适合消费者购买。同时优质的包装让游客一看到就会有购买的欲望（图 3-10）。

图 3-10　小林煎饼店内部结构平铺示意图及实拍图（摄影：傅林峰）

（9）蜀国布衣

这家店以经营原创布制包、帽为主。①号架子上集中展示了适合年纪稍长的人群背的双肩背和手提布包，②号架子上摆放了适合年轻群体的双肩背包。店内布局简单整齐，墙上不规则的架子配以明黄色背景，给人一种充满活力的时尚感，暖光灯打在产品上让产品有独具亮点之感。该店产品布料纹饰统一，但款式新颖多样，符合现代消费者的审美需求（图 3-11）。

图 3-11　蜀国布衣店内部结构平铺示意图及实拍图（摄影：傅林峰）

（10）芒果 · 芒果

该店以文创类纪念品为主打特色，门口展示区和冰箱内出售的是果汁和冷饮，为路过的游客提供服务。①号架子上放置的是文创类文化衫和手机壳，②号架子上放置的是士兵样式的木偶卡通摆件。桌子上是一些固体香水、手工布袋、卡通钱包、钥匙环等价格相对低廉的小商品，③号架子上放置的是运动明星、小驴公仔等小摆件。④号架子上放置的是和②号架子上对应的士兵木偶摆件。室内装修极具欧式风情，特色的螺旋状巴洛克式图样吊灯，营造出一种奇幻的氛围，使游客漫步在室内有一种深处童话王国之感（图 3-12）。

图 3-12　芒果. 芒果店铺内部结构平铺示意图及实拍图（摄影：张明曦）

（11）西塘龙蹄

这是一家经营特色熟食的店，以猪蹄、猪肘为主。对外展台上摆放着新鲜出炉的熟食，操作台上员工在加工半成品，桌子上摆放的是真空包装好的产品。为了便于携带和保持产品质感，店家提供了免费真空包装服务，可以较好地满足游客携带的需求（图 3–13）。

图 3–13　西塘龙蹄店铺内部结构平铺示意图及实拍图（摄影：张明曦）

（12）叁眼镜店

叁眼镜店是一家极具时尚创意元素的眼镜店，主营太阳镜和各类造型新颖的镜架。店内装修以白色为主，简约大方，更能凸显出各色展品的独特之处。对外展台上放置着一些特色太阳镜，①号架子上同样是款式丰富的太阳镜。中间的②、③号架子上放着创意眼镜盒，中间则是各具风格的眼镜框。④、⑤号架子上放置的也是一些太阳镜，架子中间的镜子，方便游客试戴看效果（图 3–14）。

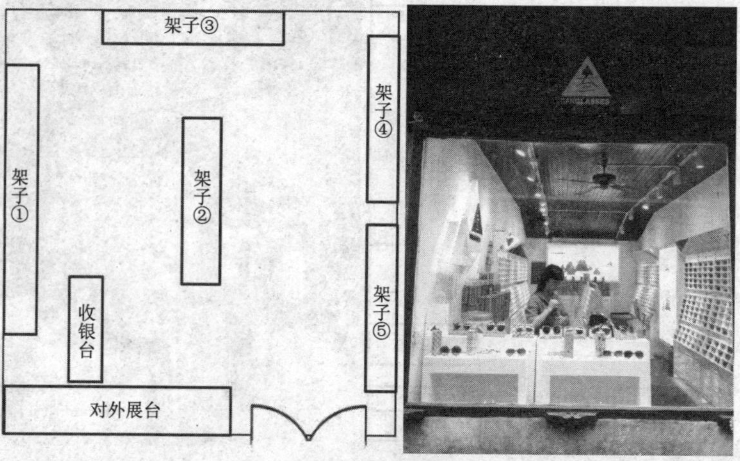

图 3–14　叁眼镜店店铺内部结构平铺示意图及实拍图（摄影：归航）

（13）洛克族

洛克族是一家全国加盟类的冷饮店，架子上是以冰蓝色灯光为背景的饮品展示，清爽的蓝色能够在第一时间吸引行走在拥挤街道上游客们的注意。架子后是店员调制饮品的区域，游客从店外或坐在①号桌子处，都可以看到店员的每一步操作。②号桌子是供客流量大时游客停留的区域（图 3-15）。

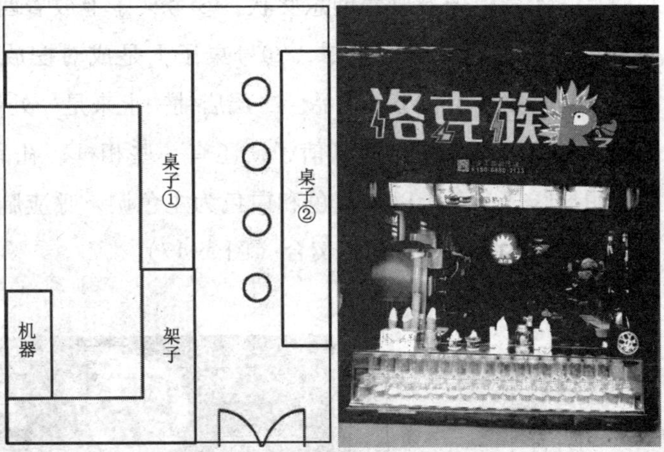

图 3-15　洛克族店铺内部结构平铺示意图及实拍图（摄影：归航）

（14）三生有信

三生有信是一家邮寄明信片的商铺，门口靠窗处为游客书写台。坐在这里看着街上过往的游客，想着对收信人的寄语，是一件十分有趣的体验。①号架子上放置着精美的以西塘风景或江南水乡为主题的明信片和一些印花的本子。②号架子上放着大小各异的明信片。正中桌子上放置的则是最具代表性的明信片和实用的小书签以及精选的各类本子。店铺最里侧安静的角落里也是可以供游客专心书写明信片的地方（图 3-16）。

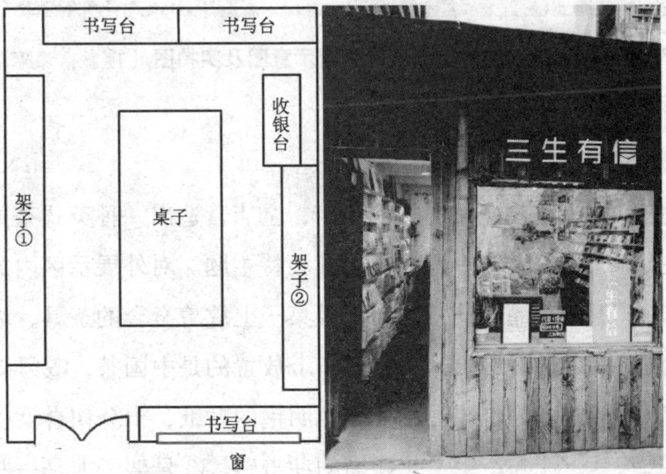

图 3-16　三生有信店铺内部结构平铺示意图及实拍图（摄影：归航）

（15）脑子进水

这是一家二层式创意品商店，一层的②、③号架子上摆放的是以各种“药盒”为原型的糖果，“后悔药”“长生不老药”等诙谐的产品名称让游客不免乐于驻足观看一番。②、③号架子上摆放着各类实用的小饰品，有勺子、瓶塞、小摆件等。①、④号架子上摆放着儿童太阳镜，①、②、③号柜子上分别放置着各类创意名称的证件、便携小夹子、冰箱贴等小商品。④号柜子上放着创意奖状，⑤号架子上放着西塘的手绘地图。进入一层内延区，⑥号架子上放着卡通眼罩，⑥号桌子上是成对摆放的小玩偶摆件，④、⑤号桌子上放置的是瓷质杯子和小工艺品。二层店铺一上来是一处休息区，进入内部，摆放的物品相对较少，有瓷质挂饰和风信子，还有一些相框、礼品盒子和木偶摆件，内容相较一层无明显区别。全店以水蓝色和白色为主色调，呼应脑子进水的主题。所售商品也多以创意搞怪为元素，与主题相契合（图 3-17）。

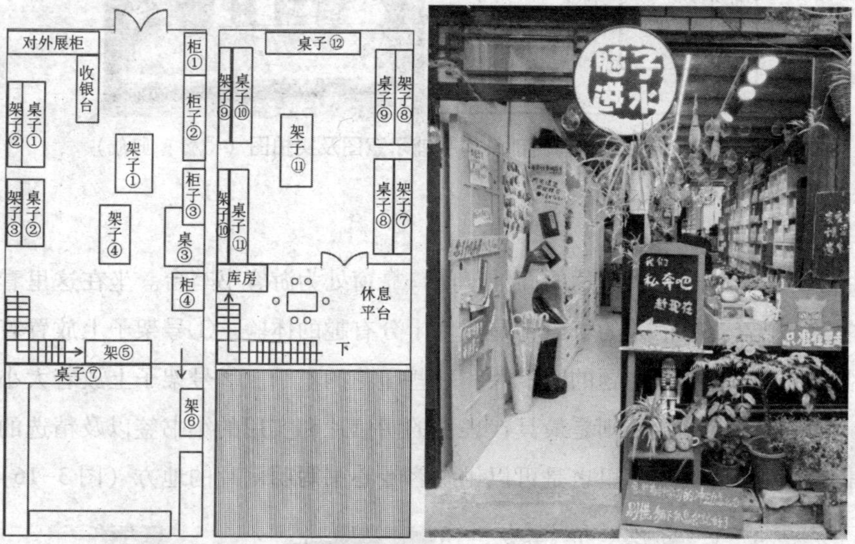

图 3-17　脑子进水店铺内部结构平铺示意图及实拍图（摄影：漆家进）

（16）布兰兔

布兰兔是一家以茶为主要产品的特色小店，全店营造出一种英式茶文化的氛围，在布局陈设以及相关副产品的销售中都能看出其独特主题。对外展示区内放置一架英式航海船模型和一套英式下午茶的经典茶具。①号桌子上放着全套的茶具，墙上悬挂着的地图和老照片仿佛向游人诉说着历史。①号架子上放置的是中国茶，⑤号架子上则放置着各类西式茶品。以圆形铁盒为包装，配上颜色明艳的贴纸，十分切合女性需求。②号桌子上放置着中西式茶具，让人产生文化碰撞的冲击感。③号架子上是一些礼盒包装的产品，适合需求相对较大的游客。商家在⑤号架子的产品摆放上十分考究，三层的架子中一层为单个茶品售卖，二层为简式包装产品，三层为礼盒产品（图 3-18）。

图 3-18　布兰兔店铺内部结构平铺示意图及实拍图（摄影：漆家进）

（17）半朵悠莲酒坊

这是一家拥有传统工艺的酒坊。对外展示区上摆放的是极具地方特色的酿酒坛和各类主营产品。桌子上摆放的是格式坛子酒，架子上则是各种小包装的酒品，供游人选购。②号架子上是以陶瓷瓶为主的产品，直观明了的摆放方便游客挑选（图 3-19）。

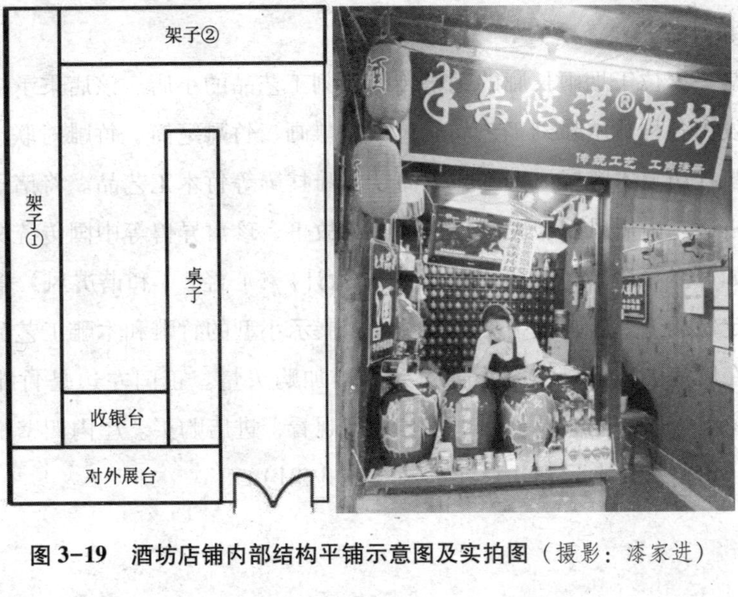

图 3-19　酒坊店铺内部结构平铺示意图及实拍图（摄影：漆家进）

(18) 19 八 3，嗯，这个地方有点意思

从店名上看就可以知道这是一家富有创意的文化类创意品商店。店内②号架子上放着衣服上标有姓氏的玩具小熊，小巧便携适合作为旅游商品选购。①号架子上放置的是时下最流行的卡通玩偶毛绒玩具，可以看到很多家长带着孩子在这家店铺里游览。①号桌子上放着有趣的帽子和手工编织的小包，很多年轻人或情侣在试戴。模型的位置放着一个类似八音盒的玩具风车，风车上有各种木质小玩偶，随着音乐在旋转。③号架子上是一些卡通元素的书包和毛绒玩具，同样受人喜爱。②号桌子和④号架子上摆放着一些卡通样式的手机及 iPad 套件，同时还有纹饰多样的尤克里里（图 3-20）。

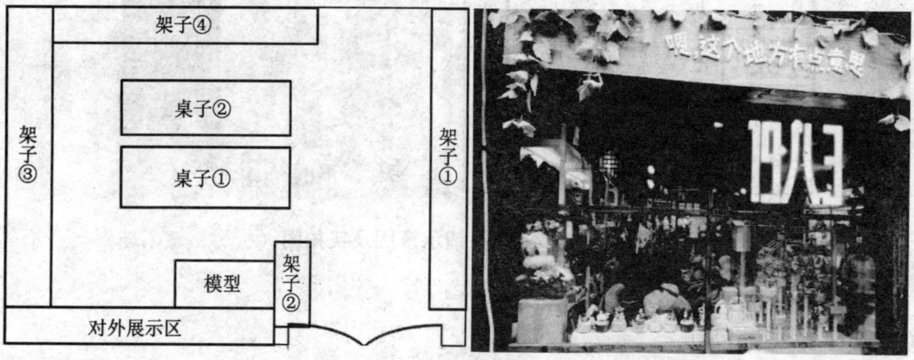

图 3-20　19 八 3 店铺内部结构平铺示意图及实拍图（摄影：马蕾）

2. 烟雨长廊

(1) 古籍轩竹艺

古籍轩是一家位于烟雨长廊的销售传统雕刻工艺品的小店。该店秉承中国传统手工艺精华，开发出各种竹木雕刻工艺品。包括竹雕画、竹雕笔筒、竹雕对联、竹根雕、竹雕臂搁、竹雕挂历、木雕屏风、木雕笔筒、木雕挂屏等竹木工艺品。将诸子经典、名人墨迹、名胜古迹、山川风貌、民间传说、神话故事、珍禽异兽等中国传统文化内容表现在产品上，如《兰亭序》《孙子兵法》《三十六计》《心经》《和谐屏风》等。此外还可以来样来稿定做加工。店内正中央摆放长桌，展示小型的竹雕和木雕工艺品，小物件价格便宜，放在店铺中间容易被客人注意到，增加购买量。正门左边是竹雕艺人的工作台。店员在窗前工作，能够吸引往来游客驻足观看，进店购买。屋内四壁都悬挂着各类竹雕工艺品，价格从几十元到几百元不等（图 3-21）。

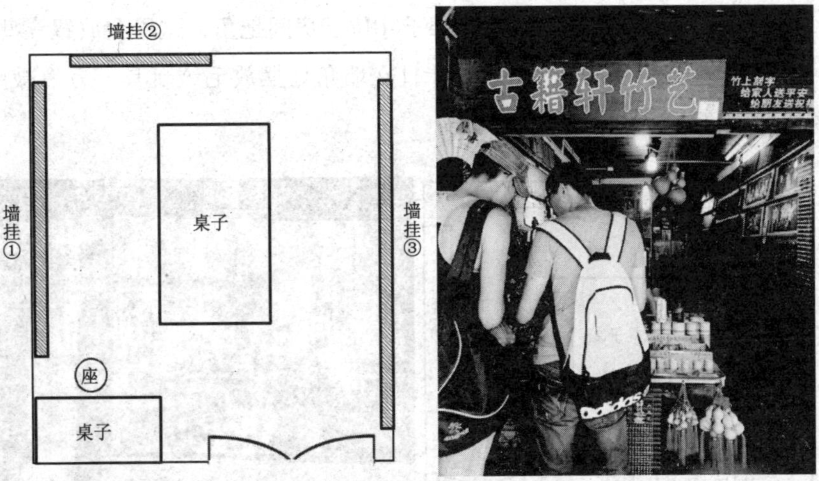

图 3-21　古籍轩店铺内部结构平铺示意图及实拍图（摄影：马蕾）

（2）茶房

茶房是一家主要经营花果茶的连锁店，在中国多个城市有其分店。茶房主营的是装在各色精美铁罐里的花果茶，小罐 25 元，大罐 50 元。店内布置风格呈英式复古风格，将精美可爱的小罐茶叶摆在进门的位置，以招徕顾客，较大的罐子则会摆在相对靠里的位置。店铺中央摆放着桌子，店员会在这里展示花果茶的沏茶过程，并且会给客人小杯试饮，并向客人介绍不同种类的花果茶的功能、味道。收银台则在店内最靠里的位置。四个架子则用于分类摆放不同的花果茶（图 3-22）。

图 3-22　茶房店铺内部结构平铺示意图及实拍图（摄影：马蕾）

（3）无名创意品商店

橱窗位置的长条桌子①是玩具互动区，无论是店内的顾客还是店外经过的游客都能够看到这张桌子，上面摆放着趣味玩具，起到吸引顾客的效果。正中间的桌子②摆放着小型的纪念品和玩具，价格通常较为便宜，因此通常桌子②处的商品销量较好，架子①、②、③处分类摆放各类趣味玩具，架子④位于房间把角，这里会放置一些大型的毛绒玩具，为的是充分利用角落的面积，并且在墙角处摆放毛绒玩具，万一被顾客碰掉，也不容易摔坏（图 3-23）。

图 3-23　无名创意品店铺内部结构平铺示意图及实拍图（摄影：贾然）

（4）哆糖小栈

哆糖小栈是一家主营各类手工糖果的连锁店。店铺的门边有橱窗，可以向过路游客展示各类手工糖果，商店内设有制作区，游客可以现场观摩手工糖果的制作过程。店内设有两个货架，展示各类小包装的糖果，价格在 20 元至 40 元不等（图 3-24）。

图 3-24　哆糖小栈店铺内部结构平铺示意图及实拍图（摄影：贾然）

（5）香香国货

香香国货是一家主营国货化妆品的店铺。靠门的桌子②起到了橱窗的作用，通过摆放商品吸引往来游客的注意，店内靠墙的柜子上分类摆放着各种化妆品，包括护手霜、洗面奶、鹅蛋粉等。桌子①位于店铺正中央，用来陈设一些小摆件、纪念品等，同时也作为收银台使用（图 3-25）。

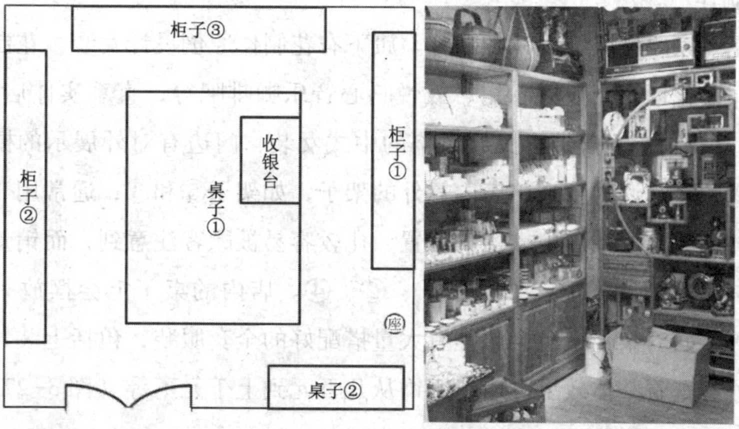

图 3-25　香香国货店铺内部结构平铺示意图及实拍图（摄影：贾然）

（6）花指月

花指月是一家销售民族风女装的店铺，这样类型的店铺在西塘景区内有 10 余家。门两侧是对外展示的橱窗，店员会将一些新到的、款式比较好看的衣服挂在这两个橱窗的位置。进店迎面是一扇屏风，绕过屏风，货架①将店内分离成了两个部分，起到引流的作用，店员通常会将卖得比较好的衣服挂在架子③和④处，将积压的衣服挂在靠前的位置，比较容易被顾客注意到，而好卖的衣服即便挂在靠内的地方也不会对销量产生太大影响。花指月售卖的衣服大多是由老板自己设计，透露出浓厚的民族气息，价格从几百元到上千元不等（图 3-26）。

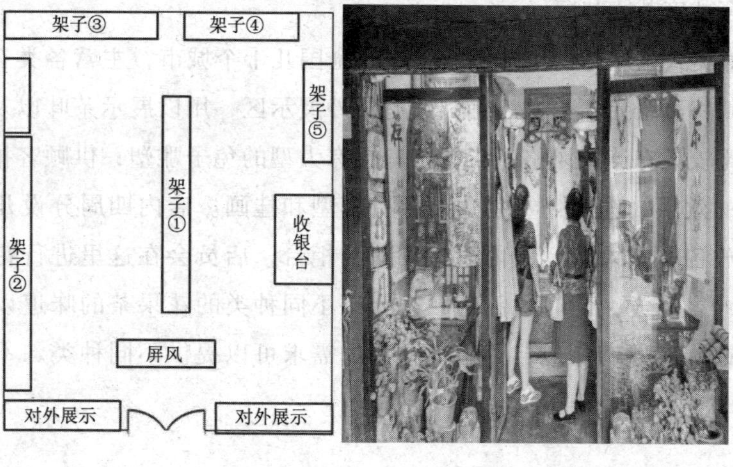

图 3-26　花指月店铺内部结构平铺示意图及实拍图（摄影：傅林峰）

（7）花制作

花制作是一家原创服饰设计师品牌。旗下有花制作原创设计女装，花制作中式精致男装、花制作文化创意产业展示馆、鼓悦鸣心音乐咖啡吧等，直系实体店 12 家，全国加盟店 16 家。花制作主营带有民族风格的中式女装，门边有对外展示的橱窗，用以展示一些比较受顾客欢迎的款式；店内靠外的架子，如架子⑤和③，通常用于展示一些销售进展较慢的服装，放在店内靠前的位置，比较容易被顾客注意到，而销量较高的服装则会放在店铺靠内的架子上，如架子①、②、④。店内的桌子上会摆放一些服饰的配件，如珠串等，同时架子上也会悬挂有大量搭配好的全套服装，包括上装、下装以及配饰等，方便顾客查看整体效果。店内服饰从几百元到上千元不等（图 3-27）。

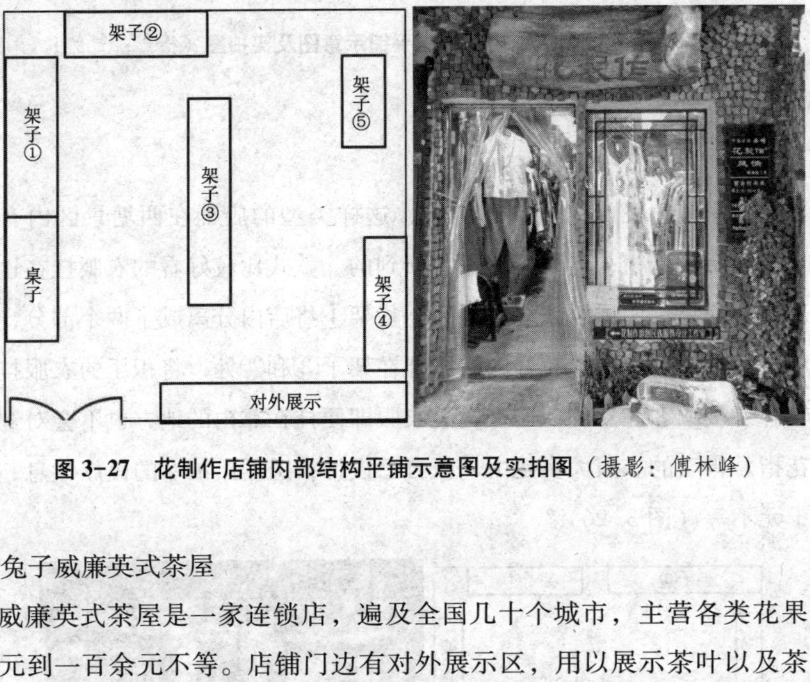

图 3-27　花制作店铺内部结构平铺示意图及实拍图（摄影：傅林峰）

（8）兔子威廉英式茶屋

兔子威廉英式茶屋是一家连锁店，遍及全国几十个城市，主营各类花果茶等，价格从几十元到一百余元不等。店铺门边有对外展示区，用以展示茶叶以及茶具等。该店铺的布置比较具有英式风格，店铺门口会有大型的兔子雕塑，供顾客拍照，也能起到吸引顾客的效果，进门处左手边展示有模型和挂画。店内四周分设几个立柜，按不同种类摆放各类花果茶。店内设有沏茶的柜台，店员会在这里进行花果茶的冲泡展示，可供顾客品尝，同时也能为顾客介绍不同种类的花果茶的味道以及功效。花果茶可以用铁罐或玻璃瓶包装，根据顾客的需求可以提供不同种类、不同价格的款式（图 3-28）。

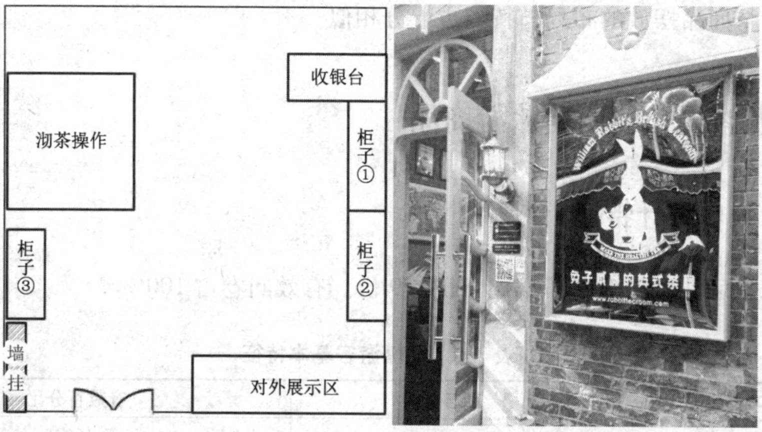

图 3-28　英式茶屋店铺内部结构平铺示意图及实拍图（摄影：傅林峰）

（三）展陈特点介绍

虽然该景区的店铺及所售商品种类繁多，但西塘各类精品店铺在店面布置及产品摆放上依然存在一定的共性。

第一，在店铺整体装潢风格上，都贴合所售商品的特点，为顾客营造出了符合产品特点的整体购物环境和氛围，如脑子进水、茶屋、花制作等。让游客进入后能体会到视觉上的愉悦和享受。

第二，大多商铺在店内正中设有展示桌，放置一些较为便宜小巧的纪念品，展示桌亦可以固定顾客在店内的路线，顾客通常会围绕着展示桌在店内参观一圈，而展示桌上的商品，由于位置显眼、体积轻巧、价格便宜、购买量也会相对较高。

第三，大多数食品类、手工制作类、乐器类店铺会将制作台或展示区置于门口位置，使得游客从店门口路过时被制作场景所吸引，如芡实糕、乐器店、洛克族、芒果·芒果等。

第四，如果店铺设有橱窗，大多会摆放店内最具代表性且最能吸引顾客的商品，有些店铺会在店门口摆放新奇的摆设以吸引顾客，如无名创意品商店、19 八 3、Taste me 美国酸奶冰淇淋等。

第五，店家会将便宜的或者处理商品放在靠近门口的位置，便于游客注意及选购。而比较贵重或是容易被碰坏的商品则通常在店铺靠内的部分，较高的位置、玻璃展柜内以及拐角处，既可以利用空间，也能对商品起到保护作用。

第六，食品类旅游商品的店铺面积通常较小，通常尽可能多地将食品各类包装样式摆放在最前排。这样便于向游人展示其特色产品，同时也便于选购。

以上这些展陈方面的特点是西塘景区商品摆放的特点。但由于商铺数量庞大，旅游产品经营管理方面对所售产品没有明确的类型区分，因此古镇里店铺种类重复率较高，且内部装潢与商品摆放的布局与特点也十分相似。

四、游客视角的西塘旅游商品

（一）人口统计特征

在西塘景区共发出79份问卷，回收79份。有效问卷占100%。

表3-1　西塘游客基本特征

项目	项目分类	有效百分比
性别	男	46%
	女	54%
	合计	100%
年龄	17岁及以下	12.7%
	18~24岁	41.8%
	25~34岁	21.5%
	35~44岁	16.5%
	45~54岁	6.3%
	55~64岁	0%
	65岁及以上	1.2%
	合计	100%
学历	初中及以下	6.3%
	高中及中专	25.3%
	大专	11.4%
	本科	46.9%
	研究生及以上	8.9%
	合计	98.8%
职业	国有企业	10.1%
	民营企业	8.9%
	外资企业	2.5%
	政府部门	8.9%
	个体/私营	8.9%
	学生	44.3%
	其他	15.2%
	合计	98.8%
月收入	1500元以下	41.8%
	1500~3000元	10.1%
	3000~5000元	24.1%
	5000~8000元	16.5%
	8000元以上	6.3%
	合计	98.8%

性别与年龄。女性游客略多于男性游客，占 54%，男性游客占 46%。年龄介于 18 岁到 24 岁的游客所占的比例最高，约占 41.8%；其次是 25 岁到 34 岁的游客，约占 21.5%；另外 35 岁到 44 岁游客约占 16.5%，其他年龄阶段的游客所占比例较低。

学历分布。拥有本科学历以及高中和中专学生所占的比例较多，分别是 46.9%和 25.3%；另外大专学历的游客所占比例约为 11.4%。前来西塘旅游的游客中，还在学校就读的学生群体占了很大的比重。

职业分布。以学生所占比例最高，约为 44.3%；其次是其他职业，占 15.2%；国有企业员工占 10.1%，民营企业员工、政府部门人员和个体/私营户所占比例较低，均为 8.9%。外资企业员工所占比例最低（2.5%）。

收入分布。由于学生的比重较大，月收入在 1500 元以下的游客所占比例最高，为 41.8%，其次是 3000~5000 元和 5000~8000 元的游客，分别占 24.1%和 16.5%。

对西塘旅游者的基本信息的统计分析表明，前往西塘旅游的游客中，学生所占的比例最多，但学生的月收入通常在 1500 元以下，对旅游商品的购买能力相对有限。游客中高收入群体的比例较低（图 3-1）。

（二）旅游商品特征

根据调查结果分析，对购买当地旅游商品抱有可有可无态度的旅游者占最多数，约占 50.6%，其次是经常购买以及每次都购买旅游商品的旅游者，分别占 34.2% 和 15.2%，尚没有游客从不购买旅游商品。在来到西塘旅游的旅游者当中，有 30.4%的旅游者打算购买旅游商品，有 45.6%的旅游者已经购买。有 10.1%的旅游者不准备购买旅游商品，13.9%的旅游者对于是否购买旅游商品保持观望态度。由此可见旅游者对旅游产品的购买态度取决于旅游商品是否能够激发旅游者的购买欲望。这就涉及景区和商铺是否能够认识到旅游者希望购买到何种商品，旅游者愿意付出多高的价格购买旅游商品，景区和商铺能够为旅游者提供一个什么样的购买环境。

根据旅游者希望在西塘景区中购买到的旅游商品（表 3-2）的调查结果分析，希望在西塘景区中购买到创意纪念品和土特产品的游客所占比例最高，分别占 63.29% 和 62.03%，另外，48.10%的游客希望在西塘景区中购买到工艺品。

表 3-2　游客希望购买到的旅游商品分布

商品类别	比例	商品类别	比例
土特产品	62.03%（2）	创意纪念品	63.29%（1）
服装饰品	18.99%（5）	收藏品	24.05%（4）
生活用品	2.53%（7）	其他	6.33%（6）
工艺品	48.10%（3）		

根据对旅游者愿意承受的商品价格的统计结果分析表明，多数旅游者愿意承受的价格在 100 元以下，约占 51.9%；24.1%的旅游者愿意承受的最高价格在 300 元左右，16.5%的旅游者只愿意承担 50 元以下的旅游商品；只有 5.1%的旅游者愿意购买 500 元左右的旅游商品。主要原因是，西塘的旅游者群体中，在校学生占了很大的比例（44.3%），而学生没有固定收入，是他们购买力不强的主要原因。

在购买旅游商品的目的方面，旅游者购买旅游商品的目的通常是赠予亲朋好友（77.2%），62.0%的旅游者也会选择自己使用或留作纪念，另外有 26.6%的旅游者会因为个人爱好和收藏而购买旅游商品，仅有 8.9%的旅游者会因为一时冲动而购买。

在店铺方面，绝大多数旅游者会选择在特色的店铺中购买旅游商品，约占总数的 89.9%，43.0%的旅游者会在纪念品专卖店中购买，只有 6.3%的旅游者会选择在小摊点或流动摊点购买旅游产品。由此可见，景区应加强建设富有当地特色的店铺，或是创意店铺等，这类店铺往往更能吸引旅游者，并且旅游商品应当与景区相关联，能够起到纪念的意义。

在前来西塘的旅游者中，购买的旅游商品包括土特产品、创意纪念品（均为 49.4%）、工艺品（41.8%）等，也有小部分游客会选购服装（17.7%）以及收藏品（15.2%），购买生活用品的则非常之少（3.8%）。

来到西塘的旅游者中，68.4%的旅游者认为自己选购的是具有独特性的旅游商品，因此，景区应针对当地的风土人情，针对景区特色，开发出独具一格的旅游商品，避免旅游商品同质化。

（三）游客对旅游商品与商铺的重要性评价

采用里克特量表，对于前往西塘的游客对旅游商品与商铺的期望值进行调查，用 5 分法将游客对于各项的重要性感知分为：非常重要（5 分）、重要（4 分）、一般（3 分）、不重要（2 分）、非常不重要（1 分）。

调查结果（表 3-3）显示，游客对西塘旅游商品的质量、地域特色、文化性、价格合理性、便携性、纪念性和实用性的期望值较高，均在期望值平均值（3.74）之上。游客的整体满意度略低于对旅游商品的期望值。因此，有必要从游客角度考虑，加强对商品质量以及价格的监管，同时也要着重提高商品的创意性以及特色。

对商铺期望值的调查结果（表 3-4）显示，游客对西塘商铺的服务态度（4.56）和口碑（4.02）的期望值较高，均在期望值均值（3.75）之上。由此可见，商铺管理者应对服务人员的服务态度加以重视，以提高游客满意度。同时，好的服务态度对于提高商铺的口碑也会大有裨益。

表 3-3 游客对旅游商品的重要性评价

项目	重要性（排名）	项目	重要性（排名）
价格合理	3.96（4）	纪念性	3.94（6）
便于携带	3.96（4）	文化性	3.97（3）
质量优良	4.22（1）	收藏性	3.25（9）
包装精美	3.32（8）	地域特色	4.15（2）
知名度	2.87（10）	均值	3.74
实用性	3.76（7）	整体满意度	3.38

表 3-4 游客对商铺的重要性评价

项目	重要性	项目	重要性
商铺位置	3.09（6）	货品陈列	3.63（4）
商铺外观	3.54（5）	服务态度	4.56（1）
商铺口碑	4.02（2）	均值	3.75
内部装饰	3.67（3）		

（四）总结分析

通过分析问卷调查的诸项内容后，可以从游客视角总结出一些有助于商品开发与店铺经营方面的经验。

首先，从购买意愿角度来讲，来西塘的游客只有近一半的游客有购买欲望，结合实际情况来看，这与当地商铺数量繁多但同质性较强有关，同时由于当地客流量巨大，许多游客到访这里更多的是跟随人群欣赏古镇景观或乘船游览水乡美景，并没有将更多的注意力放在旅游商品上。

其次，就游客购买偏好及实情来看，游客大多乐于在特色店铺中为亲友或自己选购土特产品、创意纪念品、工艺品。这一特点与西塘景区的主要客源集中在 18~34 岁的女性群体为主有关，她们中的大部分人还处在上学阶段，因此购物偏好是偏向于具有文艺情怀的创意类新鲜事物，所以在旅游商品开发时就要结合这一特点，在产品选择及店铺装潢等方面多加注意。

最后，在商品定价方面，由于客源市场另一大特点就是以学生群体为主，虽然他们具有很强的购买欲，但无奈受收入情况影响购买能力相对有限。同时，由于大部分游客对于购买旅游商品的中立态度，导致他们不会愿意花大价钱在旅游商品上，因此商品定价就要突出性价比高的特点，在确保产品质量的同时要有合理的价格，让游客有种“物超所值”的感觉。针对这一特点，西塘可将每家店的主打旅游商品也定价在 100 元左右，中端产品定价在 100~300 元，便于推广。

五、旅游商品开发经验

西塘作为“活着的千年古镇”，在旅游商品的开发中充分体现了生活的特点。在旅游商品中既能看到传统的生活元素，又能感受到将现代化的时尚元素融在产品里，使当地旅游商品呈现出多元化、生活化的特点。这些特征是当地旅游商品开发经验较为独特之处。

（一）保留传统元素，体现生活气息

西塘古镇因较完整地保留了“小桥、流水、人家”的城镇格局以及独特的建筑艺术形式，使这里拥有较完整的“古镇生态圈”和最古朴的生活气息。许多古镇居民世代生活在这里，所经营的商铺和产品也依旧保留着几十年前的老样子。

例如，在西塘街道上常见的芡实糕、药膳酥、五香豆、龙蹄等特色小吃，就是当地人生活中最常吃的东西，转化为旅游商品后既服务于游客又服务于当地居民，将旅游商品包装成为最具代表性的文化符号。

而西塘较为有名的黄酒，作为国宴用酒之一，在中国酒文化历史上占有重要的地位，当之无愧地成了西塘的特色旅游商品。为此管理部门特意修建黄酒博物馆，则更好地将当地的酒文化形成体系来进行展示。同样，西塘作为著名的纽扣之乡，所生产的纽扣约占到全国产量的三分之一，形成一大特色，在当地商铺中有一类即是专门经营纽扣类产品。多种类的纽扣工艺品展示，加上手工艺人的现场编制，在与纽扣博物馆相呼应的同时也实现了多样的文化展示和渗透，给游客留下深刻印象。

同时，现代生活的自由与时尚也融在颇具特色的原创小店里。比如布兰兔营造的英式下午茶气氛，脑子进水打造的异想空间，三生有信所创造出的安逸闲适的邻家书店之感，都体现出现代生活中美好舒适的气息。

（二）商品种类丰富，业态形式多样

西塘的旅游商品市场以小吃、民族服饰、传统工艺品以及咖啡馆加书店的经营销售为主，商品种类多样。旅游商品的性质涉及多种业态，而且按区域分布具有一定的规律性。比如在西塘北部主要集中了以夜生活为主题的一些店铺，服务于游客的夜间活动需求。这片区域的旅游商品就以河灯、小吃饮品、酒吧等商铺为主；位于景区的西南角，是西塘的休闲区。茶品店、咖啡店、书店、文艺小商品店多集中在这里，适宜游人慢慢享受休闲的时光；而文化和美食类则集中于景区的东南部，以传统小吃和特色民俗类产品为主。从资源和市场的双重角度看，这片区域的产品开发充分利用了商品的体验性和

外部优势。比如，西塘具有代表性的手工技艺，如黄酒、纽扣、瓦当的制造，或是江南地区的扎染、女红等，都将现有的特色文化展示和旅游创意文化商品结合在一起，强化了当地旅游商品的特色性。

（三）多元化宣传营销，商品制度管理开放

西塘景区的多元化呈现无疑是吸引游客的一个重要原因，无论是咖啡馆与书店的文艺，酒吧一条街的热情喧闹，抑或是古镇本身的水乡人家景致，西塘无疑是三者兼备的。

在传统文化传承上，西塘镇对西塘田歌、越剧、七老爷庙会、跑马戏、摇橹船、荡湖船、踏白船、杜鹃花展、剪纸艺术等民俗活动加强了引导，并在不同的时节进行展示；在对外宣传上，西塘镇连续举办了多届国际旅游小姐决赛，每年举办兰花、杜鹃花等大型展览活动，进一步丰富了西塘的文化品牌内涵，并加强了在上海、杭州、南京、北京等地的宣传。此外西塘也尝试着通过名人及电影进行营销。好莱坞大片《碟中谍3》中，西塘的烟雨长廊、石皮弄、万安桥等曾作为外景地出现在影片的结尾高潮部分。2003 年，西塘就与中国电影家协会成立了“中国西塘影视摄制基地”，《花样年华》《画魂》等电影中都曾出现过西塘“活着的千年古镇”清丽的水乡美景。多元化的宣传和营销方式，增加了西塘的知名度和品牌影响力。

与此同时，西塘的商品制度管理相对开放，本地居民、外来经营者以及景区管理者均可在景区内开设店铺。较大的自由度，以及宽松的税收政策使西塘景区呈现出如今多元化的商品经营特点。也在这种公平竞争下，逐步呈现优胜劣汰的试产选择规律。但是这种模式下潜在的如房产的产权问题、无证经营问题、漏税问题、旅游服务质量差等问题，则需要进一步加强管理与落实。

总之，西塘旅游商品在微观层面上商品种类多样、突出了生活的气息；中观层面商品业态丰富，且布局具有一定的规律；宏观层面上西塘进行多元化宣传营销，管理制度相对开放。下一步，西塘需要结合自身儒商文化的特质，发挥优势改善旅游商品管理制度，提高旅游商品文化内涵与品质，创造出更独特的西塘旅游商品文化和品牌，让更多的游客了解西塘的地方特色，为西塘旅游的长远发展打下坚实的基础。

第四章　长隆野生动物世界旅游商品开发分析[①]

一、长隆集团旅游开发状况

（一）长隆集团及长隆野生动物世界基本概况

1. 长隆集团基本情况

广东长隆集团创立于 1989 年，是集主题公园、豪华酒店、商务会展、高档餐饮、娱乐休闲等营运于一体的中国旅游行业龙头集团。集团旗下目前共拥有广州长隆旅游度假区与珠海长隆国际海洋度假区两大超大型一站式综合性主题旅游度假区，依托粤港澳的国际性区位竞争优势以及客源优势，长隆集团珠海板块和广州板块联动发展，形成了旅游产业规模化经营中颇具影响力的民族品牌。广州长隆旅游度假区先后被评为中国首批国家 5A 级旅游景区、国家级文化产业示范基地等，在游客中拥有极高的口碑。

广州长隆旅游度假区目前拥有四个主题公园、一个演艺娱乐项目以及三个餐饮酒店类项目。主题公园分别是长隆欢乐世界、长隆野生动物世界、长隆水上乐园、广州鳄鱼公园，演艺娱乐类项目是长隆国际大马戏，餐饮酒店类项目分别是长隆酒店、香江大酒店和香江酒家。年均游客接待量超过 1600 万人次，位居世界主题景区前列。珠海横琴长隆国际海洋度假区由广东长隆集团投资兴建，运用国际先进技术和经验，并采用全球先进科技设备、世界水准的设计和完善的管理，打造成为一个世界超大型综合主题旅游度假区。珠海长隆国际海洋度假区同样包含三大类项目，主题公园是珠海长隆海洋王国，演艺娱乐项目是长隆横琴国际马戏城，餐饮酒店项目是珠海长隆横琴酒店、长隆企鹅酒店和长隆马戏酒店。2014 年 3 月 29 日，珠海长隆国际海洋度假区三大首期项目正式对外开放（图 4-1）。

2. 长隆野生动物世界基本情况

广州长隆野生动物世界园区占地 2000 多亩，拥有华南地区亚热带雨林大面积原始生态，主要以大规模野生动物种群放养和自驾车观赏为特色，融动植物的保护、研究、

---

① 执笔人：陈丽嘉　张明曦　贾然　马蕾

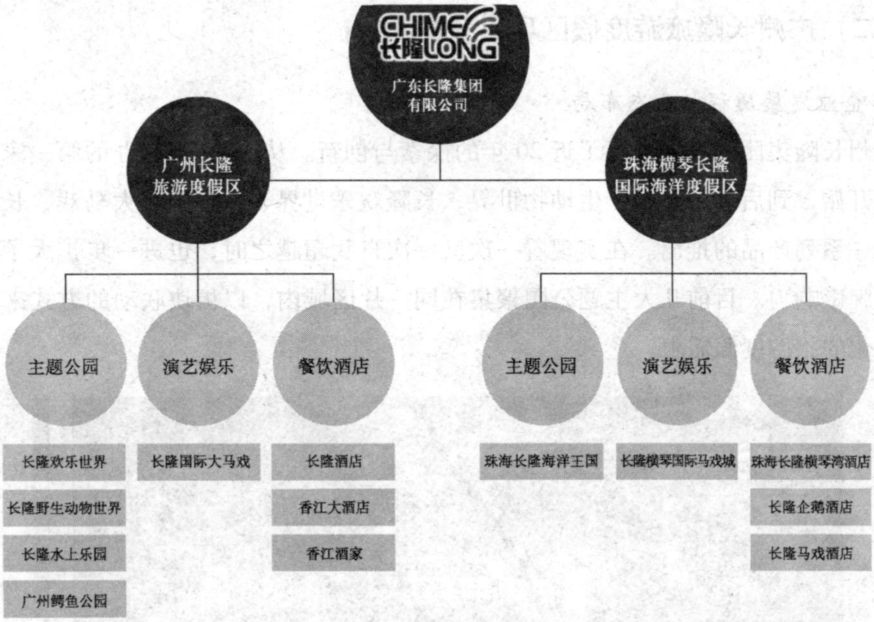

图 4-1　长隆集团产业架构①

旅游观赏、科普教育为一体，拥有超过 50 只考拉、12 只中国大熊猫等世界各国国宝在内的 500 余种 2 万余只珍奇动物。秉承以“保护野生动物、普及科普教育”为宗旨，园内设有集讲解与动物观赏于一身的动物科普驿站、图文并茂的动物解说牌、内容丰富的科普长廊、生动有趣的动物学堂、充满温情的儿童动物王国等科普教育设施，高规格的设计具有国际水准。

广州长隆野生动物世界的前身是于 1997 年开业的原广州香江野生动物世界。当时便以接待游客量大、拥有动物种类多且种群最大而闻名。2000 年被广东省科学技术协会选定为“广东省青少年科普教育基地”，客源市场逐步向青少年群体定位。2004 年更名为长隆野生动物世界后自驾车游览区开放，成为全国首创的自驾车观看散放动物的野生动物园。2005 年被国家旅游局评定为国家 5A 级旅游景区，是全国首批获此殊荣的景点之一，也使长隆野生动物世界成为广东标志性的景点。2012 年、2013 年分别建设了全球顶尖的动态高仿真实景恐龙园“侏罗纪森林”、高水平原生态多媒体主题蛇园“金蛇秘境”以及全国首个立体生态雨林展区“雨林仙踪”，不仅丰富了园区内容，同时也提升了游客观赏体验的质量。之后两年中与湖南卫视合作的两期真人秀节目《奇妙的朋友》和《爸爸去哪儿》更是随着节目的热播使品牌效应更趋显著。

① 图片来源：长隆集团官网

（二）广州长隆旅游度假区项目开发

1. 企业发展历程与业态布局

广州长隆集团的发展经历了近20年的探索与创新。从1989年创办的第一家企业香江酒家开始，到后来的长隆野生动物世界、长隆欢乐世界、长隆国际大马戏、长隆水上乐园等一系列产品的推出。在实现着一次又一次自我超越之时，也进一步扩大了集群效应和品牌影响力。目前几大主题公园聚集在同一片区域内，以板块联动的方式来满足游客多元化的旅游度假需求。

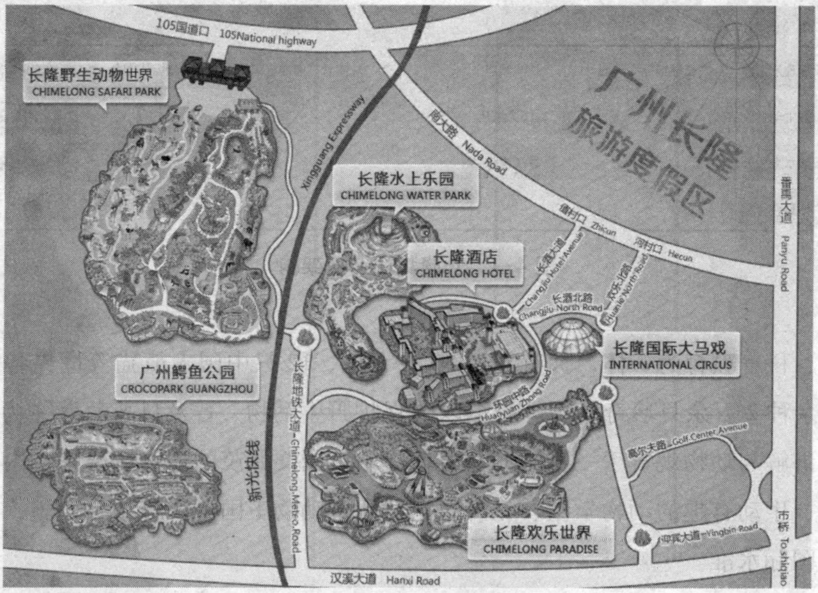

图4-2　广州长隆集团业态布局

从业态布局来看，长隆集团选择了打造丰富产业链的发展模式，通过规模经济和范围经济效应实现了成功。自1989年至今，长隆产业链一路延伸不断发展壮大。它的布局路径可以总结为“三步走计划”：第一步是发展初期在酒店餐饮业先站稳脚跟，1989年长隆集团创办了第一家香江酒家之后，三星级的香江大酒店、生态酒店长隆酒店等陆续开业，在当地酒店餐饮市场抢占了重要地位。在酒店餐饮业稳步发展之时，长隆集团又把目标转向了旅游行业。第二步便是初涉旅游行业时，选对了基础类旅游观光产品即1996年推出的香江野生动物世界。随着野生动物世界在发展中的口碑及效益积累，在逐步发展成为广州标志性的旅游项目时，集团又乘胜追击迈出了第三步，将布局的触手延伸至游乐领域。精心打造了长隆欢乐世界和长隆水上乐园，并配套运营着长隆高尔夫练习中心、广州鳄鱼公园以及长隆国际大马戏。多业态协同式发展，使得长隆形成了集旅游景点、酒店餐饮、娱乐休闲于一体的旅游体验王国，借助“洼地效应”收获了巨大的成功（图 4-2）。

2. 项目产品的开发与推广

除了丰富的产业链之外，高水准的项目设计以及创新性的产品开发，也是长隆集团可以在业界领跑的制胜关键。长隆集团的项目始终坚持高起点、高投入，以第一个旅游产业项目长隆野生动物世界为例，在项目建设初期就以世界最高水准作为建设依据，在后续的项目运营中始终坚持优质管理和高位运行，在收获良好收益的同时也获得了国家旅游局评定的“5A”级旅游景区的殊荣。在此之后建设的长隆夜间动物世界、高尔夫球练习场、鳄鱼公园、长隆国际大马戏等项目也都把目标锁定在全国一流甚至世界一流的标准定位上。特别是 2005 年 10 月正式独立运营的全球最大马戏表演场——长隆国际大马戏，作为一项投资过亿元的大项目，其核心产品全球最大情景马戏《森林密码》，创造了全球最大的实景式舞台、最奢华的马戏表演和参加演出的马戏明星最多等多项奇迹，被媒体誉为“联合国马戏嘉年华”“名副其实的全球顶级马戏表演”。紧随其后的长隆欢乐世界，更是国内新一代游乐园的典范之作。项目首期投资 10 亿元，大部分游乐设备均从欧洲原装进口，其设计与技术保持国际领先水准，十环过山车等四个项目更是亚洲第一的世界顶尖游乐设备。而长隆水上乐园作为亚洲最大的水上乐园，拥有众多世界金奖水上游乐设施，以及十大专为儿童度身定做的国际标准玩水设施，又一次刷新了长隆的世界和全国第一的纪录。高水准的产品项目成就了长隆集团强大的市场竞争力，也让长隆在激烈的市场竞争中始终占据着高位优势。

除了高水准的项目外，产品及活动的持续创新是保持企业生命力的另一重要手段。就长隆野生动物世界来说，在 2004 年首创国内自驾游观赏动物模式后，又建成了长隆夜间动物世界，创造了国内同行独一无二的新旅游概念——“夜间看动物”。这一活动的推出取得了巨大的成功，许多游客慕名前来参与这独特的观赏体验。而长隆野生动物世界经营理念的创新并没有因此停步，在不断增加新项目之余还注重挖掘项目的深度。2006 年接连引进了澳大利亚国宝树熊考拉和中国国宝大熊猫，花巨资在园区内兴建了澳洲区和中华国宝区，并开展了系列独具内涵的参与性活动，如市长看考拉、考拉征名、考拉过生日、考拉之歌创作、中国首届考拉节等都引起了社会广泛关注。除此之外，近几年作为高收视率真人秀类节目的外景拍摄地，更是利用媒体的传播能力有效地保持了自己的知名度和社会影响力。而长隆欢乐世界作为国际顶尖水准的主题游乐园，在拥有最豪华设备的同时也注重自身的全面升级。例如，充分抓住节日的契机和设备的特点大搞创意活动，如十环过山车上的婚礼、大龄青年比武招亲、减压节、首届双胞胎节等，在社会中引起良好的反响。

3. 品牌形象塑造

品牌形象的定位与塑造对于每一个企业来说都至关重要，长隆集团在建设之初便把生态效益放在了公司形象定位的首位，着力营造和谐的生态环境。长隆野生动物世界即以“保护野生动物，普及环保教育”为宗旨，从建造之初就着意营造一个动物与自然和谐共处的绿色世界，园内园林绿化布置用时 8 个月的时间，使整个动物园的绿化面积达到了 90%。而长隆夜间动物世界，除保持人和动物与大自然更加贴近的宗旨外，园区设计重视还原大自然本来面目，山地、河谷、森林、灌木林、沼泽、草原错落分布，给野生动物创造更加自然、原始的生活环境。同时在野生动物的保护上，长隆集团也是不遗余力。投巨资建立了最大的世界级珍稀物种白虎、白狮饲养基地。此外还主动承担起宣扬和谐理念的使命，精心策划了多项与关爱动物有关的主题活动，收到良好的社会效果，是名副其实的国家文化部“文化产业示范基地”和广东省“科普教育基地”。

长隆集团在对社会回馈方面也体现着极强的责任意识。积极投身各类社会慈善捐助事业，并坚持“热心公益，回报社会”的理念，参与了众多捐款支援灾区、扶助建校等公益事业。同时坚持开展“关爱服务”，把企业的爱心奉献给社会上需要关爱的人群。例如，中国香港红十字会组织的 20 名脑瘫儿童游览香江野生动物世界及观看长隆国际大马戏，《信息时报》组织的困难家庭免费游广州鳄鱼公园等活动，都得到了长隆集团的大力支持。企业在实现自身经济收益的同时不忘回馈社会、关爱社会，常年不断且层出不穷的公益活动使长隆集团拥有良好的社会声誉以及健康向上的企业形象，为企业可持续的繁荣发展打下了坚实的基础。

二、旅游商品管理

（一）长隆野生动物世界招商管理

1. 招商制度与原则

广州长隆野生动物世界隶属于广州长隆旅游度假区管理，由于野生动物园的特殊性，园内的商铺皆由长隆集团管理，不对外招商。长隆野生动物世界内所销售的旅游商品，除餐饮类商品以外大多冠有长隆野生动物世界的自主品牌，只在园区内销售，以景区的明星动物为主题的商品极具特色。景区内，每个片区都设有对应主题的商店，销售毛绒玩具、服装、背包、生活用品等。并且片区内也设有相应的餐饮休闲区域，供游客购买饮食与休憩。

2. 业态配置规律

（1）长隆野生动物世界业态介绍

长隆野生动物世界作为广州长隆旅游度假区的一部分，园区内的业态配置主要偏重于游览、体验性活动、购物、餐饮以及住宿。

游览方面是长隆野生动物世界业态配置的主要方面。无论是珍稀的动物物种、精彩的表演还是奇异的植物均是吸引国内外游客最好的名片，配合《爸爸去哪儿》等综艺节目进行的一系列宣传更是为长隆野生动物世界积攒了不小的名气。此外，长隆野生动物世界连同周边的长隆欢乐世界、长隆水上乐园、长隆国际大马戏、鳄鱼公园等也产生了一定的集群效应。长隆野生动物世界内部分为步行与驾车两个片区，凡是购票进入的游客都可以乘坐观光小火车游览驾车区域，自驾游客则可开车穿越该区域，步行区域也设有电瓶车往来接送游客。由此可见，长隆野生动物世界的内外交通条件均是非常便利的。

就体验性活动而言，长隆野生动物世界园区内的各个片区都设有与野生动物的交互性活动。从驾车游览区域来看，由于不设有护栏，乘车的游客得以与野生动物近距离接触。而在步行游览区域中，每个小片区内都会设有与野生动物交互的活动，体验与动物近距离接触的感觉，如与考拉合影、饲喂长颈鹿等。

购物方面在长隆野生动物世界是一个较为弱化的方面，公园内部有 10 余家纪念品商店，主营毛绒玩具、服装、背包以及日常用品等，品质优良，具有独特性以及一定的创新性，然而品种相对单一。

从餐饮方面来看，长隆野生动物世界园区内按照自驾游和步行分为两个片区，步行游览区域按照动物种类分为 10 余个片区，每个片区皆设有餐厅，纪念品商店以及洗手间。餐厅与纪念品商店按照该片区的主题来命名，如熊猫餐厅，金虎食街等。每家餐厅都具有相应的主题特色，如熊猫餐厅将食物制作成大熊猫的造型，并且熊猫餐厅内部设有大熊猫馆，是全球唯一一家能够与大熊猫共同进餐的餐厅。长隆野生动物世界禁止自带食物入园，但园区内的餐厅能够兼顾到不同国家游客的口味，有各类中餐、西餐可供选择，同时还有自助、围桌等不同的就餐形式，兼顾到了不同文化、不同需求的游客。此外，园区内还设有小卖亭，销售零食、饮品等。

从住宿方面来看，长隆野生动物世界在乘车游览区域建有小木屋，可提供租住服务，但木屋的租用费用较贵，并且考虑到对于生态环境的保护，木屋的数量也较少。但长隆野生动物世界附近开设有长隆酒店，是长隆旅游度假区旗下的五星级酒店，也是全国最大的一家生态酒店。酒店配备有 9 间风格各异的主题餐厅和酒吧、康乐休闲中心，此外还设有礼品店、潮街购物和南非风情户外泳池，以及高尔夫练习中心等项目。并且长隆酒店能为在酒店住宿的客人提供往返野生动物园的摆渡车接送服务，住宿的客人还可以享受排队优先等优惠项目。除长隆酒店以外，长隆野生动物世界附近还开设有数家不同星级与价位的酒店，步行距离均在 20 分钟以内，极大地方便了广大游客的住宿。

从交通方面来看，长隆野生动物世界的外部交通非常便利。园区位于广州市番禺区，沿途可以看到各园区标识，此外，野生动物园位于105国道旁边，在地理位置上较为便利。园区门口设有专线公交车站和出租车停泊站，能够接送往来游客，选择下榻长隆酒店的游客则可直接乘坐酒店提供的接驳巴士。

（2）长隆野生动物世界园区设计特点

①线路自由化

长隆野生动物世界的园区内布局分为乘车游览区以及步行区域。游客可以根据自己的情况按需选择，乘车游览区域位于园区的西北部分，有以下几大特色：首先，乘车游览区不设有动物护栏等安全措施，游客可自行驾车或乘坐观光小火车在该区域内游览，与野生动物亲密接触，自由度更强，非自驾游客亦可免费乘坐游园小火车游览该区域，并且会配有讲解服务；其次，该区域内设有数间小木屋，可以自行租住，体会与野生动物零距离接触的感觉；最后，为保证野生动物的栖息环境，乘车过程中不能随意下车活动，游园小火车中途不会停靠，并且乘车区域内无商店、餐厅等设施开设，但在园区的入口与出口则设有两家面积较大、商品也较为齐全的商店，确保驾车的游客也能够购买到心仪的商品。此外，希望步行游览的游客则可以前往另一条路线，即步行区域，该区域面积更大，游览项目更为丰富，有餐饮娱乐项目提供，并且也有机会与动物们亲密互动。游客可以按需自行选择，亦可在游览步行区域后乘坐小火车前往乘车游览区域（图4-3，4-4）。

图4-3　乘车游览区实拍图（摄影：漆家进）

②片区主题化

长隆野生动物世界的步行游览区域面积较大，是相对主体的区域。该区域内按照动物的不同种类划分为10余个小片区，每个片区均设有纪念品商店、洗手间以及餐厅或小摊位。这些商店、餐厅的产品设计以及店内布置均会向该片区主题靠拢，如某片区餐厅会以该种动物的玩偶造型作为装饰以及命名，会售卖做成动物形状的餐点，纪念品商店会售卖该种动物的毛绒玩具，商店布置与装饰则会模仿该种动物的栖息环境等，以保证向游客们提供最为原汁原味的游览氛围。

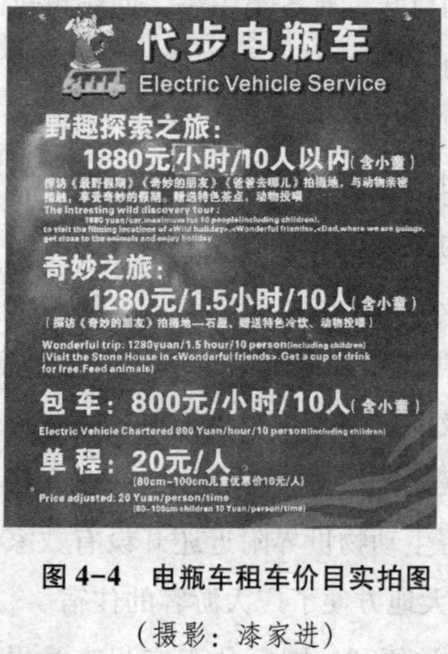

图4-4　电瓶车租车价目实拍图

（摄影：漆家进）

图 4-5　金虎商店销售的老虎造型玩偶实拍图（摄影：马蕾）

图 4-6　木亭实拍图（摄影：马蕾）

③商品特色化

虽然野生动物园的特殊性使得园区内销售的旅游商品种类有限，但长隆野生动物世界的特色之处即在于保证每一家餐厅、每一个商店所售卖的商品具备差异性以及独特性，不会让游客产生重复感以及厌烦感。从餐厅方面来看，园区内每一家餐厅销售的餐饮均是不同的，就餐方式也多种多样，如自助餐、快餐、围桌餐等，满足了游客们的不同需求；从纪念品商店的角度来看，每一片区的商店都会推出几样特色纪念品，并与该片区的动物类型相挂钩。例如，熊猫馆附近的商店会以销售熊猫造型的玩偶为主打路线。此外园区内还推出了长隆野生动物世界明星动物造型的玩具，如著名的白虎玩偶就被评为广州十大手信之一，成了长隆独有的特色纪念品（图 4-5~4-8）。

图 4-7　特色旅游商品（摄影：张明曦）

图 4-8　熊猫形状餐点（摄影：张明曦）

④体验活动多元化

长隆野生动物世界在各个片区都会安排游客与动物进行交互活动，或是表演类活动。例如，投喂长颈鹿、与考拉合影、观看白虎跳水、与熊猫共同用餐等，这些形式各异的交互类活动不仅趣味性十足，并且能够让游客近距离地观赏到动物的形态、生活方式，此外还有效地促进了游客在景区内的相关消费，如购买长颈鹿饲料，在熊猫餐厅购买餐点，在白虎跳水展区前购买饮料与零食等，既充分起到了娱乐效果，又带动了旅游消费。

（二）长隆野生动物世界商品管理

1. 旅游商品分类

长隆野生动物世界的南北两个出口各设有熊猫商店和红鹤商店，这两家商店的面积较大，商品品种也较为全面，方便了驾车的游客购买旅游商品。除此以外，步行游览区域内还设有10余家纪念品商店，主要以出售旅游纪念品和旅游用品为主，出于景区性质以及对动物保护的考虑，景区内不销售旅游食品。此外，由于这些纪念品商店所销售商品的类目大致相近，在此不再对商店类型进行划分。

针对野生动物园的游客年龄段，长隆野生动物世界所销售的旅游商品大多以纪念品和玩具为主，如毛绒玩具、动物造型的钥匙扣、背包、水枪等，其中又以毛绒玩具为主打商品。在每个独立片区内都会设有一家商店，销售该片区动物造型的纪念品。这些纪念品的质量优良，具备一定的创新性以及独特性，如以园区内的明星动物为原型所制作的毛绒玩具等。并且长隆野生动物世界的商店里所销售的商品均冠以长隆的自主商标，只能在园区内购买到，这也为这些旅游纪念品平添一份独特的意义，成为一份具有代表性的纪念商品。

旅游用品是长隆野生动物世界所销售的另一类商品，是为满足旅游者在旅游中的日常需要和确保旅游活动的正常进行而必备的商品。主要包括旅游活动中的日用消费品和旅游活动用品两大类。对于旅游用品的开发尚有非常广阔的前景。长隆野生动物世界对于旅游用品的开发较为充分，园区内每一家商店都会销售旅游用品，如背包、遮阳帽、雨伞、雨衣以及各类服装等，这些旅游用品大多富有园区特色，设计新颖，造型美观，并且能够满足游客们的不时之需（图4-9）。

图4-9 各类背包服饰实拍图（组图）（摄影：马蕾）

2. 旅游商品特征

长隆野生动物世界的旅游商品具备美观性、特殊性、实用性几大特色。

首先，长隆野生动物世界所售卖的旅游商品均为独家设计，并根据每个片区内的动物造型推出了一系列纪念品，这些纪念品的质量优良，外观憨态可掬，吸引了前来游览的各个年龄段游客的注意。其次，这些纪念品大多只在野生动物园的园区内部进行销售，有一些纪念品则是以园区内的明星动物作为原型，富有特殊的寓意。最后，景区很好地将商品外形的美观性与使用时的实用性相结合，如白虎造型的背包，附有小动物玩偶的遮阳帽等，不仅外形可爱，而且日常生活中也经常需要使用，既是旅游纪念品，也是日常用品（图 4-10）。

图 4-10　高销量动物造型背包实拍图（组图）（摄影：马蕾）

三、长隆野生动物世界商品

（一）商铺及商品总论

长隆野生动物世界内共有 10 余家大小商铺，均为长隆集团开设，这些商铺分布在园区的出入口以及园内步行区域的各个片区。商店内所售商品涉及纪念品、生活用品以及工艺品等，每家商铺销售的商品类目大致相同，在造型上会有所差异。在长隆野生动物世界的步行区域内，每个小片区各设有一间商铺，按照该片区的动物类型推出相应造型的纪念品，以儿童玩具、背包、文具等为主，也会销售必需的生活用品以供游客不时之需。由于每个片区的动物种类不同，因此商铺内销售纪念品的造型以及店铺内部的装修风格也不尽相同，避免使游客产生重复感，这些商铺的装修风格也会尽可能靠拢所属

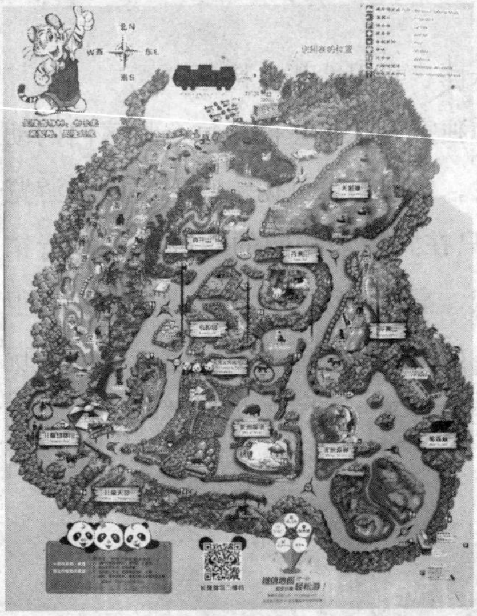

图 4-11　商铺布局图，长隆野生动物世界

片区的主题特色，为顾客营造身临其境的感觉。例如，在熊猫馆附近的商铺就会以各类熊猫造型的纪念品为主打商品，并且店内布置会以竹子作为装饰，加强协调感。此外，园区内所销售商品均冠以长隆商标，商品质量有保证，并且设计具有独特性，无法在景区之外购买到，因此长隆野生动物世界所销售的纪念品也随之成为广州旅游著名纪念品之一。国内的许多动物园尚且无法做到销售独家品牌与设计的旅游纪念品，也很难在商铺选址与店内设计上做到能够让游客在游览每个片区后都能路过商店、进入商店，让商铺与景区的总体氛围产生协调感。至于每家店铺的详情，会在下一个部分内容中具体介绍（图 4-11）。

（二）长隆野生动物世界商品

因长隆野生动物世界分别有北门、南门两个出入口，北门外有较为大型的停车场，同时也毗邻自驾游览区的入口，大部分的游客会选择从北门进入长隆野生动物世界，最后从南门离开园区。所以下文的介绍顺序也选取从北至南的顺序，根据游览路线，逐一介绍旅游线路沿线商铺的内部商品及商品摆放特点。

1. 小熊猫商店

该店位于园区的北门检票处，紧邻园区北停车场与售票处，是园区位于南北出入口、商品综合性较强的两家商店其中之一。同时，在游客离开园区时，园区设计游客必须经由这两家商铺，从而起到吸引游客促进购物消费的作用。商铺分别有东、西、南三个方向三个出入口，南入口作为园区的出口，只能单向进入商铺而不能出；东出入口外是洗手间。因为主要的商品集中在四周的架子区及中央三个较大的柱架上，游客的游览路线主要是环形的。该店主要是以销售各类动物造型的毛绒玩具为主，四周墙上的立柜上有许多格子，每个格子里会摆放一种类型动物的毛绒玩具。室内的三个大柱架，悬挂着各类帽子，有动物造型也有普通造型的帽子，便于游客按需选购。进门处映入眼帘的架子区⑥上分别摆放的是各种形态的老虎、考拉以及熊猫的毛绒玩具，这三种动物是长隆野生动物世界最受游客欢迎的明星动物。从西门进入，右手边的收银台旁有两个落地柱架，按照不同的动物种类摆放着造型可爱的毛绒钥匙扣。收银台靠近地面的玻璃架子上还摆放着带有景区图案、标志的雨伞、电池、防蚊虫叮咬的药品等实用物品。

这家商铺在布局上有两个特点：第一，根据动物的不同种类进行商品摆放，让游客对商品一目了然。因动物毛绒玩具的颜色较为鲜艳，摆放在深褐色的木质立柜上显得更为跳脱，容易吸引游客的眼球。第二，将带有园区特色，较为与众不同的商品放置在较为显眼、游客容易拿取的地方，起到促进游客消费的作用。将体积较小、较为零碎、较为容易被游客忽略的实用类商品放在收银台或附近的架子上，便于正在结账或是等待结账的游客顺便将其“加入购物车”，增加了潜在消费的可能性（图 4-12）。

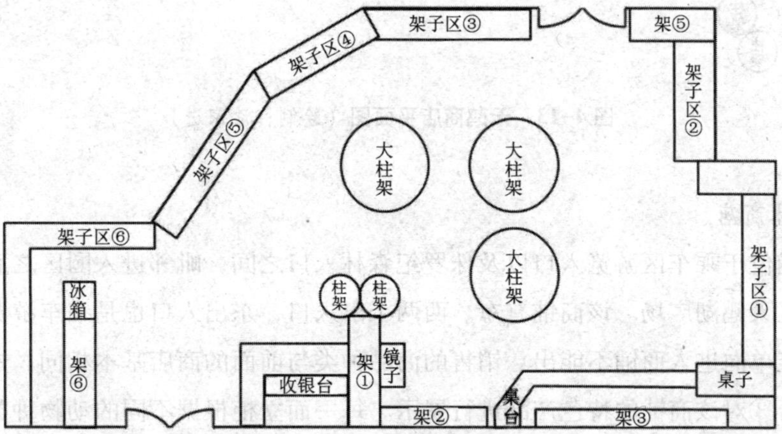

图 4-12　小熊猫商店平面图（绘制：漆家进）

2. 天鹅商店

该商铺与大熊猫商店距离较近，位于北门步行区入口不远处，因商铺附近的黑天鹅湖而得名。相较于小熊猫商店，天鹅商店面积较大。商铺呈长方形，只有西边一个出入口。商铺中交叉摆放了很多架子，销售的商品种类相较小熊猫商店也更多，除了不同种类动物的毛绒玩具、钥匙扣、儿童背包、卡包、T 恤衫，还销售手工艺商品，例如熊猫铁质钥匙扣、勋章、别针，玉石手链、项链等带有一定民族特色的商品，在进门处的架①以及架②上也有销售儿童比较感兴趣的动物主题的文具和电子手表等。除此之外，商铺在东南角架⑫处还设置了一个办理长隆度假区年卡的销售点。商铺的收银台区域呈三角状，占据了商铺的东北角，背景以不同大小的熊猫有序排列，旁边悬挂着带有主题特色的雨伞、雨衣等实用类用品。收银台上摆放着小型的熊猫玩偶等，在起装饰性作用的同时，也易激起游客的购买欲。

值得注意的是，这家商铺在氛围的营造上，通过搭造木架子，用假的绿叶枝蔓缠绕其上，营造出了热带雨林的感觉，使游客仿佛身临其境；再通过悬挂小型的火烈鸟、大猩猩毛绒玩具，使氛围更加活泼俏皮，同时也增加了游客的购买欲望（图 4-13）。

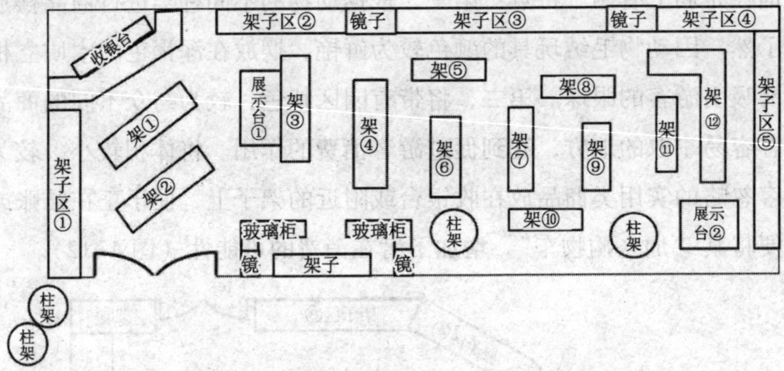

图 4-13　天鹅商店平面图（绘制：漆家进）

3. 森林商店

该商铺位于乘车区游览入口以及侏罗纪森林入口之间，毗邻进入园区之后的第一个休闲饮食区天鹅湖广场。该商铺有东、西两个出入口，东出入口也是乘车游览区的游客出口，只能单向进入商铺不能出。销售的商品种类与前面的商店基本相同。进门处有展示②及展台③对该商铺的特色产品进行展示。每一面立柜根据不同的动物种类，摆放着动物造型的毛绒玩偶。柱架悬挂各种帽子，靠墙的架子区③、④悬挂各种 T 恤、背包等，都以动物的主题设计。收银台处有动物造型的钥匙链售卖，同时架子区②还会售卖一些必要的用品，如雨伞、雨衣、蚊虫叮咬的药品以及电池等（图 4-14）。

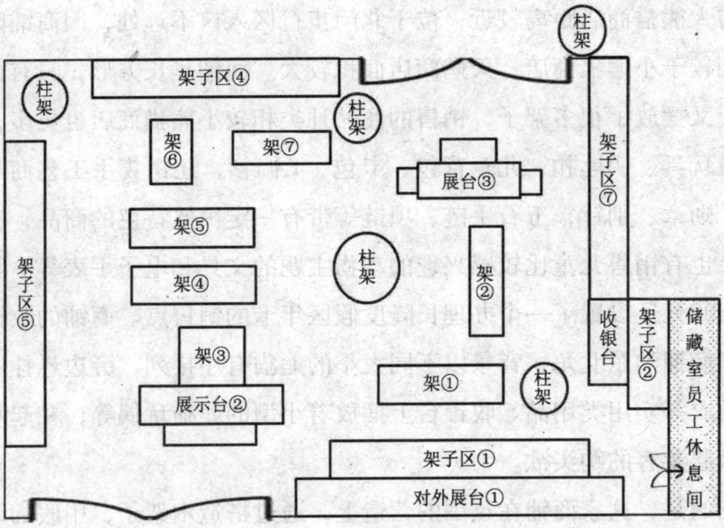

图 4-14　森林商店平面图（绘制：张明曦）

4. 恐龙商店

该商铺位于完成侏罗纪森林参观的出口处，有东、西两个出入口。因侏罗纪森林的最后一个参观环节是洞穴中高度仿真的巨型暴龙和棘龙，都属于比较凶猛的恐龙类型。所以，在游客走出山洞之后，首先看到的是被架起的绿色藤蔓覆盖的一片空地，使游客刚刚紧绷的神经能够稍稍放松。两个出入口的左右手边的架②和架⑫都有用藤蔓支起的展示架，上面悬挂着各式各样、五颜六色的小型恐龙玩偶，自然中又带着一丝活泼俏皮。完成侏罗纪森林的参观后进入恐龙商店，映入眼帘的是架④上摆放着各种不同品种的恐龙模型。商铺采取堆叠的方式，将各式不同的恐龙模型进行展示，容易吸引刚刚完成参观的孩子们的关注。其次，在商铺的架⑧上方悬挂着一个背投电视，播放着关于恐龙的电影片段和相关的纪录片，配合着商铺内的恐龙音效，给人造成了身临其境的感受。商铺的收银台位于商铺的中央地带，是一个环形的多功能柜台，柜台上摆放着大小不一的恐龙玩偶以及恐龙模型，吊顶上也悬挂着高低有致的恐龙玩偶，在柜台其中一面靠近地面的立柜上还摆放着盒装的恐龙模型，方便对模型感兴趣的孩子们进行选购（图 4-15）。

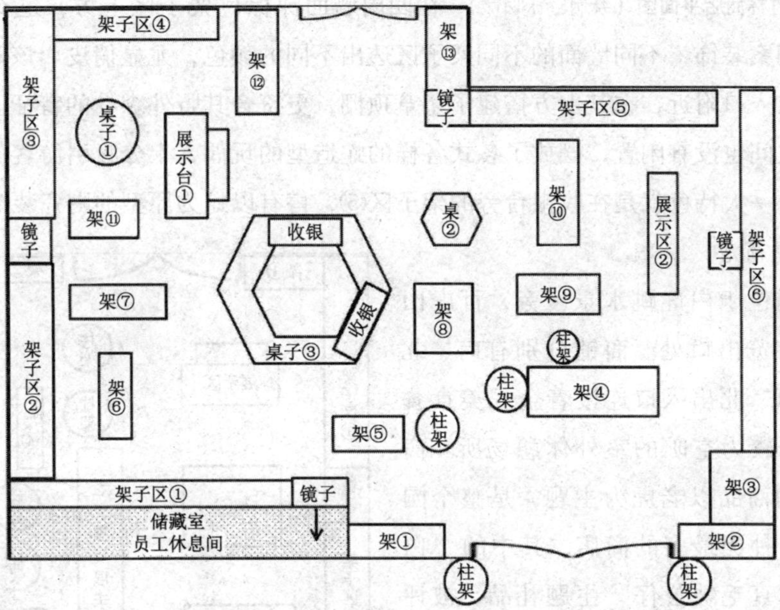

图 4-15　恐龙商店平面图（绘制：张明曦）

5. 竹林商场

该商铺位于快乐森林附近，毗邻竹林餐厅休闲区，因为是游客走出鹦哥广场去往金蛇秘境的必经之路，来往客流量较大。该商铺有南、北两个出入口。因为临近快乐森林等景区，所以该商铺销售的商品主要以在竹林中生活的动物为主题，因为游客将要参观金蛇秘境，所以商品的原型主要以蛇为主。该商铺有五处展示台，分别为在南出入口进

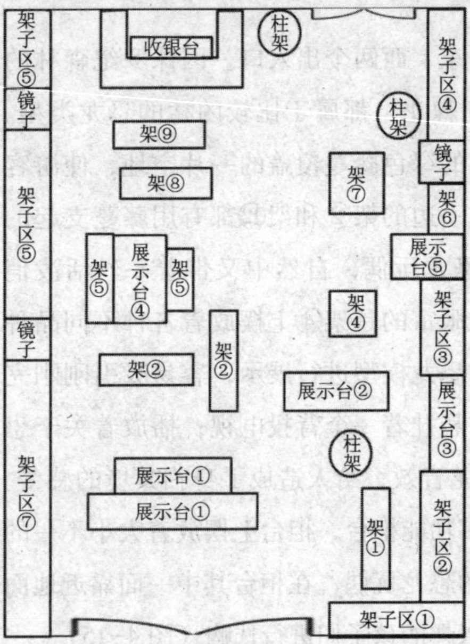

图 4-16　竹林商店平面图（绘制：张明曦）

店处的展示台和商铺中部的展示台④、商铺东面靠墙处的展示台③和⑤。展示台主要由高低不同的展示桌组成，较为低矮的展示桌上摆放一些体积或厚度较小的商品，如叠放整齐的动物主题T恤或是蛇造型的动物玩偶。较高一些的展示桌会摆放一些立式的动物玩偶，如色彩鲜艳的鹦鹉玩偶，或是展示服装的半身人形模特。这些都使商品在游客最可见的地方能够很好地进行展示（图 4-16）。

值得一提的是，该商铺展示台③和⑤为嵌入墙面的展示台，以深棕色的木质作为背景，不仅能够使颜色鲜艳的商品更加突出，也更加契合长隆野生动物世界亲近自然的理念。此外，在四周墙面深棕色架子区上方，还有镂空的动物样式的图案装饰，不同墙面的不同架子区透出不同的颜色，尤显俏皮。该商铺的收银台位于北出入口附近，在其上方搭建了茅草顶棚，更符合其野外森林的特征。在茅草顶棚上面的空间也没有闲置，摆放了各式各样的蛇造型的玩偶，十分吸引游客的眼球。该商铺的另外一大特色就是在收银台旁的架子区⑤，售有以蛇为原型的陶瓷装饰品。

6. 金虎商店

该商铺位于白虎跳水景区旁，百虎山分园区的游览出口处。商铺分别有南、北两个出入口，北出入口连接着金虎美食餐厅，有一个较为空旷的室外休憩场所。商铺内销售的商品以老虎为主题，是整个园区老虎商品种类最多的商店，其中的“白虎主题的仿真毛绒公仔”主题礼品，被评为“广州十大手信之一”。销售的商品主要有背包、玩偶、挂饰、服装等。北出入口进门处架⑦有几个大筐，填放着大小不一的白虎和老虎的玩偶，老虎主题呼之欲出。商铺中央摆放着一个巨大的老虎模型，昂首站立在磐石之上，栩栩如生。天花板上

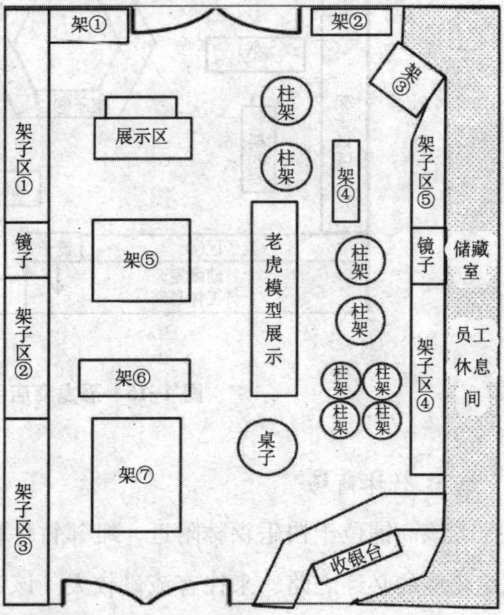

图 4-17　金虎商店平面图（绘制：张明曦）

以倒吊着长隆野生动物世界主题的雨伞作为装饰。该商铺的收银台以老虎纹样式的图案作为收银台的背景，契合老虎主题。收银台的背景板上错落地设置着一些展示架，分别摆放着书包、玩偶、文具、手机壳等。收银台柜面上也用小筐分类摆放着一些与老虎主题相关的手机壳、玩偶、小风扇以及牛奶等实用用品。在收银台接近地面的立柜上，分类摆放着老虎主题的玩偶以及模型（图 4-17）。

7. 考拉商场

该商铺位于考拉园的出口处，分别有北、西两个出入口。结束考拉园的参观后由北出入口进入商铺，商铺进门处左右两侧分别摆放着树形展示架，分别售卖一些考拉主题的儿童背包以及小型的考拉玩偶。进入商铺后，首先映入眼帘的是一棵巨大的枝干延伸到屋顶的假桉树。就像考拉喜欢环抱着桉树一样，在这棵假桉树靠近地面的部分围绕着一圈立柜，上面摆放着的全是外表可爱、体形娇俏的考拉主题的毛绒玩具。四面的墙壁也贴上了石头样式的壁纸，显得更加接近大自然，游客在假桉树叶的映衬下好像来到了考拉生活的国度。该商铺销售的商品以考拉为主题，有玩偶、文具、T 恤、背包、雨伞、拖鞋等（图 4-18）。

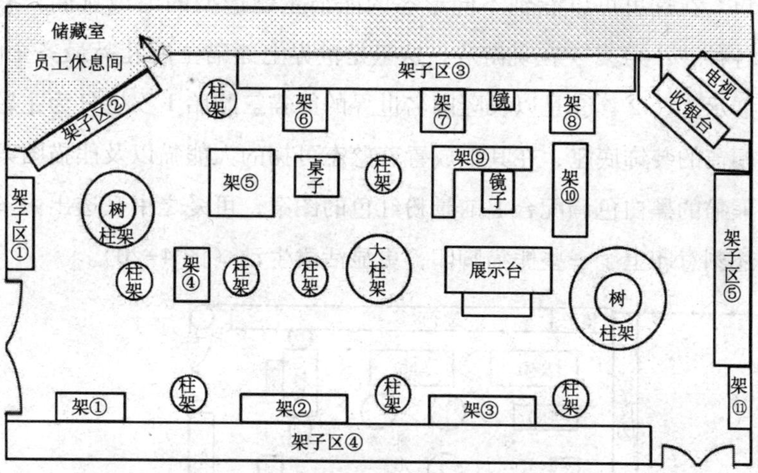

图 4-18　考拉商店平面图（绘制：漆家进）

8. 大象商场

大象商场位于大象剧场以及亚洲象参观区旁有一个北出入口，商铺销售的商品以大象为主题，在店内的架子以及靠墙的架子区都会摆放以大象为主题的玩偶等商品。架子区②上方会摆放一些大象图案的纸板以及小型的大象玩偶进行装饰，墙上以少数民族的扎染手工艺品为装饰，突出氛围。商铺内也会播放与该片区的主体风格所对应民族风格的音乐（图 4-19）。

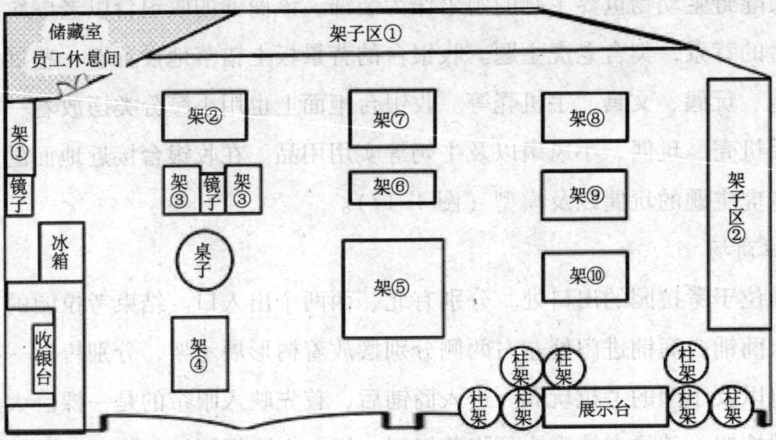

图 4-19　大象商场平面图（绘制：漆家进）

9. 熊猫物语

熊猫物语是以国宝熊猫为主题的礼品店，位于长隆大熊猫中心内，在朝西面的方向有两个出入口。在这里可以看到不同形态的熊猫主题造型的毛绒玩偶，憨憨的、萌萌的、耍酷的各种“小可爱”在玩游戏，这里是世界上熊猫主题礼品最齐全的主题商店。商铺的对外展示①、②、③是以长隆闻名世界的熊猫三胞胎 1 岁生日为主题，以捆扎式的竹子作为橱窗的装饰底座，在其上放置着憨态可掬的大熊猫以及熊猫图案 T 恤的半身人形模特。熊猫的黑白色调配合上前景粉红色的图案，可爱之中又透出一丝温馨。橱窗两侧的墙上还刻意印上了一些熊猫脚印，更显活泼生动（图 4-20）。

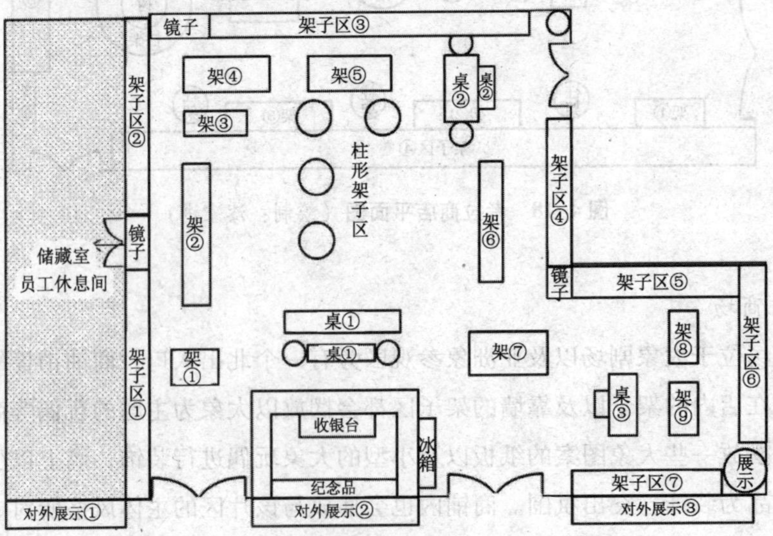

图 4-20　熊猫物语店铺平面图（绘制：马蕾）

面对商铺从左面的出入口进入后，收银台位于进门处的右手边。商铺的内部装饰大多以竹子为造型。部分商品以长隆野生动物世界的明星动物为灵感，具有独特的纪念意义，外观也较为可爱。此外这家商店在收银台处也销售以熊猫为主题的公交一卡通以及熊猫纪念徽章，展示架也是用竹子的材料制成，非常贴合熊猫物语的商铺主题。购物超过一定限额会赠送关于熊猫的童话故事小册子，商铺以这种手段促进孩子和家长们的购物消费。

10. 儿童驿站

该商铺位于儿童天地、儿童剧场旁，商铺门口有一个较为宽阔的广场，方便孩子和家长们嬉戏放松。商铺有东、西两个出入口，西出入口连接着儿童动物园。相较之前几家主题鲜明的商铺，这家商铺所销售的商品更加针对较低龄儿童的喜好和需要。比如进门的展示台①上摆放着深受孩子们喜爱的羊驼，以及一些动物主题的文具、发饰等，甚至连动物玩偶都显得更加迷你可爱。在商铺的装饰风格上，商铺选用吊灯代替了以往的白炽灯，显得更加神秘浪漫，也更符合孩子们想象力丰富、热爱童话故事的天性。在立柜的上方，用红、绿、蓝色以及小马驹进行装饰，显得俏皮活泼（图 4–21）。

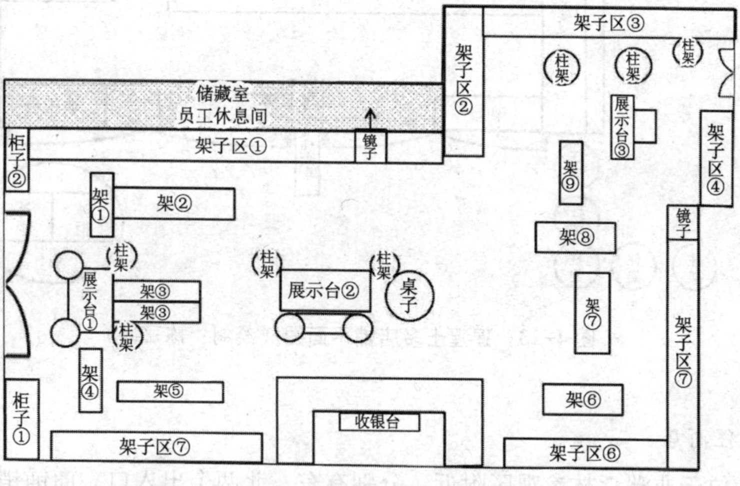

图 4–21 儿童驿站店铺平面图（绘制：陈丽嘉）

11. 细尾獴商场

该商铺位于獴哥参观区旁，只有面向南面一个较大的出入口。商铺虽然面积不大，销售的产品异质性不大，但因其别致的菱形造型，为对外展示橱窗展示留出了充足的空间。对外展示①以热带雨林茂密的绿色枝叶作为前景，利用彩色雨伞鲜艳的色彩，拼接成了一幅类似于孔雀开屏的美丽景象，十分吸引游客的眼球。在这只“孔雀”旁还点缀着游客接下来即将参观的火烈鸟的小玩偶，显得十分俏皮可爱（图 4–22）。

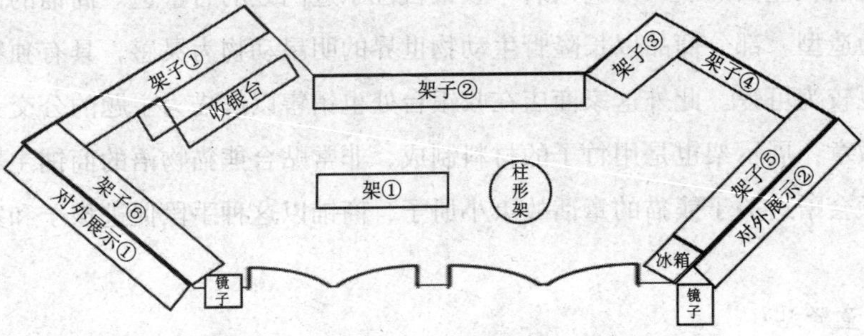

图 4-22 细尾獴商场平面图（绘制：陈丽嘉）

12. 猩猩士多

该商铺位于猕猴、狒狒、白颊长臂猿以及黑叶猴参观片区的中部，所以主要销售的商品以猩猩等猴类的玩偶为主。因地理位置在园区中较为偏僻，商铺的面积较小，在商铺外的两侧也有柱架销售帽子、挂件以及发饰等（图 4-23）。

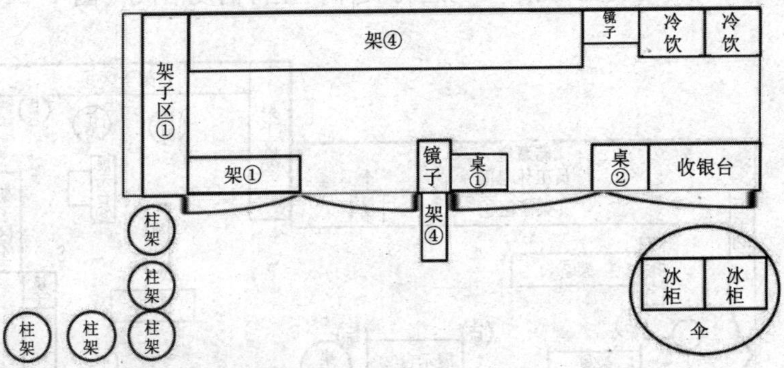

图 4-23 猩猩士多店铺平面图（绘制：陈丽嘉）

13. 猩猩商店

该商铺位于非洲森林参观区附近，分别有东、北两个出入口。商铺销售的商品以猩猩为主题。值得一提的是，除了以往惯常的玩偶、背包、文具、T 恤等商品，这家商铺在收银台旁的架子区④上还销售关于猩猩的科普类书籍，更具教育意义。在商铺的装修风格上，地砖的颜色较浅，突出了用树桩作为装饰的展示架以及展示台。在每个架子区的上方，都有用绿色亚克力板制造出的长颈鹿、非洲大草原上的树木等造型，同时摆放着一些藤制的动物造型的手工艺品，彰显了非洲特色。同时，天花板上的蓝色和橘色的藤制灯显得亲近自然，在照明的同时也具有装饰效果（图 4-24）。

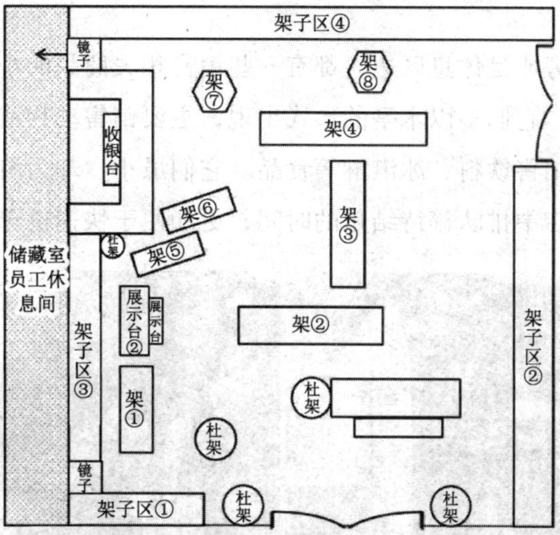

图 4-24　猩猩商店平面图（绘制：归航）

14. 红鹤商场

红鹤商场位于园区南出入口，经过设计，游客若要通过南门离开长隆野生动物世界，必须经过该商铺。所以，该商铺销售的商品的综合性较强，包含园区内最有代表性的商品，便于游客离开园区之前集中选购。该商铺分别有西、北两个出入口，面积是园区所有商铺中最大的一个，包括室内部分和室外部分。室内部分商品的陈列主要根据种类以及功能的不同进行划分。如玩偶、毛绒类玩具会集中在一个片区，背包、T 恤帽子等穿搭类商品也会集中在一个区域，方便游客选购。还有特别的店长推荐柜台，摆放着长隆吉祥物卡卡虎的相关商品。室内的立柜颜色以淡绿色为主，配合着背景的浅橘色，显得活泼可爱。室外部分主要由树形展示架组成，主要销售挂件、钥匙扣等（图 4-25）。

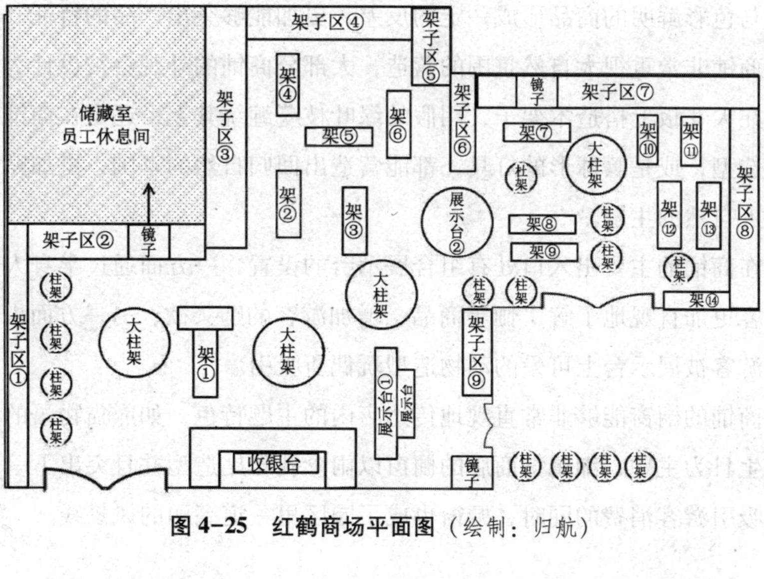

图 4-25　红鹤商场平面图（绘制：归航）

15. 沿街小木亭

在园区一些道路旁或是休息区边，都有一些销售相关商品的小贩卖点，为方便游客的购买消费提供服务。它们多以木亭的形式出现，主要销售动物造型的挂件、玩偶、钥匙扣等，还会配合着销售饮料、冰淇淋等食品。它们虽小，却为游客的购买提供了极大的便利，省去了在商店中排队等待结账的时间，更加便于快速挑选（图 4-26）。

图 4-26 沿街小木亭（组图）（摄影：陈丽嘉）

（三）展陈特点介绍

长隆野生动物世界内的商店皆由长隆企业开设，因此店铺设计与布局方面具有一定的共性，所销售的旅游商品也更为正规化，以下是长隆野生动物世界内商铺的展陈特点介绍：

第一，在商铺的整体装潢风格上，因长隆野生动物世界的独特性，展陈的商品大多色彩鲜艳，具有一定的体积，所以店铺的背景基调一般较深，如展示立柜或是收银台多为深棕色，与色彩鲜明的商品形成一定的反差，更加能够突出产品的特征。

第二，商铺非常重视大自然氛围的营造，大部分商铺的外观会被设计为小木屋的样子，不管是在天花板上搭造木架子，用假的绿叶枝蔓缠绕其上，还是在商铺中将立柱改造成假桉树造型，或是藤球形的灯具，都能营造出回归自然的氛围，更加贴合长隆野生动物世界亲近自然的主题。

第三，在商铺的主要出入口处有组合展示台的设置，一方面通过半身人形模特的展示可以使游客更加直观地了解 T 恤等商品，增加游客的购买欲；另一方面也可以使从商铺外经过的游客被展示台上可爱的动物造型玩偶所吸引。

第四，商铺的橱窗能够非常直观地传达店内的主题特色，如熊猫物语的橱窗以熊猫三胞胎一岁生日为主题，细尾獴商店的橱窗以雨伞孔雀尾造型并且突出下一个游览景点火烈鸟，在吸引游客消费的同时，橱窗也成了园区里一道亮丽的风景线。

第五，长隆野生动物世界的部分游客是儿童，因此店铺内销售的纪念品均以玩具、儿童文具等商品为主，并且造型上较为可爱，以此吸引了不少小游客的驻足。因此商铺的立柜大多不会过高，考虑到儿童身高，以及家庭游购物消费时儿童起到一定的促进决策的作用，适当地降低展示柜台以及销售立柜的高度，可以增加一定的商品消费。

第六，大部分商铺对店内的空间进行了巧妙运用，如大部分店内会有的立柱，通常会用来展示各种动物造型与普通款式的帽子、背包等，既节约了空间，也起到了装饰的作用。

第七，在街边设立小的贩卖点或是室内销售时，会有在室外的树形展示架进行搭配销售。树形展示架不仅方便移动，也有利于经过的游客选购商品，若摆放得有层次，是很好的吸引游客购物的移动商品盈利点。

第八，收银台柜面、背景或是接近地面的立柜上，会摆放和销售一些体积较小、较为零碎、较为容易被游客忽略的实用类商品或是食品饮品，如钥匙扣、蚊虫叮咬药品、电池、雨具或是牛奶、咖啡等，一方面能够激发等待结账或是正在结账的游客的潜在消费，另一方面也方便商铺的销售人员对商品进行管理。

长隆野生动物世界的商铺布局充分考虑到了游客的需求，在各个出入口各设有一家较大的商铺，园区内步行区域则均匀设置，保证游客按照任何线路游园都能够经过或是穿过数家店铺，以充满创意与野趣的店铺装饰、呼应片区主题的大型动物模型、设计新颖的橱窗等元素吸引顾客，凭借这些独到之处，加上景区内规范的统一管理以及可爱的动物们奠定的形象基础，使游客们都经不住旅游商品的诱惑，将呆萌有趣的动物纪念品带回家中，纪念游玩经历中一次亲近动物、亲近自然的难忘体验。

四、游客视角的旅游商品

（一）人口统计特征

在长隆野生动物世界共发出 110 份问卷，有效问卷占 100%（表 4-1）。

表 4-1　游客基本特征

项目	项目分类	有效百分比
性别	男	40.9%
	女	59.1%
	合计	100%

续表

项目	项目分类	有效百分比
年龄	17岁及以下	0%
	18~24岁	23.63%
	25~34岁	58.18%
	35~44岁	15.45%
	45~54岁	2.73%
	55~64岁	0%
	65岁及以上	0%
	合计	99.99%
学历	初中及以下	0.90%
	高中及中专	14.55%
	大专	20.91%
	本科	45.45%
	研究生及以上	18.18%
	合计	99.99%
职业	国有企业	16.36%
	民营企业	20.91%
	外资企业	11.82%
	政府部门	10.91%
	个体/私营	20.91%
	学生	5.45%
	其他	12.73%
	合计	99.09%
收入	1500元以下	3.63%
	1500~3000元	16.36%
	3000~5000元	28.18%
	5000~8000元	20.91%
	8000元以上	30.00%
	合计	99.08%

从性别方面来看，女性游客明显多于男性游客，占59.1%，男性游客则占40.9%。从年龄方面来看，25~34岁游客所占的比例最大，约为58.18%；其次是18~24岁游客，约占23.63%；35~44岁游客占15.45%。大于55岁的游客的数量则非常之少。

从学历方面来看，本科游客所占比例最高，约为45.45%，其中很大一部分尚属在校生；其次是大专学历的游客，约为20.91%；研究生及以上学历的游客占18.18%，高中及中专游客则占14.55%。

从职业方面来看，民营企业员工以及个体/私营人员所占比例较大，均为20.91%；其次是国有企业员工，占16.36%。外资企业和政府部门人员分别占11.82%和10.91%，学生所占比例最少，为 5. 45%。主要原因在于野生动物园的主要客户群是带着孩子前来游玩的青年与中年人群，对于学生而言，野生动物园的票价略高也是阻止他们前来旅游的因素之一。

从收入方面来看，收入在 8000 元以上的游客所占比例最高，达到了 30%，其次是收入在 3000~5000 元范畴的游客，占据了 28. 18%，收入在 5000~8000 元范畴的游客所占比例为 20. 91%，1500~3000 元所占比例则是 16. 36%。收入为 1500 元以下的游客所占比例最低，为 3. 63%。

由此可见，前来长隆野生动物世界的游客以有固定收入的人群居多，通常有稳定并且较高的收入来源，学生则较少。

（二）旅游商品特征

根据调查结果分析，70%的游客外出旅游时对于购买当地旅游商品抱有可有可无的态度，19. 09%的游客则表示经常购买，7. 27%的游客每次出游都会购买旅游商品，只有 3. 64%的游客从不购买旅游商品。由此可见，游客对旅游商品的购买态度在很大程度上取决于该景区的旅游商品。

就长隆野生动物世界而言，来此旅游的游客中有 36. 36%的游客不准备购买任何旅游商品，26. 36%的游客对此抱有不确定的态度，28. 18%的游客有购买旅游商品的打算，只有 9. 09%的游客已经选购了旅游商品。由此可见长隆野生动物世界的旅游商品对于游客的吸引力依旧有待提升。

由表 4-2 数据可知，希望在该景区购买到创意纪念品的游客所占比例最高，达到了 70. 91%；其次是希望购买到工艺品的游客，达到了 36. 36%的比例。此外，游客们也希望能够在该景区购买到土特产品（26. 36%）、收藏品（20. 91%）等，小部分游客有兴趣在此购买生活用品（5. 45%）、服装饰品（4. 55%）以及其他商品（4. 55%）。

表 4-2 游客希望购买到的旅游商品分布

商品类别	比例	商品类别	比例
土特产品	26. 36%	创意纪念品	70. 91%
服装饰品	4. 55%	收藏品	20. 91%
生活用品	5. 45%	其他	4. 55%
工艺品	36. 36%		

由表 4-3 可知，在游客购买的旅游商品之中，所占比例最大的是创意纪念品，达到了 47. 27%的比例；购买工艺品以及其他商品的游客排名其次，均为 23. 64%；19. 09%的游客则选择购买土特产品；此外还有 10%的游客购买了服装饰品；购买生活用品以及

收藏品的游客也分别各占据6.36%。与之前游客希望购买的旅游商品分布数据相比，创意纪念品是游客最希望购买到同时也是购买量最大的商品，由此可见长隆野生动物世界的创意纪念品对游客有着较强的吸引力。

表4-3 游客购买的旅游商品分布

商品类别	比例	商品类别	比例
土特产品	19.09%	创意纪念品	47.27%
服装饰品	10%	收藏品	6.36%
生活用品	6.36%	其他	23.64%
工艺品	23.64%		

根据游客愿意承受的旅游商品的价格数据，游客接受程度最强的价格范围在50~100元，约有39.09%的游客认为这是他们能够接受的价格范围，此外38.18%的游客认为100~300元的旅游商品价格是可以接受的范畴，此外，12.73%的游客只愿意接受50元以下的旅游商品，而10%的游客则愿意接受300元以上的旅游商品。长隆野生动物世界的旅游商品通常定价在50~100元，由此可见这样的定价范围是较为合理的。

从购买旅游商品的目的角度，60%的游客购买旅游商品是为了自己使用以及留作纪念，51%的游客希望将其赠予亲朋好友，27%的游客出于个人爱好以及收藏目的购买旅游商品，10%的游客则出于一时冲动，选择购买旅游商品。

关于游客对店铺的偏好，76%的游客会选择在特色店铺购买旅游商品，41%的游客则会选择纪念品专卖店购买旅游商品，只有8%的游客会选择在流动摊位以及小摊点购买旅游商品。由此可见商铺的特色性以及正规性是影响游客购买选择的主要因素。

此外，68%的游客认为自己购买的商品具有独特性，28%的游客则不认为自己所购买的商品具有独特性。

（三）游客对旅游商品与商铺的重要性评价

采用里克特量表，对于前往长隆野生动物世界的游客对旅游商品与商铺的期望值进行调查，用5分法将游客对于各项的重要性感知分为：非常重要（5分）、重要（4分）、一般（3分）、不重要（2分）、非常不重要（1分）。

调查结果（见表4-4）显示，游客对长隆野生动物世界旅游商品的价格合理性、文化性、实用性、知名度的期望值较高，均在期望值平均值（3.66）之上。此外，游客对商品的整体满意度略低于对旅游商品的期望值。

根据游客对商铺的重要性评价（见表4-5），商铺的内部装饰、所处位置、口碑以及商铺外观的重要性是比较强的，均在均值（3.55）之上，由此可见景区在进行设计时，不光要考虑到旅游商品的性质，也要考虑到商铺是否有足够的吸引力。

表 4-4　游客对旅游商品的重要性评价

项目	重要性（排名）	项目	重要性（排名）
价格合理	4.03（1）	纪念性	3.58（6）
便于携带	3.45（8）	文化性	3.99（2）
质量优良	3.18（10）	收藏性	3.44（9）
包装精美	3.63（5）	地域特色	3.55（7）
知名度	3.85（4）	均值	3.66
实用性	3.9（3）	整体满意度	3.61

表 4-5　游客对商铺的重要性评价

项目	重要性	项目	重要性
商铺位置	3.92（2）	货品陈列	2.7（6）
商铺外观	3.62（4）	服务态度	2.8（5）
商铺口碑	3.7（3）	均值	3.55
内部装饰	4.58（1）		

（四）总结分析

通过分析问卷调查的诸项内容，可以从游客视角总结出一些有助于商品开发与店铺经营方面的经验。

首先，从购买意愿角度来讲，将近四成游客不打算在长隆野生动物世界购买任何旅游商品，究其原因，一方面是由于长隆野生动物世界的旅游商品针对的消费人群大多是青少年儿童，所销售的纪念品大多为毛绒玩具等，无法吸引其他年龄层次的游客；另一方面，价格偏高也是使得游客对旅游商品望而却步的原因之一，因此长隆野生动物世界有必要扩大旅游商品的目标市场，并且适当降低价位，以吸引更多的游客。

其次，就游客购买偏好及实情来看，游客大多乐于在特色店铺或纪念品商店为亲友或自己选购纪念品、工艺品以及土特产品等。在这个方面长隆野生动物世界精确地捕捉到了游客的需求，提供了大多数游客所希望购买到的旅游商品。此外，长隆野生动物世界的商铺均匀地分布在园区各个位置，使得游客们有很大机会进入店铺挑选商品，店铺的设计与片区氛围紧密联系，每家店铺的装饰都富有新意，并且店铺均为长隆集团所开设，商品质量有保障，价格也较为稳定。

最后，在商品定价方面，长隆野生动物世界的游客群多集中于已参加工作、有固定收入的人群，这些游客愿意为旅游商品所付出的价格也相对较高，因此有必要抓住这个机会，设计更符合这些游客品位的旅游商品，促进消费。

五、旅游商品开发经验

长隆野生动物世界旅游商品开发成功的原因是多方面的，其根本原因在于基于动物形象对周边旅游商品的大力开发，商铺旅游商品的供给与游客对商品需求的匹配，加之行之有效的娱乐营销、深得人心的动物形象、园区吸引力以及与日俱增的游客规模，共同对长隆野生动物世界的旅游商品收入造成了积极影响。

（一）以动物形象为基础，凸显动物特色

大熊猫、白老虎、考拉，是长隆野生动物世界最受游客欢迎的明星动物。其中，长隆野生动物世界拥有12只国宝大熊猫，更有全世界唯一的大熊猫三胞胎，可爱卖萌+稀缺独特的完美组合，成为长隆野生动物世界的镇园之宝。长隆野生动物世界拥有200多只白老虎，这些白老虎是基因变种的老虎，在野外无法生存，由长隆野生动物世界独家繁殖培育而成。除此以外，长隆野生动物世界还有50多只澳大利亚国宝考拉，并拥有世界上唯一的考拉双胞胎，是除澳大利亚外拥有考拉数量最多的动物园。根据长隆野生动物世界的独特性，园区内的旅游商品也以动物形象为基础，凸显动物特色。园区内主要销售的商品有5类：饮品、食品、纪念品、生活用品、玩具。

长隆野生动物世界每个分园区的出口处，都设置了一个主题商品店，主题商品店内销售的都是与该园区主题动物相关的主题纪念品。在百虎山分园区的游览出口的主题商店，主要销售老虎主题纪念品——“卡卡虎公仔”和“白虎公仔”。正所谓“不入虎穴，焉得虎子”，金虎商店就是名副其实的“虎穴”，形态各异的金虎、银虎、白虎齐聚一堂，是整个园区老虎商品种类最多的商店。动物玩具“小白虎”，更是被列为广州十大手信之一。在大熊猫中心的出口主题物语，主要销售熊猫系列玩具；在非洲森林园区的非洲商场，主要销售长颈鹿、犀牛、河马等非洲动物主题玩具；而在考拉园的主题商店，主要销售考拉系列玩具。

长隆野生动物世界的北门和南门，还专门设置了小熊猫商场和红鹤商场，这两座规模较大的商场内琳琅满目地展示了长隆野生动物世界最受欢迎的主题商品。在游客离开园区（园区设计必须从主题商店里穿过）的最后时刻，吸引游客购买促进购物消费。

根据笔者对国内主题公园的跟踪调研，国内主题公园在主题商品销售方面一直是个弱项，主题商品销售收入占主题公园营业收入的比重往往低于10%甚至不到5%。长隆野生动物世界的主题商品开发和销售，在国内主题公园中已经处于最高水平，平均每个游客在长隆野生动物世界购买不低于一件主题商品。

（二）迎合游客需求，优化商品供给

针对不同的目标市场游客，迎合不同类型游客的消费需求，优化商品供给，是长隆野生动物世界旅游商品成功的一大原因。来长隆野生动物世界旅游的游客有两大特征：一是以家庭为单位出行的家庭游，父母带着孩子在闲暇时间以及节假日来到长隆野生动物世界游玩，具有一定的休闲娱乐和教育意义；二是造访长隆野生动物世界的青年游客居多，长隆地处珠江三角洲，是南中国最富庶地区，经济发展水平位居全国前列。生活节奏快，生活压力加大，使正在为事业打拼的年轻人在闲暇时间渴望逃离城市的钢筋森林，放松身心，回归大自然。而距广州市中心不远，通达性好的长隆野生动物世界给他们亲近大自然、亲近动物带来了极大便利，他们大多结伴前来，对时尚化、年轻化、情侣化的旅游商品情有独钟。

长隆野生动物世界针对具有以上两种特征的游客，优化了商品供给。首先，对于带着孩子出行的家庭游游客，除了上文提到的小熊猫商场和红鹤商场，长隆根据其购物特点，在紧邻参观或是表演场所的区域都设置了与游览区块主题相对应的休息区及购物点，比如侏罗纪森林旁就是雨林仙踪恐龙玩具店，熊猫馆旁就是熊猫物语。刚刚完成参观的小朋友，出门看到以可爱动物为原型设计的各种毛绒玩具以及文具、装饰品，都爱不释手，从而激发了游客购买商品的欲望，大大增加了旅游商品被消费的可能性。其次，是商店橱窗以及氛围的营造。栩栩如生的动物毛绒玩具在背景板的映衬下，仿佛真的把游人带到了热带丛林，吸引了游客的关注。又如，大象商店墙上以少数民族的扎染手工艺品为装饰，店内也会播放民族风格的音乐与该片区的主体风格所对应。因为游客中小朋友的比例较大，商店的展柜的高度也有稍许降低，方便孩子的选购，从细节处体现出商家的用心。

（三）创新营销理念，吸引大量游客

长隆集团成功打造了中国首批、广州第一个国家 5A 级景区和“世界级旅游王国”，长隆能够拥有如此巨大的品牌效应，除了专注于旅游项目的运营，还与其独具特色的营销手法密切相关。近年来，长隆在产品开发上实行的“高举高打”战略进一步延续到营销策略上，永远选择“第一”和“最好”，与顶级媒体和顶级电视节目强强联手，极大地提升了长隆在主流媒体上的影响力。

2013 年，中国最红电视节目《爸爸去哪儿》的大电影在长隆野生动物世界和长隆国际大马戏全程取景拍摄，长隆的品牌效应借由电影大银幕精彩绽放；2014 年年底，作为《爸爸去哪儿》大电影核心拍摄地的长隆野生动物世界和长隆国际大马戏业绩同比 2013 年出现了大幅增长。长隆野生动物世界与湖南卫视合作拍摄了中国第一档原创动物明星真人秀《奇妙的朋友》，2015 年 1 月 24 日首期播出全国收视率 1.65，高居同时段榜首。长隆作为该节目全程拍摄地，其品牌效应与景区吸引力更趋显著。数据显示，近年来，到长隆游玩的北方游客数量明显增多。

长隆的这一系列营销动作，已经探索出一条旅游业与娱乐业的融合模式，是国内主题公园娱乐营销和跨界营销的行业标杆，也是探索中国式主题乐园经营模式的又一次“吃螃蟹”行为。凭借着顶级旅游项目和顶级营销手法，长隆在全国打出了名气，成为足以代表粤港澳地区乃至中国的一张旅游名片。

总之，长隆野生动物世界旅游商品开发成功在于微观层面以动物形象为基础，大力开发周边旅游商品，中观层面把握供需，优化旅游商品的供给方式以及宏观层面园区营销的创新。正是这种多层次、全方位的精心打造，使旅游商品收入成为长隆野生动物世界营收中的重要组成部分。

第五章　欢乐海岸旅游商品开发分析[①]

一、欢乐海岸旅游开发状况

（一）欢乐海岸及购物中心基本状况

1. 欢乐海岸基本情况

深圳华侨城都市娱乐投资公司开发建设的“欢乐海岸”项目是深圳市“十一五”旅游规划的重点项目和华侨城集团重点项目。“欢乐海岸”位于深圳湾商圈核心，占地面积约125万平方米，位于深圳华侨城主题公园群与滨海大道之间，是深圳市“塘郎山—华侨城—深圳湾”城市功能轴的起点，是深圳市致力打造的高品质人文旅游、国际创意生活空间的中心。欢乐海岸汇聚全球大师智慧，以海洋文化为主题，以生态环保为理念，以创新型商业为主体，以创造都市滨海健康生活为梦想，开创性地将主题商业与滨海旅游、休闲娱乐和文化创意融为一体，整合零售、餐饮、娱乐、办公、公寓、酒店、湿地公园等多元业态，形成独一无二的“商业+娱乐+文化+旅游+生态”的全新商业模式，真正实现集主题商业、时尚娱乐、健康生活三位一体的价值组合，以实际行动推动中国主题商业的创新和发展。欢乐海岸汇聚华侨城集团25年丰富的旅游、地产、文化资源和创新智慧，秉承华侨城集团“环境就是核心竞争力”的建设发展理念，以宏大的城市规划和生态环保为出发点，将深圳湾开发和华侨城生态湿地保护考虑进城市生活版图，最大限度地赋予项目人文及公益价值，全面促进城市发展和生活品质升级，并创造出独特的滨海健康生活体验，成为最具国际风尚的都市娱乐目的地。

作为中国最具特色的滨海商业项目，欢乐海岸集中国首座国际化亲水购物中心、首个高端餐饮娱乐水岸街区、首个大型多媒体水秀剧场、首家高端商业文化创意展示中心、首个顶级城市会所、首座五星级独栋旗舰影城及国际级办公、酒店群等独特商业项目于一身，汇聚国内外知名高端品牌，构筑现代时尚生态的商业文化氛围。每年，华

---

① 执笔人：归航　傅林峰　漆家进

侨城狂欢节、华侨城龙舟节、华侨城欢乐海岸（国际）音乐节等大型主题节庆活动在这里轮番上演，联动全球规模最宏大的多媒体主题水秀——《深蓝秘境》，构成欢乐海岸独有的“三节一秀”城市级狂欢盛宴，带来独一无二、独具魅力的国际滨海生活体验。

欢乐海岸的建设，不仅填补了深圳大型都市娱乐和生态旅游项目的空白，极大丰富了旅游文化产业内涵；同时，还以其所独有的唯一地处都市腹地的华侨城湿地及椰林沙滩公园，与周边的华侨城主题公园群、滨海休闲长廊和红树林保护区一起，形成规模宏大的城市生态旅游区域和新深圳湾商圈，对提升深圳滨海城市形象，建设高品位的生态城市起到积极的作用。未来，欢乐海岸将以高度融合的多元业态和创新商业模式，融合多层次的体验式购物、环球美食、休闲娱乐、时尚创意、旅游观光、城市节庆、生态教育等丰富功能，构筑南中国商业、文化、娱乐新地标①。

2. 欢乐海岸购物中心简介

欢乐海岸购物中心位于项目核心位置，总建筑面积约 19.3 万平方米。区域内汇聚了世界顶尖建筑智慧及商业风情：深圳唯一临水体验型主题购物中心，国际标准建造的 SOHO 办公及公寓，国际建筑大师理查德·迈耶担纲设计的中国顶级城市会所华会所，中国新锐建筑师朱锫倾力打造的 OCT 创意展示中心及海洋奇梦馆等，实现主题商业、商务办公、商务休闲、创意展示等特色功能交融的蓝色商业创想。

（二）欢乐海岸项目开发

1. 业态布局及市场定位

欢乐海岸项目总投资额达 20 亿元。项目占地面积 125 万平方米，由北部城市自然保护区与南部都市文化娱乐区两大中心，购物、餐饮、娱乐、展览、旅游、商务六大主题板块构成。其中城市自然保护区拥有湿地、湖泊与林地约 69 万平方米，是中国唯一地处城市腹地的滨海红树林湿地；都市文化娱乐区围绕人工建造的中心湖区进行建设，占地约 56 万平方米，除了配备有购物中心、环球美食主题街、中影影城、高端会所等，还配套了欢乐海岸水秀剧场、海洋奇梦馆等主题文化娱乐场馆，目标群体为中高收入的都市家庭市场、白领市场及商旅人群。

2. 项目开发及项目功能分区

欢乐海岸地处深圳福田、前海双中心中核区，紧邻深圳西部通道和深圳湾口岸，与香港隔海相望。南临滨海大道，是深圳湾 15 公里滨海休闲长廊的东起点；北靠华侨城城区优质生活圈及主题公园群；东接福田，西面为滨海高端住宅。大的规划分期主要为

---

① 资料来源：欢乐海岸官网

三大块。南地块右侧为项目开发一期，左侧为项目开发二期。地块北主要为永久性保护湿地公园，且与华侨城锦绣中华设置了互通出入口。该项目自 2005 年立项，到 2012 年春节期间一期正式进入试运营，前后历经开发时间也已经超过 7 年，同时也是深圳市政府扶持的滨海区域观光旅游综合开发重点项目之一。

华侨城欢乐海岸项目占地 125 万平方米，建筑面积约 30 万平方米。具体功能设置由欢乐海岸购物中心、曲水湾（餐饮酒吧）、华会所及度假公寓、椰林沙滩公园、华侨城湿地五大区域构成，项目整体形成集主题商业、时尚娱乐、生态旅游、休闲度假四大功能板块。欢乐海岸北临深南大道，南接滨海大道，西邻沙河东路、沙河西路、深港西部通道，东依侨城东路，白石路横贯其间，商圈路网通达全城。距广深高速约 5 分钟车程，距深圳湾口岸约 10 分钟车程，距深圳机场约 25 分钟车程；规划中的滨海交通枢纽总站与项目比邻而建，深圳地铁 9 号、11 号线将直接接驳欢乐海岸，并连接穗莞深和西部深港两条城际快线，无缝对接深港澳及珠三角区域（图 5-1）。

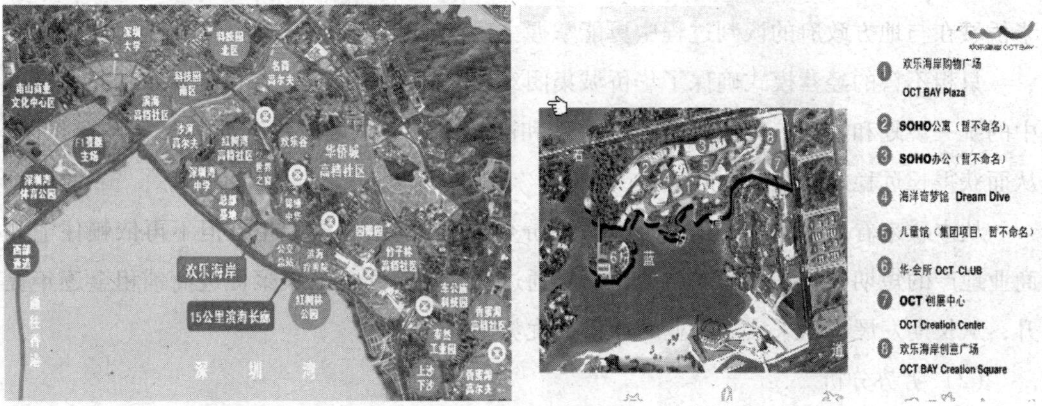

图 5-1　欢乐海岸地理位置及功能分区（来源：欢乐海岸官网）

3. 商业配比与主要收益

欢乐海岸商业总体建筑面积约为 30 万平方米，主要分布在以特色零售为主的欢乐海岸购物中心和以餐饮娱乐为主的曲水湾。欢乐海岸总体商业业态比例：零售：餐饮：娱乐：生活配套独立项目约为 39：32：26：4。欢乐海岸项目中回流资金最快的是蓝楹湾度假公寓与华会所，平均年收入可以达到 10 亿元，购物中心年收入也在 1.5 亿元左右，另外酒吧街、曲水街（餐饮）、蓝汐精品酒店（房间数 57 间）、万豪行政公寓等每年也有近亿元收入。

二、旅游商品管理

（一）欢乐海岸经营管理

1. 欢乐海岸的经营模式分析

（1）优势分析

欢乐海岸是华侨城第四代主题园区的开篇之作，是华侨城集团综合多年旅游地产运营的成功经验，并融合自身在文化、酒店、公寓等多方面的产业优势，突破欢乐谷扩张模式瓶颈的一次创新。优势集中表现在以下几个方面：欢乐海岸投入运营的时间不长，依赖高端物业实现了现金的收支平衡，未来如果配套部分住宅产品，将会在短期内获得更大的经济收益。作为城市生活空间的一部分，兼顾生态保护的同时获得可观的经营性收益。从长期发展来看，优质城市生活中心的营建可极大提升周围地块价值。该模式让华侨城在与地方政府的谈判过程中更能掌握主动权，极易实现异地复制。

只租不售的经营模式确保了华侨城集团对产权的绝对拥有，有利于开发和经营过程中的统一规划和管理，保留资源的完整性和高品位。最终形成高品质的主题商业景区，从而获得长远稳定的经营性收益。

从本质来看，欢乐海岸仍然是以“旅游+地产”开发模式为主，但不再依赖住宅和商业地产的短期销售来反哺旅游业，而是通过高端消费人群的集聚促进商铺租金逐年提升，从长期发展视角来实现商业和旅游的优势互补。

（2）劣势分析

先建设后招商，建设现状与经营需求脱节。欢乐海岸购物中心在没有进行主力店招商的情况下，就开始了规划设计与施工建设，现有购物中心建设无法满足商家的经营需求，导致项目招商困难重重。进入试运营阶段之后，影城、海洋馆、水秀剧场、会所等都步入实际运营，作为重要生活配套的 O. PLAZA 购物中心招商却屡遭困境。

文化旅游项目回报周期长，优势未显现。2013 年 12 月华侨城集团发布公告，把深圳欢乐海岸旗下的“水秀”及“海洋奇梦馆”两项资产作价 2.26 亿元出售于华侨城集团的全资子公司深圳华侨城欢乐海岸投资有限公司，但华侨城将继续保留这两项资产的经营权，原因就在于水秀剧场和海洋奇梦馆一直处于亏损的状态。水秀剧场为全球最大的多媒体现代水秀剧场，投资规模近 2 亿元，目前年均收入约 3000 万元。

2. 业态配置规律

（1）业态配置简介

欢乐海岸是融购物、餐饮、娱乐、展览、旅游、商务六大功能为一体的综合休闲娱乐区域，其功能性较为明显，整体区域的各项业态也相对集中。整个区域可以划分为四个大型的分类区，分别为欢乐海岸生态旅游观光区、都市文化娱乐区、绿色休闲度假区、滨海主题公园区。每个区域代表了一种或者多种类型的功能，且具有典型的代表性（图 5-2）。

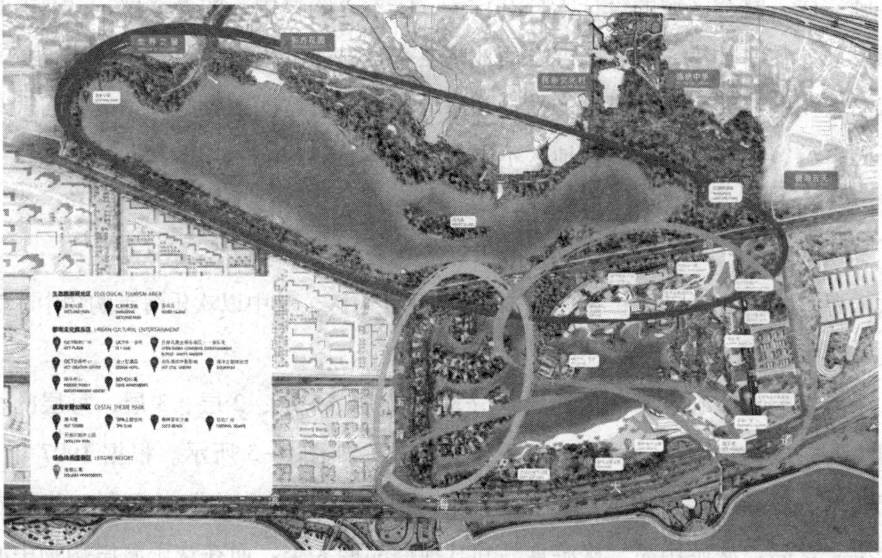

图 5-2　欢乐海岸业态分布（来源：欢乐海岸官网）

（2）业态配置规律

①区域主题不重合、具有互补性

这四个区域分别属于四种不同类型主题的区域，各具特色，且不重复，具有较好的互补性。以生态旅游观光区为例，整个区域以生态旅游为主题，为游客提供生态和旅游相关的环境和设施，如湿地公园，对生态或者旅游感兴趣的游客可以直接到这个区域中区；而都市文化娱乐区、绿色休闲度假区、滨海主题公园区三个区域分别向游客提供以都市文化、绿色休闲、滨海娱乐为主题的特色。从四种主题可以看出，每个主题的性质不同，能够适合不同类型的旅游者和消费者前去旅游和消费。

②业态配置较全面

在四个区域内，主要由欢乐海岸购物中心、曲水湾、椰林沙滩和湿地公园组成。购物中心主要以购物、娱乐和商务为主，其中购物占据较大部分；曲水湾主要以娱乐、餐饮为主；椰林沙滩以旅游、娱乐、展览为主；湿地公园以旅游为主，每个分类的具体商业场所和功能定位如图 5-3 所示。由此可知，区域的业态配置较全面，覆盖范围包括购物、餐饮、娱乐、展览、旅游、商务，能够全面满足居民和外来旅游者的需求。

③业态特色较为明确

与大多数地区的商业和旅游综合区不同，欢乐海岸的每个设计都独具特色。以欢乐购物中心为例，虽然它与其他大型的购物中心的功能较为类似，都是以购物为主、娱乐休闲为辅，满足购物型的消费者的需求。但在欢乐海岸购物中心中，一方面它的招商原则是大部分以海外的特色品牌为主，而不是大众的品牌；另一方面，它的设计由国外著名设计师完成，整个区域的设计十分有特色，既不乏购物中心的奢侈感，又具有休闲娱乐的感受。如在曲水湾，游客能够全面地享受来自世界各地特色美食和休闲设施；在椰林沙滩，人们能够看到多种类型的植物和海域风景，将这些融合起来十分具有美感；在湿地公园，游客能够得到与其他地区不同的湿地体验。

（二）欢乐海岸旅游商品管理

欢乐海岸的旅游商品区主要集中在都市文化娱乐区，其中以欢乐海岸购物中心为主。

1. 欢乐海岸购物中心商品总论

欢乐海岸购物中心主要包括四层，分别是 G 层、1 层、2 层、3 层，每层的特色不同，但主要是以购物为主，饮食和娱乐作为补充，如图 5-3 所示。根据 1997 年 4 月 1 日国家技术监督局《旅游服务的基本术语》中关于“旅游购物”的解释，将旅游商品分为旅游纪念品、旅游用品、旅游食品和其他商品四大类。而在欢乐海岸购物中心的旅游商品包括上述种类，但主要以奢侈品为主，这与购物中心本身的商业特色有关。

2. 欢乐海岸旅游商品特征

总体上看，欢乐海岸购物中心的购物商店是属于商业购物的类型，与狭义的旅游商品有所差别，因为其主要以奢侈品为主，且这些奢侈品大多是人们日常的用品。但实际上，欢乐海岸购物中心的旅游商品从设计到实际售卖是独具特色的，因为其设计源自国际建筑大师，招商品牌大多是源自海外的特色品牌，这些品牌在国内很难见到。因此，作为中国典型的新型城市，欢乐海岸中的旅游商品在某种程度上也可以与深圳的发展相结合，当成是纪念品来看待。因此它的特色一方面是品牌的特色，另一方面是将其与深圳的城市特色结合起来，总体上商品既不像其他地区的特色纪念品，也不像各地都存在的大型购物中心。整个购物中心也不像单纯的购物之地，它融艺术、设计、体验和人文为一体。

三、欢乐海岸旅游商品

（一）商铺及商品总论

欢乐海岸购物中心总共分为四层，进驻其中的商铺以零售、餐饮、娱乐业态为主，零售类商铺的商品内容涉及古董、食品、工艺品、特色纪念品、生活用品等各类产品。

商铺分布在每层双动线设计结构的空间之中，门面绝大部分采用玻璃门设计，游客在店铺外面就可以看到店铺橱窗里头的装饰物，这些装饰物不仅很好地装扮了门面，同时反映出了该店铺主营的产品类型与特色。欢乐海岸购物中心业态丰富但由于很多店铺仍处于空铺状态以及一些商铺所卖商品，如国际女性品牌服饰并不属于典型旅游商品开发管理的范畴，因此本章仅重点论述国际品牌概念店、创意工艺品店等零售旅游商品商铺。商品大多制作精美，外观典雅且价格较高。一般单件商品价格都过百元、千元甚至过万元。

（二）商铺及商品介绍

（1）阿原概念店

这是一家来自台湾的主营天然洗护产品的手工艺品店。玻璃门边一只洁白的小鹿，据店员介绍才知道这只小鹿全身以肥皂为材料，属于纯手工打造的工艺精品，从宝岛台湾空运而来。

阿原这个品牌融合了生态、绿色环保、手工、创意、美学、人文关怀等多种理念，其店内的装饰和产品陈列既具备了台湾小清新的风格同时也极富禅味。产品展台区上方为穹顶设计，下方为木质地板，象征着天地之间的万物生长，充分展示了阿原品牌的返璞归真的特色，喻示了天圆地方的天人合一思维。

1 号、2 号架子为木质展台区域，分为四层，下面三层主要放置了青草药手工皂系列、液态皂系列、茶系列产品，在展架最上方，为了更直观地展现产品原料，摆放着一排排的艾草、洛神花、舍得花、甘草、抹草、桑叶、马樱丹等产自台湾的各种药草。3 号架子放置的是口腔系列、精油系列、护肤系列产品。洗手台占据店内一角，周围布置着绿色盆栽。产品中，“水”成为不可或缺的核心元素。顾客们可以在这里试用自己心仪的产品，店员会在一旁耐心指导。连接洗手台的墙面上挂有 LED 显示屏，用来动态展示产品外观及介绍产品的特色和用法。

阿原的产品从包装到出品设计，简单又创意十足。相较于市场上同类型品牌，阿原的产品“物美而价不廉”，一块普通的肥皂价格就要接近 100 元（图 5-3）。

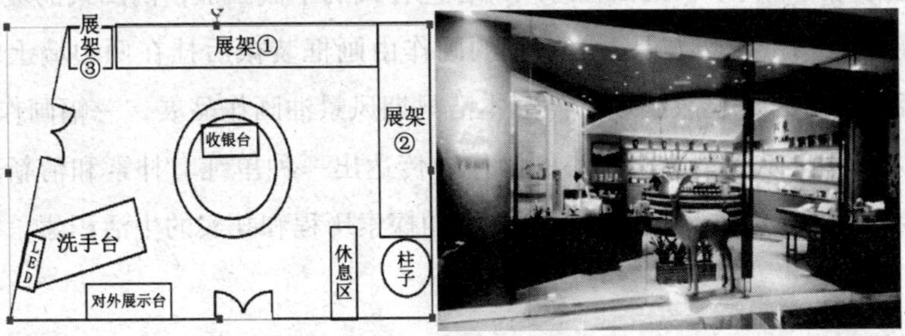

图 5-3　阿原概念店平面图及实景图（摄影：归航）

（2）八马茶叶

一家售卖茶类相关产品的商店，总体布局较为简约。门口摆放着由很多盒茶叶、蜜饯堆积而成的促销商品，可以试吃。店内经营的产品有乌龙茶（铁观音、大红袍）、名优绿茶（龙井、碧螺春）、名优红茶、普洱茶、茶具、红茶、茶食品等。1 号架子为一个四层展架，主要摆放龙井、红茶、赛珍珠铁观音等精品茶叶。1 号桌子为品茶休闲区，顾客可以在此品尝茶点，欣赏古筝乐曲，据店员介绍八马茶业品牌定位为商政礼节茶，目标消费群为成熟成功人士，八马倡导健康饮茶的生活理念，并致力于为客户创造清新舒适的茶叶购买体验。

进入店内即可感受到一种“专卖店头等舱”的服务理念和雅致的享茶空间。这样的设计给消费者提供了一种贴心的购茶、品茶体验（图 5-4）。

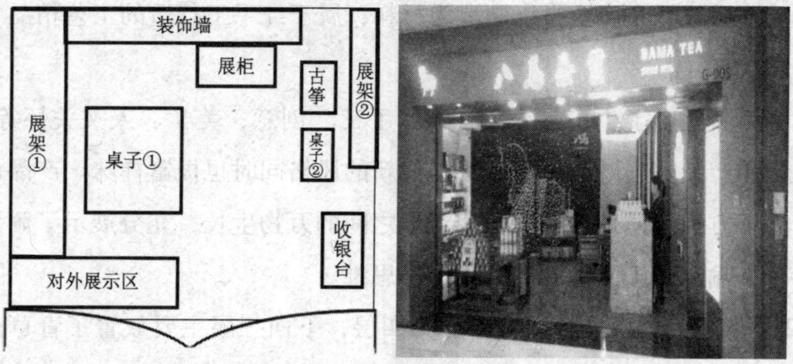

图 5-4 八马茶叶店铺平面图及实景图（摄影：归航）

（3）KF 艺术空间

KF 艺术空间是一家与知名艺术家合作，展览并销售其作品，同时也根据消费者个人需求制作并销售画框的工艺美术品商铺。店内的采光度极好，装潢简约明了，给人一种清爽的感觉。棕色木质地板和白色的墙体相辅相成，与店内的一幅幅画作完美融合，走进店内可以感受到一种宁静、清凉、深远的氛围。商铺的正里面是收银台，收银台后侧的墙面上结构简单明了，上面挂着六列各色各式的半截画框，内凹式的玻璃门两边分别是 LED 屏以及两个泥塑人偶。艺术家的画作由画框装裱后挂在两边墙上供消费者欣赏，这次店内推出的是“故园琐忆”彭本浩早期风景油画作品展，一幅画作的价格为 2 万~3 万元人民币。从这些大大小小的画作中传达出一种单纯、朴素和清新的高层次艺术气息，传达了彭本浩先生将艺术作为生命的探索历程和扎实的生活积累，很引人入胜（图 5-5）。

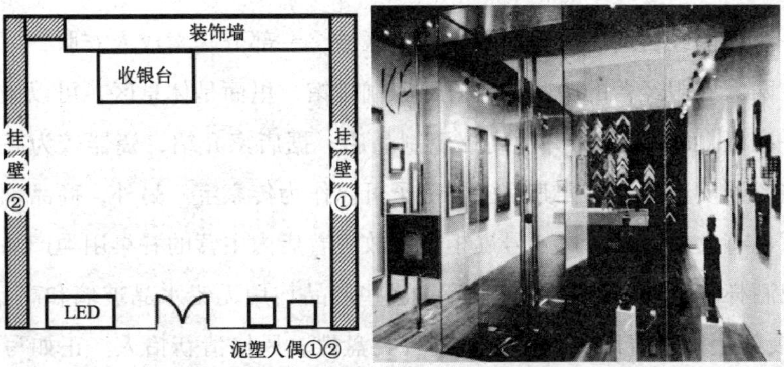

图 5-5　KF 艺术空间平面图及实景图（摄影：马蕾）

（4）柞（木九十）

这是一个致力于打造潮流与品质兼备的中国时尚眼镜品牌，目前在中国国内已经有了上百家店铺。店内所有的展架、展桌、展柜基本由不同的竹木制成，给人一种古典静谧之感。进入其中可以发现里头各种类型的眼镜皆有，颜色和种类较为丰富，且商品摆放较为全面，所有商品基本能在展架上看到。1~4 号柜子为四个 12×5 的蜂窝式展柜，其中放置着不同款式的实木与板材眼镜，中间的鼎状展桌则是潮流太阳镜，每款太阳镜都有加入了不同元素，呈现出不同的风格。例如，炫目色彩风格、英伦风、街头风、复古、中性风且大多配色丰富使不同的人更能凸显自己的风格。每件商品可谓设计独具匠心、材质突破传统以及对细节极度追求，这让“眼镜”款式不再传统呆板，深受广大明星和潮人喜爱。据店员介绍，透过现象看清事物的本质，这不仅是眼镜辅助视力的用途，也是木九十号召年轻人用自己的认知看清事物内在的生活态度（图 5-6）。

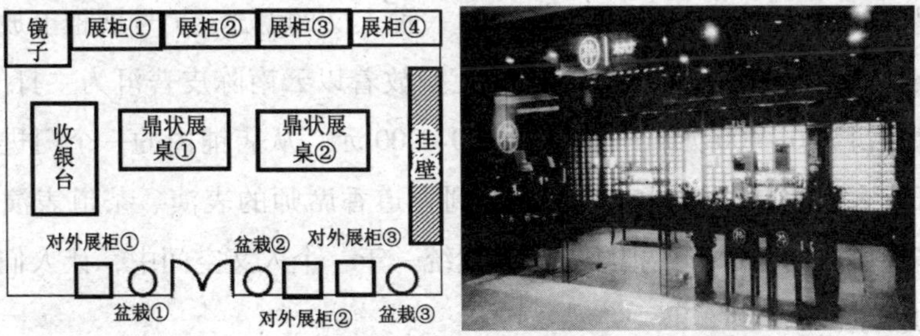

图 5-6　木九十店铺平面图及实景图（摄影：马蕾）

（5）Nordic Café

这是一家集体经营商店，里面包含四个区域，一部分是卖成人衣服，一部分是卖小孩衣物，在两家衣服经营的中间偏后有一家咖啡馆，里面是休息区，可以坐很多人，再往里走是一家以 ittala 为名的芬兰高档瓷制品店。据店家介绍，瓷器较为高档，进口于欧洲。这些瓷器质量很好，尤其是瓷器垫子可以作为传家宝。另外，商品价格相对普遍较高，不过也有大众商品。1~4 号展柜主要放置着店内主营的餐桌用类产品，主要有各类复古玻璃酒杯、茶杯、果盘、花器等。这些产品均用无铅水晶玻璃和高品质瓷制成。1 号、2 号展架上侧立着许多色彩纷呈的各类盘碟，风格清新怡人。正如写在店内的一句标语“色彩是唯一需要的装饰”。装饰柜上摆放着花瓶，酒杯，各式盘碟非常具有生活气息。总体来说，商品在设计、品质、功能、艺术四个方面具有顶级的水准。同时店内提供高级酒类，客人可以在店内品酒歇脚（图 5-7）。

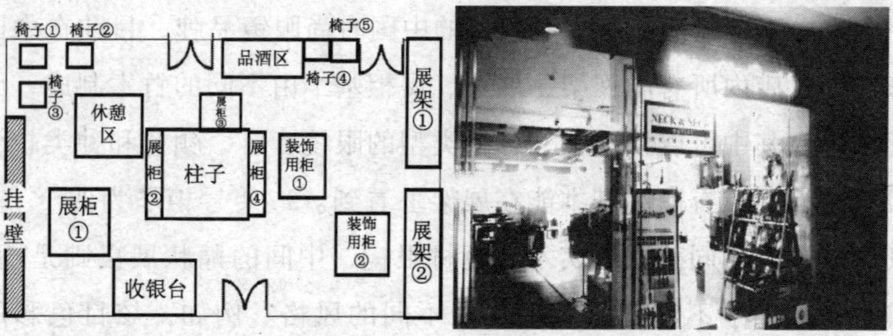

图 5-7　Nordic cafe 店铺平面图及实景图（摄影：张明曦）

（6）ZENSPACES 润七茶

这是一家经营茶叶制品的商店，一进门就可感受到其纯净简单的装潢风格。据店家介绍该品牌着力于借助中国传统文化中的茶香花禅，在这商业空间中打造出一个富有禅道精神境界的梦想空间，并且借助产品表达一种人文的意念。1 号展柜上放置各类精美的茶壶及茶杯。中间的展桌以及 2 号展柜上摆放着以云南陈皮普洱为主打的精品茶叶。具体如一罐茶饼 300~400 元，一筒茶叶 100~200 元。从店铺内的一个门进入则是一个品茶体验区。客人在品茶的同时可以观赏到香道香席师的表演、茶道表演以及花道表演。这些多种形式的艺术形式把顾客与自然统一于一个人文空间中，让人们感受到人与自然和谐的力量。

正如其创始人林志华女士所说的那样，在这纷繁复扰的世界中，停下脚步，喝一杯茶，赏一朵花，这一切都是我们为了更好地前进而积蓄力量（图 5-8）。

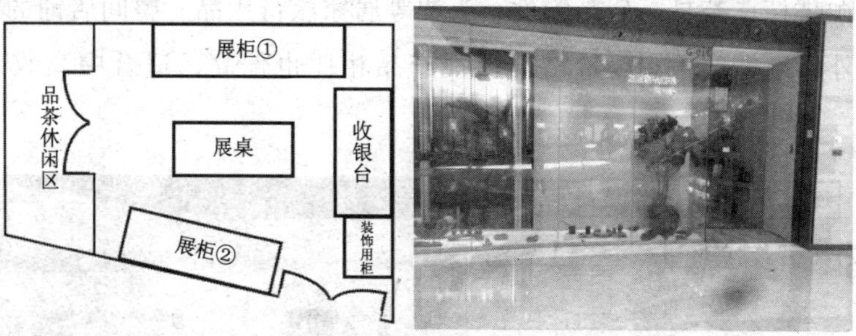

图 5-8　ZENSPACES 润七茶平面图及实景图（摄影：漆家进）

（7）万仟堂

万仟堂是一家融茶器系列产品和陶器艺术品开发、设计、生产与销售为一体的综合性公司。这家零售店主要经营各类陶瓷工艺品。玻璃门两侧的圆形和方形展柜分别为陶瓷制茶具、工艺品以及一个古典纸灯用来对外展示。1 号展桌放置着各种款式的陶瓷茶具，高出来的一层放置着和尚、菩萨造型的工艺品以及小型盆栽，反映出一种质朴优雅的生活方式。两侧的展柜错落有致地放置着各类茶器、花器、香器、工艺品，兼具实用和收藏价值（图 5-9）。

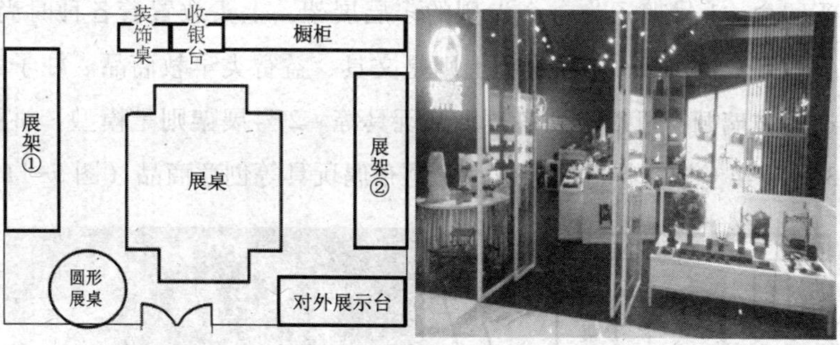

图 5-9　万仟堂店铺平面图及实景图（摄影：归航）

（8）emoi 基本生活

emoi 基本生活是一个日常生活用品品牌，产品范围涵盖居家、办公、旅行、服饰。该店平面图呈一把枪的形状，门面很宽，从门外即可看到店铺全貌。整个商店装修较为小清新，色彩以白色为主，加之一些绿色小植物点缀其中。目前店里主要商品有加湿器、背包、头枕、杯子等，另外还售卖几个智能化的小灯，品牌理念是让人们拥有更为简约便捷的生活。门口的展柜上摆着该品牌的特色蘑菇情感灯，适合热爱生活人士前往购买。1 号、2 号展架放置着各类木质香熏加湿器、天然香薰精油等。3 号展架上方墙面上挂着几个折叠旅行背包，1~3 号展柜上放置着各类创意台灯，4 号展架上则是杯子、咖啡杯、茶具、残影配件、头枕等居家旅行用品。整间店铺的商品设计上贴近自然，外形上精致美观。价格与同类产品相比也偏高，适合中高收入家庭购买（图 5-10）。

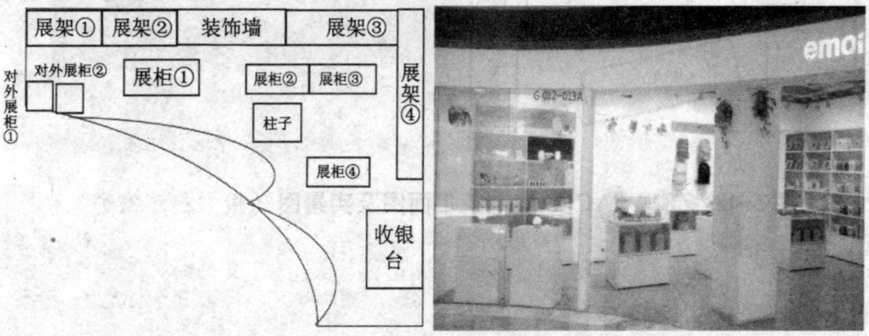

图 5-10　emoi 基本生活店铺平面图及实景图（摄影：陈丽嘉）

（9）19 八 3

一家售卖儿童商品的特色纪念品商店，整体的装饰风格较为活泼，商店里出售儿童玩具、书籍、拼图等与儿童有关的产品。店内的商品大多富于创意、外表美观且实用，同时具有较高的纪念意义。全店的商品价格相对购物中心其他的商铺来说较低，适合一般观光客购买留念。1 号架子为一个大型的多层展架，上头放置着各种时尚卡通书包、玩偶挂饰、靠枕等大型商品。1 号展柜上则是文具、益智类早教商品。柱子四周镶嵌着玻璃展柜，透过玻璃橱窗可以看到各类小型玩具等。2 号展架则是模型、拼图等益智玩具。最后，3 号展架上挂着特色旅行包、主题布偶玩具等创意商品（图 5-11）。

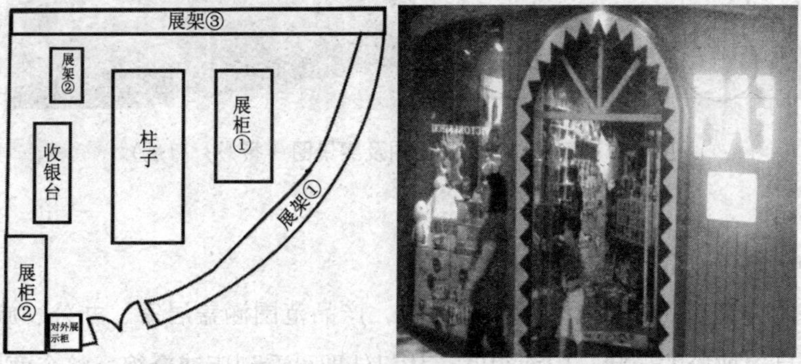

图 5-11　19 八 3 店铺平面图及实景图（摄影：陈丽嘉）

（10）Refeeling 瑞福临

这是一家经营琥珀蜜蜡饰品的商铺。该品牌将欧洲现代设计和中国传统艺术相结合，对琥珀进行全新设计。同一般销售首饰类商店相同，所有商品均被放置在玻璃展柜中，在聚光灯的照射下，顾客可以对商品的性状有一个直观全面的了解。店内商品主要分为收藏级、珍藏级、首饰级三个级别，按类别放置在不同展区中。门两侧的玻璃对外展柜主要用来介绍店内产品以及琥珀的相关知识（图 5-12）。

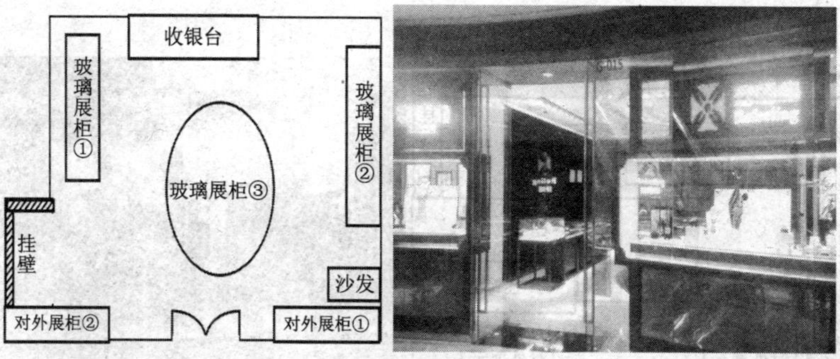

图 5-12　Refeeling 瑞福临店铺平面图及实景图（摄影：马蕾）

（11）莴苣

一家主营厨房用具的商店，其中的主要产品是来自于玉米经过工艺之后制作成品的锅、铲子以及菜篮和水果篮。据店员介绍，由于商店开业时间较短，活动较多，来店消费的人数相对其他商店较多，商店另有申请专利的杯子，适合年轻人和喜欢健康生活的人前来购买。整个店面具有年轻活力，店员热情介绍，还设有洽谈休息区。3 号展柜主要是材料介绍与展示，1 号、2 号展柜主要是各类厨房用具，最里侧的展架上则放置着该店的专利产品转脚杯，1 号、2 号两个房间尚未开放，未来准备做成养生以及给消费者做面膜的休闲体验区（图 5-13）。

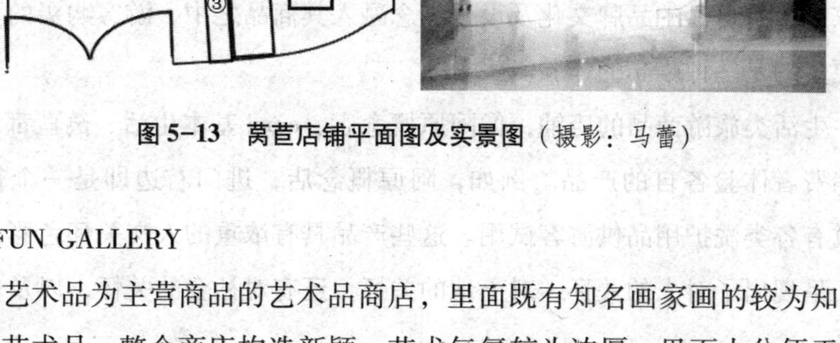

图 5-13　莴苣店铺平面图及实景图（摄影：马蕾）

（12）FUN GALLERY

一家以艺术品为主营商品的艺术品商店，里面既有知名画家画的较为知名的画作，又有普通的艺术品，整个商店构造新颖，艺术气氛较为浓厚，里面十分便于欣赏画作。

方画廊里的每一幅作品都是正方形的，价格仅由它的规格决定。在这里顾客可以体验来自欧洲当代艺术家的作品，为自己的房间挑选一幅私人定制的画，有意思的是，这里每30 天会有一个新艺术家的推荐，即便不购买作品，方画廊也是一个值得流连的艺术胜地（图 5-14）。

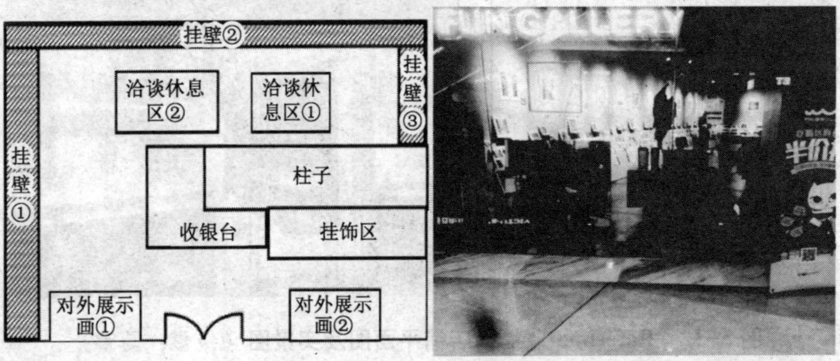

图 5-14　FUN GALLERY 店铺平面图及实景图（摄影：归航）

（三）展陈特点介绍

购物中心业态组合比例与深圳市主要商业购物中心业态组合比例吻合，反映出购物中心业态规划组合符合行业的业态组合规律。随着网购的迅速发展，传统实体店受到极大冲击，甚至沦为了“线下试衣店”。这迫使实体店不断探索商业模式，增加消费者体验情境元素成为一种选择。整个购物中心的商品都融入了创意休闲体验的元素，进驻的品牌大部分是新兴品牌，有深圳本地创立的，同时也有从世界各地引进的知名品牌。

第一，从各家店铺的外观角度来看，绝大部分商铺采用玻璃门，两边都用玻璃墙有机衔接，因而采光度非常好。游客没进门之前就可以感受到整家店的装潢特点与商品特征。

第二，商品的种类样式丰富多样，同质化程度极低，不同品牌的商铺定位明确，仅销售某一方面的产品，能够做到特色鲜明，且每款产品设计匠心独运，具有很大的收藏价值。商家都会将自己的品牌文化及设计理念融入其商品之中，游客购买的不仅仅是一件商品，更多的是一种难忘的体验。

第三，生活类旅游商品的店铺，像阿原概念店、emoi 基本生活、莴苣都设置了专门的区域给消费者体验各自的产品。例如，阿原概念店，进门右边即是一个很大的洗手台，上面放有各类洗护用品供游客试用。这些产品具有浓重的人文关怀色彩，这些品牌的共性在于呈现出了对人的关怀，对土地的关怀，还有对社会的关怀，以及他们独特的创意和美学。

第四，工艺美术类旅游商品的店铺，如 FUN GALLERY、KF 艺术空间，店家将其美术品高低有序、错落有致地挂放在整个店铺内部四周的墙壁上，顾客进店之后在店内走上一圈就能将其中的画作展品饱览无余。

第五，高档奢侈品类店铺，如 Refeeling 瑞福临、ittala 将不同价位层次的商品分区放置。

第六，食品类旅游商品的店铺，如润七茶和八马茶叶，都有专门的品茶区，同时配有幽雅的环境和弹拨类乐器的奏乐。给消费者曼妙唯美的品茶体验。除此之外，商家都有自己的核心特色产品以及都会推出一些将自家产品有机搭配后组合销售。这样便于向游人展示其优惠产品，同时也便于顾客选购。

四、游客视角的欢乐海岸旅游商品

（一）人口统计特征

在欢乐海岸共发出 70 份问卷，回收 64 份。有效问卷占 92. 8%。

表 5-1　游客基本特征

项目	项目分类	有效百分比
性别	男	55. 38%
	女	44. 62%
	合计	100%
年龄	17 岁及以下	1. 54%
	18~24 岁	47. 69%
	25~34 岁	36. 92%
	35~44 岁	9. 23%
	45~54 岁	0%
	55~64 岁	1. 54%
	65 岁及以上	3. 08%
	合计	100%
学历	初中及以下	7. 69%
	高中及中专	23. 08%
	大专	15. 38%
	本科	50. 77%
	研究生及以上	3. 08%
	合计	100%

续表

项目	项目分类	有效百分比
职业	国有企业	10.77%
	民营企业	26.15%
	外资企业	10.77%
	政府部门	4.62%
	个体/私营	23.08%
	学生	7.69%
	其他	16.92%
	合计	100%
月收入	1500元以下	6.15%
	1500~3000元	12.31%
	3000~5000元	29.23%
	5000~8000元	30.77%
	8000元以上	21.54%
	合计	100%

由表5-1显示，性别与年龄。男性游客略多于女性游客，占55.38%，女性游客占44.62%。年龄介于18岁到24岁的游客所占的比例最高，约占47.69%；其次是25岁到34岁的游客，约占36.92%。另外35岁到44岁游客约占9.23%，其他年龄阶段的游客所占比例较低。

学历分布。拥有本科学历以及高中和中专学生所占的比例较多，分别是50.77%和23.08%；另外大专学历的游客所占比例约为15.38%。前来欢乐海岸旅游的游客中，还在学校就读的学生群体占了很大的比重。

职业分布。以民营企业和个体/私营企业员工所占比例最高，分别为26.15%和23.08%；其次是其他职业，占16.92%；国有企业和外资企业员工所占比例均为10.77%；政府部门人员和学生所占比例较低，分别仅为4.62%和7.69%。

收入分布。由于欢乐海岸购物中心消费水平与层次较高，来此购物的消费者收入水平也相应较高，月收入在5000~8000元的人群所占比例最高，为30.77%；其次是3000~5000元和8000元以上的游客，分别占29.23%和21.54%。月收入较低的1500~3000元以及1500元以下的游客比例较小，分别占12.31%和6.15%。

对欢乐海岸消费者的基本信息的统计分析表明，前往欢乐海岸购物中心消费的游客中，多为以下几个群体：中高档收入家庭，商务休闲人群，文化创意人群，旅游休闲人群。

（二）旅游商品特征

根据调查结果分析，对购买当地旅游商品抱有可有可无态度的旅游者占最多数，约占 57.81%；其次是经常购买以及每次都购买旅游商品的旅游者，分别占 26.56%和 15.63%。几乎没有从来不买旅游商品的游客。在来到欢乐海岸的旅游者当中，有 28.13%的旅游者打算购买旅游商品，其中有 10.77%的旅游者已经购买。有 24.62%的旅游者不准备购买旅游商品，36.92%的旅游者对于是否购买旅游商品保持观望态度。旅游者对旅游产品的购买态度取决于旅游商品是否能够激发他们的购买欲望。结合实地调研数据，填写问卷的被调查者当中，主要以当地居民为主、外来游客为辅，另外商品价格普遍较高也是造成游客购买率不高的一个重要因素。

根据旅游者希望在欢乐海岸购物中心购买到的旅游商品（表 5-2）的调查结果分析，大部分游客（63.08%）希望买到创意纪念品；其次是希望买到土特产品和工艺品的游客，分别占 30.77%和 27.69%。另外希望购买到服装饰品和生活用品的游客分别占到 23.08%和 21.54%。

表 5-2　游客希望购买到的旅游商品分布

商品类别	比例	商品类别	比例
土特产品	30.77%	创意纪念品	63.08%
服装饰品	23.08%	收藏品	13.85%
生活用品	21.54%	其他	10.77%
工艺品	27.69%		

根据对旅游者愿意承受的商品价格的统计结果分析表明，多数旅游者愿意承受的价格区间为 100~300 元，约占 41.54%，26.15%的旅游者愿意承受的价格区间为 50~100 元，15.38%的旅游者愿意接受 300~500 元的价格。12.31%的旅游者愿意接受 500 元以上的价格。由于来这儿消费的人群当中大部分属于中高收入人群，因而能接受的价格也相对较高。

在购买旅游商品的目的方面，旅游者购买旅游商品的多数是选择自己使用或留作纪念（61.54%）和赠予亲朋好友（56.92%），30.77%的旅游者会因为个人爱好和收藏而购买旅游商品，另外有 12.31%的旅游者会因为一时冲动而购买。剩余 3.08%的游客因为其他因素而购买。

在店铺方面，多数旅游者会选择在特色的店铺和纪念品专卖店中购买旅游商品，分别占总数的 46.15%和 38.40%。另外，20%的旅游者也会选择在小摊点中购买旅游产品。由此可见具有地方特色以及创意性的店铺能够吸引更多的旅游者驻足以及消费。

在已购买旅游商品的旅游者中，购买的旅游商品包括土特产品（23.08%）、创意纪念品（21.54%）、工艺品（18.46%）、服装（21.54%）、生活用品（18.46%）以及收藏品（18.46%）。接近半数游客（47.69%）购买了他们认为具有独特性的商品。可见，具有独特创意的旅游商品会更加受到顾客的欢迎，景区应当针对地方特色，加强特色旅游产品的开发以及销售。

（三）游客对旅游商品与商铺的重要性评价

采用里克特量表，对于前往欢乐海岸购物中心的游客对旅游商品与商铺的期望值进行调查，用 5 分法将游客对于各项的重要性感知分为：非常重要（5 分）、重要（4 分）、一般（3 分）、不重要（2 分）、非常不重要（1 分）。

调查结果（表 5-3）显示，游客对欢乐海岸购物中心旅游商品的价格合理、便于携带、质量优良、实用性、纪念性、文化性以及地域特色的期望值较高，均在期望值平均值（3.86）之上。其中包装精美、知名度及收藏性的重要性较低。因此，有必要从游客角度考虑，加强对商品质量以及对商品的携带便利性进行改进，同时也要着重提高商品的文化性以及实用性。

对商铺期望值的调查结果（表 5-4）显示，游客对欢乐海岸购物中心商铺的服务态度（4.65）和口碑（4.25）的期望值较高，均在期望值均值（3.79）之上。由此可见，商铺管理者应对服务人员的服务态度加以重视，以提高游客满意度。同时，好的服务态度对于提高商铺的口碑也会大有裨益。

表 5-3　游客对旅游商品的重要性评价

项目	重要性（排名）	项目	重要性（排名）
价格合理	4（5）	纪念性	3.9（7）
便于携带	4.1（2）	文化性	4（3）
质量优良	4.25（1）	收藏性	3.5（8）
包装精美	3.35（10）	地域特色	3.95（6）
知名度	3.5（9）	均值	3.86
实用性	4（4）		

表 5-4　游客对商铺的重要性评价

项目	重要性	项目	重要性
商铺位置	3.05（6）	货品陈列	3.8（3）
商铺外观	3.4（5）	服务态度	4.65（1）
商铺口碑	4.25（2）	均值	3.79
内部装饰	3.6（4）		

（四）总结分析

通过分析问卷调查的诸项内容后，可以从游客视角总结出一些有助于商品开发与店铺经营方面的经验。

第一，从购买意愿角度来讲，九成以上的游客对购买旅游商品抱有积极或是中立的态度，所以对于商铺经营来说，潜力购买市场是巨大的。因此，将潜在购买者转化为实际购买者就要有更精准的差异化市场定位，通过满足需求来激发游客的购买欲望。

第二，就游客购买偏好及实情来看，游客大多乐于在特色店铺中为亲友或自己选购创意纪念品、土特产品及工艺品。这一特点与欢乐海岸购物中心的主要客源以在18~34岁的群体为主有关，他们的购物偏好是既喜欢求新求异具有文艺情怀的新鲜事物，也喜欢最具代表性的拥有当地古朴韵味的“土特产品”，所以在旅游商品开发时就要在这两个“极”上做文章，将“时尚”与“传统”进行融合，充分挖掘地域特色优势和商品纪念价值，杜绝平淡无奇的大众旅游商品。

第三，在商品定价方面，由于欢乐海岸购物中心的消费群体消费能力较强，相对收入也相对较高，因此他们的购买欲望较强，也具有相应的购买能力。但是由于大部分游客对于购买旅游商品的中立态度，导致他们不会随意购买旅游商品，因此商品定价就要突出性价比高的特点，在确保产品质量的同时要有合理的价格，让游客有种“物有所值”的感觉。针对这一特点，可将每家店的主打旅游商品定价在150~200元，中端产品定价在200~500元，便于推广。

第四，对于商家来说除店内装饰以及货品陈列上要足够吸引游客之外，优质亲切的服务态度和良好的信誉更为重要。对欢乐海岸购物中心的游客进行调查后发现游客对服务态度的重视远远大于实体的相关因素，因此服务态度应该作为重要的因素被加以强调。今后商家应主要重视服务态度和自身信誉度，向游客提供价格合理且具有创意性和地方特色的好商品。

五、旅游商品开发经验

（一）创意与体验，指引旅游购物新方向

体验经济时代下要求游客的“身”与“心”都能得到满足，欢乐海岸购物中心采用的新型的“情景（吸引）—（客户）体验—关联（填补空缺）”集合体验店模式将成为未来购物中心发展的一个方向。

有业内人士表示：“随着消费者需求的变化，购物中心不仅可以提供传统的购物消

费，还能提供休闲消费。这种包含体验式商城的集合性实体店，则是电商所不及的。如果把业态调整好，有机地跟电商形成错位，这是一个最好的选择。”独具一格的创意设计空间、引领优质生活的独特品牌以及各类创新互动体验，使O’PLAZA从当下同质化严重的购物中心中脱颖而出。

欢乐海岸致力于成为生态、开放、风尚的国际化都市滨海生活体验空间。依托欢乐海岸丰富的滨海资源和全业态的产品布局，O’PLAZA将成为深圳唯一临水体验型主题购物中心，并树立起深圳新一代购物中心的标杆。在O’PLAZA中，多家主力店大胆尝试跨界经营，集服装、花艺、书籍、咖啡等于一身，让消费者能够放慢脚步，让欢乐渗透心灵，为都市人提供完美的滨海生活体验。

（二）定位存偏差，现状与需求脱节

先建设后招商，建设现状与经营需求脱节。欢乐海岸购物中心在没有进行主力店招商的情况下，就开始了规划设计与施工建设，现有购物中心建设无法满足商家的经营需求，导致项目招商困难重重。进入试运营阶段之后，影城、海洋馆、水秀剧场、会所等都步入实际运营，作为重要生活配套的O’PLAZA购物中心招商却屡遭困境。

理论与现实脱节，餐饮街区先于购物中心已经火了起来，按照一般的思维一定是希望通过街区的人流来带火购物中心的销售，因此，在规划上，购物中心基本放弃了对餐饮业态的保留，而是试图通过“文化氛围”的营造留住顾客，增加了招商难度，实际效果没有预期的那么好。仔细思考不难发现，要使街区人流到购物中心消费必须满足：顾客会走到购物中心；顾客有消费时间；产品定位与客群吻合；存在消费吸引。因此在空间距离较大、顾客目的性强、客群复杂无明显特质、产品无差异化的前提下，购物中心很难产生销售。

另外，该中心缺少针对欢乐海岸景区的具有当地特色的旅游商铺店铺，没有做到把地方特色与文化创意有机结合，这也是导致购物中心鲜有外地观光客消费的原因之一。因而开发设计一些欢乐海岸主题文化的旅游纪念品能够有效地吸引外地游客前来购物，从而促进欢乐海岸地区旅游的发展，同时也是欢乐海岸景区保持旺盛生命力的重要举措。

第六章 北京南锣鼓巷及五道营旅游商品开发分析[①]

南锣鼓巷和五道营都位于北京的中心城区，是北京地区胡同型旅游商品的典型代表，将南锣鼓巷和五道营联合起来，共同研究其旅游商品特征，有助于较为全面地体现北京旅游商品的整体特色。

一、南锣鼓巷及五道营旅游开发状况

（一）南锣鼓巷及五道营基本状况

1. 南锣鼓巷基本状况

南锣鼓巷是一条胡同，位于北京中轴线东侧的交道口地区，是北京最古老的街区之一，至今已有 740 多年的历史。也位列规划中的 25 片旧城保护区之中。据记载，因其地势中间高、南北低，如一驼背人，故名罗锅巷。到了清朝，乾隆十五年（1750 年）绘制的《京城全图》改称南锣鼓巷。

南锣鼓巷北起鼓楼东大街，南止于安定门东大街，全长 786 米，宽 8 米，东西各有 8 条对称的胡同，整齐地排列在两侧。从南向北，西面的 8 条胡同是福祥胡同、蓑衣胡同、雨儿胡同、帽儿胡同、景阳胡同、沙井胡同、黑芝麻胡同、前鼓楼苑胡同，东边的 8 条胡同是炒豆胡同、板厂胡同、东棉花胡同、北兵马司胡同、秦老胡同、前圆恩寺胡同、后圆恩寺胡同、菊儿胡同（如图 6-1）。南锣鼓巷始建于元朝，经历了元、明、清三代。在元代，南锣鼓巷地区位于元大都的中心区域，南边是皇城，北边是大都路总管府、警巡院、万宁寺与中心阁。它的西部是万宁桥与烟波骀荡的什刹海。西南是通惠河。万宁桥今天还在，是元代的重要建筑遗存。

作为北京最古老的街区之一，在历史文脉的延续中，积淀了深厚的文化底蕴和文化内涵。至今，南锣鼓巷仍保持着元大都街巷、胡同的规划，其胡同、四合院、绿树，相

① 执笔人：陈丽嘉 归航 张明曦 贾然 傅林峰 马蕾 漆家进

对于红墙金瓦的皇家文化，而这里的灰墙灰瓦呈现出另一种独特的民间色彩，外加街区有着中国戏剧的最高学府和很多历史名人故居，使南锣鼓巷被浓郁的文化气息所包围。1990 年南锣鼓巷被定为北京市政府第一批 25 片历史文化保护区之一，成为对明清北京城进行保护的重要组成部分①。

图 6-1　南锣鼓巷地区示意图（摄影：漆家进）

2. 五道营基本状况

五道营胡同，明朝属崇教坊，称武德卫营。据传此地为明朝守城的兵营驻地，故名。全长 632 米，宽 6 米，沥青路面。

清朝属镶黄旗，称五道营。营与卫均与驻军有关。营是一种军事单位，驻军之地一般也称为营。卫是明代的军事单位。5600 人为一卫，有内外之分，驻京者称京卫。驻京外者称外卫。外卫皆隶属于五军都督府。京卫有亲军与非亲军之别，后者亦隶属于五军都督府。卫的名称有不同的来历，或以职司，或以地域，或以佳语。“武德”卫，当是佳语。武德卫营，即武德卫驻地。民国后沿称。1965 年整顿地名时将小头条、小二条并入，改称五道营胡同。

图 6-2　五道营胡同标志图（摄影：漆家进）

① 资料来源：北青网

五道营胡同呈东西走向，东起雍和宫大街，西止安定门内大街，南与箭厂胡同相通，北有两条支巷通安定门东大街。据 2010 年人口普查情况显示，五道营胡同现有户籍 689 户，1563 人；常住人口 432 户，1196 人，占户籍总数的 63%。

（二）南锣鼓巷及五道营旅游开发

1. *南锣鼓巷旅游开发*

南锣鼓巷是北京著名的特色街区，始建于元朝，至今已有 740 多年历史。胡同里，分布着众多名人故居。再加上南锣鼓巷林立的特色店铺，吸引着来自世界各地的游客。地铁 6 号线南锣鼓巷站的建成，无疑将为这里带来更多商机。它已经成为许多时尚杂志报道的热点，不少电视剧在这里取景拍摄，许多国外旅行者把其列为在北京的必游景点。其实，明清以来，这里一直是“富人区”，居住过许多达官贵人、社会名流，从明朝将军到清朝王爷，从北洋政府“总统”到国民党总裁，从文学大师到画坛巨匠，这里的每一条胡同都留下历史的痕迹。在老胡同被拆之前，保护古城的提案得到重视，凭借较为完好的元代里坊格局、明清名人府邸，南锣鼓巷得以幸存。近几年又有先见之明的人看到商机，租下沿街民房，开起了风格百变的个性店铺，元朝古巷新旧混血，就此重生，全球游客都爱来此“迷失北京”。这里已经逐渐取代三里屯和后海，成为北京新的时尚地标。北京南锣鼓巷被美国《时代》周刊列为亚洲 25 处你不得不去的好玩儿的地儿。

从 2002 年开始，许多酒吧开始出现在南锣鼓巷，并陆续成为继三里屯、什刹海之后，北京又一条酒吧街。与三里屯、后海不同，南锣鼓巷的酒吧大多比较安静，和谐、自然，更贴近于生活。酒吧在四合院的基础上进行简单的装修，虽然融进了各种不同的时尚元素，但基本还保持着原来的格局和北京胡同的特色。随后一些特色的工艺品店铺、咖啡厅和餐饮服务、旅店等产业入驻南锣鼓巷，涉及了衣、食、住、行，使游客们以一种更贴近于胡同的生活方式置身其中，众多国内外游人称南锣鼓巷为“文化休闲新驿站”，东城区政府将其定位为古都北京休闲旅游和文化创意的特色商业街区。截至 2011 年南锣鼓巷主街商户一共 170 家左右，经过过去几年的提升改造，南锣鼓巷将古老胡同历史文化与现代休闲旅游文化相结合，形成了以酒吧咖啡馆、服装饰品、艺术工艺品、创意工作室、会所客栈、特色餐饮为主要业态的商旅文相结合的特色街区。据统计自 2013 年 6 月份以来，南锣鼓巷接待的游客日均已达 2 万人次，周末可达 3 万~4 万人次。一到节假日，游客人数更是攀升至 10 万①。

① 马燕婷．“商旅文”街区集聚印象对顾客惠顾意向影响研究——以南锣鼓巷为例［D］．北京：首都经济贸易大学，2014.

2. 五道营旅游开发

在北京五道营胡同里，总能见到老外。有的是悠闲的游客，有的是投资的店主。不少老外都钟情于北京的胡同文化，这使得进驻五道营的早期投资者中，外国人居多。一些在南锣鼓巷、鼓楼开店的老板也闻风而至，在五道营开设了分店或新店。胡同东口已经竖起的牌楼标明，这里将会发展成一条新商业街，这也引来了更多的投资者。五道营胡同的租金价格在节节攀升，一套面积在 300 平方米左右未临街的四合院，每月租金为 40000 元上下。

2007 年，英国人 Will 携妻子在五道营开了第一家商铺——葡萄院儿餐吧。随后的几年里，越来越多的外国人与“海归”以及文艺爱好者来到这里，开商铺、做生意、交朋友，五道营在短短几年内聚集起了人气。各种酒吧、甜品店、创意生活小店的开设使得五道营的胡同游逐渐开展起来。由于开展胡同游的时间短，五道营胡同在知名度及游客量上都不及南锣鼓巷，据五道营商户介绍，旅游旺季时每天的平均接待游客量在 300~400 人，近几年游客量还在逐年增长中①。

二、旅游商品管理

（一）南锣鼓巷及五道营经营管理

1. 南锣鼓巷及五道营业态特点

（1）业态较新，特色鲜明

随着老北京特色文化的传承和宣扬，如今的南锣鼓巷和五道营，有着诸多的现代企业和商户。它们各具特色，富有创意，汇聚形成了古老文明与现代产业交合互融的新景象和传统风貌与现代时尚相得益彰的新业态，形成了引领地区经济社会发展的新常态。

例如，在南锣鼓巷里最具特色的商户诸如“过客”酒吧、“咂模”“创意无限”“创可贴 8”等在内，主要商业街企业已达 209 户。一家家特色鲜明的商户吸引来自世界各地的人们，使南锣鼓巷一年四季游客不断、摩肩接踵，汇成一幅动感十足的现代版“清明上河图”。

（2）主要从事创意纪念品、酒吧、咖啡厅和餐饮服务业

南锣鼓巷和五道营两条历史文化街区主要以经营创意纪念品和餐饮业为主，且两地的特色和规模较为类似，南锣鼓巷稍大。但为了保障整个街区的历史文化性，南锣鼓巷和五道营对于商户的筛选和准入都有着严格的机制。2014 年，五道营胡同有商户 102

① 资料来源：北京游玩

家，有户主说："这些由商会引入的商户在入驻胡同之初，都必须先经过商会的审核考察，第一个条件就是考察他们的经营业态，是否具备文化和创意。"两地希望能够达到的状态是：走在胡同里，就能感觉到文化和创意给这条胡同带来的不同之处——没有多少餐饮，更多的是各式各样的文化创意小店。有用废弃电子元件制作工艺品的，有用旧物换旧物的"交换商店"，即使是为数不多的几家餐饮店，也要求必须具备文化理念。且南锣鼓巷和五道营在从事创意纪念品和相关的餐饮服务业都十分具有特点，一方面完善商品自身的功能和便利性；另一方面在特色性上下了一番功夫，整个业态透露着老北京的风味儿，深处其中便能体验老北京的氛围。

（3）20%~30%创业者为"80 后"

到目前为止，南锣鼓巷和五道营20%~30%的创业者是"80 后"，其有着共同特点：一是学历相对较高。大多"80 后"创业者为大学毕业生，而且其间不乏"海归"，他们为实现自身价值，选择到南锣鼓巷自主创业。二是经营理念超前，时代特色显著。这些年轻的经营者崇尚时尚个性的生活态度和有品质的消费方式，能够找准南锣鼓巷消费群体的定位，秉承超前的经营理念和独特的经营方式，具有显著的时代特色。三是彰显个性与追逐经济利益并举。选择在南锣鼓巷发展的大多"80 后"店主，其开店初衷并非单纯追逐经济效益最大化，而是为实现某种梦想或夙愿，彰显个性与对经济利益追求的并举，这是"80 后"创业者与其他经营者的显著区别。

正是由于这群富有创新意识和活力的"80 后"店主，南锣鼓巷和五道营在经营旅游商店的同时，使得两条历史文化街区既保持了传统意义上的老北京特色风味，又富有着极具活力的新鲜血液。

（4）商业与文化相互交融

一是商户的字号凸显个性特征，商户大多为"主题"店铺，每间店铺都有自己特定的主题和基调。二是酒吧呈现文化气息，知名酒吧多为"文化"酒吧，集文艺表演、艺术创作培训、书店、博物馆、电影放映等功能于一身，文化气息浓郁。三是餐饮注重新特菜品，部分餐厅不断推陈出新，从分析消费者需求出发，注重探索中西、南北各种饮食元素的混合搭配，或将文化艺术内涵寓于食物中，基于此开发出的新特菜品旨在捕捉食客心情，迎合不同需求。四是服装饰品初具创意。部分服饰店定位为服装设计工作室，其将设计与销售融为一体，销售的服装包含原创设计元素，还可为消费者提供个性定制业务，产品具有唯一性和独特性。五是街区商业活动独具特色。例如，南锣鼓巷一年一度的胡同文化节是融合老北京市井风情和民俗曲艺于一体的节日，在这里，游客可以欣赏老北京服饰艺术，聆听响器叫卖，观看民间杂耍，使人仿佛置身当年商贸文化盛景之中①。

2. 南锣鼓巷及五道营业态分布

南锣鼓巷和五道营地理位置较为相近，业态分布上整体也保持着类似的特点。由于两条历史文化街区处于老北京胡同的整体氛围下，其商业分布也与胡同的分布保持着一致性。以南锣鼓巷为例，一方面有着一条主要街区，里面主要经营着创意产业和餐饮服务业，是整个街区的核心部位；另一方面在主要街区横纵交叉着多条胡同，胡同里主要是以传统民居为主，包括观光体验型的传统四合院和一些相应的餐饮服务业。

（二）南锣鼓巷—五道营旅游商品管理

南锣鼓巷和五道营主街店铺经营的产品类型分可以为饰品（如“饰绝”）、工艺品（如“杂客”“鸡蛋花”“乐天陶社”“视界手工制陶”）、服装（如“创可贴 8”“小满意大衣橱”）和其他（如玩具店、“传运书刊”“兴穆手工”）共四大类②。

1. 旅游商品风格特点

（1）手工制作和个性定制的结合

以上四类产品的共同特点之一是手工制作和个性定制的结合，“兴穆手工”和“乐天陶社”是其中比较典型的代表。兴穆手工经营的主打产品为手工制作的本子，其本子的特色在于将中国元素融入牛皮纸和麻绳之中，使设计出的本子兼具东西方文化韵味。“乐天陶社”是一些陶艺设计师开的店，他们把传统的中国青花瓷改良、重塑，变成一个个有着时代记忆的艺术品。

另外，在南锣鼓巷和五道营两个街区，大多数文化创意纪念品是手工制作和个性定制的结合，也有小部分是机械生产，这样一方面加强了地方的文化特色，另一方面能加强商品的体验感。

（2）创意为先，体验为本

①改造旧物

产品的另一个特点是个性、特色突出，富于创意。产品设计的独特性是吸引客源的重要因素之一。里面有很多创意产品来自于对日常生活中不太常用事物的改造，既体现了环保理念，又保持了产品的独特性。

②重现时光

南锣鼓巷和五道营的众多旅游商品不仅仅具备其他地区的旅游商品的一般特点，它

---

① 张惠琪，陈立．南锣鼓巷文化休闲商业街发展调研［J］．中国工商管理研究，2009（7）：48-51.

② 赵文婕，卢璐．从老北京胡同到京城“创意空间”——南锣鼓巷特色店调研报告［J］．北京印刷学院学报，2010（5）：6-11.

在设计和做工上还有着深刻的内涵，即对失去时光的重现。驻足欣赏，能深刻地感受到怀旧的意蕴，能够长时间吸引人们的目光。

③特色元素

两地由于亲密的地缘关系，使得其文化特色类似，传统风味相同，将中国和北京元素融入产品的设计中，这样既能体现店铺的特色与个性，又能将老北京文化融入其中，代表当地特色。这样的特色元素也充分地将南锣鼓巷和五道营融入老北京的整体氛围。

2. 旅游商品不足之处

（1）同质化严重

虽然南锣鼓巷和五道营存在众多的优点，但有一个较大的问题，尤其是南锣鼓巷，存在着产品同质化的问题。一方面，在街道上有着众多的同质化旅游商品；另一方面整个街区的旅游商品与全国大多数地区的旅游商品差别不大，不具有一个地区的代表性。

（2）商品陈列杂乱较多

在南锣鼓巷和五道营的主街区上，虽然有比较典型的陈列较好、给人感觉舒适的店面，但也存在着部分商店陈列较乱，没有秩序性。这样既使得其难以体现特色，又让游客难以找到想要的主营商品，给人以混乱感。

三、南锣鼓巷及五道营旅游商品

（一）商铺及商品总论

南锣鼓巷是北京市东城区一家富有老北京特色的街道，沿街共有几十家大大小小的商铺，囊括了各类商品，以老北京特色小吃、创意礼品、纪念品、服饰、中式文玩为主。由于南锣鼓巷面向的游客群体较广，是中外游客前来北京旅游所不可错过的景点之一，因此南锣鼓巷的旅游商品体系较为发达，商铺数量众多，这些商铺均开设在沿街富有北京特色的老房子中，所销售的旅游商品也大多具有老北京特色或是中式风格（图6-3）。在南锣鼓巷大街中，除去餐饮类商铺，最常见的便是售卖各类创意

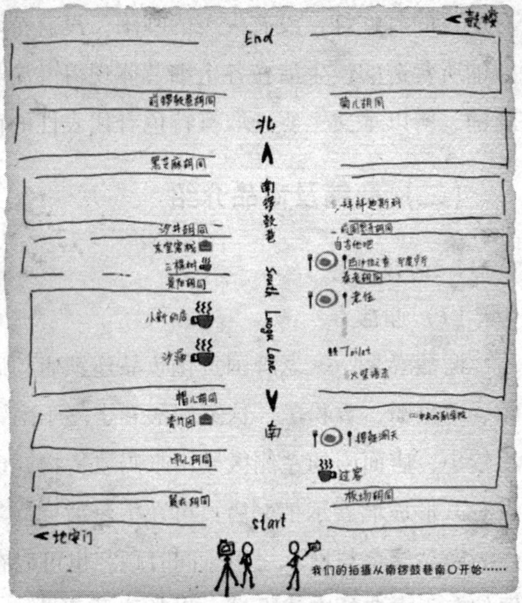

图 6-3　南锣鼓巷地图

南锣鼓巷手绘地图，来源：网易博客。

礼品、纪念品的商铺，这些商铺多达几十家，销售的商品大多较为便宜，具有一定的创意性以及特色性，吸引了不少年轻游客的驻足，同时，由于这类商铺的数量较多，商品来源渠道相似，因此也具有很强的同质性，商品质量也有待提升。除此以外，中式服装、老牌国货化妆品、文玩、陶瓷制品等商铺也各有数家开设于南锣鼓巷，这些类型的商铺在南锣鼓巷属于较为高端的层次，面向的顾客人群主要有外国游客以及中式文化爱好者。此外，还有一些流动摊点沿街售卖，如吹糖人、糖画等。南锣鼓巷是一个以富有老北京特色的传统街巷以及风格迥异的商铺作为旅游吸引物的景区，也是最能够体现北京文化的景区之一。

五道营作为老北京另一条特色胡同，在600余米长的街巷内汇集了众多“国际血统”小店。自2006年英国人Will携妻子开了第一家商铺——葡萄院儿餐吧后，五道营陆续开张了100多家特色商铺。店主不仅有中国人，也有来自英国、丹麦、德国、意大利、加拿大等国的中国文化爱好者。五道营胡同依托寺庙建筑、佛学文化、国学精粹，各色民俗工艺品店、风水信息咨询、国学博物馆，北京风土、藏传文化、异国风情、中西餐饮、环保健身、创意艺术、公益商店等在这条小胡同里都能找到一席之地，让游客亲身体验到了京味浓厚的老北京生活。

商家基本利用了沿街的老民居，整体框架依然保留了民居的建筑风貌，对其内部以及商铺沿街的橱窗进行了一定程度的改造。商铺的内部装潢各具特点，充分体现了各个店家独到的审美和认知。商铺与民居融合，是传统与现代的融合，中西文化的碰撞，没有炫目的霓虹灯，没有大声的吵闹，没有车水马龙和人潮汹涌，不作秀不焦躁，五道营商铺所营造的慢生活在各个细节体现得淋漓尽致。因商铺数量较多，其中有一些是餐饮商铺，所以本文主要选取有特色有代表性的商铺进行介绍。

（二）商铺及商品介绍

1. 南锣鼓巷

（1）谢馥春

谢馥春是一家老牌国货化妆品连锁店，店铺的主营商品是各种化妆品，如面霜、手霜、鸭蛋粉、香粉等。这家谢馥春坐落于南锣鼓巷南口处，地理位置优越，店铺内部面积较小，店面内的左侧区域用来码放货物、产品包装袋以及部分陈设装饰，店铺右侧则设有L形玻璃展示柜，店员可在柜台后向顾客推销展示各类商品，柜台后另设有货架，作为商品储存与展示之用，同时顾客也可以在柜台试用各类商品。谢馥春店内的整体布置偏向于古典的中式设计，以竹木元素为主打风格，产品包装也倾向于仿古的设计风格。谢馥春主要经营护肤品、化妆品等，价位从几十元到千元以内不等。这家店铺的人均消费在50元左右（图6-4）。

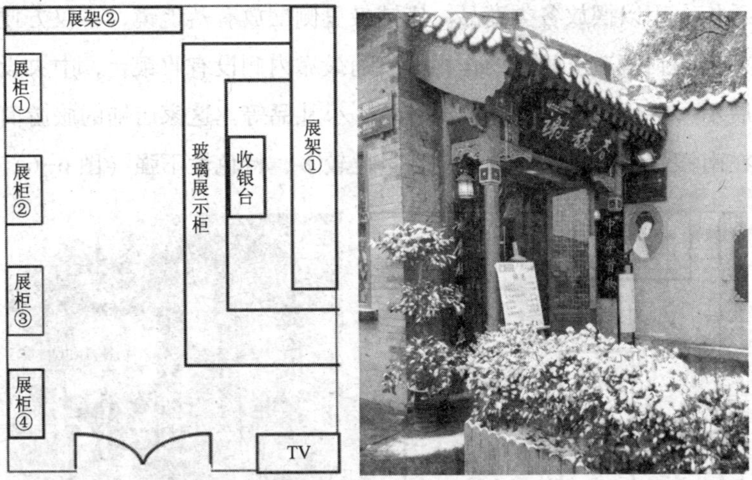

图 6-4　谢馥春商铺平面展示图及实拍图（摄影：漆家进）

（2）稻香村

店铺总体呈长方形，店铺内部左侧区域，即展柜②主要用于销售便于携带的包装良好的北京特产小吃，如驴打滚等，小吃多以散装称重的方式销售，橱柜①、②则用于展示一些礼包，如老北京烤鸭等，便于馈赠亲友之用。店铺右侧则设有柜台①，销售散装的新鲜糕点，顾客只需在柜台前告诉店员需要哪些糕点，即可由店员统一为其包装、称重，再付款即可。位于南锣鼓巷的这家稻香村是一家较为特殊的店铺，更类似于一家旗舰店。不同于一般的稻香村出于卫生着想的全封闭式柜台设计，这家稻香村的柜台①和②是半开放的，便于顾客挑选商品，同时卫生方面相较于其他稻香村店铺可能也略逊一筹，同时，由于是设立在景区内的原因，这家稻香村的价格要略高于非景区内开设的稻香村连锁店。这家店铺距离南锣鼓巷南侧入口 100 米左右，销售的商品具有鲜明的北京特色与代表性（图 6-5）。

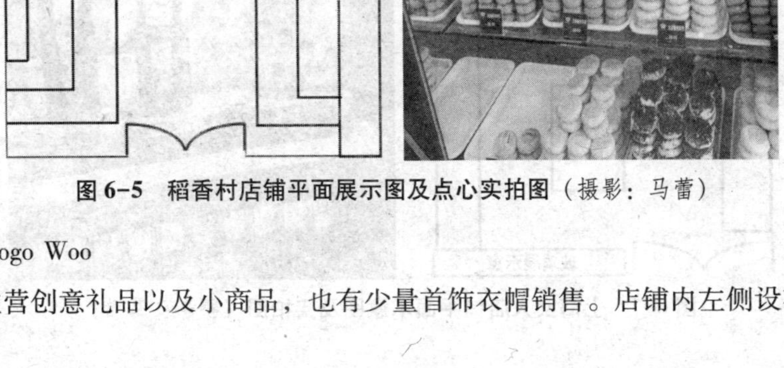

图 6-5　稻香村店铺平面展示图及点心实拍图（摄影：马蕾）

（3）Gogo Woo

店铺主营创意礼品以及小商品，也有少量首饰衣帽销售。店铺内左侧设有壁挂，右侧则设有展示柜，用以摆放各类商品。店铺最里侧摆放有落地镜，不仅方便顾客试戴各类首饰衣帽，也起到营造空间感的作用。店铺最靠内侧设有收银台，中央设有长方形展示柜，用以展示一些价位较为低廉的纪念品、小礼品等。这家店铺的旅游商品总体同质性比较高，在南锣鼓巷里，这样的店铺数量比较多，特色性不强（图 6-6）。

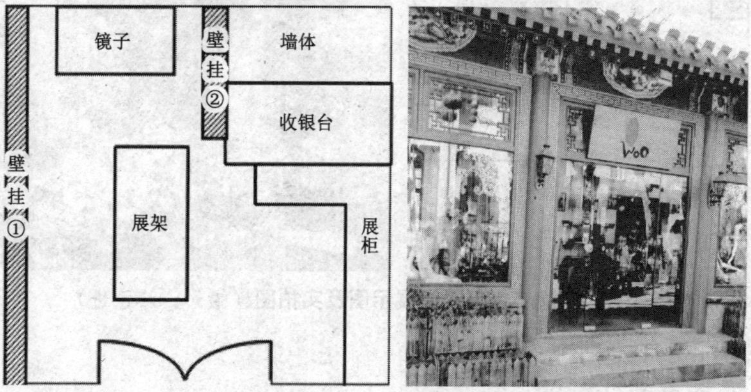

图 6-6　Gogo Woo 店铺平面展示图及实拍图（摄影：马蕾）

（4）上海女人

店铺主营老国货化妆品，如香膏、香水、鹅蛋粉等，价格基本在百元以下，包装也较为仿古，商品大多是以纸质以及玻璃作为外包装，与著名连锁店谢馥春类似。店铺内部主打 20 世纪 30 年代的老上海风格，因此店铺的陈设布置以及背景音乐的选择都较为贴近这个主题。店铺内部的主打色系是复古风格的深绿色。收银台设在店铺最内侧，店铺四周设有货柜，中间另设有商品展示桌。这家店铺内部空间比较宽敞，左右两侧各设有展柜，用以展示各类化妆品，也有包装精美的礼盒销售。店铺正中则设有两个展示桌①和②，进行各类化妆品的展示。收银台被布置于店铺的内侧。另外，这家店铺也设有较大的落地橱窗展示（图 6-7）。

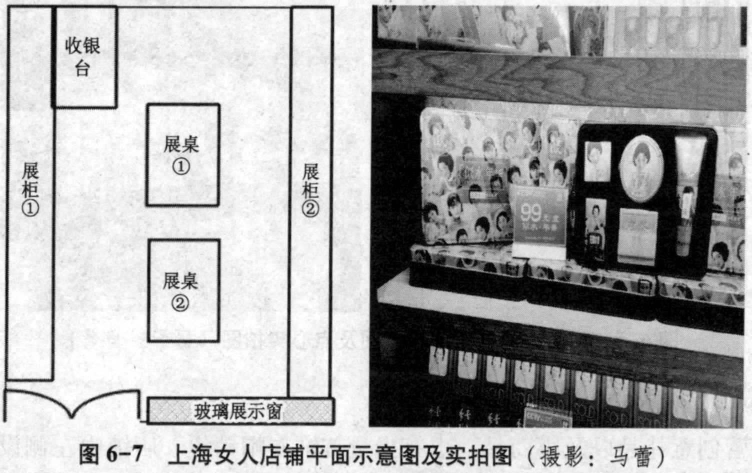

图 6-7　上海女人店铺平面示意图及实拍图（摄影：马蕾）

（5）盛唐牡丹

盛唐牡丹主营中高端女装，以唐装、真丝围巾、各类手工刺绣的服装为主，可以在店内选购成衣，亦可提供衣料量身定制。店内的布置风格以古典的中式风格为主，带有明显的仿古特色，家具大多是竹木材质，以迎合店铺风格。店内四周悬挂有木质的衣架（展架①~⑦），用以展示各类成衣，可单件也可成套购买。靠近店铺门口摆放的服装价位较低，除去店铺内四周展示的成衣，店内正中则有方桌①和方桌②用以展示各类真丝围巾等单件商品。同时，越往店铺内侧摆放的商品价位越高，在店铺最内侧展示板上悬挂的则是比较具有展示性的手工刺绣服装，不仅能够像顾客展示手工艺人高超的技艺，起到良好的品牌宣传作用；也能够映衬店铺风格，起到很好的装饰作用。在南锣鼓巷上沿街设有数家中式服装店，以女装为主，亦有数家中高端服饰的手工定制成衣店。主要面向的顾客人群是外国游客以及国内的传统服饰以及中高端服饰的爱好者。这家店铺在南锣鼓巷的整体层次中属高端，店铺面积也较大，店内布置的密度较低，空间感比较强（图6-8）。

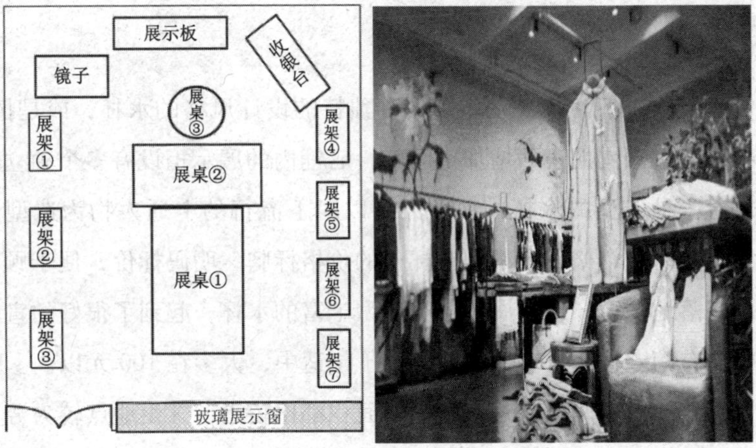

图6-8　盛唐牡丹店铺平面示意图（摄影：马蕾）

（6）步瀛斋

步瀛斋主要销售的是老北京特色布鞋，价位在几十元到500元内不等，是一家面向顾客人群较广的中低端品牌商店。步瀛斋品牌分为三个系列：休闲鞋、手工布底鞋以及绣花鞋。同时，男鞋、女鞋以及童鞋也均有销售。靠近店铺入口的展架⑦主要摆放着各类童鞋，价位一般在几十元，低廉的价位吸引了许多带着小朋友路过的游客。店铺靠内的位置，如展架④和展架⑤则用以销售各类绣花鞋、皮鞋等，做工较童鞋略复杂一些，价位也会稍高。同时店内还设有断码折扣区域，即展桌①处，摆放了各种款式的低折扣布鞋，价位更低廉，可供顾客随意挑选。除了各类布鞋以及皮鞋以外，靠近收银台的展架④、展桌②还摆放了毛线帽等服饰单品，便于顾客的不时之需。另外，步瀛斋还提供代邮服务，在顾客挑选完心仪的货品之后，步瀛斋可以为顾客将货物寄送到指定的地址（图 6-9）。

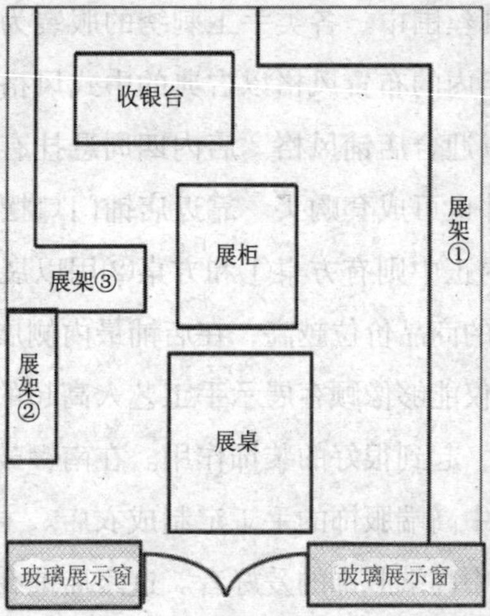

图 6-9　步瀛斋店铺平面示意图及店内实拍图（摄影：陈丽嘉）

（7）一杯子

该店以销售各类水杯为主，大多是具有独特的设计风格的水杯，或是情侣水杯等。店铺面积较小，通过四周的镜面增加空间感，店铺内的展示柜设有多个独立的格子，每个格子内摆放着一种造型的水杯，水杯大多以时下流行的卡通人物为造型灵感，如大白、小黄人等，同时每个格子内都摆有杯子的价格标牌，明码标价，便于顾客选购。此外，店铺还设有落地橱窗，用以展示各类造型丰富的水杯，起到了很好的宣传作用，水杯的质感良好，有陶瓷杯，也有保温杯等。价位适中，大多在 100 元以内。该品牌商店在南锣鼓巷大街上开设有两家，每家店铺的面积都比较小，开设地点较为分散，在大街南侧以及正中各有一家（图 6-10）。

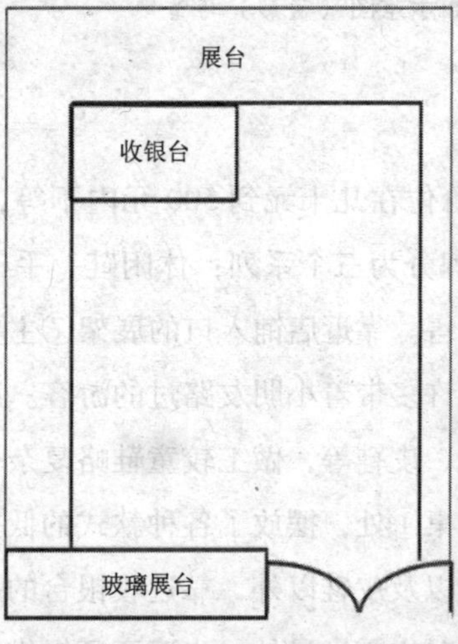

图 6-10　一杯子店铺平面示意图及店内精美杯子展示图（摄影：陈丽嘉）

（8）芳芳手工坊

这家商铺主营的是各类首饰，店铺面积较小，进入店铺后正对的展台②，用以展示各类首饰，展台②上方的墙面也用作首饰的展示板。放有各类首饰可供顾客挑选。另有展台①与④，不过这家店铺空间很小，只能容纳三四位顾客在店内挑选。此外，这家店铺的商品价格较为低廉，基本在百元以内，店铺门口设有创意墙，挂有创意奖状等，起到了一定的吸引顾客的作用（图 6-11）。

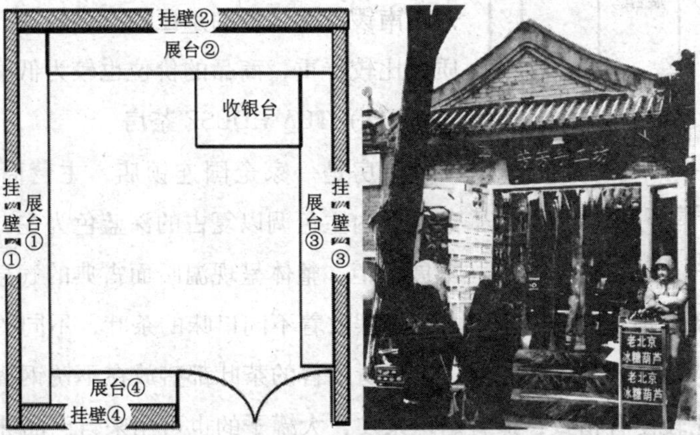

图 6-11　芳芳手工坊店铺平面示意图及实拍图（摄影：陈丽嘉）

（9）小七家

小七家是一家创意礼品店。店铺内的商品种类比较丰富，以各种创意礼品为主，店铺门口设有橱窗，从橱窗外可看到店内的展架①与展架②，展架①摆放了一些用干花做封面的创意记事本，展架②也摆放了一些创意纪念品，可吸引往来的学生以及青年游客。店铺内部的墙上亦设有陈设架，摆放各类创意礼品，价位多在 100 元以内，商品以各种挂件、摆件、纪念品、笔记本为主，此外，该店铺内部形状比较不规则，设有两个展桌以及单独的装饰区域，方便客人选购各类小礼品、纪念品等（图 6-12）。

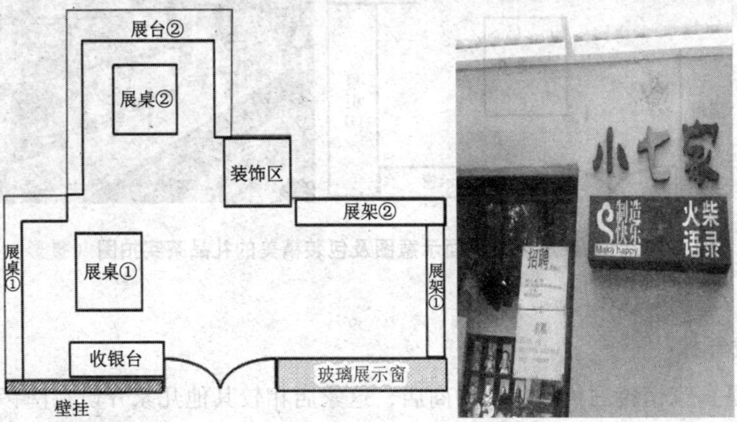

图 6-12　小七家店铺平面示意图及店内实拍图（摄影：张明曦）

（10）手造物品市集

手造物品市集是一家风格定位较为文艺的店铺，店铺内的主营商品是各种小饰品、服装、包袋等。店铺内侧的展台①与展台③以及展柜构成了一个扇形空间，店铺中央设有展台②，摆放帽子、围巾等商品。店铺左侧的柱子也安装了壁挂，有效地利用了空间，并且能够起到装饰的作用。这类商铺在南锣鼓巷这样的景区内开设较多，旅游商品的同质性比较严重，商品的价位也较为低廉（图 6-13）。

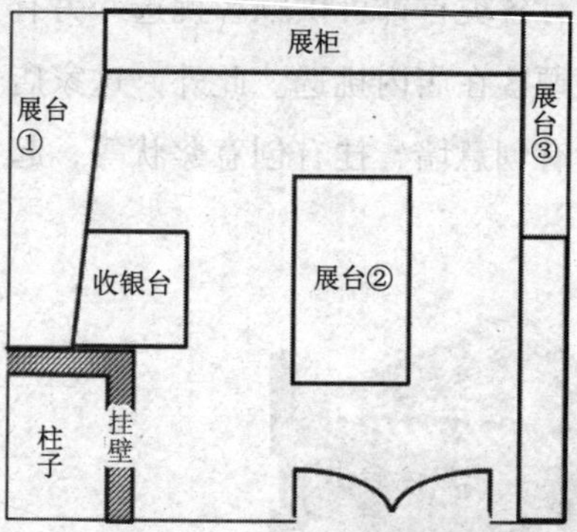

图 6-13　手造物品市集店铺平面展示图（摄影：马蕾）

（11）TEA HOUSE 茶房

茶房是一家全国连锁店，主营商品是各类花草茶。店内主色调以复古的深蓝色为主，搭配暖色的原木展示柜，整体呈现温暖而古典的气息，又不会显得过于沉闷。在展示柜不同的格子里，分类摆放着不同口味的茶叶，不同的茶叶由不同的原料制成，口感、功效等各不相同。茶房所销售的茶叶都盛放在不锈钢罐子中，贴有标签，小罐子的比较便宜精致，适宜赠送亲友，大罐子的也可用来自己品味。店铺内也有礼包销售。不同的茶叶价位相似，基本上一罐茶叶的价格能够保持在百元以内。作为一家连锁的花草茶品牌店，茶房有着较好的口碑，在全国各大城市均设有分店，如南锣鼓巷这样的古街古镇也大多能看到茶房的身影。店内的服务员服务比较周到，会向顾客介绍各类花草茶的功效，同时也会有试饮提供（图 6-14）。

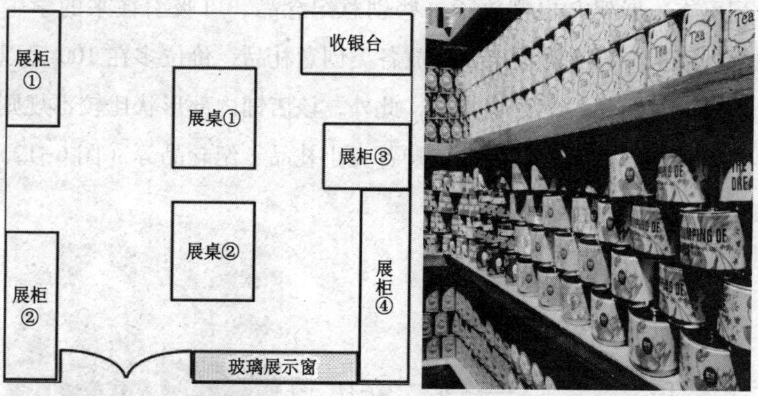

图 6-14　TEA HOUSE 茶房店铺平面示意图及包装精美的礼品茶实拍图（摄影：张明曦）

（12）戴春林

戴春林是一家销售国货化妆品的商店，这家店相较其他几家开设在南锣鼓巷上的国货化妆品商店的特别之处是，在这家商店消费任何数额之后都可以赢得一次穿着古装在店内照相的机会，是一个比较有特色的促销方式。戴春林的品牌名称是以清朝的一位御医的姓名所冠，能够为顾客带来一种古典的中式气息。戴春林的主营商品为鸭蛋粉、头油、香粉等，与谢馥春等国货品牌类似，不过戴春林在产品的设计上亦有一些独到之处，如一套化妆品是以金陵十二钗为创作原型，每一款都被赋予十二钗之一的名字，同时功效也各不相同，均被装在古典的瓷瓶里。另外，戴春林相对谢馥春和上海女人几家国货商店，店员的态度最为热情，促销手段最为新颖。另外戴春林的店铺内部陈设较为空旷，店铺内左侧的两处展架均用以介绍该品牌的历史以及产品，右侧墙壁则设有展示架①和②以及陈设，商品则主要陈列于店铺中央的玻璃展桌内。与谢馥春相比，戴春林的门店要略少一些，不同于谢馥春在各大景区都能看到其身影，而戴春林的营销策略更为新颖，产品设计也更有创意，同时，店员的态度也更为热情与专业（图 6-15）。

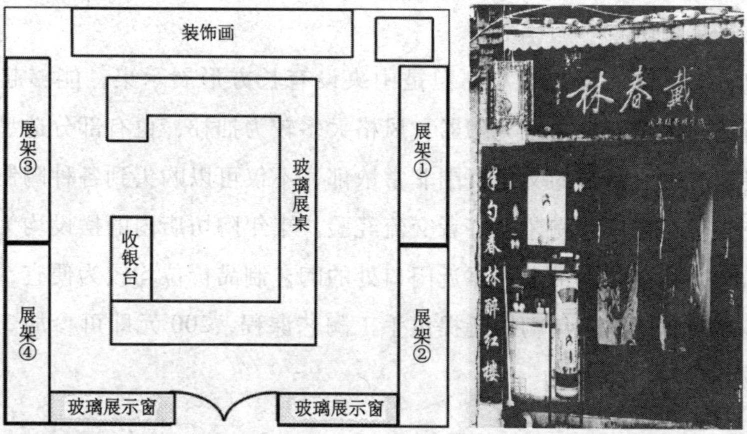

图 6-15　戴春林店铺平面示意图及实拍图（摄影：张明曦）

（13）拼途

这家店铺的主营商品是各类创意拼图玩具。店铺的面积较小，是一个较长的长方形形状，店铺充分利用了每一处空间，将各种陈设都赋予了拼图的元素。此外，该店铺还有一个面积不大的展示橱窗，从店铺外可以看到橱窗里摆放的各种趣味拼图玩具，来到这家商店，会发现拼图不只有传统的长方形式样，还可以拼出各种立体的形状，如地球仪、画框、迷你拼图……店铺内部装饰以木质为主题风格，商品均陈列于木质货架上，通过图片可以一目了然地看到拼成后的式样，此外还有很大一片墙面用作壁挂展示，有各类拼好的成品拼图（图 6-16）。

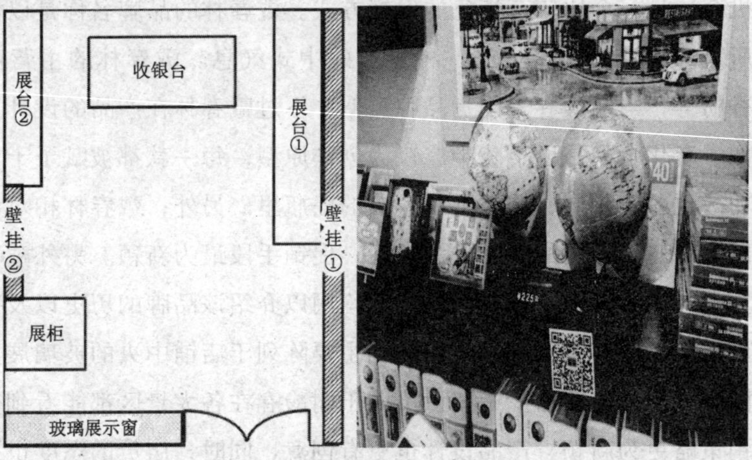

图 6-16　拼途店铺平面示意图及室内实拍图（摄影：漆家进）

（14）丰年陶坊

丰年陶坊的整体店面比较小，但是中央设有长方形展示桌，能够起到分流的效果。这家商铺的主打商品是各类陶器，风格大多较为拙朴，也有部分造型比较精致的陶器进行展示。这家商铺的文化氛围非常浓郁，不仅可以购买到各种陶制品，亦会不定期举办交流会，供广大陶艺爱好者交流经验。丰年陶坊店内的摆设均为店内手工艺人所制，如有兴趣均可以带走，靠近门口处的陶艺制品价位均较为便宜，靠内侧的制品价位则偏高。此外，丰年陶坊还提供手工陶艺课程，200 元即可参加 3 小时的手工陶艺课（图 6-17）。

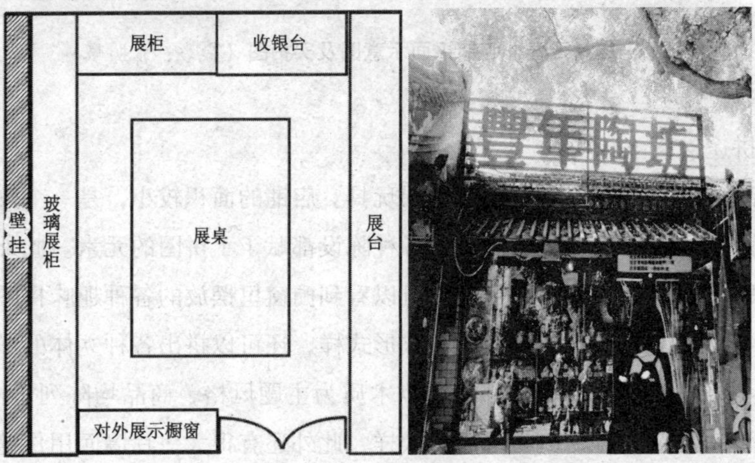

图 6-17　丰年陶坊店铺平面示意图及实拍图（摄影：归航）

（15）京扇子

京扇子是位于南锣鼓巷北侧入口处的一家以销售手工折扇为主的商铺。作为进入南锣鼓巷所看到的第一家商铺，京扇子的店面面积较大，并且设有一个较大的落地橱窗，橱窗内的摆设经过精心的布置陈设，以古琴和折扇烘托出店内的主打风格。店内布置的风格古朴而典雅，销售的折扇均为手工制作，扇骨通常是竹木所制，运用烤漆等工艺，搭配绢制扇面，显得古典而精致。同样店内商品的价格也都稍高，大都在几百元至上千元不等。折扇被陈设于店铺内四周的货物展示柜以及正中的展桌中，顾客若有兴趣亦可取出把玩。店铺门口设有一道展示墙，起到了屏风的作用，将店内的空间与外界相隔。店铺内还展示有明星与该品牌扇子的写真等。作为南锣鼓巷北侧入口的第一家商店，即便时值周末，京扇子的客流量也明显较少，若商品价格更亲民以及服务人员态度更友善，或许可提高客流量（图 6-18）。

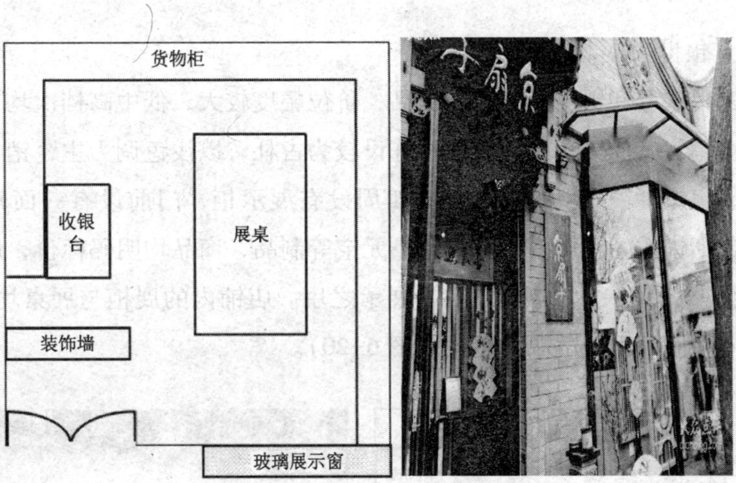

图 6-18　京扇子店铺平面示意图及实拍图（摄影：归航）

（16）无限创艺

无限创艺是一家销售生态软陶的商铺，以各类软陶制品为主打商品。这家店铺的价位偏高，软陶商品的价位均在几百元到一两千元，软陶均为手工制作，造型多种多样，比较富有创意与特色，亦有情侣款以及老北京特色纪念款式销售。该店铺面积非常小，靠门处即为收银台，软陶制品则展示于店铺四周的几个展架内，展架均设计成数个小方格，每个方格内展示一种造型的软陶作品（图 6-19）。

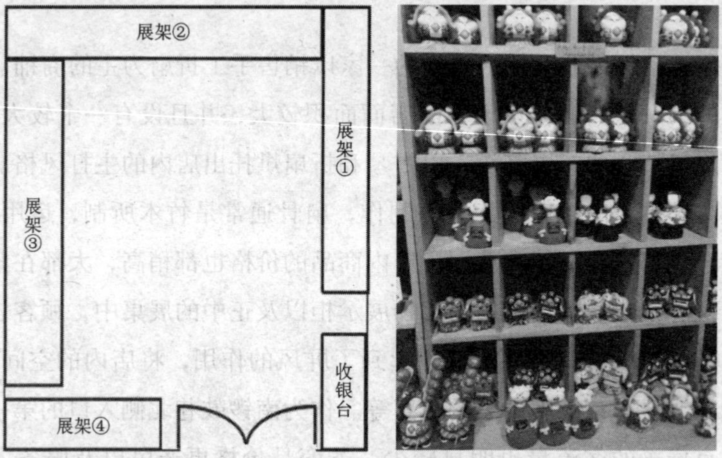

图 6-19　无限创艺店铺平面示意图及创意纪念品实拍图（摄影：归航）

（17）老银世家

老银世家以银器和银制品为主营商品，价位幅度较大，低中高档次均有销售，除银制品以外也会销售其他文玩。店内风格陈设较为古朴，以浅色调为主，销售的银制品包括各式香炉、银质手镯、项链等。店铺四周设有展示柜，门前设有一面较大的展示橱窗，展示了包括银质的首饰、手拎包、小元宝等制品，商品均明码标价，店铺中央则摆放有三个展桌①、②、③，作为银质品展示之用。店铺内的展柜与展桌均设有玻璃罩，顾客挑选好商品后可由店员取出试戴（图 6-20）。

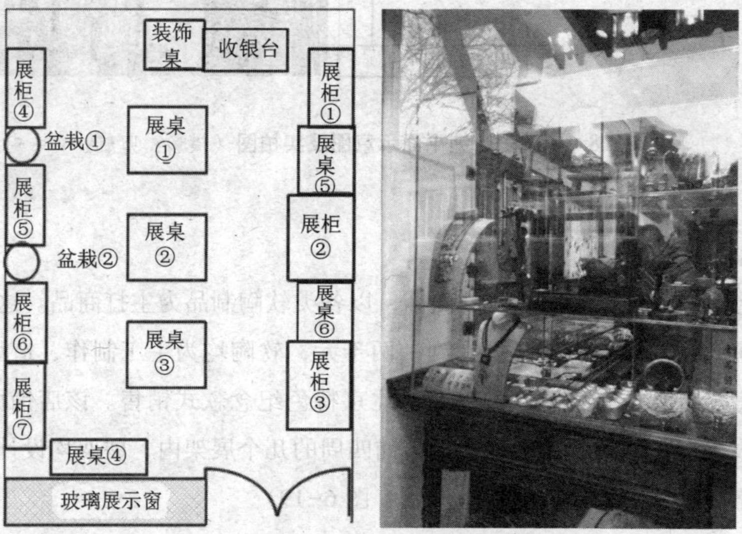

图 6-20　老银世家店铺平面示意图及银器展示图（摄影：陈丽嘉）

（18）天堂屋

天堂屋是一家藏族风格的商店，主要销售藏族饰品以及与佛教相关的商品。主要面向的顾客人群是藏族文化的爱好者以及佛教的信奉者。这家商铺的橱窗也比较具有藏族特色，摆放了佛像以及珠串等。店铺内部空间较小，正中摆放着方桌，用以展示各种小物件，如珠串、银质的发簪等。四周的货架上则是不同种类的藏族风格的商品。这家商铺面向的顾客群体比较窄，然而别具特色的藏族风格以及佛教气息亦吸引了不少来往游人（图 6-21）。

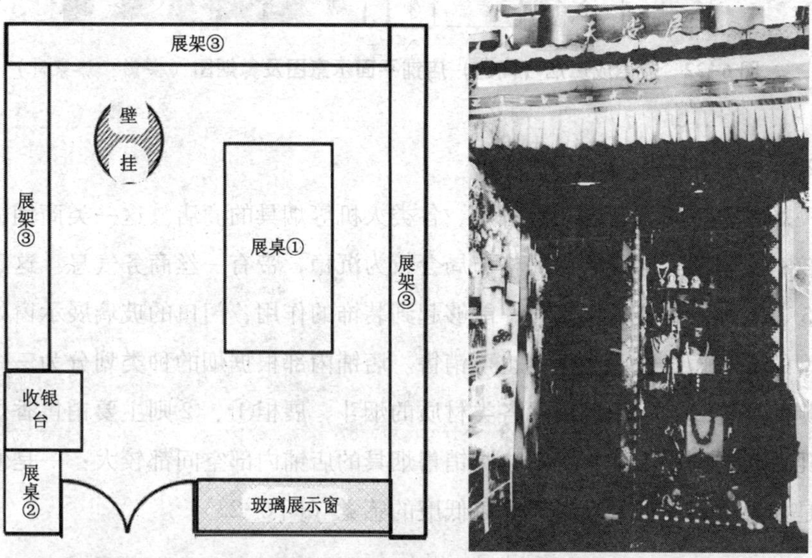

图 6-21　天堂屋店铺平面示意图及室内实拍图（摄影：漆家进）

（19）益德成鼻烟（闻药）

这是一家比较有特色的店铺，主要销售的商品是鼻烟、闻药以及各类鼻烟壶。在进店处放置有展桌②，有店员在此为顾客介绍各类不同的鼻烟，顾客还可以试着品味一下各种不同的鼻烟以及闻药。店铺内左侧的展柜则用来展示各种造型的鼻烟壶，右侧的展柜则用来展示不同种类以及功效的鼻烟。闻药有不同的功能，包括止鼾、治疗鼻烟等。店铺内四周则有不同类型的鼻烟的展示，鼻烟明码标价，论克销售。鼻烟是一种别具特色的文化遗产，因此益德成店铺门口亦立国家级非物质文化遗产代表项目的介绍牌（图 6-22）。

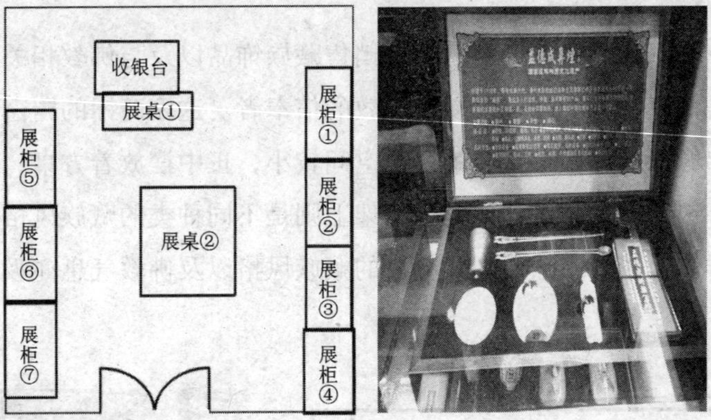

图 6-22　益德成鼻烟（闻药）店铺平面示意图及鼻烟图（摄影：漆家进）

（20）五一烟具

五一烟具是一家主营烟斗、香烟、各类火机等烟具的商店。这一类商铺的店内陈设大多比较有空间感，同时店内风格布局会较为沉稳，带有一丝商务气息。这家店铺内部的展柜⑤、⑥陈设着各类水烟壶，能够起到装饰的作用，门口的玻璃展示窗处也展示有各种造型的水烟壶，这些水烟壶也可销售。店铺内部根据烟的种类划分为三个区域，如店铺左侧的展柜③、④用以展示各类材质的烟斗，展柜①、②则主要销售香烟。店内的价位在几百元到两三千元不等。这类销售烟具的店铺内部空间都较大：一是便于顾客挑选；二是如果空间局促，会给顾客以低廉的感觉（图 6-23）。

图 6-23　五一烟具店铺平面示意图及实拍图（摄影：陈丽嘉）

（21）石宝斋

石宝斋以销售文玩和各种印章为主打。这家商店属于中高端的档次，价位不固定。

店铺内部以暗色调为主打色系，搭配木质货架，映衬出沉稳古典的风格。在店铺门口的玻璃展示窗用中英文标牌提醒往来游客，店内可以为顾客提供印章雕刻等服务。展柜④、⑤、⑥用来摆放各类材质的印章，可供顾客挑选后雕刻对应的姓名，或是自己的生肖。店铺里间设有茶位，可以为客人提供更为高端的咨询服务，展架⑧、展架⑦以及展柜①、②构成了一个单独的小空间，也能够对商品起到保护作用。同时这家店铺内张贴了根据出生年月份推断生肖的中英文对照表，外国游客可以在此雕刻自己对应的生肖印章，是一种颇有吸引力的促销方式（图 6-24）。

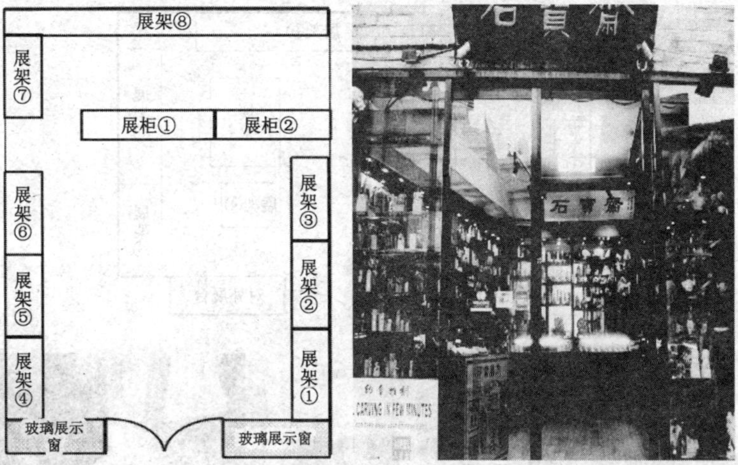

图 6-24　石宝斋店铺平面示意图及实拍图（摄影：陈丽嘉）

2. *五道营*

（1）天空音乐盒

天空音乐盒所销售的是各式各样的音乐盒。商铺的外观由玻璃和原木材料组成，上方的原木板上用楷体书写着繁体的店名，简洁又不失文艺；两个落地的对外展台以及玻璃大门，将店内的特色透漏得一览无遗，吸引了许多游人驻足。左侧对外展台将蓝灰色的仿旧壁橱和绿植相结合，配合上方悬挂的西式插画和西洋风格的音乐盒，营造出古典浪漫的氛围。右侧对外展台下方为装饰橱柜，上方用原木展示柜分别展示了木质音乐盒以及水晶球音乐盒，相较于左侧更有层次性，更加集中地对店内销售的音乐盒做了展示，展示柜的上方悬挂着一个色彩活泼的热气球，很容易让人联想到动画片《飞屋环游记》，更显温馨浪漫。

推门进入店内，商铺四周靠墙的位置都摆放着高矮不一的玻璃原木展架，大小不一，样式繁多的音乐盒整齐地摆放在这些柜子里。这些展架都以镜子为底面材料，一来方便顾客对摆放着的音乐盒的背面的欣赏；二来也在视觉上扩大了本来不是很大的店面空间。商铺的中间有一个长方形的展桌，摆放着一些体积较小价位较低的音乐盒，其中有带有中国特色的金元宝音乐盒，还有情侣主题或是孩子们喜爱的动物主题的音乐盒，十分有特色。商铺的左上方为开放式的收银台，收银台背后有一个深原木色的展架①，摆放着一些装饰性的欧式盘画以及用于销售的明信片。

商铺的整体风格偏欧式，黑白结合的地面瓷砖结合原木色的展示柜，沉稳中带着一丝跳脱，绿植的点缀使小店多了几缕生机，偶尔有客人转动音乐盒的发条，悦耳的音乐声入耳，都让顾客感到内心平静温和（图 6-25）。

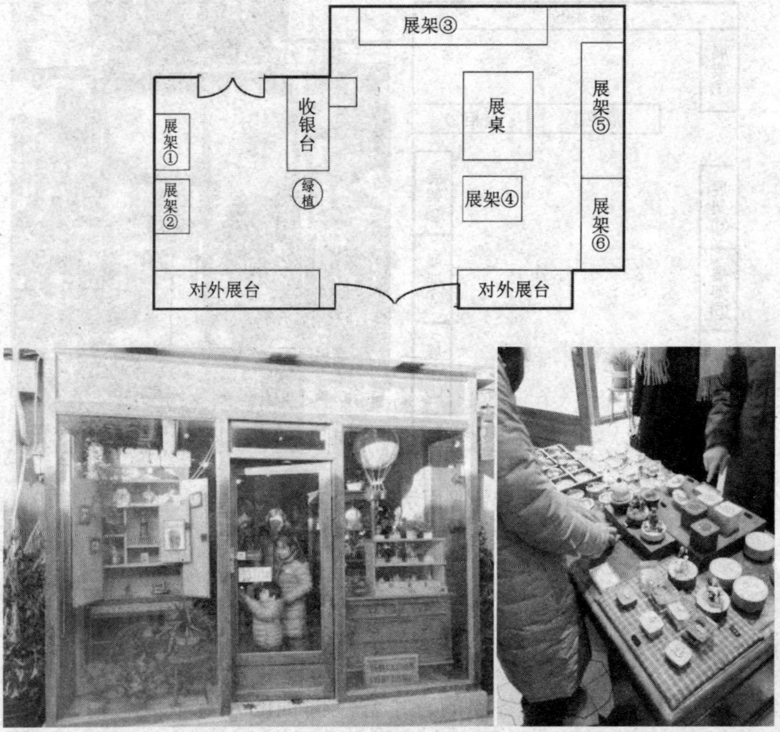

图 6-25　天空音乐盒店铺平面示意图及实拍图（摄影：马蕾）

（2）另存为

另存为所销售的都是一些 20 世纪 60~90 年代的老物件，比如天蓝色的脸盆架、纯铁的烙铁、黑白显像管电视、玻璃弹球、料器摆件等，为恋旧的游客们提供了一个淘旧物的场所。门口的木门悬挂着“为人民服务”的牌子，使游客仿佛一下子回到了 20 世纪 60 年代初。商铺的面积不大，进门左手边是收银台，收银台旁还有一个小的展台，摆放着一个老式留声机。商铺左侧的展架③上摆放着一些老式闹钟、料器摆件等，展架靠近地面的地方则摆放着一些旧书；展架①、②还摆放有老式打字机、搪瓷杯等。在商铺底部靠窗的位置还摆放着一个二手钢琴，靠近展架①、②的上方悬挂着一个木质鸟笼，饲养着店主喜爱的小鸟。随手拿起一个老物件，便能唤起一段过往记忆的片段，这是大多数人逛另存为店铺时的感受。

店主关伟管这些生活物件叫作记忆的 key，是关键点，也是打开回忆大门的钥匙。“记忆就是要靠这些小得不能再小的东西来加以记录，真实而具体。虽然数码相机、录音录像设备以及电脑的普及使得我们的记录越来越便利，但是却让记忆变得越来越不可靠。存在硬盘里的数据，很容易就会被病毒或是设备老化等很多常见因素轻易摧毁，所以我希望用旧时的生活场景去触动人们的情感，进而意识到传统记录方式的可靠。”另存是一个动词，店主希望以概念商店这样一种方式，影响到更多的人，现在就开始着手，为自己的生活做一个永久的备份。

小店门口挂着一块醒目的牌子，上面写着“没有记录就没有发生”。这家店卖的不是商品，而是记忆中的某个碎块。在每个人的成长过程中，那些我们想留却无法保留的东西，它在替我们保管着（图 6-26）。

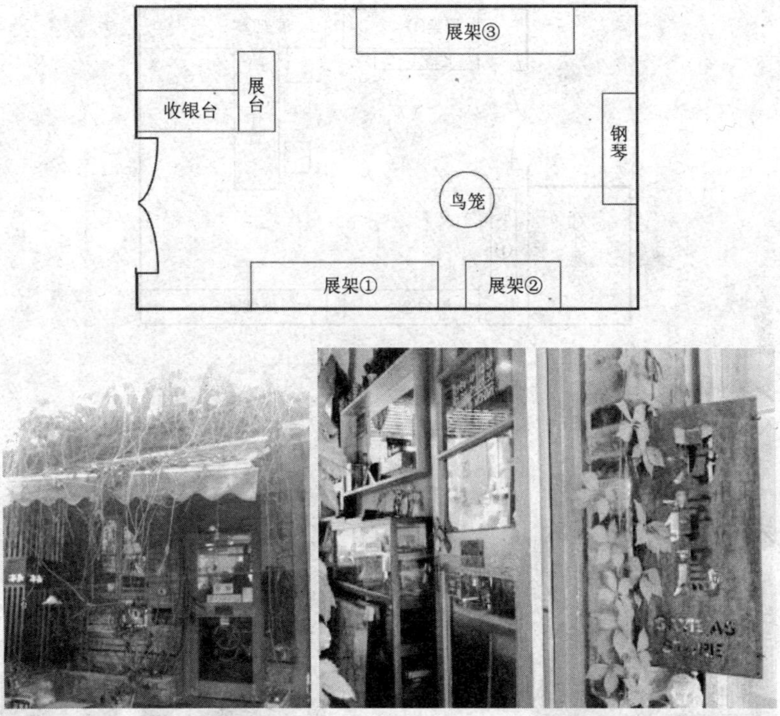

图 6-26　另存为店铺平面示意图及店内景观实拍图（摄影：张明曦）

（3）与

“与”这家商铺位于“Save As”旁，外观也是由通透的玻璃和原木组成，右侧有一个向外突出的落地对外展示窗，由一个简易根雕、一只松鼠造型的摆件以及一些藤制的吊灯组成，给人以朴素简洁之感。透过展示窗，店面内的摆设也一目了然。

踏上两节小的台阶拉开玻璃门进入商铺，商铺呈长方形，左右两边靠墙摆放着原木展示桌①、②，有序摆放着店主自行设计的窑品和多肉组合，配合着干花以及小的猫咪摆件为装饰。左右的墙上高低错落地设置了原木的展示架，摆放着一些自制窑品和多肉植物。商铺靠里的位置横放着一张原木桌作为店主的工作台，桌上摆放着还没有进行移株的多肉以及用于种植多肉的沙土。桌前摆放着两个原木凳，方便客人与店主聊天休息。在靠近工作台左右两边的位置，分别有两个较高的展示架③、④，主要展示该店的自制窑品，这些窑品多作为多肉或是其他植物的花盆。有的顾客来到“与”除了被店主别出心裁的多肉植物组合吸引，还有一个主要原因就是这些特色的自制窑品。在工作台的后方有一扇较大的透明玻璃窗，透过玻璃可以看到老北京胡同红瓦灰墙的景致，窗台上同样也摆放着各式各样的多肉植物，阳光透过玻璃窗照进店内，让人感到十分惬意闲适（图 6-27）。

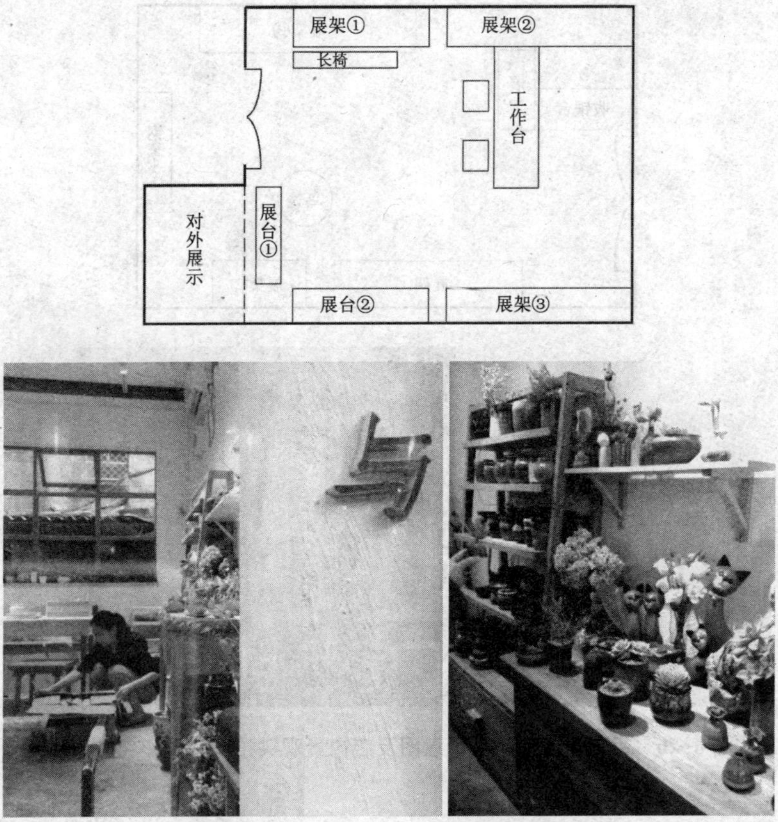

图 6-27　与店铺平面示意图及铺内植物展示图（摄影：陈丽嘉）

（4）Magic Q

Magic Q 主要经营的是复古女装，商铺的装饰和摆设也很有特色。外观上看，Magic Q 有两个向外凸出的紫色橱窗，背景为薄荷绿，通过简易的铜质衣架进行主打款式的展示，同时橱窗的地上也会摆放可以搭配的当季的包包或是鞋款。进入店内，整个商铺的形状类似于一个 T 台，正对着门有一个由四个复古牛皮箱子拼接组成的展示区，上方悬挂着一个鹿角造型的吊灯，复古皮箱上摆放着一些小的手包、鞋款以及配饰。展示区左右两边是服装展示区①、②，中间分别由一面较大的立镜分割开。服装展示区上方的架子上，也会摆放一些可以搭配的小包进行展示。再往商铺内走，狭长的走廊形成了一个很好的服装展示区，两边分别悬挂着复古女装，上方则相应地设置了一排的装饰照明设施，使这些服装在夜晚时也可以熠熠生辉。有一些复古女装也结合了传统的中国元素，十分富有新意。长廊展示区的右侧窗外，店主特意将一部分空间分割出来，做成了一个狭长的室外小池塘，其中养着一些红鲤用于观赏。商铺的长廊展示区尽头摆放着一个欧式风格的红色沙发，沙发后方由一面中国山水画的帘子将更衣空间和展示空间隔绝开。因为所处的地理位置以及销售的商品特质，整个商铺的空间时刻可以感受到中西方文化的碰撞和火花，让人感到十分新鲜有趣（图 6-28）。

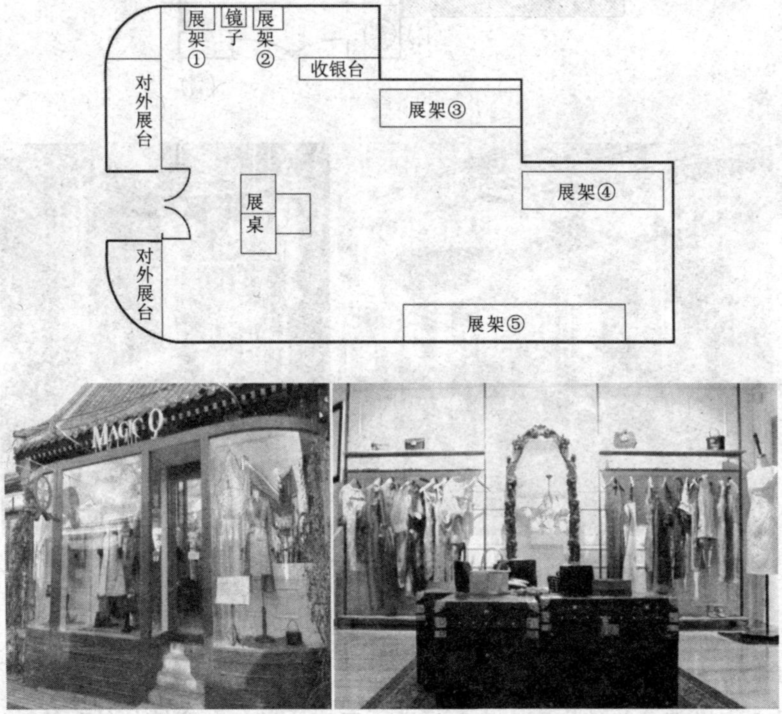

图 6-28　Magic Q 店铺平面示意图及店内实景图（摄影：马蕾）

（5）曼陀罗

藏红色的外墙以及屋檐下随风飘舞的经幡，都显示着曼陀罗浓郁的藏式特色，透过左边透明的玻璃橱窗，可以看到摆在店内装饰精美的藏式橱柜，以及放置在上面的一些佛教摆件。右手边的店门上贴着一些唐卡，西藏知名景点的照片等。进入店内，两边的墙壁上悬挂着制作精美的唐卡，下方的展台①、②、③里摆放着珠串手链等。店里的饰品、唐卡都是店家自己从西藏、国外带回来的，很多是原石，自己配料镶嵌或是穿成珠串。因为临近雍和宫，曼陀罗附近还有几家与藏文化、佛教文化相关的商铺，如菩提屋、德吉玛等，这些面积不大的店铺聚集在一起，形成了一定的聚集效应，吸引了更多对藏文化和佛教文化感兴趣的人们前来淘宝（图 6-29）。

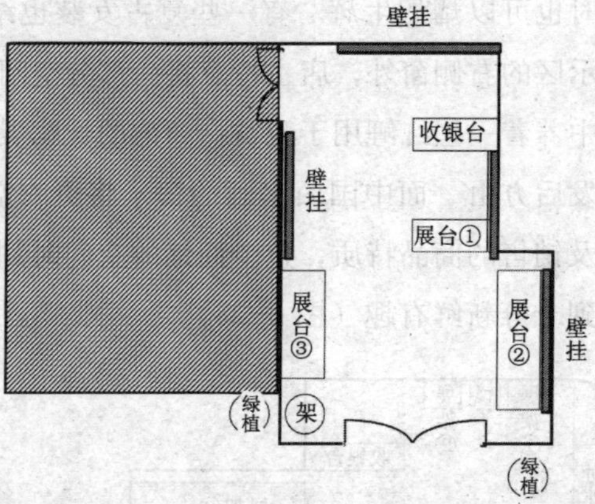

图 6-29　曼陀罗店铺平面示意图及实拍图（摄影：张明曦）

（6）子物

子物是一家极其简单的小店，主要经营手工皮质鞋包。商铺的外观简洁，透过玻璃橱窗和门，可以看到店内摆放的商品。对外展示区由一个原木凳，一双黑色的手工皮鞋以及一个咖啡色的皮包组成，旁边放置着一个插着干花的金色小瓶。橱窗的左侧和下方有被粉刷成白色的墙壁，呈 L 形。橱窗的最下方摆放着石头装饰，左侧的白色立柱上有黑色的“子物”二字，简单却又独特。进入店内，左边靠墙的位置摆放着造型简易的黑色展架①、②，右边靠近店门的位置摆放着一株盆栽，旁边的小原木靠椅上放置着一个栗色皮包。左侧的三层黑色展架①、②上分别展示着手工制作的皮包、钱包以及皮鞋，配合着一些麋鹿造型的小摆件。右侧的展架③上方悬挂着一些皮帽以及小的单肩挎包，展示台上则摆放展示着一些小的手工钱包，并有一个小盆栽在一旁作为装饰。收银台位于商铺靠里的位置，是一个十分简单的白色台面。收银台前方摆放着一个较矮的原木长凳，上面摆放着两个手工皮包。整个商铺的装饰十分简约，以白墙和黑色展示架以及原木木凳为主，更加凸显了手工皮质鞋包的质感（图 6–30）。

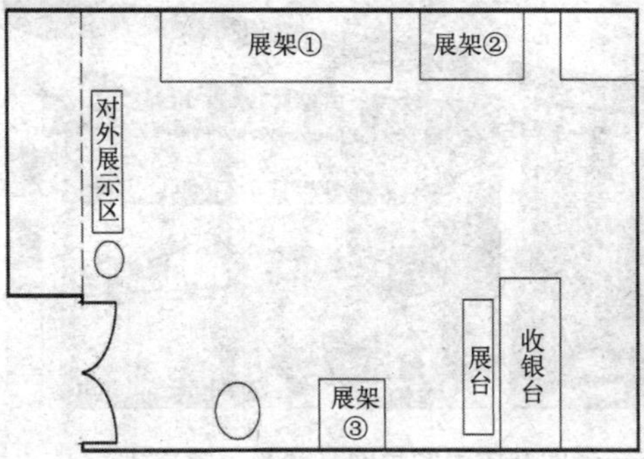

图 6–30　子物店铺平面示意图及实拍图（摄影：归航）

（7）惠量小院

正所谓“惠见真实，智简无量”，讲的正是惠量小院。院子是由一处北京四合院改建，只是略加修饰后将动静区域分割得更为合理。比起很多光鲜亮丽的门脸房，将四合院改造成茶空间并不容易，但这里的创始人，坚持倡导中国式的生活理念。

惠量小院是茶艺馆，是琴堂，更是文化人士交流谈心的上佳之地。这儿有古琴悠悠，还有茶香袅袅，是闹中取静的一处别致净土。从进门处的书法屏风以及木雕就可以感受到一种清雅淡然。从左侧的小门进入店内，商铺的第一个空间为正方形，四周摆放的展示架组①、②、③、④上有各种茶具器皿以及中国古典书籍，商铺中间有一个八仙桌，围绕着四张太师椅，布置与装修都古趣横生。惠量小院常年坚持举办各种小型文化活动。像茶道、香道、花艺、易学、武术、古琴，都是小院的重要元素。时至今日，不大的院子里已经举办了近 3000 场活动，参与人数超过 30 万（图 6–31）。

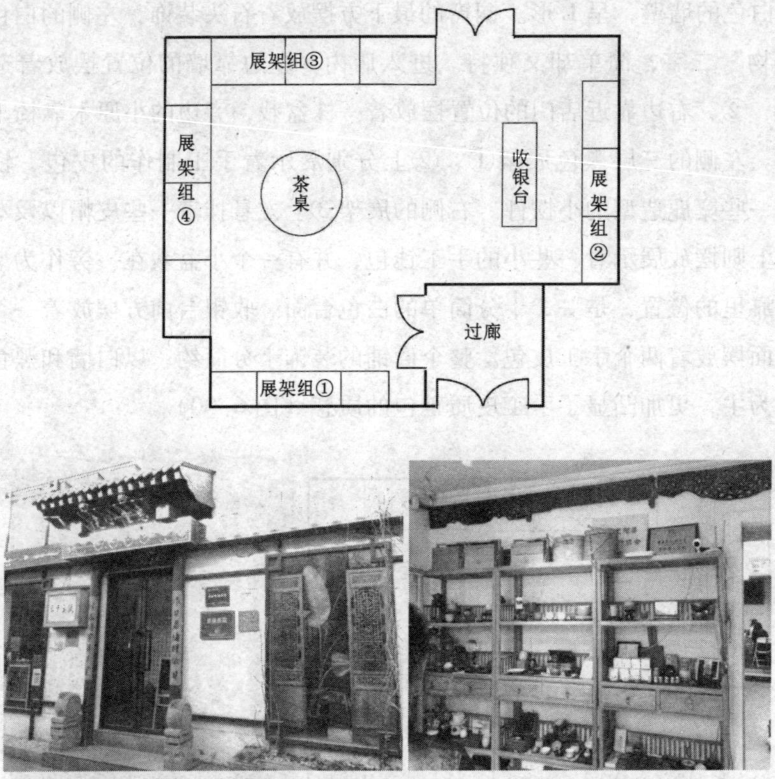

图 6-31　惠量小院平面示意图及店内实拍图（摄影：漆家进）

（8）天德坊

天德坊是一家主要经营中式女装及配饰的商铺。商铺的外观也是由玻璃和原木材料构成，右侧商铺门上方的原木板上书写着毛笔字体的“天德坊”，苍劲有力。左边的橱窗由简易的木质衣架展示着两件当季的大衣，下面摆放着绿色植物，为冬日增添了生机。进入商铺后，正对着店门，有一个展示台，摆放着一紫一白两盆紫罗兰，一个木雕老子像以及小的挂件和摆件。在展示台比较边缘的地方还摆放着天德坊的名片和这家商铺的二维码，方便顾客扫码收集商铺的相关信息。展示台的背面有一个较大的展示台，摆放着冬季人们急需的围巾。在展示台的右侧靠墙的位置摆放着一个立式木质展架①，摆放着毛衣、围巾，靠近地面的架子上摆放着手链等饰品。展示台的左侧隔着过道还摆放着一个靠墙的玻璃展示台，主要展示着中国古典特色的首饰，上面还摆放着一些袋装的快销的红枣。玻璃展示台的上方墙壁上悬挂着一个古琴作为装饰。四周靠近墙面的展架②、③、④、⑤都摆放着衣架，悬挂着带有中式古典特色的服装。在商铺最靠里的位置，有一个小的空间被店主单独辟出作为茶室，以一块轻薄的纱帘作为隔断（图 6-32）。

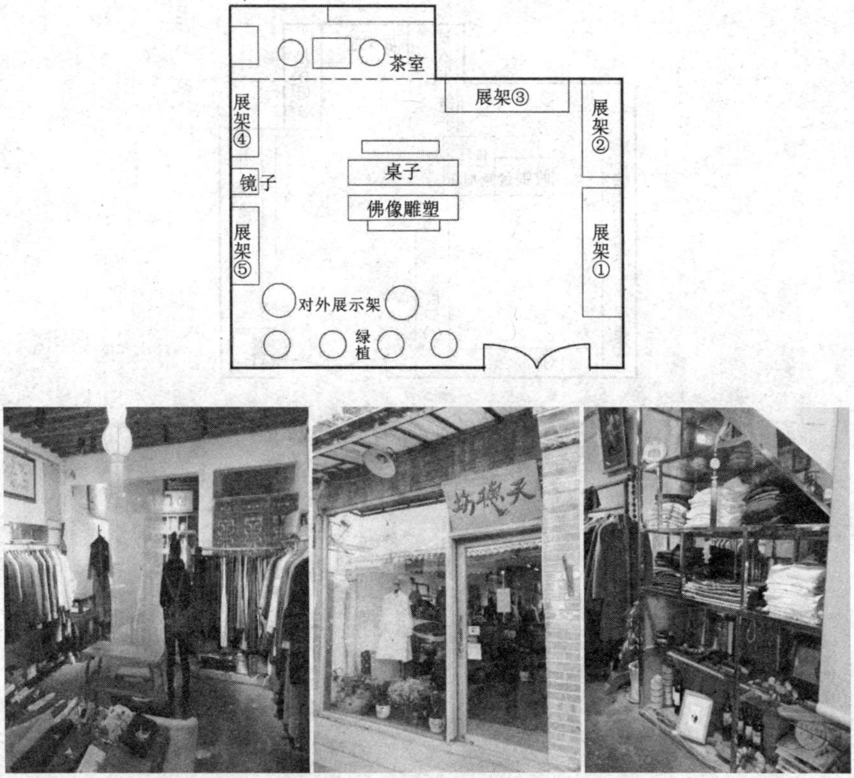

图 6-32　天德坊店铺平面示意图及店内物品展示图（摄影：马蕾）

（9）地利亚

该商铺在微博公众平台上的名称是“DELIA 地利亚国际二手百货商店”，主要经营家具、灯具、眼镜、箱包、饰品、衣裙、杂货等。相较其他的大落地窗，采光通透的商铺，这家商铺更显灯光昏暗，站在店门前看不清里面的细节，充满了神秘感。

跨进店内，只见店里每个角落，都堆满了不同年代的老物件，进门右手处的展示台和展架⑨上有旧书、镜子、包、眼镜、耳环首饰等，左手边的展架①上悬挂着衣物和配饰，再往里探寻甚至还有家具。陈列的物品，除在中国各地淘来的，还有来自柏林、伦敦、巴黎等城市跳蚤市场的东西。每件物品都能独当一面，充满年代特色。一条 20 世纪 20 年代的低腰直身连衣裙，一个 20 世纪 60 年代出品的四方形手袋……每件物品都印满了岁月的痕迹，仿佛在诉说自己的故事（图 6-33）。

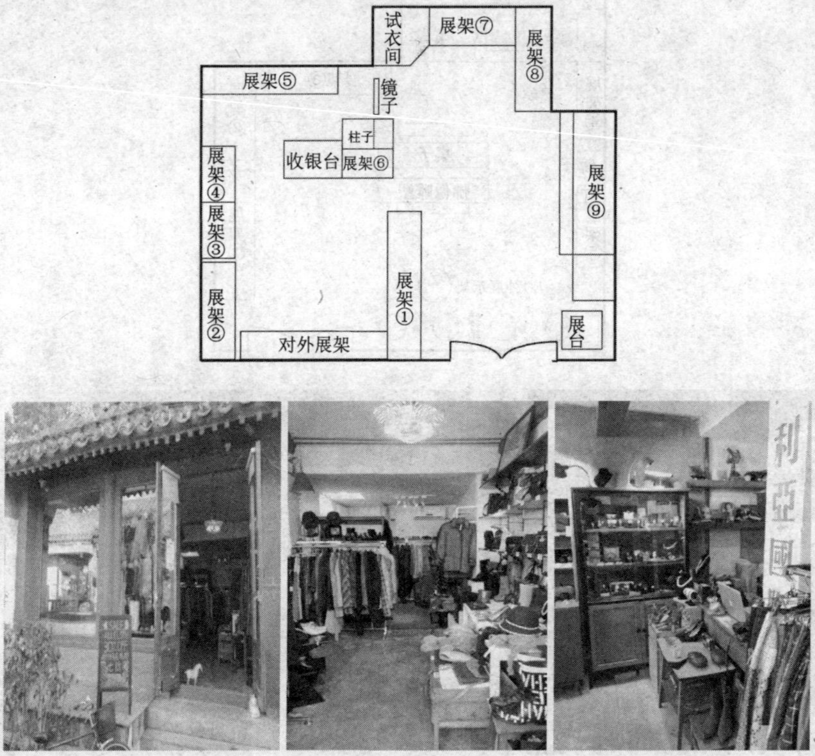

图 6-33　地利亚店铺平面示意图及实拍图（摄影：漆家进）

（10）肚脐眼

肚脐眼是设计师原创时尚潮流品牌，在北京有 4 家分店。肚脐眼的设计荒诞可爱，每一款设计都融入设计师对生活的态度。位于五道营的肚脐眼，从外观上就充满了童趣，窗户和商铺的门上都贴上了彩色的云彩和人物的贴纸。在靠近商铺门口，商家还摆放了一个衣架用于展示当季顾客需要亟须购买的围巾，吸引顾客进店消费购买。一进入商铺，首先是一个小的卖饮品和西班牙手工糖果的空间，设计得十分简单，四周的墙壁贴着白色瓷砖，收银台的上方有两块木板，手绘着销售的饮品以及价格。进门的左手边有一个展示架，放置着一些当季的毛线帽以及围巾，右手边则是一个原木色的壁橱式的展架④，每一个小格子放置着一种西班牙手工糖果。展示架的下方还有一个白色的小靠椅，供逛街累了的游人休息。

从左手边进入售卖服装的空间，整个空间呈长方形，中间有一个较大的展桌，上面放置着销售的围巾、服装等。四周的展架①、②、③上悬挂着衣物，还有用原木板做成尖顶造型的展示架，悬挂展示着热卖主打款式的服装。四周背景墙面上还有绿色的闪电或是字母装饰，显得十分活泼俏皮（图 6-34）。

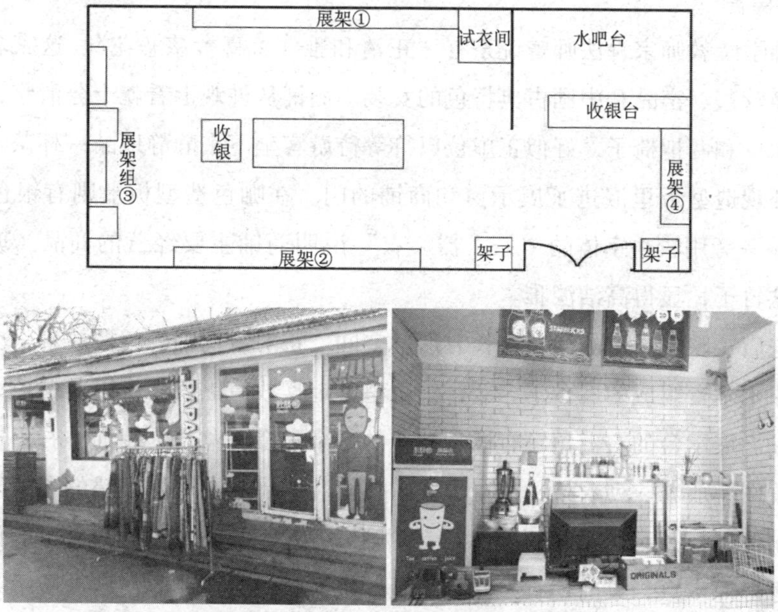

图 6-34　肚脐眼店铺平面示意图及实拍图（摄影：陈丽嘉）

（11）锦寮

锦，色彩艳丽，精美之意，锦分经纬，织法繁复；寮，小屋，简陋之意；锦寮，一间简陋的小屋，但里面有繁花似锦的物品，有简有繁，宁静淡泊。屋子有点黑，装饰得很古朴。门前左右有店主自己养的花草，很是淡泊清新。商铺的地板上有一个 50 厘米左右长的小槽，里面养了锦鲤，很有动感。还有木质的老家具货架，仿佛时空穿越了一般。所销售的商品，除了香熏，还有一些“古董”首饰、服装、摆件等，分散陈列在左右两侧的展架①~④上。店主喜欢原始的青砖绿瓦、古老的物件和纯手工的制作，屋子里的宝贝都是店主亲自淘的中国特色的物品，很多属于非物质文化遗产，店主希望通过自己的店捕让更多的人透过钢筋水泥的高楼大厦，看一个美丽的中国（图 6-35）。

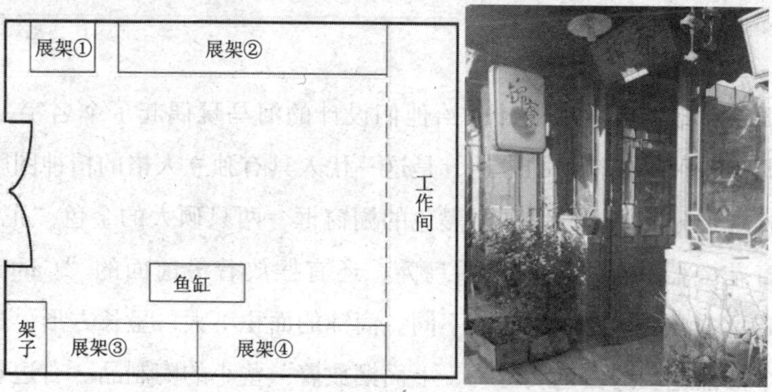

图 6-35　锦寮店铺平面示意图及大门实拍图（摄影：归航）

（12）喜舍

中国佛学院教师宗舜法师曾说茶有“正清和雅气，喜舍慈悲花”。这家名为喜舍的商铺主要经营茶、窑品和中国古典特色的女装。商铺从外观上看就十分清雅，店前摆放着一个原木桌和两把椅子，好似正虚位以待等待游客坐下来静静地品一杯茶。一个较大的长方形外观造型板里嵌进了展示窗和商铺的门。在咖色造型板上则有银色对的“喜舍”二字，一旁用较小字体的“茶、器、衣”说明商铺主要经营的商品。玻璃橱窗前栽上两三盆竹子，显得高洁淡雅。

推门进店，映入眼帘的是一个长方形的空间。正对着商铺的门摆放着一个由高低不同的两个原木木台组成的展台①、②，工工整整地摆放着黑色桌旗以及白色、黑色的茶杯以及茶具。展示台的右上角还有插着菊花的一个陶瓷花盆作为装饰。右手边靠近展示橱窗的位置则摆放着一列衣架，进行中式古典女装的展示。右侧靠墙的展架②、③主要摆放着烧制的茶杯茶具，左侧的展架⑥、⑦则以各式茶品为主。商铺靠里的位置有一个较大的长方形原木桌，桌前还有一原木长凳，也做收银台用，方便店员展示茶艺以及客人休息。商铺的色调以灰色以及原木色为主，整体风格较为简单清雅（图 6-36）。

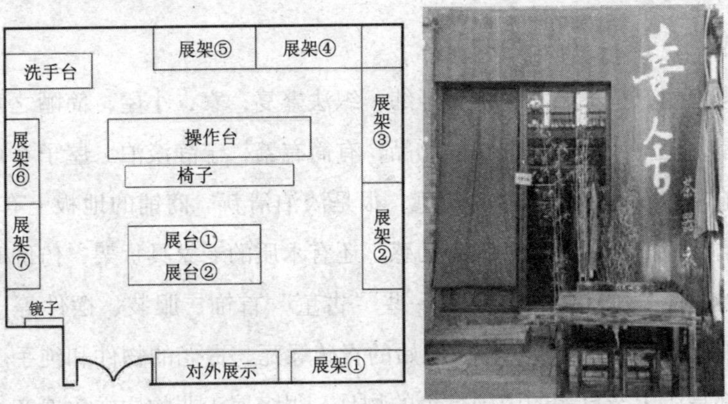

图 6-36　喜舍店铺平面示意图及实拍图（摄影：归航）

（13）忒逗

忒逗玩偶工作室，店主和设计师给他们设计的河马玩偶起了个名字，叫“尼玛”，它的创作来源于一种时代精神的表达，是这一代人具有独立人格的精神图腾。

商铺的外观十分简单，白墙加上黑色的橱窗框，两只硕大的金色“尼玛”，配合着夹在中间的青花瓷器和悬挂着的木质鸟笼，还有摆放着最前面的“Camden Town”牌子，好像都昭示着游人这家店的与众不同。商铺的面积不大，呈长方形，进门右侧的地方放置着一个油桶造型的白色展台②，上面摆放着一些小的陶制品。右边靠墙的位置摆放着一列展架①，展示着麋鹿造型的下午茶四件套。墙壁上还有三层原木板的展示架，放置着万宝鹿首饰架。万宝鹿首饰架以麋鹿为原型，传统的青瓷结合创新烧制工艺打造出清新又富有现代感的时尚，鹿角上挂戒指和项链，更是让产品喜爱度加分，给生活平添了乐趣。

商铺的左侧靠墙位置有一排吊灯，吊灯下的展架②上摆放着放置在圆玻璃罩内的玛丽莲·梦露十二星座系列。这一系列的商品选取了莫奈 1903~1908 年间创作的《睡莲组图》中的 12 幅作品，设计师将作品与梦露的造型相结合，加入个人对十二星座性格的理解创作而成。

商铺中间还有一个长方形的白色展台①，上面用原木的四角凳架起了一个高台，摆放着一个较大的玛丽莲·梦露。店主用白色的墙面隔出了一个小空间作为收银和店员休息的地方，在白色的墙面上还悬挂着一些复古的画以及海报作为装饰。店铺的整体色调以黑白为主，突出了商品的创意性（图 6-37）。

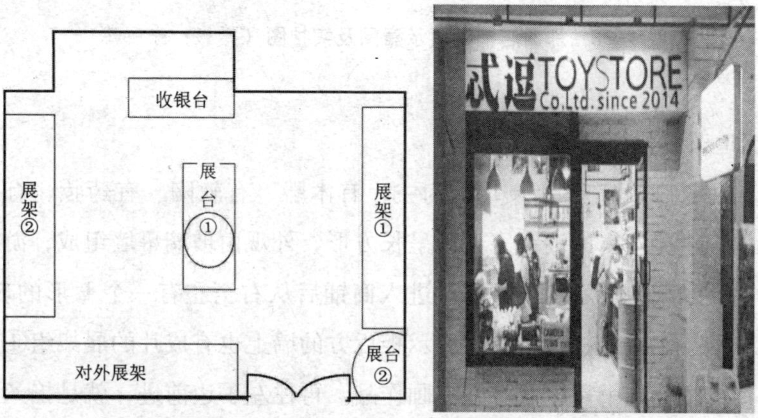

图 6-37　忒逗店铺平面示意图及实拍图（摄影：张明曦）

（14）那曲

提到那曲，大家都会想到西藏，那曲是西藏的一个地区名字，海拔在 4513 米，那里是世界顶级羊绒产地。而这家商铺那曲，是由中国本土设计师创立的品牌。店主期望设计制作的每一件作品，都能精益求精，注重细节，诠释传统，让作品体现中国及大亚洲文化的儒雅，使人们在嘈杂的现代感知传统文化的根深蒂固。

商铺的外观有两面较大的展示橱窗，中间则是商铺的店门以及一面装饰墙面。左右两个橱窗分别展示着纯白和中国红的服装以及围巾，配合着装饰的绿植、梅花以及竹简等，显得古风厚重。中间的黑色墙面上，有麻布材质的招牌，上书那曲毛笔字体的那曲二字，十分地写意潇洒。在阳光的映照下，屋顶上的紫藤萝的阴影投射到装饰墙面以及门上，好像一幅古典的中国水墨画。

步入店中，一股质朴的古韵气息扑面而来。店中央摆放着一个简洁的展桌，陈列着一些当家的羊绒围巾。店内左右两边的展架①、②陈列着衣物，一眼看去色彩素淡质朴，款式简洁大方（图 6-38）。

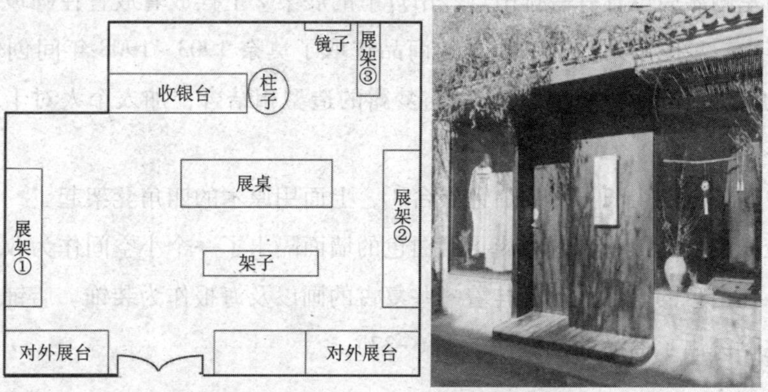

图 6-38 那曲店铺平面示意图及实拍图（摄影：陈丽嘉）

（15）五道营文化长廊

五道营文化长廊以掐丝唐卡 DIY 为主，有木雕、有软陶、有药妆、有书法、有古琴，是一家内容十分丰富的商铺。商铺呈长方形，外观由玻璃幕墙组成，游客可以透过玻璃看到店内展示架上展示的茶具等。进入商铺后从右至左有一个 L 形的玻璃展台①、②，摆放着一些手工手链、挂坠等。展示柜后方的墙上也有成片的展架组①，放置着介绍中国古典传统文化的书籍以及一些书画作品。再往左手边前进，就是掐丝唐卡的体验区。体验区摆放着拼接起来的木质长桌，还有一些木质靠椅，长桌铺上了白色桌布，上面还放置着一些客人未完成的掐丝唐卡作品。体验区的墙上悬挂着一些已经装裱好的掐丝唐卡作品，十分精美。五道营文化长廊在性质上更像是一个文化展示中心，虽然也有售卖的商品，但举办文化沙龙或是掐丝唐卡体验，更是对中国传统文化的一种宣传和分享。我们在离开时，看到有父母带着年幼的孩子来体验掐丝唐卡，虽然画的是孩子们喜爱的卡通形象，却也是潜移默化地将中国传统文化带到了孩子的童年之中（图 6-39）。

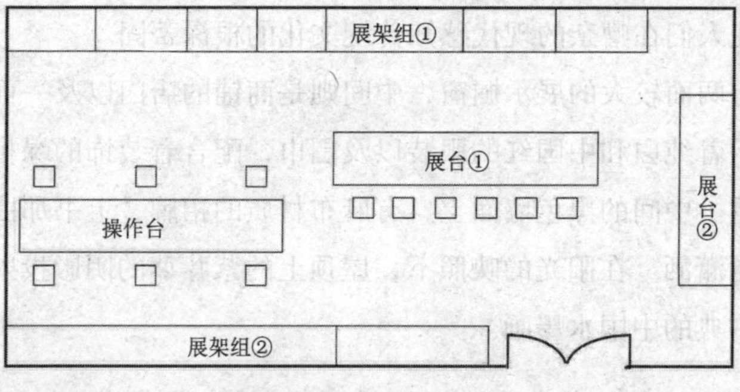

图 6-39　五道营文化长廊平面示意图及实物展示图（组图）（摄影：陈丽嘉）

（16）五道营国际书院

五道营国际书院紧挨着五道营文化长廊，主要经营的是茶、茶具以及女装。商铺的外观也是通透的玻璃，上方悬挂着红色的灯笼，门前左右还各摆放着两个雕花石凳。橱窗原木展台①上摆放着一套套的茶具以及装饰用的盆景。进入商铺内，店内的空间呈长方形，进门左手边摆放着一列服装展示架，四周靠墙的展台组②上主要摆放着销售的茶具以及一些茶品。店内靠右的位置摆放着一个原木桌，主要供客人品茶和店员进行茶艺展示（图 6-40）。

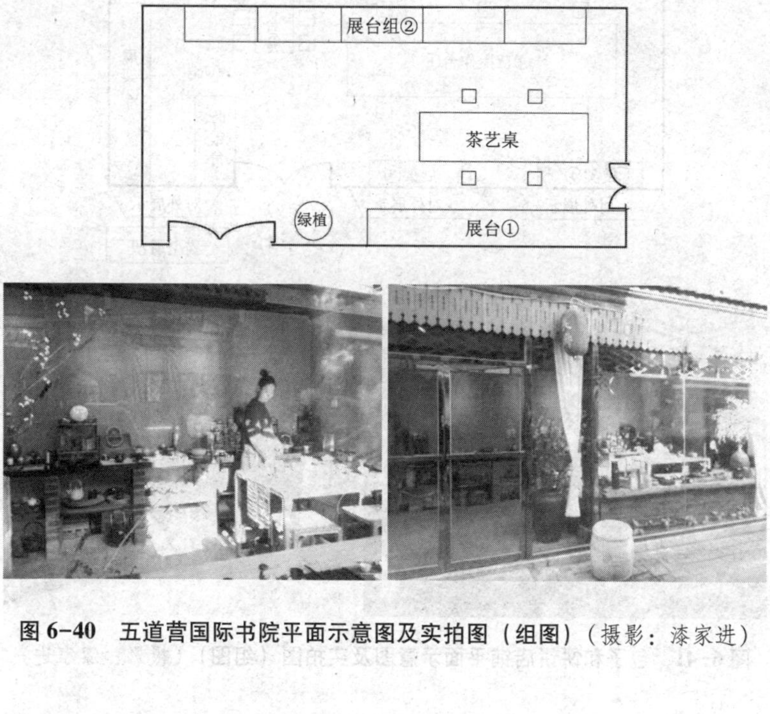

图 6-40　五道营国际书院平面示意图及实拍图（组图）（摄影：漆家进）

（17）包子和饼饼

“包子”和“饼饼”分别是店主的两只宠物猫的名字，后来把它们的名字用作店名。包子和饼饼的主营业务就是向游客销售白色的陶瓷小猫、风铃、笔插类的模坯等，小的便宜，大的贵点，然后店家提供水彩和工具，大家就可以开始自己的艺术之旅了。

商铺的外部有三个向外突出的对外展示区，木质的架子很好地将商品进行了展示。进入店内，商铺呈长方形，一进门的右手边是收银台，在收银台的上方即进门右手边的空间头顶上悬挂着一列一列的风铃猫咪的成品，五颜六色十分吸引游人的眼球。进门的左手边则是一个小的落地展示架，上面摆放着快销的关于猫猫的明信片及杯垫等。进门左手边的空间中部是一个 DIY 操作台①，还有一些白色的猫咪造型的凳子，供客人 DIY 使用。手绘台外围有一圈的展示桌①、展架①，上面明码标价地摆放着形态各异的泥塑猫咪，以及画猫的价格。展台②里面有店主自己的作品，栩栩如生，整个小店都被猫包围了。

包子和饼饼家的入店率很高，某种程度更像一个小作坊。结伴而来的好友和情侣，买一只“屁屁猫”用丙烯随意给它上色，涂抹过程讲究，不可以粗心大意，既有游戏的娱乐，又有修身养性的乐趣（图 6-41）。

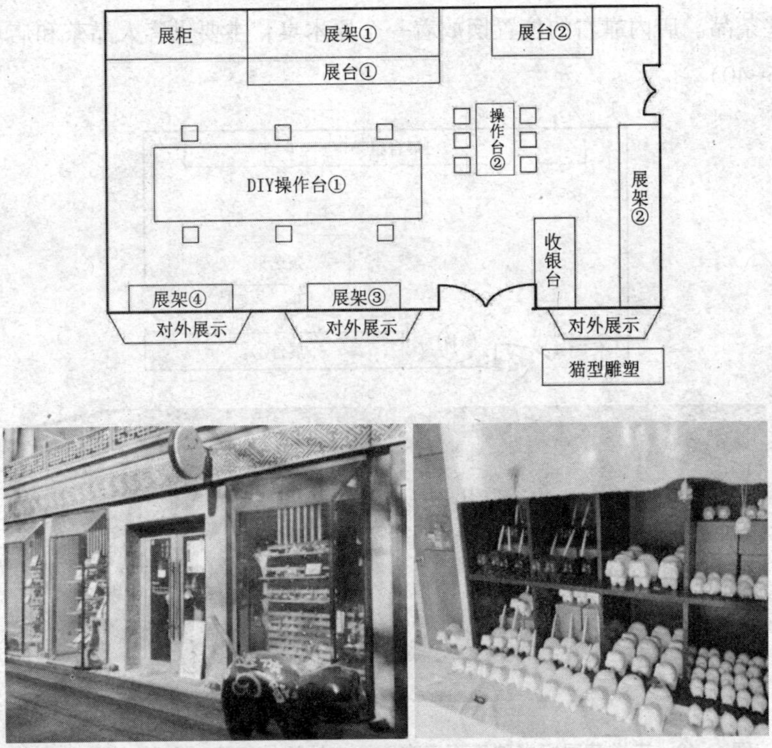

图 6-41　包子和饼饼店铺平面示意图及实拍图（组图）（摄影：漆家进）

（18）SQY-T

SQY-T 是来自上海的概念设计品牌，据说所有的商品都是限量的。SQY-T 相当于把 T 恤当作画布，通过“绘画”，让 T 恤成为一道独特的风景线，成为穿着者思想、理念，甚至信仰的展示平台，也算是符合当下“自媒体”的潮流。所以 SQY-T 的产品更强调原创性和概念性。

商铺呈长方形，进门的右手边是靠近橱窗的展台②，摆放着设计感很强的环保袋、零钱包、杯子以及记事本等。右侧的墙面上悬挂着三大幅城市的平面压缩手绘图。左侧的墙面上也悬挂着几幅画作，画作下方是一个白色的展台①，上面摆放着存放减价商品的白筐。踏上三级台阶就来到了店铺的主要销售区。左右靠近墙面的位置上方都悬挂着特色 T 恤，下方则悬挂着环保单肩挎包。中间长方形的展示台上摆放着笔袋、可折叠水果篮以及环保小手提包等（图 6-42）。

整个商铺的装饰色调以白色为主，突出了色彩斑斓的设计品，非常有特色。SQY-T 的内涵强调对当前生活的深入观察，文化、政治、经济、艺术，无不是 SQY-T 的兴趣所在和灵感来源。随手翻出一件 T 恤，你都会发现亮点：一元钱硬币的图案、京城交通爆堵的图案、三里屯的繁荣景象……最具代表性的京城生活细节都浓缩在这一件件 T 恤上。SQY-T除去开山的 T 恤系列外，已经发展覆盖到全家居系列了，譬如包袋、抱枕、文具等。

图 6-42　SQY-T 店铺平面示意图及店内实物展示图（组图）（摄影：马蕾）

（19）一拙

这间名为“一拙”的茶室，究其名字意义为：文以拙进，道以拙成，一拙字有无限意味。“一”是初始、简化、自我与纯粹；“拙”是粗拙、质朴、天然、少加修饰。人的本心，一切事物的自性自在的本来面貌，便是“拙”。一长串的解释也道出茶室主人的人生观——拙朴是归真。这是一家日式风格茶室，茶室的风格处处可见艺术。

整个商铺由左边以及上边的长方形品茶室，中间的正方形商品展示区以及右边的收银空间。进入商铺后，右手边是相对比较隐蔽的收银台，收银台上有卖小盒的花茶等快销类产品。右上角的展示架⑥上摆放的是国内艺术家的艺术品，右手边的展架⑤是日本艺术家的设计，进门左手边的展架④展示陶瓷的茶具。

茶室的每一处都有一种“手工”感：门口手工穿成的珠帘，从山西淘来的木板手工打造的茶桌，安徽定做的宣纸制成的手写茶单，江苏南通板蓝根染色的布饰，以及手工编织的席子。比起当下将“民国风”滥用的劣质概念，一拙显然用心很多。当我们从所有的细节感受到质朴的力量时，才发现原来民国风是低调而不失质感的时代产物，深刻铺陈在整个设计概念中。那绝不是一件衣服、一个黑胶唱片机就能模仿的（图6-43）。

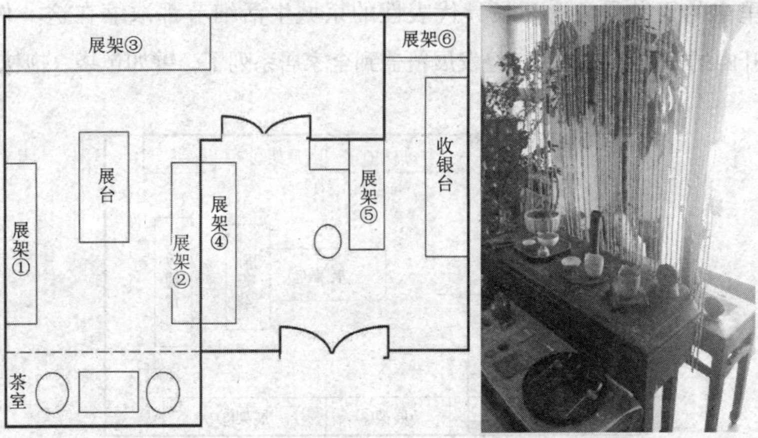

图6-43　一拙店铺平面示意图及实拍图（摄影：马蕾）

（三）展陈特点总结

由于南锣鼓巷是一条极具老北京特色的街道，景区内的各类商铺均开设于沿街的平房中，因此以销售工艺品、服装等商品为主的旅游商店，店内设施大多较为古典雅致，与景区的老北京氛围相符。如石宝斋、京扇子等工艺品商店，以及盛唐牡丹等服装专卖店。这些商铺的陈设大多以竹木元素为主，配有古典风格的装饰，与店内主营商品以及南锣鼓巷的总体氛围相符，同时，这类店铺的商品价格在南锣鼓巷也处于较为高端的价位。也正是因此，这类商铺的店内面积一般较大，四周摆放货架，有利于营造错落有致的空间感，也便于顾客慢慢挑选商品。

南锣鼓巷景区内比较常见的商铺即是各类旅游纪念品商店。这类商店数量众多，在街道两旁随处可见，大多以独具特色的店铺名称、精巧的橱窗展示、低廉的价位以及具备一定特色以及创意的旅游商品作为吸引顾客驻足的要素。这类店铺由于面向顾客人群主要是学生和年轻的游客群体，商品价格较低，因此商铺的面积通常也较为狭小。因此，这类商铺通常也会采用不同的方式来营造空间感，如在店铺内装上镜子，利用错落有致的格子来展示商品等。同时，这类店铺比较常见的室内布局也就是在店铺正中央放置展示桌，便于利用空间，这类展示桌上通常用来摆放一些较为便宜的商品，展示桌不仅能够起到分流顾客的作用，也便于顾客挑选商品。

五道营商铺所售商品种类较多，但各类特色文化创意商铺在店面布置及产品摆放上依然存在一定的共性。总结其展陈特征，可归纳为以下几点。第一，在商铺的整体装潢风格上，因受到五道营积淀了数百年的悠悠历史、北京胡同文化以及五道营商会的影响，商铺的装修非常注重对胡同民居的保护，基本上保持了胡同民居的整体框架和布局，但依然会根据所销售商品的特色，对商铺橱窗以及店内布置进行一定的设计，让游人能够从外观上直观地感受到商铺的审美和特色；第二，有些商铺会在沿街的商铺外围地区摆放休憩和装饰两用的桌椅，一方面为游客提供方便；另一方面也彰显了商铺的特色，为吸引更多游客进店消费提供了一个契机；第三，因商铺大多与中国传统文化相关，大多商铺会在进门处设置一个玄关，配合着中式的展示桌，展示桌上多摆放一些能代表商铺特色或是体积较小，价格更为亲民的商品，吸引顾客进店参观购买；第四，商铺的橱窗大多采用落地式的玻璃橱窗，大多会摆放店内最具代表性且最能吸引顾客的商品，游客透过橱窗可以对店内的商品摆设以及所销售的商品有所了解，以此起到吸引游客进店的作用；第五，商铺会对所销售的商品进行一定的分区，如价格较为昂贵的会放在店内较为靠里的位置或置于玻璃橱窗内，价格低廉的会放置在进门处附近或是收银台，方便游客选购；或是如喜舍或是子物，不同种类的商品放置在不同的展示架上进行展示；第六，商铺内大多会播放一些较为舒缓的音乐，选择的展示架或是内部装饰品的材质大多也是原木的，体现了中国古典文化中亲近自然的哲学思想，使游客感到内心十分舒缓。五道营的商铺经营注重文化和创意，在商品的展陈上每家商铺似乎都有自己的装饰哲学，每家商铺的橱窗都是年轻人镜头中的完美背景，传统淡雅的中式文化与直接热烈的西式文化在这里融合得恰到好处，加之五道营商会的周到管理，使人们很容易就沉浸于五道营所营造的文化慢生活中。

四、游客视角的南锣鼓巷及五道营旅游商品

（一）人口统计特征

在南锣鼓巷胡同共发出 70 份问卷，回收 70 份。有效问卷占 100%。五道营胡同共发出 52 份问卷，回收 52 份，有效问卷占 100%。

表 6-1 游客基本特征

项目	项目分类	南锣鼓巷 有效百分比	五道营 有效百分比
性别	男	25.71%	28.85%
	女	74.29%	71.15%
	合计	100%	100%
年龄	17 岁及以下	0%	0%
	18~24 岁	65.71%	50.00%
	25~34 岁	5.71%	21.15%
	35~44 岁	5.71%	11.54%
	45~54 岁	22.87%	15.38%
	55~64 岁	0%	1.93%
	65 岁及以上	0%	0%
	合计	100%	100%
学历	初中及以下	0%	0%
	高中及中专	2.86%	3.85%
	大专	7.14%	15.38%
	本科	64.29%	55.77%
	研究生及以上	25.71%	25.00%
	合计	100%	100%
职业	国有企业	21.43%	28.85%
	民营企业	4.29%	11.54%
	外资企业	5.71%	1.92%
	政府部门	1.43%	7.69%
	个体/私营	7.14%	7.69%
	学生	40.00%	25.00%
	其他	20.00%	17.31%
	合计	100%	100%
月收入	1500 元以下	38.57%	21.15%
	1500~3000 元	10.00%	9.62%
	3000~5000 元	24.29%	34.62%
	5000~8000 元	15.71%	25.00%
	8000 元以上	11.43%	9.61%
	合计	100%	100%

由表 6-1 调查结果，性别与年龄。南锣鼓巷与五道营的游客组成特征均为女性游客多于男性游客。年龄上介于 18 岁到 24 岁的游客所占的比例最高，均超过 50%，且五道营游客年龄组成相较于南锣鼓巷偏向于年轻化。

学历分布。拥有本科学历及以上的游客所占的比例较高，分别是南锣鼓巷为 90%，五道营为 80. 77%。前来两地旅游的游客中，南锣鼓巷的在学校就读学生群体占比约为五道营的两倍。

收入分布。由于南锣鼓巷游客中学生的比重较大，月收入在 1500 元以下的游客所占比例最高，为 38. 57%；其次是 3000～5000 元和 5000～8000 元的游客，分别占 24. 29%和 15. 71%。此外，月收入 8000 元以上的游客占比约为 11. 43%。五道营的游客组成中，月收入在 3000～5000 元的游客最多，占 34. 62%；其次是 5000～8000 元群体，占 25%。说明前往五道营游玩的游客消费水平相对较高。

对南锣鼓巷旅游者的基本信息的统计分析表明，前往南锣鼓巷旅游的游客中，以青年群体所占的比例最多，其中又有大量的在校生。但由于学生的月收入有限，导致他们的购买力不强。南锣鼓巷的商铺以销售创意纪念品、创意礼品为主，不仅迎合了青少年的品位，价位也比较合适，因此得以吸引了大量青少年游客。除此以外，南锣鼓巷还开设有一些中高端的文玩以及服装商店，这些商铺面向的顾客人群主要是有一定收入的文化爱好者，或是外国游客。而对于五道营来说，由于游客中以中青年群体占比最高，且因为具有一定的消费能力，因此五道营的商铺多以中高端创意文化类产品为主，同时拥有众多中高档位的休闲咖啡厅和餐馆来满足消费需求。

（二）旅游商品特征

根据调查结果分析，来到南锣鼓巷和五道营旅游的游客中，经常在外出旅游时购买旅游商品的游客所占比为 37. 14%和 28. 85%，对购买旅游商品抱可有可无态度的旅游者占 35. 71%和 44. 23%，每次均购买旅游商品的旅游者占 27. 14%和 26. 92%，尚无游客从不购买旅游商品。由此可见，只要旅游商品符合游客的品位，价位合适，质量优良，游客的旅游消费观念还是较为开放与先进的。

对于南锣鼓巷和五道营众多的旅游商品，分别有 21. 43%和 11. 54%的游客已经选购；25. 71%和 36. 54%的游客打算购买，但尚未选购；另有 34. 29%和 32. 69%的游客对此还不确定；有 18. 57%和 19. 23%的游客不准备在此购买旅游商品。

根据旅游者希望在南锣鼓巷和五道营中购买到的旅游商品（表 6-2）的调查结果分析，希望在南锣鼓巷和五道营中购买到创意纪念品的游客占绝大多数，占比 78. 57%和 57. 69%；其次是希望购买到工艺品的游客，占比 62. 86%和 46. 15%，此外，希望购买到老北京土特产品的游客占比55.71%和57.69%。

表6-2 游客希望购买到的旅游商品分布

商品类别	南锣鼓巷	五道营
土特产品	55.71%（3）	57.69%（1）
服装饰品	15.71%（5）	13.46%（6）
生活用品	15.71%（5）	15.38%（4）
工艺品	62.86%（2）	46.15%（3）
创意纪念品	78.57%（1）	57.69%（1）
收藏品	25.71%（4）	15.38%（4）
其他	2.86%（7）	3.85%（7）

根据对旅游者愿意承受的商品价格的统计结果分析表明，南锣鼓巷和五道营旅游者愿意承受的价格在100元以下，约占45.71%和38.46%，18.57%和11.54%的旅游者愿意承受的最高价格在50元以下，旅游者愿意购买500元以上的旅游商品的分别是5.71%和7.69%。由此可见，虽然我国旅游者的旅游消费观念有所发展，但依然处于较低的水平。

在购买旅游商品的目的方面，旅游者购买旅游商品的目的通常是赠予亲朋好友（85.71%/88.46%），78.57%/67.31%的旅游者也会选择自己使用或留作纪念，另外有40%/46.15%的旅游者会因为个人爱好和收藏而购买旅游商品，有34.29%/23.08%的旅游者会因为一时冲动而购买。

在旅游商品店铺方面，绝大多数旅游者会选择在特色的店铺中购买旅游商品，约占总数的94.29%和94.23%，52.86%和36.54%的旅游者会在纪念品专卖店中购买，27.14%和28.85%的旅游者也会选择在小摊点或流动摊点购买旅游产品。由此可见，景区应加强建设富有当地特色的店铺，或是创意店铺等，这类店铺往往更能吸引旅游者，并且旅游商品应当与景区相关联，能够起到纪念的意义。

在前来南锣鼓巷和五道营的旅游者中，他们所购买的旅游商品包括创意纪念品（68.57%/63.46%）、工艺品（58.57%/53.85%）、土特产品（50%/48.08%）等，也有小部分游客会选购生活用品（22.86%/21.15%）。

来到南锣鼓巷和五道营的旅游者中，超过七成的旅游者认为自己选购的是具有独特性的旅游商品，因此，景区应针对当地的风土人情，针对景区特色，开发出独具一格的旅游商品，避免旅游商品同质化。

（三）游客对旅游商品与商铺的重要性评价

采用里克特量表，对于前往南锣鼓巷和五道营的游客对旅游商品与商铺的期望值进行调查，用 5 分法将游客对于各项的重要性感知分为：非常重要（5 分）、重要（4 分）、一般（3 分）、不重要（2 分）、非常不重要（1 分）。

调查结果（表 6-3）显示，游客对南锣鼓巷和五道营旅游商品的质量、文化性、地域特色、便携性、价格合理性、纪念性和实用性的期望值较高，均在期望值平均值（3.67/3.75）之上。游客的整体满意度略低于对旅游商品的期望值。因此，有必要从游客角度考虑，加强对商品质量以及价格的监管，同时也要着重提高商品的创意性以及特色。

对商铺期望值的调查结果（表 6-4）显示，游客对南锣鼓巷和五道营商铺的服务态度（4.32/4.19）和口碑（4.17/3.87）的期望值较高，均在期望值均值（3.60/3.54）之上。由此可见，商铺管理者应对服务人员的服务态度加以重视，以提高游客满意度。同时，好的服务态度对于提高商铺的口碑也会大有裨益。

表 6-3 游客对旅游商品的重要性评价

项目	南锣鼓巷重要性（排名）	五道营重要性（排名）
价格合理	3.89（5）	4.15（2）
便于携带	3.96（4）	3.83（6）
质量优良	4.51（1）	4.38（1）
包装精美	3.32（8）	3.50（9）
知名度	2.60（10）	3.37（10）
实用性	3.71（7）	3.81（7）
纪念性	3.73（6）	3.94（5）
文化性	4.02（2）	3.96（4）
收藏性	2.98（9）	3.71（8）
地域特色	3.99（3）	4.15（2）
均值	3.67	3.75
整体满意度	3.55	3.35

表 6-4 游客对商铺的重要性评价

项目	南锣鼓巷重要性	五道营重要性
商铺位置	3.09（6）	3.19（6）
商铺外观	3.65（3）	3.27（5）
商铺口碑	4.17（2）	3.87（2）
内部装饰	3.23（4）	3.33（4）
货品陈列	3.11（5）	3.38（3）
服务态度	4.32（1）	4.19（1）
均值	3.60	3.54

（四）总结分析

根据回答问卷的前来南锣鼓巷和五道营游客的基本特征可以发现，前来南锣鼓巷旅游的游客中24岁以下的青少年群体所占的比例较高，其中又以在校的学生为主流群体，而五道营则是以34岁以下的中青年上班族群体为主。其原因在于这些群体大多喜欢追寻文艺以及小资气息，南锣鼓巷和五道营在近些年来的营销中一直以北京最具老北京特色的街道著称，同时又开设有许多富有文艺气息的咖啡馆、餐厅以及商铺等，而根据具体特征和消费水平的不同，又将群体划分在了这两片区域内。南锣鼓巷和五道营的另外一类游客群体则是外地以及外国来京旅游的游客群体，这一类游客通常会选择购买一些富有北京特色或是中国风的纪念品，从而推动了一类中高端旅游商品商铺的开展，如京扇子、茶具等价位稍高的商铺。这类游客对旅游商品的要求在于良好的品质、文化性以及地域方面的特色性，他们会选择在拥有良好的口碑以及舒适或是富有特色的店铺氛围内选购商品。

由于前来南锣鼓巷和五道营旅游的游客中，学生群体所占的比例最大，另外也包括我国旅游者的旅游消费观念不强，并且由于南锣鼓巷与五道营都面临旅游商品同质化的问题，因此前来这些地区旅游的旅游者的整体消费量不高，大多是以参观为主。在调研过程中可以发现，景区内有很多相似甚至完全相同的店铺，大部分创意纪念品商店销售的商品也大体相似。而大部分游客会更乐意选购具有独特性的旅游商品，由此，南锣鼓巷和五道营都应当扩大商铺种类，弱化同质性，减少种类相似的店铺的数量，进一步促进旅游者的旅游消费。

五、旅游商品开发经验

（一）南锣鼓巷旅游商品开发经验

南锣古巷如今繁华的商业面貌与旅游商品的成功开发密切相关，在这里，历史街区与文化产业紧密结合，商业与古老的北京胡同融合在一起，文化商业街的定位既很好地体现了南锣鼓巷的历史人文气息，也方便吸引商家来投资从而激活当地的经济发展。南锣鼓巷的开发可谓做到了经济发展和文物保护两不落。南锣鼓巷在老北京文化的基础之上，以创意文化为龙头且多功能多方向的商业经营使得它获得了更多的客源，这样的模式在年轻人和外国人心中形成了一定的影响力。

1. 传承北京古韵，发展创意新品

南锣鼓巷完好地保存了北京的古韵，一条条胡同和一座座青砖灰瓦的四合院尽收眼底，使游客真真切切地感受到老北京的历史风情。南锣古巷借力这个重要历史根基，配以时尚现代的文化服务。汇集于此的多家酒吧、特色工艺品店、快捷美味的各类小吃又是游客休闲娱乐的绝佳选择。南锣古巷做到了古老与现代的和谐统一。简言之，绝无仅有的北京胡同原貌，趣味盎然的各色时尚小店，构成了南锣鼓巷独特的魅力与风情。近几年，这里已经逐渐取代三里屯和后海，成为北京新的时尚地标。

在我们调研的过程中，细致地考察了整条主街上的店铺，其中包括卖文化衫的、卖手工制品纪念物的，卖特色小吃的，种类齐全。同时，每一样都尽可能地带着“北京味儿”。

例如，益德成鼻烟（闻药），实地采访后发现，这是一个有着 300 年传承的非物质文化遗产。其中装鼻烟儿的黑檀葫芦，小巧方便，品位十足。这样一件小小的商品不仅蕴藏着中国传统中医的文化积淀，其上乘的质量、前卫的设计吸引了众多游客的眼球。

2. 挖掘潜在需求，丰富商品品类

满足不同类别游客对旅游商品的多样化需求是南锣鼓巷旅游商品开发成功的关键因素。来南锣鼓巷的外国游客相对较高，这部分游客的重要特点就是对中国历史文化具有较为浓厚的兴趣。例如，丰年陶艺，很好地展示了中国的制陶工艺。无限创艺这一家软陶工艺品店，每一件制品都能反映出一段中国历史。以这类店为主的工艺品商店很好地满足了外国游客对于中国的文化实体化的需求。另外，针对青年游客居多这一特点，以 TEA HOUSE 茶房、一杯子为主的店铺，将绚丽的色彩融进了时尚创意之中，具体而言，这些店铺的商品大多色彩丰富、包装美观时尚。

商品品类方面，南锣鼓巷绝大部分旅游商品属于中档商品，涵盖生活的方方面面。其中层出不穷的快捷美味小吃商铺，给游客带来了一种更为丰富的消费体验。这些小吃类商铺与旅游商品商店，有机地结合在一起，两者相得益彰，更加延长了游客在南锣鼓巷的游览时间。

3. 把握历史机遇，谋求可持续发展

国内政府的政策以及国外广泛的知名度是南锣鼓巷旅游商品开发成功的基石。早期，南锣鼓巷凭借其保存完好的历史街区，不断有国外的时尚杂志介绍这条街并附上精美图片。南锣鼓巷知名度不断提升，政府商家认识到这一发展机遇后，在营造了良好旅游消费购物环境的前提下，加强了推广营销，吸引了世界各地的游客。

近年来，南锣鼓巷戏剧节逐渐走上国际化道路。戏剧节凭借其知名度以及庞大的群众根基，成为南锣鼓巷的一块重要名牌。戏剧节为南锣鼓巷带来了更多全国各地的文化戏剧艺术爱好者，这也为日益走向商业景区道路的南锣鼓巷注入了无限的活力。

在我国，许多历史文化街在不断商业化的过程中会出现“千街一面”的情况，其主要原因是商业化路径和内容出现了偏差。南锣鼓巷在今后的发展过程中，若想要将如今的良好发展势态长久地保持下去，一定不能脱离特定的历史背景。结合特定的历史事物，打造出独一无二的南锣鼓巷专属精品。

（二）五道营旅游商品开发经验

几乎一墙之隔就是车流不息的二环路，百米之遥就是香火鼎盛的雍和宫，再往南不过几百米，便是文脉昌盛的国子监——被现代文化、宗教文化、传统文化层层包裹的五道营，涵养出一种独特的雍容大度，让时光在这里放慢了脚步。如今的五道营胡同已经初步发展成为具有商业消费、文化体验、旅游休闲功能的胡同街区，吸引了许多国内外的游客前来一睹老北京胡同的风采。

1.“文化和创意”是最基本的准入证

随着五道营胡同的名声逐渐壮大，它也越来越多地吸引了商家。关于商户入驻，五道营商会的一条标准就是，新店必须先经过考察，“文化和创意”是最基本的准入证。

如果将赚钱放在第一位，那五道营的现在也许就成了热闹的餐饮街，“不能为了赚钱毁掉五道营”是商会的原则。即使是为数不多的几家餐饮店，五道营商会也要求其必须具备文化理念，如西班牙风味餐厅藏红花会固定时间举办文化沙龙，还有溪润咖啡店用废弃饮料瓶换取咖啡，传播环保理念等。

又如上文提到的“包子和饼饼”创意小店，其创意理念是通过画猫，让大家休闲身心，热爱小动物、热爱自然。这家2013年开办的小店，当挤掉了许多出手阔绰的老板，以15万元的低价租到了这个店面，它唯一的优势就是“创意”。如今，这家小店凭借其独特的创意和蕴含的理念，已经成为京城小有名气的创意店，每逢周末店里都是“客满”。

五道营与东城另一条知名文化特色汇聚的胡同南锣鼓巷不同，在下一步的发展中，五道营将主打“安静”牌。二期工程规划向南部拓展，和附近的方家胡同、后肖家胡同、箭厂胡同、国子监街4条胡同“打通”，新建区域除了将拥有国子监的国学文化、方家胡同的教育文化外，还将打造兵营文化、创意文化、台湾文化、藏文化等。

2. 降低扰民，注重商户与本地居民关系

五道营的开发初期也走过了其他商业街的老路，随着商业的发展，游客的增多，原来胡同内的宁静被打破。住户和商户间难免产生一些矛盾。在胡同开发初期，游客停车、商铺和酒吧的噪声曾让居民和商户“对立”。后来经政府牵线，商户成立五道营商业联合会，服务于商户和居民，将商业街对居民生活的影响降到最低。例如，针对酒吧的噪声，五道营商会立即制定了商户公约，明确要求所有商户在晚上10点半一律关闭霓虹灯，并将音响音量调到最低。安定门街道也积极介入，通过五道营商业联合会的协调发展，五道营胡同内商户和居民间的关系逐渐融洽。

除此之外，五道营商会不仅为周边居民定期举办美食讲座，还免费为居民提供保健箱，里面有保健药和血压计，并承担了日常的损耗更换，这些细小却贴心的举动搭建起商户和居民沟通的桥梁，受到了居民的欢迎，一些居民出租老屋变身房东或是直接做起了商铺老板。

3. 中西文化碰撞，强调慢生活

五道营商业联合会的刘源泉会长曾经说过，希望市民能够从繁忙的生活中解放出来，让游客到五道营体验自己的“慢生活”，享受一个好心情。在五道营文化创意类商家中，原创文化设计占到了店铺总数的三分之二以上，“慢生活、慢体验”成为越来越多文化店铺的经营特色。五道营的商铺有一半左右的店主来自海外，因此，一个外国人也能坐在胡同里跟戴红袖章的老太太聊天，这些大爷大妈们包完饺子也会给这些老外送上一盘。在这条胡同里的小朋友可以零距离地跟外国人说英语，东西方文化在一条街区里交融演绎，这是其他胡同没有的。五道营的居民和商户就像一个大家庭一样，彼此关照。碰撞的中西文化，和谐的经营氛围，使五道营更多了一丝大家庭式的温馨。

总而言之，五道营胡同的腔调，是原创艺术的独特元素，是创意美食的香气，是萦绕耳边的蓝调音乐，是外国友人的变调汉语，是老北京热情包容的人情味。和南锣鼓巷相比较，五道营胡同发展机遇与发展理念不同。南锣鼓巷已没有居民居住，完全是商业和文化的聚居地。同时，面积相对较大，各色店铺集中，容易吸引游人。而五道营胡同作为新兴的文化创意街区刚刚起步，周围住着居民，而且房管所的房屋不允许出租，现在的可开发面积相对较小，商业气息没有南锣鼓巷浓郁。但是，商家也看到了前景。毕竟，保留着老北京胡同文化的地方屈指可数，即使五道营没法和南锣鼓巷媲美，但是也是一块不可多得的胡同文化创意产业的宝地，在未来必将发挥无限魅力。

第七章 袁家村旅游商品开发分析①

一、袁家村旅游开发状况

（一）袁家村基本状况

1. 地理位置和特征

袁家村隶属于陕西省咸阳市礼泉县烟霞镇，位于礼泉县东北20公里处，坐落在举世闻名的唐太宗李世民陵山下，距离西安大约70公里，处在西咸半小时经济圈内，袁家村附近机场高速、312国道、107省道、关中环线等道路密布，交通发达，西安至礼泉、西安至袁家村、咸阳至袁家村的客运大巴发车频率高，游客无论是乘坐大巴还是自驾游，都很便利。袁家村距离咸阳国际机场较近，空运便利，有利于吸引国际游客前来观光体验。

2. 历史回溯

北宋建隆二年（961年），袁氏避战乱迁至此地，聚族而居，形成村落。清康熙七年（1668年）山西郭氏迁入，适逢“康乾盛世”，村民安居乐业、人丁兴旺，乃修祖庙盖祠堂。其后，陆续迁入王氏、张氏，繁衍生息。明清之际，袁家村作坊发达，贸易兴旺，为方圆几十里货物集散地和出入北山要冲。

20世纪七八十年代，在党的十一大、十二大、十四大代表及全国劳动模范、全国先进党务工作者，袁家村党支部书记郭裕禄同志的带领下，坚持自力更生、艰苦创业，被树立为全国农业战线上的一面旗帜。进入新世纪后，在以郭占武同志为代表的新一代村领导班子的带领下，积极响应“发展乡村旅游”和“建设社会主义新农村”的号召，以大唐贞观文化和关中印象体验地为依托，大力发展乡村旅游产业，成功实现了村域经济的转型。再次成为全省社会主义新农村建设的“排头兵”。

关中传统农耕文化推进了经济发展，增加了农民收入。2013年袁家村共接待游客165万人次，旅游总收入达6500万元，人均可支配收入为3.6万元，农家乐、农家宾馆、乡村旅游持股等年收入超过百万者预计占到全村农户一半以上。两项指标均列陕西

---

① 执笔人：宋昌耀 归航 张明曦 马蕾 漆家进

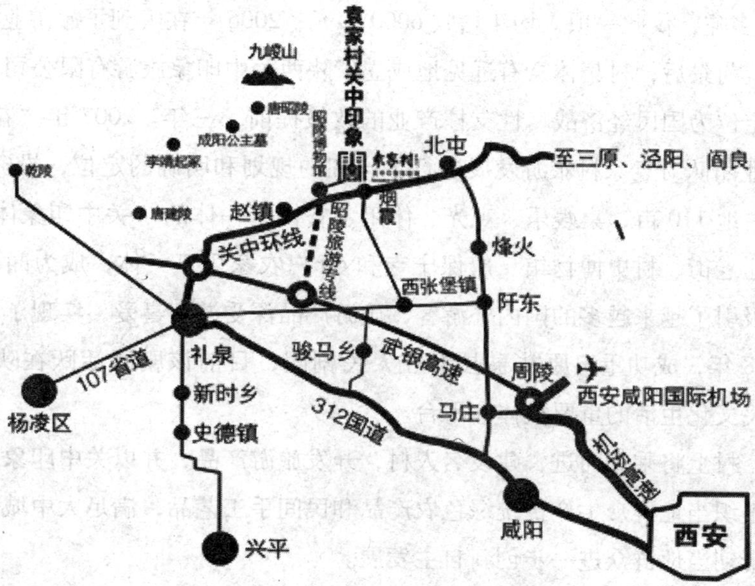

图 7-1　袁家村地理位置及周边交通示意图

资料来源：袁家村官网①

乡村旅游之首，成功获评国家 4A 级旅游区，被授予"全国生态示范村""全省新农村示范村""陕西省著名商标""中国最有魅力休闲乡村""国家特色景观旅游名村""2013 年度全国最美乡村""2014 中国十大美丽乡村"。

（二）袁家村旅游开发

1. 旅游开发演进

袁家村全村 64 户，260 人，320 亩耕地。早在 20 世纪 70 年代，在村党支部书记郭裕禄同志的带领下，袁家村大力发展集体经济，走共同致富的道路，很快成为全国农业战线上的一面旗帜，许多党和国家领导人曾到过袁家村。70 年代率先办起了砖瓦厂、白灰厂、秦川养牛厂，摆脱了"土里刨食"的传统农家思想，为村子发展积累了启动资金。80 年代办起了水泥厂、硅铁厂、海绵厂、水泥预制厂、秦始皇陵模拟地宫、工贸公司等企业，村经济跃上了快速发展的轨道。1990 年以 8000 万元注册资本成立礼泉县袁家集团公司向集团化方向发展，后改为投资公司，内引外联，发展外向型经济，逐步将当地经济融入大西安经济圈，涉足房地产开发、旅游、影视业、药业、餐饮业、铁路联运和众多高科技开发领域。

进入 21 世纪以来，袁家村以建设社会主义新农村为契机，努力把当地经济融入大西安经济圈。2002 年投资 300 多万元，建设标准化养殖小区一座，奶牛存栏 480 头，年

① 网址：http：//yjc. liquan. gov. cn/about/tour. html

产鲜奶1800多吨，仅此一项人均年增收6000多元；2006年在嗅到了旅游业蓬勃的生机和宽广的发展前景后，村集体富有远见地成立了陕西关中印象旅游有限公司，相较于国家将旅游业定位为国民经济战略性支柱产业的政策提前了三年。2007年“花20万元买点子”请专业团队对袁家村旅游发展进行了详细的规划和明确的定位，投资1500万元建立了一座占地110亩，集娱乐、观光、休闲、餐饮于一体的“关中印象体验地”，集小吃街、商业老街、村史博物馆、唐保宁寺和40户农家乐于一体，成为闻名遐迩的旅游首选地，吸引了越来越多的国内外游客，旅游产品深受游客喜爱，实现了村经济的二次腾飞。2008年，成功重组原礼泉县秦腔人民剧团，目前该剧团活跃在陕甘宁等地，成为当地农民文化生活的重要载体和平台。

下一步，村上将乘势而进，建设名人村，开发旅游产品，并以关中印象体验地为依托和平台，组织当地群众生产传统绿色农产品和民间手工艺品，满足大中城市居民现代生活需要，带动当地群众进一步创新自主发展。

2. 街道功能分区

袁家村作为旅游景区，其发展具有一定的阶段性，即在总体的战略性规划下，在不同的时间段，依据当时的发展目标进行规划设计。因此，袁家村在确立了关中印象体验地的发展目标后，第一个发展阶段即建设特色农家乐一条街和关中小吃文化一条街，这两条仿旧并且具有关中民俗气息的街巷，充分展现了当地的建筑特色。除了小吃街和农家乐街之外，目前袁家村的主要街道还包括回民街、民俗街、酒吧街、祠堂街，另外有一条南货街正在建设当中。

小吃文化街区是袁家村最为核心的旅游吸引物，并且也是袁家村展示其关中文化的精髓所在。因此，小吃文化街区采用了仿明清时代关中风格的建筑，材质大多以石质和木质为主，风格也更为古朴。小吃文化街区在店铺的性质上可以划分为前后两段，前段称为“民俗街”，以老式作坊为主，展现着具有关中民俗文化的店面，每个店面都配有独特的牌匾，彰显着这里的独特文化：永泰和布坊、稻香村老糟坊、童济功茶坊等。不仅店面富有关中气息，所销售的商品也大多富有当地特色，这条作坊文化街里的部分店铺也在之后由于需求的提升以及关中印象体验地的扩展而搬迁至在之后的阶段里所建造的新作坊区中。关中小吃文化街区的后段则是“关中小吃街”，这条小吃街集结了袁家村周边的各色名吃，均由村委会慎重筛选而出，包括陕西的著名小吃粉汤羊血、生汆丸子汤、锅盔夹馍、礼泉烙面等，小吃街作为关中印象体验地的重要组成，吸引了许多游客前来一饱口福，因此，在之后的建设中，小吃街的范围也随之不断扩大。此外，小吃街里也销售可供带走的食品，如馓子、麻花、各类酱菜、酱肉等。

在小吃文化一条街的前后段之间，设有游客聚集区域，该区域不仅可以作为小吃文化一条街上的过渡段，起到承上启下的作用，更可作为游客的休憩区域。在该区域设有舒适的茶座，童济公茶坊亦开设于这个区域，游客可以点上一壶茶，在舒适的茶位上欣赏当地的民俗音乐——陕西秦腔，穿着传统服饰的村民往来于游人之间，挎着民国时期售卖香烟的箱子，向人们兜售各类烟草，同时人们也可以在这里享受按摩师傅的推拿技艺，一边品茶，一边欣赏着陕西秦腔。在这片休憩区域的旁边即是古今结合的左右客酒店，在古老建筑的外表之下，先进而现代的设施可以满足游客的各类需求。

农家乐一条街贯穿了袁家村大门后的一整条中央街道。这条街道也是前来袁家村的游客的主要住宿区域，这条街道主要以个体农家乐为主，包含住宿以及农家饮食，为游客提供休息、娱乐、餐饮的一体化服务。农家乐区域的建筑以独栋小楼为主，具有一定的现代元素，在整体风格上依旧与袁家村的关中气息相契合。

回民美食街是袁家村于 2015 年 9 月开始营业的最新区域，目前有 40 余家穆斯林商户在此开设，在袁家村的回民美食街，游客们可以品味到正宗的回民街小吃，在景区的发展中，美食的存在是必不可少的，而回民美食街的开设，无疑是为袁家村增添了一抹鲜明的特色。回民美食街的美食用料考究，制作精细，甜咸辣荤素搭配，品种众多，为全国清真小吃之冠。各类特色小吃如牛羊肉泡馍、腊牛羊肉、烩羊杂、粉蒸羊肉、羊肉饼、八宝甜稀饭、胡辣汤、凉皮、米皮、擀面皮、羊肉水饺、韭饼、酸汤水饺、牛肉拉面、镜糕、甑糕、羊肉臊子饸、黄桂柿子饼、蛋花醪糟、水盆羊肉、芝麻烧饼、葱油饼等多种清真小吃。

祠堂街则是一条各地美食与旅游商品结合的综合性街道，共容纳了 80 多家全国各地的特色小吃，有四川成都担担面、东北干肠红肠、安塞王家湾地椒羊肉等。打铁、剪纸、竹编工艺、泥人文化馆等民俗类手工艺品以及百年老字号的传统手工作坊，这些商品浓缩了传统民俗文化的精髓。

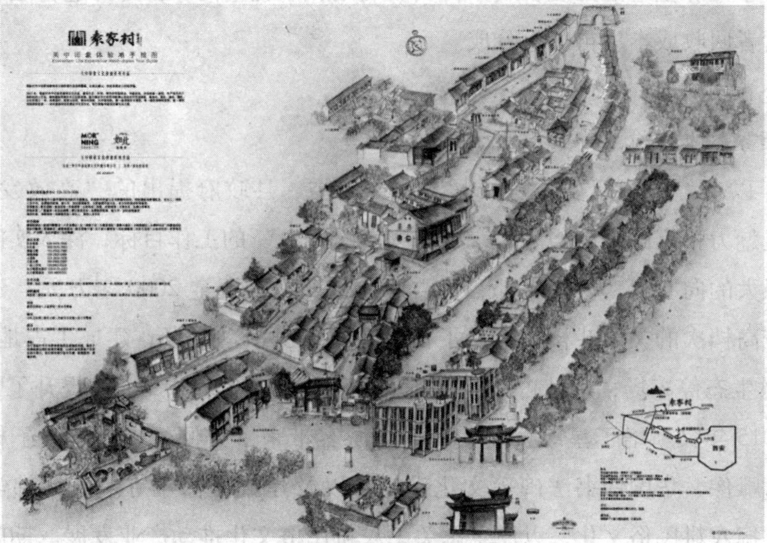

图 7-2　袁家村地图

资料来源：袁家村微信平台

二、旅游商品管理

（一）袁家村经营管理

1. 袁家村经营模式

袁家村的经营管理模式从本质上来说是一种集体经济的模式，正是通过这种集体经济进而发展出自身独特的运营管理模式。该模式的核心为商户分组自治制度。

袁家村村委会将商户按照经营品类、所处位置分成了若干组，每组设立经营的组长。由组长负责统一管理卫生、品质、产品特色等，并设立动态打分和淘汰的机制。在运营模式方面，还采用了免房租、免水电费的制度。另外，从一位新入驻的商户那里了解到，为鼓励和带动村民一同发展旅游业，村领导干部不但定期给群众做思想工作，也会带一些商户代表到各地去考察学习。袁家村的旅游发展一直与集体经济挂钩，由村集体承担经营与管理风险，将实惠与利益归还给每位村民，这种绩效紧密挂钩的模式很好地让物业所有者与经营者的利益紧密捆绑。

在食品质量安全方面，袁家村对于关系到民生的食品原料进行统一供货、自营加工厂、调味品厂、酸奶厂、油厂、面粉厂等关键的原材料加工部分。

在新项目的投资发展方面，袁家村的管理也是多样化的。对于一些村集体看中的发展项目，村里允许采用众筹模式。村集体可以免费提供地皮，然后经营团队根据地块出设计方案，得到村里认可后即可建设。投资还约定，在经营方回收成本后，利润部分五五分成。对于大片土地的开发，袁家村负责规划和风貌整治，在对外进行土地租赁时同样要求经营者回收成本后再五五分成。

2. 业态配置规律

（1）袁家村业态介绍

2007年以来，村“两委”班子紧紧围绕县委、县政府提出的“高效发展强实力，提升品位显魅力，惠民富民增动力，文明和谐添活力”的工作目标，深入实践科学发展观，形成强大的向心力。村党支部、村委两会首期投入资金2000多万元，建起了全省首家村级较高档次的关中戏楼，打造了村级文化健身活动广场；建成了占地20亩的进柿（士）林生态停车场；栽植古槐、古柿子树等树木500余株，大大提升了袁家村的绿化面积。2015年又新增了星级公厕3座，为游客带来了方便。装修建设了村史馆，敬立了毛主席雕像、华国锋书法碑等文化设施，以及建成了保宁寺，弘扬佛学文化。另外，大力挖掘农耕民俗文化，以原生态关中农耕民俗文化推动产业发展。期间，聘请省内外学者和当地民间艺人，积极出谋划策，确立休闲文化兴业、旅游富民的发展思路。

在编制完成袁家村旅游文化景区规划基础上再投资 3500 万元，先后建成融关中作坊、关中民俗、关中小吃、关中杂耍等于一体的康庄民俗街，形成了著名的关中印象体验地休闲旅游品牌。经过短短几年的发展，袁家村从一个环境受污染的村变成了一个环境优美、可持续发展的社会主义典型新农村社区。

通过不断发展做大做强休闲乡村旅游产业。进一步发展农家特色品牌。目前村上已经发展农家乐 48 户（占总农户的 80%以上），一户一个特色，一户一个品牌。从农家房屋打造、室内外装饰装潢、家具家私摆设等小节，都注入传统文化要素。其次，为了进一步提升袁家村旅游品位和档次，让假日观光游提升为休闲度假游，让游客留宿袁家村，享受轻松惬意的田园生活。2012 年建成了融入时尚元素和现代元素的康庄文化娱乐街，总建筑面积 23000 多平方米。涵盖了旅途客栈国际会馆、关中客栈、各式酒吧、咖啡馆、书屋、书画院、国际小商品超市、多功能广场等 30 多家店铺。自 2012 年国庆试营业以来，吸引了国内外的许多游客，反映良好，经济效益明显，成为袁家村旅游的又一亮点。康庄文化娱乐街通过个性化的创意，展示传统与现代、民俗与时尚、乡村与都市的碰撞与融合，形成主体内涵丰富、文化特色鲜明、内容丰富多彩的袁家村夜生活。

（2）袁家村业态分布

统筹区域城乡发展，建设袁家村新型社区。为了实现改善农民居住环境，提升农民生活质量，建设农民幸福家园的目标，按照农民集中居住、设施配套完善、城乡公共服务均等的原则，逐步吸引周边村人口向袁家村社区聚居，实现区域社会、经济、环境的协调发展。社区以九嵕山、昭陵为依托，以唐文化和关中民俗文化为内涵，十村落联动发展，把该区建成集原生态农业观光园、关中农耕文化体验、农家休闲度假、康体娱乐、尽享生态之娱的综合性休闲农业示范区。

袁家村社区建设按照“一村带十村”的发展要求，建设由以袁家村为核心的综合服务办公室、文化娱乐室、图书阅览室、信息服务站、警务调解室、村史馆等组成的公共社区服务中心，以袁家特色休闲乡村为品牌辐射带动周边九村发展区域板块经济。目前已扶持发展起了山底御杏生态观光园、花果氧吧东坪村、龙眠福地陵光村等一批乡村旅游示范村，形成互相联系、互相依靠、互相融合、互相推动的有机的文化旅游区整体。

（3）业态分布规律

①相同业态形成集聚

袁家村景区内相同的业态会各自形成一条街，分类较为明确，如农家乐一条街则是一条村民的宅院连接形成的街道，这里主要业态则为住宿业和餐饮类。康庄老街则是一条销售旅游商品的街道，业态以零售业为主。

②住宿景区化

传统景区的住宿设施一般与景区分为相对隔绝的两部分，袁家村由于其既是旅游景区又是当地村民的居住地，因而，在村委会统一规划下，各家各院都配上了住宿基础设施。形成了个个具有当地特色的客栈。这样，通过游客住进村民家里，使游客与当地村民能够直接交流，便于游客了解当地民俗风情。

③原真性强、体验度高

袁家村拥有的业态整体上较为丰富，可以满足游客多层次的需求。通过富有关中特色的小吃、民俗以及复建或者移植的建筑和展示活动，真实地反映了关中农村在半个世纪前真实的生活场景，满足了城市游客对于心目中乡村旅游的认知需求，达到预期的心理满足。同时袁家村还从国外引进了直升机项目，使游客能够从高空俯瞰袁家村全貌。另外，草莓采摘也是袁家村未来准备大力开发的项目，游客通过自身亲身参与到采摘过程当中，加深了旅游体验。

（二）袁家村旅游商品管理

1. 袁家村旅游商品种类

袁家村的旅游商品主要包括特色纪念品、书画金石、手工艺品、饰品、特色美食小吃等几大类，其中又以特色美食居多，且游客在旅游商品这一块的消费，食品类消费所占比例较高。袁家村的商铺，除食品、土特产以外，大多以销售创意纪念品、工艺品为主，这些店铺的风格也较小吃文化一条街相比较为现代，但同时也保留了袁家村整体的仿古风格。手工制品主要是以各类陶器、手绘制品、手工雕刻制品为主，这些手工制品强调手工打造的质感以及拙朴的风格，为从城市前来游玩的游客们带来了一种全新的感受。此外就是创意纪念品的销售，创意纪念品是一种在各大景区近年来较为时兴的旅游商品，通常是具有一定创意或是外形较为精致的小商品，如文具、各类杯子、玩具等，这些商品因其独特的创意对于年轻一族有一定的吸引力，但目前随着这一类商品以及商铺的普及，它们也逐渐失去了固有的吸引力，亟须推陈出新，增添景区的本土特色。由于袁家村的整体风格较为统一，因此袁家村所销售的旅游商品种类并不宽泛，但商铺大多经过精心的设计，外部风格与景区整体风格保持一致，内部则具有一定的创意性设计。

2. 袁家村旅游商品特征

食品类旅游商品发展较为成熟，既有地区代表特色的关中传统小吃又容纳了许多来自全国各地的精品小吃，且这些店铺富于新奇创意又保持了其古朴风貌的原真性，很好地满足了游客对乡村旅游能够使人获得返璞归真之感的需求。小吃的制作过程均能很好地展示给游客。更重要的是这些小吃从用料到制作到包装出售给游客都经过了严格的把关控制，为了便于游客们携带，袁家村商户们均使用了统一的带有袁家村 LOGO 的包装袋。独特的口感加上不贵的价格使得小吃类旅游商品大受游客的喜爱。

食品以外的旅游商品，虽然种类也挺丰富，但相比较于食品类旅游商品，则其实际销售效果却不尽如人意。这些商品如珠宝首饰类商品，身体护理类商品，首先不具备很强的地区特色，同时做工也谈不上精美，价格也不像食品类商品那么亲民，所以相对来说，在游客中的竞争力也不是很强。

三、袁家村旅游商品

（一）商铺及商品总论

袁家村由于明晰的整体规划，其商业业态也划分得相对十分清楚。除去小吃街、回民美食街、酒吧街、居民住宿区等主要区域，袁家村出售旅游商品的区域主要集中于康庄老街、艺术长廊、农家乐东巷和敬德路中间的区域。这三个区域的风格各异，康庄老街主要出售具有当地特色和传统文化的旅游商品，以茶、布、年画等传统型为主；艺术长廊位于康庄老街的北面不远处，长廊主要以售卖艺术作品和创意作品为主，包括挂画、艺术展品和拼图等，是艺术家常去的地方；而后面的一个区域则成立时间较晚，这部分区域的规划目标具有现代气息色彩，整个店面风格也较新，十分有创意，主要出售现代旅游纪念品，如葫芦、衣服、首饰等商品。三个区域的商品鲜有重复，各具特色，除了个别连锁经营的商铺，同一区域类的旅游商品不具有同质性，也就是商铺之间在经营时不具有利益冲突，每家商铺都相对独立，能发挥出自身特色。总之，袁家村的旅游商品独特之处在于其店铺数不多，但商品种类齐全，且每家商铺在保持自身特色的基础之上保持了整个区域的完整性，可以满足旅游者在袁家村购买旅游商品时多方面的需求，另外，袁家村每家店铺无论是当地居民还是外地人经营，都有着强烈的袁家村归属感，这种归属感使得他们在经营时表现出极度的热情。也就是说，袁家村的旅游商品由于其特殊的风格，加上创意和统一的规划，在全国范围内是非常成功的，是具有典型意义的，且值得其他地方学习和借鉴。下面将袁家村主要且具有代表性的旅游商铺一一做介绍，对其商铺和商品进行细致描绘。

（二）商铺介绍

本节所介绍的商铺均为售卖非食物的旅游商品店，包括传统特色旅游商品和创意旅游商品。店铺位置集中在艺术长廊、康庄老街以及南货新街。

1. 安野苦荞枕

安野苦荞枕是一家销售以植物为枕芯的具有各类不同功效的枕头的商店，顾客可以根据不同的需求来挑选各种不同的药用枕芯，商铺门口设有一个展示区，展示各种不同的枕芯材料，可供顾客切实感受，如决明子、苦荞等。进门后的左手侧的货柜有各种布料的枕套可供顾客选择，柜子②处是一个格子柜，陈设有各种不同功效的枕芯。店铺正中央设有一张较为简易的床，可以供顾客在挑选完枕头后躺上床感受是否舒适。靠门处的柜子和店铺内靠右的柜子则主要是各种不同形状的枕芯，可供顾客挑选（图 7-3）。

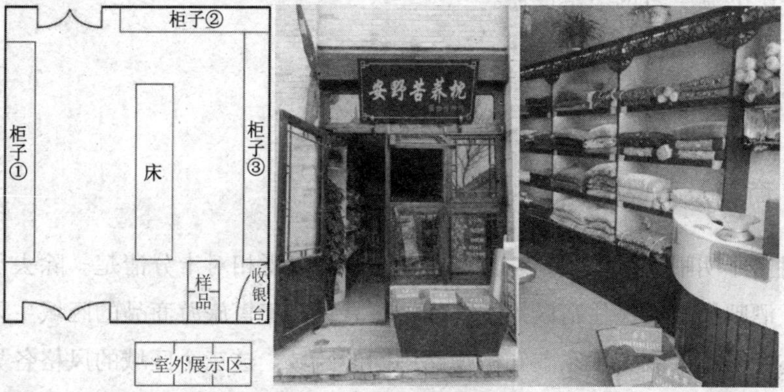

图 7-3　安野苦荞枕店铺平面展示图及实拍图（摄影：宋昌耀）

2. 葫图手工坊

葫图手工坊是一家以葫芦制品为主要销售商品的商铺，这家店铺开设在袁家村的文化创作区。在店铺门口摆放有一张方桌，上面摆放有各类葫芦制造的艺术品。店内通过不同的展示桌、展台等分割出了几个空间，摆放有各类由葫芦制造的手工艺品，如雕刻的葫芦灯、手绘的葫芦等，每一个都是手工制作，而葫芦也是天然生长，因此富有拙朴的气息，并且具有独一无二的设计。此外这家店铺内销售的葫芦制品大小不一、形状各异，价位也由葫芦的大小、工艺的高低所决定，从几十元的小挂坠到上百元的装饰品，均有销售（图 7-4）。

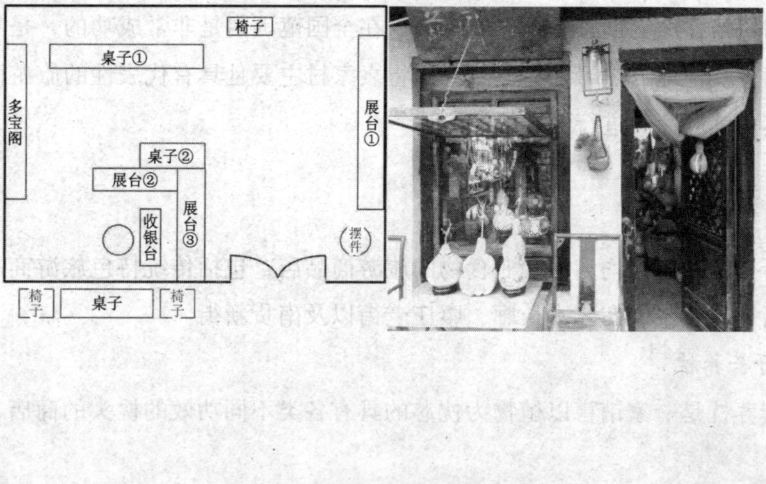

图 7-4　葫图手工坊平面示意图及葫芦工艺品展示图（组图）（摄影：马蕾）

3. 可艺美艺术坊

可艺美艺术坊是一家销售以石头为元素的创意礼品的商铺。这家商铺位于袁家村的酒吧街附近。这家商铺提供的服务是根据顾客所提供的照片等材料，为顾客绘制一份图像在鹅卵石上，以此作为一份别致的礼物与纪念。店铺内的多宝阁②和③用作石料的展示，也有一些形状奇异或是绘有图案的石料在此展示。店铺内侧通过桌子②和收银台隔出了一个小空间，后面设有多宝阁①，用以放置工具、材料以及一些较为贵重的展示品。店内右侧的墙上悬挂有一些小型的石头制品，做成了挂坠以及墙挂的形式，地上摆放有一些较大的石制品。顾客可在店内挑选喜欢的石头形状，并为自己专门定制一幅图案手绘在上面。价格由几百元到上千元不等。这家店铺的整体风格较为自由随意（图 7-5）。

图 7-5　可艺美艺术坊平面示意图及实拍图（摄影：张明曦）

4. 那时

那时是一家比较常规的销售创意礼品的商铺，开设在袁家村内酒吧一条街附近，这种商铺在各大景区内近年来较为常见，销售的商品大多以价位较低、附有一定创意性与欣赏性的小礼品为主，如记事本、笔、书包、杯子等，店铺风格大多较为文艺清新，对年轻一族有比较大的吸引力。这家商铺内部的左侧设有一个工作台，旁边以一些画作为装饰，店铺中央摆放有一张长条桌子，上面陈设有明信片、香皂等小商品。店铺右侧则是几张相邻的矮桌，主要摆放各类圆珠笔、记事本、水杯等，造型可爱，价位低廉，通常在十余元到百元以内不等。店铺的总体风格较为清新自然，以绿色的墙壁和花布打造出了整体风格（图 7-6）。

图 7-6　那时店铺平面示意图及店内展示图（摄影：张明曦）

5. 如此

如此是位于袁家村文化创意区的一家手作商铺。这家商铺的主题卖点在于强调手作商品的独特性与美感。店内的布置简洁而素雅，以白色和绿色的色调为主。店铺内左侧是该店的收银台，靠窗的桌子③和④摆放了一些别具特色的商品，如袁家村的特产礼包，而该礼包又与小吃文化一条街的特产礼包略有不同，不同之处在于这家商铺的土特产所采取的包装要更为精致，如袁家村著名的挂面，这家商铺以木质的盒子作为包装，放以纸卷所捆好的挂面，一样的内涵，因为不同的外观，看起来便有了极大的差别，此外还有一些木质的便携餐具也在此销售，以布包包裹，传达了环保的理念。店铺中央设有一张桌子，陈设了一些陶器等商品，这种陶器的风格大多较为拙朴，富有独特的美感。店铺内侧的架子②则用以摆放一些美观的记事本，如干花封皮的记事本等。店铺内部最右侧设有一面墙的贴壁格，每一个小格子里放置一件陶具，使这面墙看上去富有拙朴的艺术气息。这家店铺的第二层是店主的工作室，用以创作活动以及宾客小聚等。

这家位于文化创意区的商铺富有浓厚的艺术气息，同时又不与景区的整体风格相左，而是将景区的文化氛围进行了升华。此外，这家店铺也会不定期举办展览（图 7-7）。

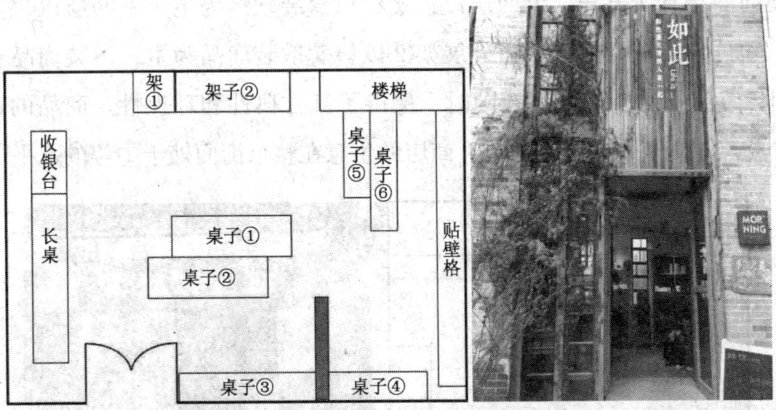

图 7-7　如此店铺屏幕示意图及店内展示图（摄影：张明曦）

6. 艺术勺子

艺术勺子位于袁家村新开设的商铺区。这家商铺销售的商品是一种木质的手绘勺子，这种勺子是陕西的一种特有的工艺品。勺子由木头雕刻而成，经过设计师在上面创作手绘图案，形成了一个个独一无二的艺术品。这些手绘的图案大多具有比较喜庆的意味，如凤凰、寿桃等，适合馈赠亲友或是收藏展示。这些勺子根据大小来定价，价格在几十元到数百元不等。店铺门口设有工作台，游客们可以现场观看勺子的手绘制作过程（图 7-8）。

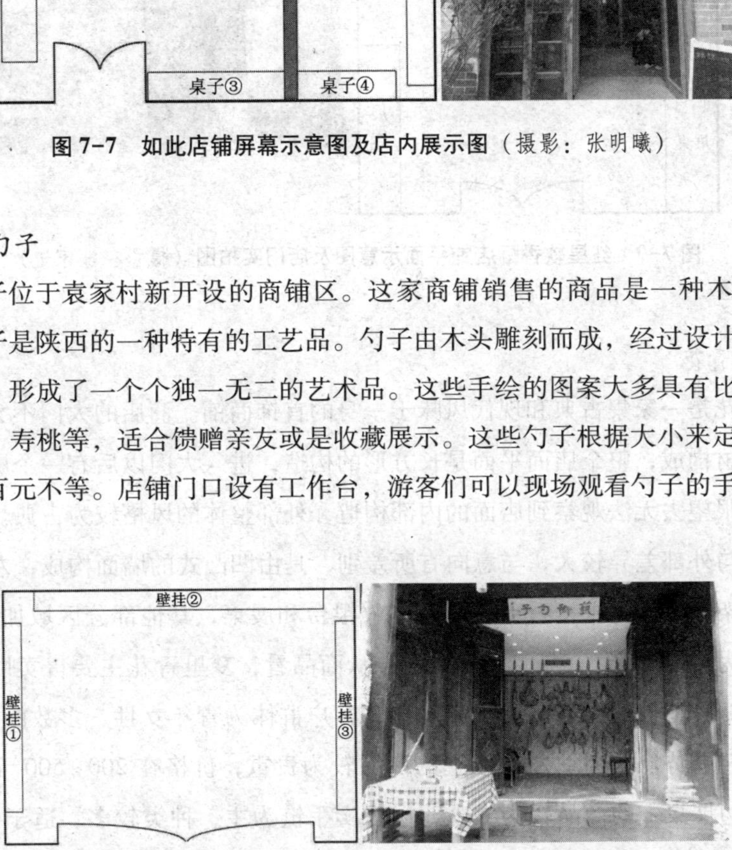

图 7-8　艺术勺子店铺平面示意图及展示图（摄影：马蕾）

7. 红星软香酥

红星软香酥是一家主营糕点的零售店，商铺位于康庄老街东面的入口处。从店面看，房型保持着乡野农村的建筑类型，大门由三块门板组成，内部主要由木质材料构造；整个店面风格较为古朴简洁，一眼能望尽所列商品。在两边的墙面是红星食品的制作流程和安全监督，显示了其传统的韵味；从商品看，内陈商品种类较为单一，都是以酥为主的糕点，但酥的种类有所差异，有南瓜酥、果仁酥、绿豆酥等。商品的包装和销售方式以盒装和散装两种为主，展架①和②以售卖盒装商品为主，且展架①和②分成四层，每层展列商品有所差异，上两层以售卖红色盒装软酥为主，下两层以售卖白色盒装软酥为主，颜色分层较为明显，另外展架②以售卖散装商品为主，散装商品主要由包装盒打开陈列，节约了材料和空间的同时，保持了其古典性和环保性。商品的销售价格为60~120元/盒，方便携带和游客购买，商店的生意在整个街面处于中等的水平（图7-9）。

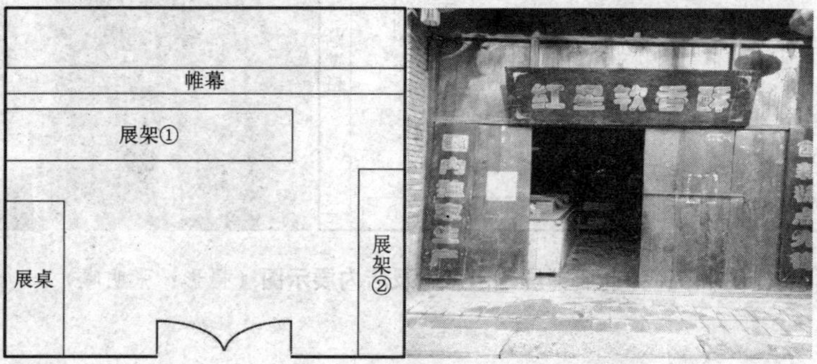

图7-9　红星软香酥店铺平面示意图及店门实拍图（摄影：漆家进）

8. 梦里青花

梦里青花是一家集古典和现代风味于一身的首饰商铺。商店的大门不大不小，由较为精致的木材构成，整个店面平面是长方形的构造，进入大门以后有一个屏风在门的左边竖立，一眼望去无法观察到店面的内部构造，外部整体的风格较为古典。走入商店的内部，风格与外部差异较大，与意向有所差别，是由凹凸式的墙面构成，左边是以镶嵌在墙上的展架和壁挂为主，右边是简易的收银台和展桌，其他部分区域加上一些装饰，整体风格较为“小清新”，具有现代风格；从商品看，梦里青花主要售卖以手链和项链为主的首饰，且首饰的风格偏向于年轻化，客户群体为青年女性，多数商品较为时尚，较为迎合年轻趋势。同时，左边墙上的商品较为贵重，价格在200~500元，以项链为主，位于右边展桌上的商品较为大众，以售卖手链为主，种类较多，适于携带和购买，价格在几十元到几百元不等。商品和商店的风格较为类似，清新简易（图7-10）。

图7-10　梦里青花店铺平面示意图及店门实拍图（摄影：宋昌耀）

9. 女朋友的店

女朋友的店是以售卖女性洗浴用品和护肤品为主的商铺，主营手工皂和护肤品。从外观来看，整个商店的风格较为可爱和接地气，门口由鲜花和小黑板组成，小黑板和外窗上分别写着商店的主营商品和一些激励消费的宣传语，与商店整体较为明确风格的主题一致。进入商店，也可以看到与外部相辉映的相应主题，如具有时尚感的画卷和盆栽。店内陈列商品主要由三个展架组成，左边两个展架主要售卖医疗和手工制作的香皂，外加一些香料，较符合女性风格，具备年轻韵味。右边展架主要售卖以唇膏、精油为主的护肤品，加上一些手工棒棒糖和手工艺品，在商店中能够显示店家的精致和用心。另外，在门口左边有大多数手工制品的制作区域，这个区域有相关的原料，突出了人工制作和真实性。商品总体较为精细、小巧，价格略高于外面售价，几十元到几百元不等，店面也与整个店的风格相呼应（图 7-11）。

图 7-11　女朋友的店平面示意图及店门实拍图（摄影：漆家进）

10. 米娅手作

米娅手作是一家以手工制作为核心的旅游纪念品商店。整个商铺位于康庄老街较为明显的地点，整个店以蓝色调为主，风格以简易、画风清新为主。门口放着小黑板，展示着各种水晶代表的不同含义，如白水晶（学业水晶）代表开发潜能，通过这种知识性的描绘吸引顾客的好奇心。进入店中，整个空间充满着清香，给人一种舒适、悠逸之感，让人身处其中能享受到整体的环境。店中展示旅游商品主要是在三个展桌和一个展架上，其中三个展桌有一个位于中间，主要售卖创意手链、镜子、鲜花等相关物品，另外两个展桌位于商店的右侧，主要售卖手工手环、存钱罐、手工围巾等。另外，在大门附近处有一个展架，主要为展示商铺的主营商品，另外还售卖一些帽子、手套等相关物品。商铺的商品种类相对不多，但主要是在非手工制作的基础上加上手工制作的成分进而形成自己的独创商品。商品价格较为人性化，适合大众购买（图 7-12）。

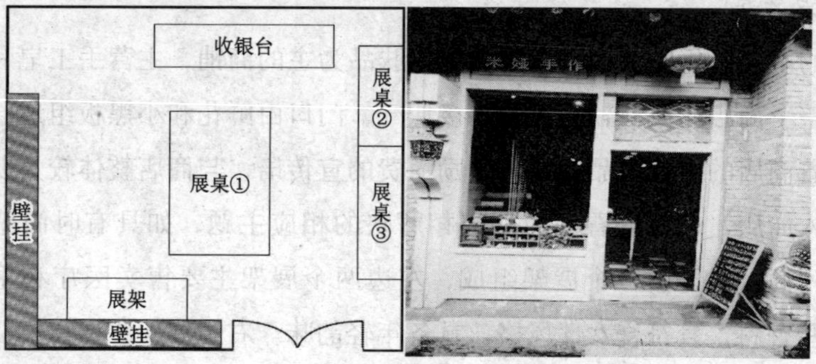

图 7-12　米娅手作店铺平面展示图及店门实拍图（摄影：宋昌耀）

11. 可多杂货

可多杂货是康庄老街最大的旅游纪念品商店，售卖各种类型的旅游纪念品和实用的小礼品，在袁家村成立已有两年时间。整个店面较大，空间也相对较广，外部的门面不大，和其他几个旅游纪念品商店较为类似，小黑板和玻璃窗上写着相应的特色，建筑由绿色的小松针团包裹，具有现代的气息。进入商店，明显看到类似旅游商品超市的整体陈列，在内部空间有多个展架和展台，上面陈列着琳琅满目的旅游商品。其中展架①、②、③主要陈列着瓷质杯子和玻璃杯子，杯子种类较为齐全，适合各个年龄段的游客购买。展架⑤、⑥主要展示盆栽、音乐盒、小电扇、小台灯等各种适宜在家摆放的小商品，符合年轻人的风格。展架④位于商铺的中间，主要陈列商铺的耳机、小镜子、梳子等实用小商品，和其他几个地方形成互补。另外，位于门口的展架上主要售卖贺卡、小瓶子、幸运星等商品，这些商品相对其他商品较为有特色。整个商铺的商品种类较多，陈列方式较为明晰。总之，可多杂货是当地的旅游纪念品中心，能够满足游客多方面的需求（图 7-13）。

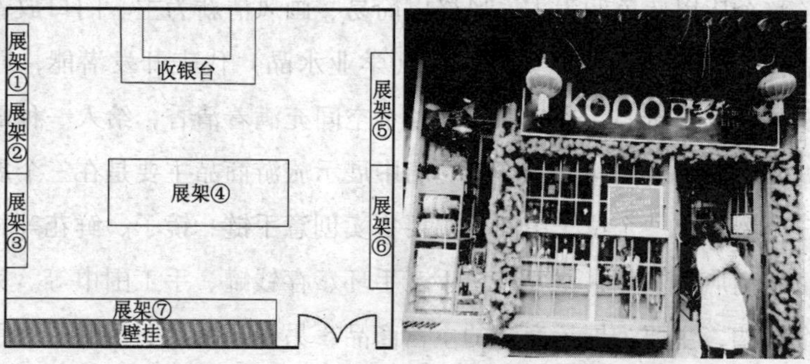

图 7-13　可多杂货平面示意图及店门展示图（摄影：马蕾）

12. 玩物

玩物是一家以售卖玩具制品为主的纪念品商店。其名字也能代表这个商店的特色，整个商店以儿童为主要顾客，主要吸引一家三口前来购买。从外观上看，店面以浅色调为主，大门和窗上装饰着各种剪纸，如小雪花、圣诞老人以及一些卡通小人物形象，另外有一些盆栽和松树枝作为衬托。走进商店，可以感受到较为明显的儿童气息，一方面在内部主要售卖儿童玩具和各个知名动画的卡通制品；另一方面商店内部有一个荧幕，上面也在播放着近些年较为知名的卡通电影和动画。店内有一个展柜、三个展架和三个展桌分别展示不同类型的商品，位于不同展架和展桌的商品有所差别，左边的展架和展桌以展示儿童玩具为主，这些玩具依照着卡通人物形象塑造，右边的展架和展桌以展示其他儿童商品如画册、光碟背包等商品。在中间的展桌上，主要售卖着各种微型的小玩具，如泥塑和胶塑小玩具，这些商品最为适合游客携带和购买。商店的风格较为明确，商品价格在 50 元以上，适合成年人陪同儿童购买（图 7-14）。

图 7-14　玩物店铺平面示意图及店门展示图（摄影：马蕾）

13. 云水禅心

云水禅心是一家以经营佛教相关纪念品为主的商铺，整个店内充满着古典和禅宗的韵味。从外观看，云水禅心由两个店面组成，且整体较为古朴，与古代客栈的风格较为类似。且其特色在于有两个大门，分别由古典和现代风格的两种字体题名，也突出了其兼具古今的气势。进入店中，由于两个店面的连通使得整个店面的空间较广，内部具有较浓的香气，较为提神醒目。从商品陈列看，主要有四个展桌陈列商品，其中展桌①主要陈列和出售以佛教手链和挂饰相关的物品，展桌②、③、④主要出售较为贵重的玉制品、佛像、茶壶等相关物品，展桌④主要售卖佛书和相关的经书，既可以方便游客诵读，又便于售卖。商铺整体较为古朴，风格独特，在袁家村独树一帜（图 7-15）。

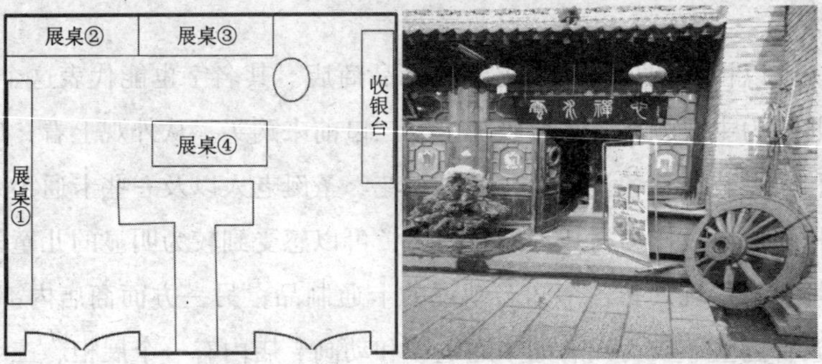

图 7-15　云水禅心店铺平面示意图及店门展示图（摄影：张明曦）

14. 唐韵轩

唐韵轩是一家经营木质葫芦纪念品的旅游商店，商店整体规格不大，门面相对较小。从大门处可以看到商店内部的构造，大门由木质门板构成，一眼望去整体构造是由长方形组成。门口摆放着一个展桌，展桌上摆放着手制木篮，木篮中陈列着类似木质梳子、刮痧板等之类的商品。走入商店内部，商铺的天花板上挂满了葫芦，偏向于门口的葫芦上写满了字，偏向于里面的葫芦簇拥在一起，类似于繁星挂在空中。内部空间不大，陈列商品主要由四个展架组成，左边有三个展架，右边有一个展架，同时右边有一个玻璃展桌。除了天花板上，左边的展架上摆放的大多是较大的葫芦，右边展架上摆放的是相对精致的葫芦，这些葫芦的价值也相对较高。右边玻璃展桌里主要是一些葫芦制品，将葫芦与其他的一些元素组合在一起，形成了一些较为新颖的商品。这些葫芦部分具有实用性，部分用于装饰和祈福，价格高低不等（图 7-16）。

图 7-16　唐韵轩平面示意图及店门实拍图（摄影：张明曦）

15. 手工年画

手工年画是一家主营手工制作年画的商铺，这家商铺的整体规划相对较为简单，具有古典韵味。从门口看去，大致能观察到整个商店的内部构造，主观上农家风味很浓。门口挂有两个灯笼，窗户上贴有年画和对联，大门也较为古朴。走入商店内部，可以感受到内部空间是当地居民的房间，客厅主要是展示年画的区域，在墙壁上陈列着各式各样的年画。中间有一个画桌和一张展桌，画桌主要是年画的创作区域，通常情况下有专人创作年画，展桌上是主营的几种年画，适合普通家庭装饰。另外客厅的旁边还有一个房间，主要是店主的居住场所，这也表明这家店铺是由本地房型所改造。年画的价格相对适中，在 200 元左右（图 7-17）。

图 7-17　手工年画店铺平面示意图及店内实拍图（摄影：张明曦）

16. 3D. JP

3D. JP 是一家售卖艺术纪念品的商店，这家商铺位于康庄老街较为明显的地段，艺术气息也相对较浓。从外观看，整个商铺给人的感觉是较为清新、高档，能够吸引人过去观赏，也大致能观察到店内的相关艺术品。走入内部，里面的架构较为简单，一方面从墙上能欣赏到来自世界各地的艺术风景照和画卷；另一方面店内装饰着多种独具艺术气息的色彩和相关书籍，两者结合起来形成了良好的映衬。旅游商品的展示主要集中在三个展架上，展架①主要售卖地球仪、地图等与地理相关的艺术品，展架②主要展示艺术作品，这些作品适于普通家庭悬挂，展架③则陈列着多种多样的艺术拼图，这些拼图有平面的，也有立体的，可以做成艺术画，也可以做成笔筒等较为实用的小物品。总体上，3D. JP 是一家较为明显的艺术商店，它的风格在这条老街上显得格外独特，商品种类不多，但都十分精致，价格在 150~200 元，适宜年轻人和中年人购买（图 7-18）。

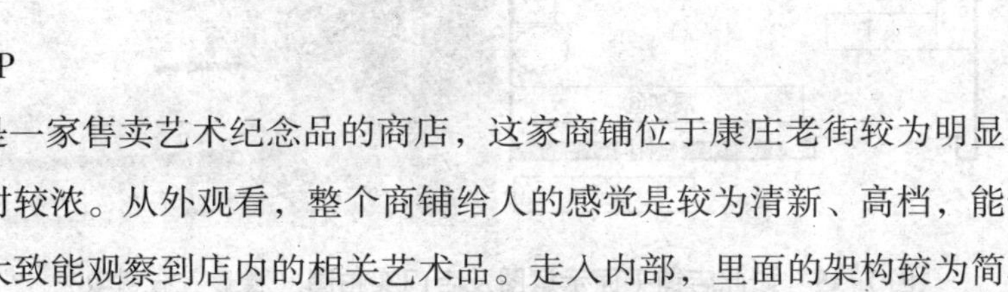

图 7-18　3D. JP 店铺平面示意图及店内展示图（摄影：马蕾）

17. 如此

如此是一家连锁经营的创意手工店，由于其效益较好，在袁家村开设有三家分店，分别位于三条不同的街道上。在老街上的这家店风格相对较为古朴，从外观看，门口和当地的居民住所差别不大，但门口的牌子上写着“寄给未来”，清楚地表示出这家店的特色。走入内部，空间不大，有一个小铃铛挂在天花板上，游客进入时都会碰到这个铃铛，既增加了游客的存在感，又提示了店主有客人光临。内部的构造比较简易，首先映入眼帘的是正面的公告栏上写明了寄给未来的含义、相应的明信片及价格等信息，突出了本店的主营特色。其次，在两边的展架上分别展示了这家店的附属商品，如袁家村地图、小篮子、小水晶等，这些商品大多比较创意，且为手工制作的小商品，两者的融合使得商品极具商业价值，便于游客的购买和携带（图 7-19）。

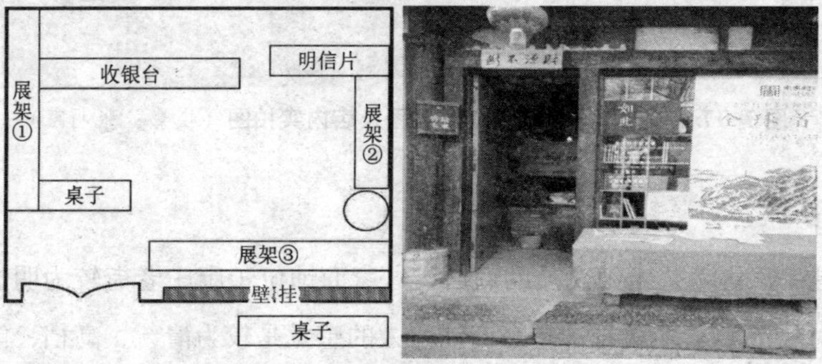

图 7-19　如此店铺平面示意图及店门实拍图（摄影：张明曦）

18. 元素

相对于其他多数纪念品商店，元素具有当地的特色，它位于袁家村广场的第一家，靠近游客中心，是一家将民俗与现代生活相结合的旅游商铺。元素整体的体格较大，空间较广，由两到三个房屋的空间连接在一起，且元素与其他商铺独立，并由栅栏围住，类似商店中的“别墅”，能很好地吸引旅游者。从外观上看，元素是由砖墙砌成的建筑，大门具有典型的西式风格，类似于城堡，同时名字由艺术字构成，给人一种神秘感。进入商店内部，可以感受到，商店整体的风格是现代和民俗的结合。商铺内有多个展架、展板和桌子，分别展示和售卖不同种类的商品。在进入的第一个房间中，装修风格较为大众，主要售卖具有关中特色的笔记本、枕头和画框等实用类型的纪念品，且这些商品的摆放较整齐、明确，方便游客购买。第二个房间相对较小，主要售卖女性喜爱的小纪念品，如娃娃、围巾等，装修风格较为可爱。总体上，商品种类非常多，也非常全，部分商品在城市中难以见到，既迎合了游客多样化的需求，又提升了整个商铺的观赏价值（图 7-20）。

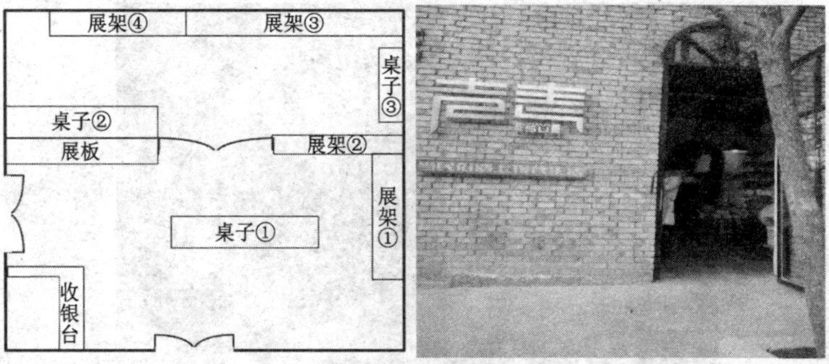

图 7-20　元素店铺平面示意图及店门实拍图（摄影：马蕾）

（三）传统小吃店铺展陈特点介绍

袁家村作为以关中风情为主打特色的景区，其商铺的塑造也均与景区的整体氛围相一致。以小吃文化一条街为例，这条街道是袁家村的核心区域，也是关中文化展示的灵魂所在，因此这条街道完全采用仿古式的设计，道路两旁的建筑均采取明清时期建筑风格。小吃文化一条街的商铺以销售土特产和关中小吃为主，店铺内部的设计较为仿古，以石质和木质为主体材质，无论是小吃的制作还是店铺内的装潢均向游人展示了关中古镇的特色。下面列举几个例子来详细介绍。

1. *厚德麻花*

厚德麻花制作的麻花是袁家村最受欢迎的小吃类旅游商品之一。每逢周末，自日上梢头后便会有许多游客慕名前来购买麻花，队伍一直排到小吃街入口，且整日如此。由于过于受欢迎，因此店内制定了每人限购 20 根的规定（2 元/根）。但是由于很多人是陪同家人来此游玩，因此在调查过程中不难看到一家人拎着四五袋麻花回家的场面。提起厚德麻花，店名取自于本家老板的名字，而他家的麻花之所以出名，除了真材实料有保障、足斤足两似店名之外，最主要的卖点还在于那“出锅松软，凉之酥脆”的麻花口感上。尝过的人都觉得十分好吃，而年纪稍长一些的人都说这是“失传”了的儿时的味道。可能也正是这个原因才会使他家的麻花格外受欢迎。

制作麻花的所有原料均来自于村内自产，自磨面粉、自压食用油，工作人员纯手工拉制的麻花放入油锅中炸至金黄捞起，整齐地摆放在案台，装入统一的印有袁家村和店名的口袋中。整个过程全部呈现在游客面前，对于买家或游客来说都是视觉上的享受（图 7-21）。

图 7-21　厚德麻花店门实拍图（摄影：马蕾）

2. 袁家村酸奶

袁家村酸奶是当地小吃类旅游商品中另一个十分受欢迎的旅游商品。自家招牌高高地挂在门框上，店铺内的装潢保持了农村公社的样貌。门店后面的院子便是食品装配厂，每天供应的酸奶由工厂生产后拉过来售卖。店内酸奶是独立透明玻璃罐包装，分散卖与成箱卖两种形式。散卖 6 元一个，成箱卖 50 元 8 个装。手提箱是经过专门统一设计而成的，泛黄的牛皮纸颜色与其他小吃类旅游商品从属于同一系列。袁家村的酸奶之所以受到广大消费者追捧，同样有几个原因。其一是因为他们的乳源是由自己的奶牛场提供的，保证品质。其二，在制作工艺方面只有三种必要加工配料，其余的一律省略，不含防腐剂，低温下保质期 10 天。这种简单的制作手法，既能保证产品最初的味道，同时又能够在口感、甜度、硬度方面符合大众的口味。特别是在夏季，几乎是袁家村人手必备的选择。也正是小小的酸奶，创下过单日销售过万元的佳绩（图 7-22）。

图 7-22　袁家村酸奶店门实拍图（摄影：宋昌耀）

3. 外婆家的蛋

这是在小吃街上的一家常规的小店。虽然售卖的是普通的土鸡蛋，但是它的独特之处在于店内精心的布置。不大的店内各侧墙面上挂着自家女主人年轻时的照片，有养鸡的，有做饭的，有抱孩子的，充满了生活的气息。门前的桌子上放着一筐土鸡蛋，旁边是统一设计的礼品盒，同样是印有袁家村的字样和自家店铺的名字及一切必要信息。除了出售散装鸡蛋外，小店还会做一些以鸡蛋为原料的小吃，如炒鸡蛋、蒸鸡蛋等，充满浓浓的乡村生活气息（图 7-23）。

图 7-23　外婆家的蛋店门实拍图（摄影：宋昌耀）

4. 香脆酥

香脆酥是一家卖小点心的店铺，虽然点心的种类十分常见，但是店家在对门面的装修设计上可是力求创新。店内的布置模仿传统的窑洞内设，体现陕北地道的民俗风情，两个砖砌黑灶台，既反映了传统的生活做饭场景，又具有绝对的实用价值，因为所有点心都是由店主在这里每天精心制成的。而墙上挂着各种生活用具，其实这里就是店家生活的住所。门前是生产，门后就是休息的地方。因此这里每一个细节，都充满着生活的味道。每日 8 点过后，店家就会将门板一一拼好，然后回到后屋，结束一天辛苦的劳作（图 7-24）。

图 7-24　香酥脆店门实拍图（摄影：马蕾）

5. 坨坨店

这是一家在公社门口摆摊的坨坨店。虽然没有正经的店铺，但并不妨碍游客对他的好奇与喜爱。制作好的食品分甜、咸两种，散放在老式的纱笼中，十分带有年代感和怀旧特色。统一的食品袋上除了印着袁家村的名字之外，还有“乡味”二字，喻示着它独特的时代意义。来往的人们，都会被它所吸引，不时地驻足观看一阵或买上一两个边走边慢慢品味其中的“乡味”（图 7-25）。

图 7-25　坨坨店店铺实拍图（摄影：张明曦）

6. 手工挂面

手工挂面是一家以酸汤挂面为主营小吃的店铺。每天早晨，店家会准备现熬的骨头汤，待到中午的时候，开张营业。店铺门口摆放着三组桌椅，来吃挂面的游客一拨一拨不停更换。特制的酸汤汤头，配上翠绿的青葱味道十分诱人。配上自家特制的挂面，口感劲道，回味无穷。这家店铺的挂面是每日店主夫妻挂在街口晾晒而成的，而面粉依然是袁家村自己生产的面粉。当地保有以物换物的方式，通过此种方式来兑换需要的用品。经过陕西当地充足的日照以及老手艺的做法，使得这里的挂面格外有韧性，吃起来口感非同一般。这家店除了每天供应现做酸汤挂面之外，还会售卖成品挂面。吃过酸汤挂面的游客都会乐意买上几捆挂面带回去，自己享用或与亲友分享。因此他家的挂面销量也非常好。而挂在街口的挂面，则成为一道颇具生活气息的乡村风景线，供游人了解和拍照留念（图 7-26）。

图 7-26　手工挂面店面实拍图（摄影：张明曦）

以上只是列举了几家最具代表性的店铺展陈情况。与之相比，艺术长廊以及酒吧一条街等区域，外部风格均与袁家村的总体风格保持一致，而店内的装潢设计则会在古朴的总体氛围里偏向现代感，并且有较强的空间感。与北京、广东等地景区中的旅游商品店明显不同，袁家村的商铺内部陈设不会过于紧凑，而是更着重营造空间感，打造店铺的整体风格，以“如此”这家店铺为例，店铺的总体风格较为清新淡雅，而店铺内部的陈设则比较空旷，展示架之间均会留有一定的距离，供游客在店内慢慢观赏挑选。袁家村在其旅游发展中打造出了类似于乌镇的“一店一品”规则，不同店铺销售的商品均会有所差异，具有一定的独特性。

（四）旅游商品的品牌打造与传播效果——“袁家村纸袋”

1. 独特的旅游商品包装

袁家村在旅游发展的过程中，非常注重品牌以及景区总体风格的打造。漫步在袁家村的关中古巷，鳞次栉比的作坊令游人目不暇接，各色小吃、特产令人们食指大动。在袁家村游览的过程中，我们不难发现一个比较特别的现象：通常情况下的乡村旅游景区，旅游商品的售卖大多是每家每户都有不同的包装，或是用简单的塑料袋进行包装，而在袁家村游览的过程中，我们可以发现但凡购买这里的旅游商品，尤其是在小吃文化一条街购买的食品，都会用统一规格的纸袋来进行包装，纸袋由牛皮纸制作，具有防油的隔层，便于游客购买一些煎炸类食品，有些店铺还会在纸袋上印上商品的名称，如麻花、馓子等；此外，纸袋上还统一印有袁家村的 logo。因此，行走在袁家村的大街小巷中，我们可以发现不少游人都会拎上一两个这种袁家村独有的纸袋。

2. 旅游商品品牌传播效果预测

袁家村以关中民俗文化为主要的营销特色，随着袁家村旅游产业的发展，关中风情的特色美食也成了吸引游客光顾的一大亮点。我们在袁家村以抽样调查的方式估算了游客购买袁家村特色小吃（指这些由统一规格的纸袋来包装的小吃）的比例。

选定周六及周日两天，分别在每天 12：00～12：20、15：45～16：15 以及 18：00～18：25这三个时间段内，在袁家村主要出入口以及街道会聚点处抽样统计了 800 名游客在袁家村的购物情况。大约 20%的游客会在袁家村选购至少一件（平均不少于三件）这类由统一规格的“袁家村纸袋”所包装的商品，以袁家村特产：酸奶、馓子、麻花等为主，这些游客大多是友人结伴而来或是周边城市的家庭前来旅游。客源地以陕西省内游客为主，特别是西安及咸阳游客，且出游方式多选择自驾的方式出行。

袁家村富有关中特色并且天然健康的食品，这对旅游者有着很大的吸引力，因此这些购买特产的游客大多会批量购买，以馈赠亲友或是带回家慢慢享用，便捷的交通以及周边城市较近的空间距离也会增加这些游客的携带量，从而增加他们的购买量。这些携带着“袁家村纸袋”的游客在景区内游览的过程中，其他游人必然会注意到这些统一标识的纸袋，同时也能够通过纸袋上的文字辨认出这些游客购买了哪些商品，从而为商铺起到了宣传的作用。而这些游客在携带印有袁家村 logo 的纸袋离开景区后，无论这些特产是用来自己享用、馈赠亲友还是另有他用，这些“袁家村纸袋”无疑已经走出了村庄的范畴，得到了被更多人注意的机会。通过统一、规范的包装，不仅能够增加景区的规范化程度，降低包装成本，无形中也是一种以周边为主，更远距离为辅的宣传措施，通过游客的出行，使得“袁家村”这个品牌得以更频繁地出现在公众面前。

四、旅游商品开发经验

咸阳袁家村是中国知名的特色乡村旅游目的地，其旅游商品（旅游购物）系统是其构建旅游吸引物系统的重要组成部分。袁家村旅游商品开发在经营主体（谁卖）、经营内容（卖什么）、经营方式（怎么卖）三个方面的经验值得广大乡村旅游目的地借鉴与学习。

（一）充分考虑旅游经济外部性，强化旅游商品经营主体

外部性是指事物之间直接或间接的影响。广义的旅游经济外部性指旅游经济活动中各要素广泛的影响与联系。袁家村在旅游商品系统开发中充分考虑到旅游经济外部性的作用，对旅游商品的经营主体起到强化的效果。这主要体现在以下两个方面：

一是本地人与外地人的融合。袁家村旅游商品基本可以划分为传统小吃区、回民街区和文化创意商品区三个部分。其中，传统小吃商铺以袁家村村民为主；回民街区商铺是从西安整体“复制”搬迁而来；文化创意产品商铺则是以西安人为主的来自全国各

地的商家。传统小吃商铺及回民街区是袁家村吸引游客、提升人气的重要内容，为文化创意商铺带来大量客流；而文化创意商铺由于是外地人带来的创意创新理念、管理方式、装修风格等给以本地人为主的商铺商品以示范效应。虽然袁家村强调“无论是本地人还是外地人只要在袁家村都是袁家村人”的共生共荣的理念，但新老“袁家村人”的相互融合、影响共同构筑的旅游商品经营主体生态圈是袁家村旅游商品系统发展的前提。

二是高收益与低收益的平衡。经营主体之间的收益不均衡具有必然性，同时也具有相对性，即此家的不景气映衬彼家的景气。然而对于规模庞大的游客群体而言，袁家村是不可分割的旅游目的地，因此游客视角的不同的经营商铺互为背景，亦即彼此之间存在着鲜明的外部性。假设经营业绩不理想的商铺因故搬离，那么受影响的不仅是失去了景观陪衬、经营陪衬的其他商铺，更是旅游经济繁荣的袁家村。正是考虑到这种外部性，袁家村充分发挥其集体经济指导下土地综合开发的优势，将集体收益中的部分对经营相对不景气的商铺进行直接补贴，助力其维持经营、进一步发展。从而，通过平衡高收益与低收益旅游商品经营主体之间的利益实现袁家村旅游业可持续发展。

总之，袁家村充分考虑到旅游商品经营主体间的溢出效应和外部性，扎实旅游商品经营的微观主体，成为袁家村旅游商品系统运行的基础。而主动平衡不同商品经营主体间的收益更是袁家村旅游商品系统与众不同的亮点。

（二）促进旅游业其他产业融合，丰富旅游商品经营内容

旅游业是综合性强、易与其他产业融合的产业。袁家村旅游商品体系构建过程中充分考虑到与其他产业的融合，极大地丰富旅游商品经营内容，为游客提供更多的选择。具体而言：

一是旅游业与畜牧业的融合。2002 年袁家村开始投资兴建标准化养殖小区是袁家村发展畜牧业的重要举措。2007 年开发旅游业后，随着游客量逐年规模递增，袁家村开始将奶牛产品（酸奶）与旅游业相融合，打造袁家村酸奶成为袁家村旅游商品中的品牌商品之一。其类似于前店后场的经营模式给游客以低成本、生态型的商品印象，一经推出受到广大游客的欢迎。据了解，袁家村酸奶销售额已经成为年逾 1000 万元的旅游商品。

二是旅游业与种植业的融合。为拓展经营体系及收入来源，袁家村作为现代乡村型旅游目的地着力打造现代农业产业园，将农业种植、旅游观光、农产品（蔬菜、水果等）联合构建产业链。传统种植业通过嫁接旅游业将农产品打造成为旅游商品，不仅发挥袁家村乡村旅游目的地的比较优势，而且提升农产品的价值、增加农民的收入。

三是旅游业与传统手工业的融合。袁家村所处秦陕大地传统手工业发达，袁家村以

关中印象体验地作为其发展定位，在旅游商品体系构建中充分将旅游业与传统手工业相融合。如安野苦荞枕、葫图手工坊等均是将传统手工业商品作为旅游商品销售，不仅丰富袁家村旅游商品体系，还有助于传统手工艺的传承与发扬。

四是旅游业与文化创意产业的融合。文化创意产品已经成为袁家村旅游商品体系的重要组成部分。如那时、如此、艺术勺子、女朋友的店等无论是商铺名称还是商品内容均体现出旅游业与文化创意产业的融合。

（三）实现旅游商品的统一包装，提升旅游商品经营效率

统一包装——袁家村纸袋是袁家村旅游商品系统中的鲜明特点。袁家村纸袋袋身土黄色彰显出其地处黄土高原的地域特色，纸袋左上角是醒目的袁家村 logo。袁家村纸袋的统一包装不仅给游客以统一正规之感，同时通过游客的移动将袁家村无形中推介到客源地，从而促进旅游商品和旅游目的地的营销推广和经营效率的提升，间接降低的营销费用也有助于旅游经济效益的增加。

第八章　四川景区商业调研与建议[①]

一、峨眉山景区

（一）景区商业总体特征

峨眉山景区属于传统观光型景区，主要以门票、索道及旅游巴士等经营收入为主，同时，景区内长久以来自然形成的商业环境，也是景区不可或缺的组成部分。业态分布主要依托景区旅游资源、游客集散中心（如游客咨询处、汽车站等）布局，以特色餐饮、地方特产、旅游纪念品、乡村民宿为主。商业设施总体布局良好，但监督、管理相对滞后，部分从业人员缺乏服务意识，除乡村酒店外，其余业态档次较低。

（二）峨眉山景区商业综合评价

1. 业态布局

景区外围商业依托小镇布局，与城市生活融合，以日用百货、旅游纪念品、餐饮、酒店等业态为主，相对稳定。景区内部商业主要集中在游客集散区域（游客中心、车站、停车场等）、各主要旅游景点及沿线形成的客流动线节点区域，形成有专门的商业组团或独立的商业店面。

2. 业态构成

峨眉山景区商业业态品类丰富、数量充足，主要包括：酒店、农家乐、特色小吃、旅游纪念品、药材售卖、租赁（大衣、照相机）、照相、猴食、佛教用品、滑竿等。截至 2015 年 3 月底，峨眉山景区已办理个体工商户共计 1646 户、企业 116 户。整体来看，业态构成趋于合理，但部分同区域内旅游商品过于雷同，同质化严重，且档次较低。

3. 品牌建设

（1）峨眉雪芽

峨眉雪芽作为峨眉山景区核心产品的优秀代表，是贯穿峨眉山茶史与茶文化中的千

---

① 执笔人：徐挺

古香茗，其称谓年代久远。“峨眉雪芽”，唐时名“峨眉白芽”“峨眉雪茗”。宋明以来，又有“雪香”“清明香”等雅称。自古以来誉称峨眉名茶中的精品。早在7世纪中，即以中国十大名茶的显赫地位，著录于茶圣陆羽的《茶经》和李肇的《唐国史补》等古籍之中。

（2）峨眉山灵猴

峨眉山生态猴区位于峨眉山清音阁，一线天至洪椿坪之间，为一段狭长的幽谷，占地25公顷，是目前我国最大的自然生态猴保护区。峨眉山猴种名藏酋猴，属国家二级保护动物，色泽棕青，短尾，个大，又称大青猴、短尾猴，因长期生活在佛教名山，故妙号“猴居士”，野生状态中的猴以采集植物的叶、花、果为食。游人以喂猴、戏猴为乐趣，而形成了峨眉山猴见人不惊，与人相亲、与人同乐的友好氛围，成了峨眉山的一道活景观。峨眉山灵猴俨然成为峨眉山一个独具魅力的品牌。

（3）峨眉山红珠山宾馆

红珠山宾馆为五星级国宾馆，前身为创建于1935年蒋介石在峨眉山的官邸，曾接待过邓小平等65位中外名人。宾馆位于峨眉山麓报国寺旁，拥有660亩的原始森林，湖泊和森林温泉等22项运动休闲娱乐项目。

4. 文化特色与体验性

峨眉山是“中国佛教四大名山”之一，宗教文化特别是佛教文化，构成了峨眉山历史文化的主体，商业主题以佛教文化、地域文化为主要特色，其中金顶区域业态以佛事用品为主，具有一定文化特色。

眉山灵猴作为景区重要吸引物，形成以亲密接触、投食喂养、玩偶服饰等为主题的商品，增加游客的体验感。但其他旅游商品业态形式单一，体验性较差。

5. 商业氛围与商业景观

峨眉山景区商业品类比较丰富，基本能够满足游客食、住、娱、购需求，但部分商业设施风格、材质、外观等过于简陋生硬，并有不同程度的破损，与整个自然环境和文化氛围极不协调，在无有效经营秩序现状下，严重影响整体商业氛围。

金顶、万年寺等核心片区沿线商铺造型相对统一，但商铺内部风格、材质及展陈方式不规范，且不符合景区主题，景观协调性差。

6. 商业运营模式

峨眉山景区的商业运营方式多样，除景区直属商业外，酒店、餐饮、商铺等主要通过招商招租的形式，引入经营主体；同时，为解决景区内部居民生存问题，结合村落布局划定专门旅游商品销售区，以较低租金给予农民一定的商铺店面，从事旅游讲解、售卖等旅游服务。

7. 商业管理与服务

峨眉山景区商业经营主体类型众多，业态分布散乱，商业经营秩序混乱。主要表现为：景区商业发展缺乏规划与控制，以及有效的监督管理机制，部分个体经营摊位商品超出其经营范围，存在拉客、占道经营、摆摊经营等问题；店铺环境及卫生状况欠佳；峨眉山灵猴管理人员纵容灵猴袭扰游客，游客被抓伤事故时有发生；商铺经营业主及服务人员缺乏服务意识，专业技能较差。

8. 商业专项营销

峨眉山景区在游客中心通过智慧自助终端设备向游客展示景区“食、住、行、游、购、娱”系列产品，并通过手机APP、预订及其他线上营销模式向广大游客推介景区商品，这种专项营销模式有助于与游客建立一对一的联系，有效且精准地捕捉到游客需求。

另外，景区酒店与识途旅游网合作，通过联合营销的方式进行专项营销。

（三）峨眉山景区商业创新与亮点

- 峨眉山景区通过返聘和租赁店铺等形式，为村民提供就业机会。
- 景区将佛文化展示与特色商业相结合，开展禅修体验、佛教文化研习等，提升商业文化内涵，为商业发展注入不竭动力。
- 佛协自主经营部分商业，包括法物分销、佛事主持、法物经营等，独立运营，自成风格。

（四）峨眉山景区商业提升建议

1. 合理规划布局，加强监督管理

根据景区资源分布及游客动线，合理规划商业布局，统一管理，加强监督机制，提升业态布局及商品质量和档次；对商业设施、环境及配套服务设施进行统一整顿和提升，确保商品质量和安全。

2. 强化商业业态管理及服务水平

针对景区商业从业队伍进行全面管理和培训，增强其服务意识和业务技能；统一着装，佩戴工牌，规范服务礼仪；引进管理型、服务型人才，树立峨眉山景区积极向上、绿色环保、文化底蕴厚重的形象。

3. 创新旅游纪念品，增加商品文化性和实用性

在旅游纪念品开发过程中，应充分结合峨眉山景区历史、文化及地质特征，开发精巧便携、富有地域特色和文化特色的旅游纪念品，强化纪念性、实用性，提升旅游纪念品档次。

二、九寨沟景区

（一）景区商业总体特征

九寨沟景区以南北向的树正沟及其支沟则查洼沟、日则沟、扎如沟为骨架，沿河谷地带为允许游览区，其余地区为自然保护区的核心区；商业设施依托主要游览区域进行布置，形成大集聚（沟口、诺日朗）小分散（树正、长海、原始森林等）的特征；因实行严格的保护理念，景区内部商业设施相对单一，仅满足游客餐饮、购物需求；景区目前对门票依赖性较大；外部住宿设施参差不齐，文化表演发展水平较低；景区内的旅游观光与景区外的住宿、表演、商业、展览等服务处于分散管理状态，尚未做到有机整合；商业业态的总体规划、数量及分布、商业氛围营造等仍有一定的上升空间。

（二）景区商业综合评价

1. 业态布局

九寨沟景区游览设施布局采用服务部、旅游镇相结合的二级布局方式。旅游镇设于风景游览区外的漳扎镇沿白河河谷 20 多公里长的带状地区，尚有其他如行政、教育、相应的餐饮娱乐购物等配套设施设置，服务部均设于风景游览区内，有沟口、诺日朗、荷叶、树正、原始森林、长海、扎如寺、纳久坡八个服务部，其中沟口和诺日朗作为中心服务部，是其中最重要的两个商业服务区。沟口设有游客中心、管理中心、沟口客运中心，是风景区内部最重要的枢纽点，诺日朗服务区主要以餐饮、购物及集散功能为主，其他重要节点设服务部，如树正、长海、原始森林，提供茶水、休息等服务，功能的单一化将非常有利于风景区的保护工作。

景区商业布局基本上与游客动线、交通体系相契合，具有一定的地域特点，同时带动景区周边商业发展。但景区业态单一，商品同质化严重，部分商业位置有待优化，景区外部九寨沟沟口商业规划较为混乱。总体来说，景区商业规划布局趋于合理，但仍有较大的提升空间。

2. 业态构成

九寨沟景区商业业态构成如表 8-1：

表 8-1 九寨沟景区商业业态构成

业态分布		主要业态
景区内部	门区游客中心	旅游购物中心：旅游商品、地方特产、藏文化书籍、工艺品（水晶、琥珀、藏饰等）、奶制品、水、饮料、副食、雨衣等，德克士，哈根达斯，摄影服务
	诺日期中心	餐饮：自助餐、桌餐；购物：旅游纪念品
	树正藏寨等	餐饮：方便面、青稞酒、酥油、火腿肠；购物：旅游纪念品
	景观节点（观景台、休息区）	照相点：导游跟拍、租衣照相；购物点：水、饮料、副食
九寨沟沟口	藏家乐	雪域卓玛藏家乐、卓玛藏家藏家乐、金鹰山庄
	宾馆、饭店	贵宾楼饭店、荷叶迎宾馆、花园酒店、喜来登国际大酒店、九寨天堂、世纪缘宾馆、九寨度假村、千鹤大酒店、星宇国际大酒店、麟翔源酒店、九寨山庄、九寨大酒店等
	演艺中心	九寨宋城旅游区、九鑫格桑拉艺术团、雪域卓玛藏家乐等
	其他	旅游纪念品店（工艺品、藏羌饰品等）、土特产店（牦牛肉）、便利店、副食零售店等

存在的问题：

（1）消费结构不合理

目前游客到九寨沟旅游一般停留一天两夜，人均综合消费约 1100 元/人次，其中景区门票和车旅费所占比重较高，而购物、娱乐等消费所占比重偏低。消费结构不甚合理，可能因此丢掉 50%~60% 的旅游收入。

（2）业态单一，档次较低

景区内商业主要以餐饮、购物、照相等为主，业态单一，档次较低；游客中心、诺日朗中心等游客密集区域规划混乱，商业同质化严重；景区旅游购物点、租衣照相点仍停留在初级商业服务阶段，缺乏创新。

九寨沟沟口旅游纪念品档次较低、无特色，宾馆、饭店林立，存在兜售、拉客等现象；文艺表演团队多达 10 家，但演艺资源并没有形成整合优势，表演剧目更新较慢，表现形式单一、雷同，缺少创新。

（3）部分节点业态数量不足，商业设施简陋

原始森林、长海景区以及两处景区至诺日朗游客观光步道两侧游客休息设施数量不足，且部分商业设施简陋，无法满足大量游客需求，大量游客不得不自行携带食品饮料进入非游览区域休息进餐，对景区生态环境造成严重威胁。

建议原始森林等部分游客休憩区、游客动线关键节点适当增加商业服务功能，并优化、提升商业设施及商业环境。

3. 品牌建设

（1）九寨特产

九寨沟特产具有浓浓的藏族色彩，包括极其珍贵的药材（松贝、冬虫夏草、天麻等）、手工艺品（藏刀、唐卡、首饰等）、美食（糌粑、酥油茶、青稞酒、草根茶等）等。

（2）品牌酒店

引入喜来登国际大酒店等国际知名品牌入驻九寨沟。另外，新建和对已建成的宾馆酒店进行升级改造，提高接待水平和服务质量，逐步形成以国际品牌酒店和高星级酒店（如九寨天堂洲际大饭店、保利·新九寨宾馆）等为引领，经济型酒店和宾馆为辅的酒店接待体系，以此适应各层次消费群体的需要。

4. 文化特色与体验性

目前九寨沟旅游主要依赖自然资源，而充满神秘色彩的九寨民俗、藏羌文化相对开发利用不足，文化特色与体验性较弱。而以观光为主、缺乏文化体验的旅游产品又无法让游客长时间驻留，很难产生二次消费。因此，需将文化因子注入旅游，使旅游与文化联姻。可进一步挖掘藏羌文化（如九寨本地的白马绉舞、南坪曲子、白马涂墨节、熊猫舞、朝哲祝酒词、白马服饰、九寨民居、风情饮食等）、佛教文化和其他非物质遗产文化（如羌笛制作技艺及演奏、羌族瓦尔俄足节、羌族羊皮鼓舞、羌族刺绣、博巴森根、马奈锅庄、藏族编织、挑花刺绣工艺等），使九寨沟旅游从内部自然观光逐步向外围度假休闲旅游顺利过渡。

5. 商业氛围与商业景观

目前，九寨沟沟口商业已形成恶性循环态势，商业规划混乱，无档次、无特色。景区内部诺日朗中心、游客中心商业主要集中在建筑体内，与周围环境协调性较好，但内部商业标识不明显，部分店招、广告牌不统一，缺乏创意。除此之外，景区部分购物点、村寨商业标识不明显，商业氛围较差；大部分租衣照相点景观性较差，影响观瞻，商业氛围较差。

6. 商业运营模式

维护景区居民利益，建立社区参与的商业模式，促进九寨沟景区持续发展。九寨沟景区积极通过招商引资，本着“你投资、我建设、你发财、我发展”的原则，给投资商以极大的优惠政策，与其他地区及有关部门建立了良好的投资合作关系。引导景区内九个村寨居民退耕还林，免费为其提供集中的商业经营场所，实行免租免税政策。

7. 商业管理与服务

九寨沟景区入口商场由九寨沟管理局独资的国有企业——四川九寨沟旅游文化产业开发有限责任公司管理经营，主营九寨藏刀、虫草、天麻、贝母、九寨风光 DVD、旅游手册、导游图、九寨小吃等旅游纪念品的批发销售；沟口处荷叶迎宾馆、贵宾楼饭店由九寨沟风景名胜区管理局管理维护。诺日朗购物中心由九寨沟景区内村民自营，诺日朗餐饮统一由九寨沟联合经营公司管理，在景区外设有餐厅配送中心。

目前，九寨沟游客中心、诺日朗购物区经营秩序较差，缺乏有效管理，游客动线不清晰，标识牌缺乏设计感。景区内部分购物点管理与服务缺乏人性化，如热水器放在柜台内，不方便游客自行取水，且不利于商业服务的高效性；大部分租衣照相点存在拉客竞争现象，且物品随意堆放、垃圾清理不及时，视觉协调性极差，影响游客体验，部分经营点存在安全隐患。

8. 商业专项营销

九寨沟景区制定了《九寨沟打造世界旅游目的地景区建设生态旅游经济示范区三年行动计划（2014~2016 年）》，针对九寨沟旅游业态较为单一的格局，提出了专项方案，成立产业发展促进处，在产业融合、业态调整、产品创新等方面做好功课，实现从依赖观光的单一模式向多极化的业态发展模式转变。

另外，九寨沟官网（http：//www. jiuzhai. com）上对旅游商品进行了推介；游客中心、购物中心等也通过展示柜和命名推介的方式进行景区商业内部营销。

（三）九寨沟景区商业创新与亮点

社区参与的商业模式，是九寨沟旅游景区商业亮点所在。旅游景区与当地居民的利益矛盾一直是困扰着景区管理经营的难题，处理好二者的关系，是保证景区持续、和谐发展的基础。

景区通过创新思路，招商引资，建立诺日朗中心，引导各村寨居民参与到旅游活动中来。社区参与旅游管理的意识逐步增强，景区居民的利益诉求愈发凸显，包括经济利益、文化利益、生态利益诉求，即要求旅游业的发展为其带来显著或明显的经济收入，生活水平的提高；作为旅游发展土地的提供者，要求获得相应的赔偿，获得公平就业机会；要求在旅游发展中体现个人的发展和“个人参政权”；要求旅游发展不破坏其长期生活环境，并保证生活环境与质量不因旅游业的发展而下降；景区居民要保护当地的生态环境等。社区参与商业模式满足景区发展的同时，切实地解决了当地居民的利益和诉求，也带动了相关产业的发展升级，促进九寨沟旅游的可持续发展。

（四）九寨沟景区商业提升建议

1. 业态多元化，多产业融合发展

九寨沟要改变以一般观光游客为主的市场格局，改变以单一观光为主的产品结构和高度依赖景区门票经济的消费结构，适应市场需求，加大深生态、深文化、度假、养生、会议、休闲等的开发，将景区商业与各产业相融合，培育多元丰富的旅游产品，满足不同类别旅游者的需求。

2. 增加商业文化特色与体验性

结合九寨地域文化、非物质遗产以及民族风情，以市场需求为导向，丰富商业业态，深入开发旅游商品。构建旅游商业与景区旅游产品体系，延伸整个旅游文化产业链，更多地加入当地文化元素，创新商业表现形式，使游客在欣赏自然景观的同时，领略到当地的人文风情。把九寨沟内部旅游观光的“门票+观光车”经济型向外部“旅游体验+度假”型过渡，让游客在旅游观光的同时能够充分体验到神秘的藏羌民族文化、地域风情文化等，增加游客感受，延长驻留时间，将九寨沟打造成融风光、餐饮、娱乐、演出、住宿为一体的综合化管理景区，增加景区收入。

3. 优化九寨沟景区商业环境氛围

联合相关单位、部门，对九寨沟沟口区域商业环境进行整治、优化提升，尤其对服务差、兜售、拉客的经营者、商贩进行整改和约束。

对九寨沟景区内商业合理规划布局，根据游客行为习惯及需求，在保证景区生态环境质量和视觉协调性的基础上，增加商业网点、丰富商业业态，对所有商业设施进行统一设计、包装，增加文化元素，提升商业设施档次，与环境和谐统一；对游客中心、诺日朗购物中心的商业环境、卫生状况、管理及服务水平进行治理和优化，重新设计规划商业游客动线，建立健全商业标识系统，引进智能化系统，优化商品结算功能，打造和谐、高效、环保、科技的商业环境氛围。

4. 强化监督管理机制，提升服务水平

加强对景区经营业户的监督管理力度，营造良好的旅游经营秩序，巩固九寨沟景区形象，对景区经营点实行“定点、定位、定员、定性”管理。

经营者禁止从事以下10种活动：尾随兜售；强买强卖；出售或使用一次性雨衣、快餐盒等污染环境的商品；在经营中使用音响、喇叭等强噪声叫卖或者播放与环境不协调的歌曲、音乐；在古树名木上钉、扯、挂物品及广告牌；占用游客休息椅等休憩设施、游步道进行经营活动；出售或从事经营许可以外的其他商品及活动；强占景点等景区资源从事经营活动；未被允许，擅自垄断景点及重要景观位置从事照相收费活动；采取回扣、欺诈等不正当手段获利。

5. 增强商业专项营销力度和广度

（1）景区营销推广

结合景区市场，通过景区专项活动、营销活动、线上线下促销、展会、媒体传播等手段，对景区食、住、购、娱等商业产品进行宣传推广。

（2）商业专项营销

根据景区商业数据进行统计分析，以及市场细分、定位，开展景区商业专项营销、联合营销等推介活动，积极参加商品展销、产品推介等会议会展，拓宽渠道，打造与周边如黄龙、峨眉山、乐山等景区的差异化开发规划，突出九寨沟商业独特性，增强竞争力。

（3）建立智慧营销体系

深入开发互联网、移动客户端、手机 APP 等系统，接入景区商业接口，推送商业信息，建立预订、结算系统，实现景区与商业的无缝对接，游客与景区商业的自由互动，商业信息的随时更新与共享等功能，建立智慧营销体系。

三、其他景区商业提升建议

（一）乐山大佛景区

根据对乐山大佛景区商业业态的初步调查及发现的问题，建议通过如下方式进行商业提升：

1. 科学规划，营造商业氛围

（1）进一步加强景区人流动线组织，创新旅游产品，将旅游商业业态与人流动线有机融合，相互依存、相互促进、相互补充。

（2）设计制作符合商业规范的标识标牌、解说系统，营造商业氛围。

2. 加强管理，提高服务水平

（1）景区联合相关部门，规范景区内、外旅游商业布局，营造良好的商业经营秩序，打造公平、公正、透明的商业环境，实现景区内外部全面可持续发展的共赢局面。

（2）景区内部划定商业服务区，制定科学、实用、高效的管理制度，规范化管理，形成标准化管理流程，统一管理、统一包装、统一营销、统一品牌；严格把控经营商户的准入许可，并办理相关证照，制定严密的监管体系。

（3）强化景区商户诚信度，共同维护商业秩序和景区形象；不占道经营，商品须规范摆放，确保清洁卫生，明码标价，严禁拉客、欺客、宰客等行为。

（4）定期对商户进行服务培训和专业指导，全面提升服务水平和专业技能。

（5）充分利用智慧景区系统，建立完善的物流体系和结算系统，充分体现以人为本的服务理念。

3. 品牌建设，加强营销宣传

（1）引入一些知名商业品牌，如品牌酒店、老字号商铺等，品牌商家可以为景区带来大量人流，创造良好的商业氛围。

（2）深挖渠道建设，做好景区商业的专项营销计划与品牌宣传活动。

4. 创新发展，建立生态系统

（1）结合市场及游客心理，深挖景区内涵，开发设计具有本地代表性和实用性的独特旅游纪念品。

（2）建立以用户价值需求为导向的运营机制，如商业定位、产品模式、交易系统、成本结构、盈利模式。建立合作共赢的利益生态系统。

（3）搭建商业合作平台，打通开发设计、生产、销售为一体产业链，建立政府、企业、居民和共赢共建关系，形成良好、稳定的商业秩序。

（二）阆中古城旅游区

1. 提升现有住宿、休闲商业模式，推出深度休闲度假产品

阆中具有资源和区位等优势条件，但目前商业业态较为低端，使高端的度假游客很难在阆中长时间停留。应充分挖掘古院落历史文化背景，注入集展览、住宿、休闲、娱乐、养生等功能于一身的场域空间，在建筑群区域内的驻留时间延长，成为本地居民生活的第二空间，可以实现物质与精神需求的双重满足。

2. 举办高端主题论坛会议，提升古城档次，注入新鲜血液

如在阆中古城与县城接合部修建高标准的国际会议中心（协同政府定期举办国学论坛等）、以醋文化为主题的温泉 SPA 养生度假村，以风水文化、国学文化为核心的文化产业园以及生态度假养生会所等中高端产品，符合阆中旅游总体发展和产业升级的要求。

3. 突出古城文化展示功能，将商业渗入文化主体中，商业即景观，商业即文化

目前，古城内各参观景点相对独立、分散，游客动线被商业干扰，各景点湮没于各色商业中，无法突出古城文化展示主体，进而显得古城过度商业化，古城生活过于浮躁和拥挤，失去休闲、度假的氛围。另外，过度的商业化氛围可能导致游客视觉疲劳，重复的业态也将无法刺激游客消费。

建议：①明晰景区标识系统，突出参观景点，景点附近弱化商业氛围；②古院落、文化遗址、休闲区域免费向游客提供休憩服务、免费 Wi-Fi、阅读、饮水等，将茶饮、小吃等特色服务融于游客歇息空当；③统一规范部分商业店铺形象，整体打造商业景观，使商业融于景，融于文化，增加对游客的吸引和驻留时间，强化展示和参与功能；④强化各商业间的联系，如通过集邮册（邮戳寻宝）等方式，设计游客动线，串联各商业店铺、景点，引导游客主动寻找店铺，带动店铺消费，根据搜集的邮戳数量及要求，给予门票优惠及其他奖励政策等，增加消费体验化。

（三）邓小平故里旅游区

1. 统一规划布局旅游区商业业态

对邓小平故里旅游区内商品进行系统梳理，根据旅游区游客动线、观光游览产品等主体内容，合理规划布局食、住、娱、购等商业设施。整体提升商业业态档次，改善商

业环境，开发设计具有文化内涵、地域特色、民族特点的旅游商品，增强其纪念价值、收藏价值和实用性等功能。

2. 加强监督管理，优化商业环境

加强商业监督管理力度，杜绝旅游区拉客、揽客、兜售以及经营秩序混乱等现象，优化商业环境。对居民自营商业进行集中管理，统一风格、形象，加强质量监督和价格监控，引导居民实行特色化旅游生产与服务模式，避免恶性竞争。

3. 加强服务培训，提升旅游区形象

对从业人员进行集中培训上岗，采用“社区参与、共同维护”的商业模式，建立友好和谐型商业环境及商业氛围，互相监督，树立旅游区形象。

4. 主题化、模块化商业区域，开展各区域联动

对旅游区核心区、佛手山景区、牌坊新村、协兴老街各商业组团进行主题化、模块化管理。核心区陈列馆内商业以展示、旅游纪念品销售为主；佛手山景区以土特产、特色小吃为主；牌坊新村以休闲娱乐、农家乐、餐饮、住宿等业态为主；协兴老街以演艺（情景再现）、节事活动、吧类、特色小吃、特色商品等游客参与性较强的业态为主。各商业组团通过旅游区观光车、摆渡车联系，带动周边区域商业协同发展。

（四）黄龙风景区

1. 完善提升商业业态

（1）增加商业服务点

在牟尼沟景区停车场、黄龙沟索道上站至黄龙寺游步道两侧等关键节点、游客动线处增设商业服务设施，根据设置点情况及游客心理，售卖旅游纪念品、土特产品、餐饮、特色小吃、饮料、户外用品等商品，以满足不同游客的需求。

（2）构建商业聚集区

进一步规范黄龙游客中心商业业态种类及数量，在游客集中聚集的开阔区域设立一个商业聚集区，集中展示和售卖黄龙景区旅游纪念品、土特产、饮料、副食商品，同时提供休闲、娱乐、科普等服务，以便规范化、规模化、特色化经营，增加旅游收入。

2. 提升从业人员管理及服务水平

黄龙风景区部分服务人员因民族习惯、文化背景、知识水平及生活方式的差异性，对业务的理解和服务意识的认知程度不一，管理和服务水平参差不齐，对景区标准化管理、品牌的树立等可能会产生消极影响，因此，应合理选人、用人，并适当引进人才，加强从业人员的培训，全面提升其综合素质和服务水平。

3. 杜绝兜售、欺客等不文明现象

在规范景区商业业态的同时，严厉打击景区内兜售、私自贩卖以及拍照欺客的不文

明行为，引导和鼓励当地居民合理合法地进行经营活动，营造一个绿色、和谐、公平、公正的景区商业环境。

4. 加强商业专项营销及推广

通过各大媒体、渠道，对景区品牌商品、旅游纪念品、酒店、餐饮等进行推广和销售，开发在线预订、移动终端系统、微信支付、APP 等功能，策划相应活动，联合周边景区，深入拓展市场，树立品牌形象，全面打造成为以核心资源带动商业，以商业促引投资和消费，进而拉动区域经济，形成旅游目的地经济的全面增长。

（五）青城山—都江堰景区

1. 品牌建设，统一管理

基于用户价值需求的发现，深化景区商业模式，强化商业主题定位，优化成本结构、产品模式，升级交易系统，创新盈利模式。建立青城山—都江堰品牌，加强管理，提升服务水平，推进景城商业统一标准、统一规范、统一品牌、统一结算功能。

2. 建立电子商务平台

通过官方网站、专项营销网站或其他电子商务平台实现对接，建立景区统一电子商务平台，实现线上展示、销售、结算，线下物流配送功能，促进景区品牌化建设，增加景区收入，拓展和绑定潜在客户。

3. 强化管理与服务水平

加强对景区商业的监督和管理力度，实行价格公示制度，加强从业人员素质和专业技能培训，采取商业从业人员游客满意及评价机制，采取末位淘汰制，对本地居民自发形成的商业形态进行整合，全面提升景区形象。

4. 杜绝兜售、欺客等不文明现象

在规范景区商业业态的同时，严厉打击景区内兜售、私自贩卖以及拍照欺客的不文明行为，引导和鼓励当地居民合理合法地进行经营活动，营造一个绿色、和谐、公平、公正的景区商业环境。

5. 加强商业专项营销及推广

通过各大媒体、渠道，对景区品牌商品、旅游纪念品、酒店、餐饮等进行推广和销售，开发在线预订、移动终端系统、微信支付、APP 等功能，策划相应活动，联合周边景区，深入拓展市场，树立品牌形象，全面打造成为以核心资源带动商业，以商业促引投资和消费，进而拉动区域经济，形成旅游目的地经济的全面增长。

第九章　浙江旅游景区商业调研报告[①]

一、杭州西溪湿地旅游区

（一）西溪湿地商业特征

总体上，西溪湿地是基于生态保护基础上的嵌入式商业发展模式。

西溪国家湿地公园，以保护和展示湿地生态为主，属于生态优先、保护主导的景区。基于此，西溪湿地的商业发展必须建立在生态保护的基础上，因此在空间布局、规模、选址等方面都有更多限制，也形成了西溪景区在生态环境基底之上的嵌入式商业发展模式。

西溪景区商业的发展，是伴随着景区的分期开发建设而逐步发展起来的，在不同的阶段，其商业发展也呈现出不同的特征。

第一阶段——散点配套商业为主：2005 年 5 月 1 日，西溪湿地公园正式开园。在景区运营的初级阶段，西溪湿地仅结合景区入口区以及游客中心布设了一些小型的配套服务商业，以提供简单的餐饮、购物和休憩为主要功能，整体商业规模较小。

第二阶段——商业集聚区形成：随着西溪湿地旅游区的运营逐步进入正规，游客规模也呈现迅速增长趋势，为满足游客的旅游消费需求，西溪湿地启动“河渚街”建设工程，并形成了西溪的第一个商业集聚区，集中布设了各类购物与餐饮业态，并与西溪非物质文化展示相结合，提升了景区商业的文化内涵与品质感。

第三阶段——商业综合体导入：近年来，随着西溪湿地的开发规模逐步扩大，景区也尝试通过入股等方式，启动了西溪天堂、慢生活街区等特色商业综合体的开发建设，不仅提升了商业品牌竞争力，同时引入了悦榕庄、喜来登等高端度假酒店品牌，同时时尚酒吧、咖啡馆等休闲业态比重上升，推动了西溪湿地从单一的观光景区向特色休闲度假景区的转型。

（二）西溪湿地旅游区商业总体评价

1. 空间布局

除了各入口配套商业设施之外，西溪湿地目前形成了几个重要的特色商业集聚区，

---

① 执笔人：徐挺

包括东区的河渚街、西溪慢生活街区，西区的五常民俗文化村、大众游憩村以及景区外围的西溪天堂商业综合体等，呈现除了小片区聚集的商业空间格局，其中东区商业与核心保护区相对隔离，基本符合景区湿地生态保护要求，西区以人文湿地为主题，建筑密度较高，部分商业设施选址对生态景观保护造成一定的不利影响。

2. 业态构成

从面积比重来看，西溪湿地东区（一期、二期）18 万平方米的建筑面积中，以西溪宾馆为主的酒店住宿类业态面积约为 5 万平方米，占总面积的 27. 8%；而集中分布购物餐饮和休闲娱乐业态的河渚街与江村慢生活街区总建筑面积 2. 6 万平方米，占总面积的 14. 4%。而从商业街区内部构成来看，主要以餐饮、休闲和特色购物为主，住宿业态则主要依托西溪天堂布设，休闲度假业态所占比重稍低，购物比重则偏高。

西区（三期）开发起步较晚，整体商业尚未成熟，景区盈利仍主要依赖门票收入，2013 年西溪湿地西区门票收入约 3000 万元，而非门票的商业经营收入仅为 2000 万元左右。目前景区内拥有酒店 1 家、餐饮 4 家，其他购物及休闲娱乐类业态 26 家，规划的艺术家酒店等高端业态尚未建成，目前以餐饮和购物为主，档次相对较低，高品质的休闲度假业态相对缺乏。

3. 品牌建设

在商业品牌建设方面，西溪进行了一些有益的尝试，如“西溪且留下”品牌连锁店铺的设计、在火柿节等特色节庆活动期间特别推出的主题纪念品系列、整体包装打造的慢生活街区商业品牌、西溪天堂综合体商业品牌等，对于西溪国家湿地公园商业品质的提升起到了积极的推动作用。

4. 文化特色及体验性

目前，西溪湿地东区的部分商业相对注重文化特色展示，将特色商品的销售与非物质文化遗产展示相结合，如西溪刺绣馆、蒋村竹编坊、王星记扇子、西溪酿酒文化交流中心等，皆属于此类，但总体所占比重较低。东区其他大部分商业以及西区的商业，所售商品大都缺乏地域文化特色，与国内其他景区无差异。如河渚街的西溪工艺品馆，内部其实就是众多杂乱购物摊点，所卖的商品也是以中低端的纪念品为主，缺乏品质感和文化感。

而从体验性来说，西溪湿地的商业服务过程总体还缺乏游客参与体验环节，只有一些商店提供现场杀蚌取珠项目，但其观感和文化性较差。

5. 商业氛围与商业景观

从商业氛围来看，东区控制较好，“动”“静”有度，核心游赏区基本无商业进驻，过度商业化现象不明显，但部分节点较差，如西溪工艺品馆内部等；西区则相对较为杂乱，商业缺乏严格的监管控制。

从商业景观来看，西溪国家湿地公园内的商业建筑，依托传统民居改造或新建，整体风格统一，与环境融合度较高，部分店面如西湖刺绣馆以及慢生活街区的街景等，经过专业设计，呈现出别具特色的商业景观意向。但大部分店面存在着乱挂招牌、广告牌、随意摆放露天餐椅等现象，降低了商业景观的档次。

6. 商业管理与服务

在商业管理方面，目前，西溪湿地的东区和西区，分属西湖区和余杭区管理，一个景区牌子，两个管理机构，这也造成了东西两区商业管理模式的差异。目前，东区主要通过评选星级商户等措施，对景区内的商业设施进行引导和规范，但缺乏对于商户的监管和清退惩罚规定，同时对于景区周边的商业监管相对缺乏，存在一些黑车宰客、随地摆摊的现象。

在商业服务方面，属于西溪旅游开发有限公司直营的商店，人员服务相对规范，能做到统一着装，微笑服务，但对于招租商户的监管缺失，部分店铺存在揽客叫卖等行为。

7. 商业运营模式

西溪东区的商业 90% 属于招租，10% 属于西溪旅游开发有限公司自营，目前，管委会正计划逐步清退招租商户，将商业统一收回自营，以提升商业整体品质。此外，西溪旅游开发有限公司还通过参股的方式，参与西溪天堂商业综合体的开发，在商业运营模式方面进行了一些探索和创新。

8. 商业营销

目前，西溪湿地的营销，仍然以观光节点的营销为主，缺乏有效的景区商业营销方案和营销体系，缺乏对景区住宿、餐饮、购物点的全面介绍和展示。目前，主要在官方网站上提供部分酒店、餐厅预订以及特色购物品在线销售等服务。其中东区网站仅提供 2 家宾馆和 1 家餐厅的预订服务，西区网站则可通过“虚拟游”界面，获取部分餐厅、茶室的位置和简介。

（三）西溪湿地旅游区商业创新与亮点

西溪国家湿地公园作为一个以人工湿地保护与展示为特色的生态型景区，在保护与商业开发的平衡方面取得了一定的成功，并探索出了在核心保护区禁止商业进驻，在公共开放区集中布设商业的合理模式，同时兼顾了生态保护、服务供给、盈利平衡等多方面需求，对国内其他景区具有一定的借鉴价值。

1. 总体思路

对商业发展的节奏把控较好，根据景区发展的不同阶段，合理设计商业选址、商业规模和业态类型，并形成了“内外联动，逐步升级”的商业发展态势。

2. 新型业态

将非物质文化遗产的展示与特色商业相结合，不仅拓展了地域文化展示的新方式，也提升了商业的整体品位和文化内涵。

3. 品牌建设

成功打造了西溪且留下纪念品连锁店、西溪天堂、蒋村慢生活街区等品牌商业，推动了景区商业的品牌化发展。

4. 商业模式

形成了自营、招商、入股相结合的多元化商业经营模式。在核心保护区避免过度商业化，同时在公共开放区，则集中布设商业，以商业聚拢景区人气，平衡利润，探索出了适合西溪现实情况的商业运营模式。

（四）西溪湿地旅游区商业升级建议

西溪国家湿地公园以湿地生态保护和展示为首要功能，因此，景区商业的发展不应一味追求数量和规模的扩大，而应在满足生态保护要求的前提下，构建精细、精致、野奢的高品质生态商业体系。可重点从以下几个方面，实现西溪景区商业的优化与提升。

1. 优化商业管理体系，实现东区与西区商业一体化

针对东区和西区割裂发展的现状，未来可建立两个管理机构的联席会议制度，并制定统一的商业发展规划，推动东区与西区商业的联动发展，形成品牌共享、业态互补、营销协作的大西溪商业发展格局。

2. 调整现有商业运营模式，建立低端商业退出机制

通过收回到期商铺的方式，逐步扩大自营商业比重，形成自营主导的新型商业运用模式，并在此基础上建立低端商业退出机制，优先发展休闲度假、养生疗养类业态，逐步提升西溪商业的总体品质。

3. 彰显湿地生态理念，引领生态商业风尚

依托西溪湿地生态优势，将环保理念传播、环保公益活动、生态文化体验等与景区商业相结合，延伸出生态主题餐厅、生态主题酒店、志愿者旅舍、芦苇工艺品店、观鸟吧等特色商业业态，在商业中展现西溪的生态文化与生态特色，引领国内的生态商业新风尚。

4. 注重体验性与参与性商业业态的培育

改变传统的商业销售方式，重点发展体验性和参与性的商业业态，如在非物质文化主题商店里，设计游客学习和参与手工艺制作环节，在生态主题型酒店内，设计游客参与环保标语征集环节等。

二、横店影视城

（一）商业总体评价

1. 业态布局

由于横店影视城的各大景区零散分布于横店镇区内，所以其商业的空间分布主要分为两大部分。其一，依托影视城各大不同主题景区的商业区；其二，零散分布于镇区内的商业。

横店影视城的各个景区几乎都设有符合本景区特色的商业区，如清明上河图景区的大宋坊，秦王宫景区的地下皇城，广州街、香港街景区的洋货街，大智禅寺景区的法物流通处等；镇区内的商业主要分布在万盛街。

2. 业态构成

影视城景区内业态较为单一，除了各主题景区的演艺外，主要以购物为主，基本没有住宿业态，购物比重较高，依托不同景区的不同主题，形成了不同的商业特色；镇区内业态较为丰富，以万盛街为主，零散布局有住宿、餐饮、购物、娱乐等多种商业业态。

3. 品牌建设

目前，横店影视城还未进行品牌商业建设，尚无成熟的自主商业品牌，虽然旅游业发展如火如荼，但是并没有引入外来品牌商业。基于此，横店集团下属的旅游商品专业公司把旅游商品开发与推广作为 2014 年的重点工作。

4. 文化特色与体验性

目前，在横店影视城的部分旅游商业具有一定的本土文化特色，比如在这里可以买到金华当地的各种特产，如金华酥饼、金华火腿、石洞米酒、磐安菌菇等，以及东阳木雕、东阳竹编、东阳土布等具有本土文化特色的工艺品。另外，每个主题景区根据主题文化特色，提供了具有不同文化特色旅游商品，如梦幻谷中的各种玩具、和式工艺、印加主题的特色购物等，秦王宫中的各种古代服饰、装饰、宝剑等。

在商业体验性上，开发了一些体验性的商业，如明清宫苑中的拍电影体验，有专业的摄制组和场景专门为游客拍电影，但是由于产品开发较为简单粗略，对游客没有形成太大的吸引力，所以参与体验的游客较少。

5. 商业氛围与商业景观

横店影视城各大景区商业建筑及店面设计基本能够体现各主题景区的文化特色，与周围环境协调性较好，如明清宫苑外的商铺均为与宫苑内部统一的红色建筑明清设计风格；秦王宫商业店铺内与文化特色相统一的红黑色色彩与秦文化景观装饰等；梦幻谷景区在商业建筑和景观上均为卡通梦幻式，景观特色明显。

整体上来看，横店影视城各景区商业氛围静闹有度，基本不存在过度商业化的现象。

6. 商业管理与服务

在商业管理方面，横店集团下属的旅游商品专业公司对影视城整体商业进行统一管理，专业公司对景区的商品价格进行统一的价格控制，如对矿泉水的价格不能超过每瓶4元。但是景区内的部分商业点仍以每瓶5元的价格出售，由此看出对景区商业的监管力度不强。景区周边的餐饮价格较高，如广州街、香港街外围的农家菜馆。

在商业服务方面，从调研的部分商业网点来看，服务人员的服务态度有待提高，没有统一着装，缺乏商业服务规范。

7. 商业运营模式

横店影视城旅游商业通过横店集团下属的旅游商品专业公司进行统一运营管理，包括多种运营方式，如租赁、承包等。目前主要以每年竞拍的形式向外出租商铺，但由于租金过高，租户更换频率较高，并导致了商品价格较高。如秦王宫一处卖水的小商铺，每年150万元的租金。

8. 商业营销

目前，横店影视城商业没有形成完善的商业营销体系，对于景区商业的营销较为缺乏，营销机制、营销渠道欠缺。

（二）横店影视城商业的创新与亮点

1. 设置旅游商品专业公司进行统一管理

横店集团下属旅游商品专业公司，由其对横店影视城整体商业进行统一管理，专业公司主要有以下职责：

商品运营管理：负责对景区商业进行统一运营管理，包括日常的商业管理、有效对商业市场进行日常监管、旅游商品价格控制等。

旅游商品开发：负责旅游商品的创意开发，打造具有影视城特色和本土特点的相关旅游商品，突出影视城内旅游商品的创新性、特色化。

旅游商品推广：对旅游商品进行对外营销推广，将旅游商品推向市场。

2. 每个景区商业主题突出、商业景观各具特色

在商业景观上，各景区特色明显。各大景区商业建筑及店面设计基本能够体现各主题景区的文化特色，与周围环境协调性较好，如明清宫苑外的商铺均为与宫苑内部统一的红色建筑明清设计风格；秦王宫商业店铺内与文化特色相统一的红黑色色彩与秦文化

景观装饰等；梦幻谷景区在商业建筑和景观上均为卡通梦幻式，景观特色明显。

（三）横店影视城商业升级建议

1. 从根本上转变影视城景区管理思维

旅游景区普遍存在着旅游商品价格过高的问题，影视城也不例外。改变这种现状需要旅游景区从根本上转变管理思维，景区不能用“这里是景区”的思维来做商业，这种思维直接导致了商业价格管理等问题。因此导致了目前景区的发展现状是景区吸引游客，但当游客到了景区之后，景区的商业却弱化了这种吸引力，因此影视城要把景区的商业自身吸引力做强，将商业本身作为一种吸引力来吸引游客。影视城的这种影视产业特色赋予了其很好的商业发展条件，因此要用极具创意化、特色化的方式来开发商业。

2. 高品质体验性与参与性商业业态开发

充分依托其影视产业的特色优势，进一步开发高品质的体验性与参与性商业业态。对现有体验性的产品从设施设备、产品推广等方面进行优化升级，如拍电影体验产品，开发多个特色拍摄场景，配备专门的专业拍摄设备和人员，拍摄完成之后制作成光盘等特色纪念品，另外还可以开发让游客自己当导演、摄像的相关剧组人员的体验产品。总之，以影视拍摄相关体验产品的开发丰富商业业态类型，打造真正的属于游客的影视城。

3. 旅游商业产业化开发，进一步提升其影视产业特色

依托影视拍摄特色文化，横店影视城可以开发一切影视拍摄相关的商品，如拍摄设施设备、影视制作、演员服装等，并大规模做大做强，最终形成产业化发展，把横店打造成真正的影视城。

4. 充分发挥旅游商品专业公司优势，构建标准化的商业体系

充分发挥横店集团下属的旅游商品专业公司的优势，加强对影视城商业的监管，规范影视城商业发展环境，并针对其商业发展制定未来横店影视城商业发展规划。加强对旅游商品的开发与推广，构建影视城成熟的旅游商业体系。

三、其他景区商业提升建议

（一）西湖风景名胜区

地处“休闲之都”——杭州城市中心区的西湖风景区，是杭州休闲文化与休闲性格的集中体现地，也是城市品位的第一展示区。未来，应将西湖景区商业的发展与城市

形象的展示相结合，重点从以下几个方面着手，积极推动景区商业的品牌化、休闲度假化升级，构建杭州城市中央休闲度假区。

1. 落实《西湖风景名胜区业态提升规划》

推进《西湖风景名胜区业态提升规划》编制工作，明确西湖商业的总体发展策略和发展方向，构建完善的景区商业管理制度，将景区范围内的各类商业纳入统一的管理范畴。

2. 完善西湖景区商业进入与退出机制

根据《西湖风景名胜区业态提升规划》，明确西湖景区优先发展、限制发展和禁止发展的业态类型，并据此建立景区商业的引入与退出机制，吸引符合需求的新型商业进驻，同时逐渐清退不符合规划要求的商业业态，最终实现景区商业结构的改良与优化。

3. 重点提升和优化环湖商业品质

重点对环湖区域的商业进行优化，一方面，恰当处理商业与公共活动空间的关系，可逐渐降低部分区域的商业设施密度，避免商业设施过度占用公共空间；另一方面，鼓励主题酒店、主题餐厅、创意手工店、非物质文化遗产主题店铺、艺术酒吧等时尚休闲业态的进驻，改变环湖商业品质较差的现状；此外，加强商业环境与商业景观的管理，对店铺装修、招牌与广告布设等细节制定详细的设计准则。

4. 培育“西湖”系列商业品牌

在做强做大“西湖物语”旅游纪念品品牌的基础上，大力培育和营销西湖民宿、西湖素食、西湖茶楼等系列商业品牌，通过整合散点业态，强化西湖商业的品牌价值与品牌影响力。

（二）千岛湖风景名胜区

1. 整体提升优化千岛湖现有商业品质

对千岛湖景区现有的商业品质进行整体优化和提升，一方面，对秀水街进行改造和提升，调整其商业业态构成，增加创意休闲度假业态，鼓励主题酒店、创意客栈等度假业态进驻，从而相对减少购物和餐饮业态，以顺应休闲度假旅游时代的需求；另一方面，对千岛湖所有岛上商业进行整体提升，改变不规范的商业环境，增加岛上休闲度假业态，对小型简单的商业店铺环境进行改造。另外，对店铺装修、招牌与广告布设等细节制定详细的设计准则，统一风格，增强特色，并与景区整体氛围相协调。

2. 丰富东南湖区商业业态，实现商业均衡发展

针对目前千岛湖中心湖区发展过热、东南湖区发展过冷的现状，对东南湖区产品进行提升的同时，丰富其商业业态。着重开发创意型、体验型商品，以培育其旅游商业特

色吸引力来提升景区整体的吸引力，进而改变现有发展严重不平衡的现象。并对东南湖区周边商业进行有规划的系统开发，带动东南湖区整体发展活力。

3. 建立两大湖区商业联系，实现联动一体化发展

一方面，在连接两大湖区之间的空间上增加商业业态布局，在丰富千岛湖商业业态的同时，实现两大湖区之间空间上的对接；另一方面，对两大湖区的商业实行统一推广营销，品牌共享、商业管理一体化，真正实现两大湖区在商业上的一体化发展，从而改变现有的两大湖区发展严重不平衡的现象。

（三）普陀山风景名胜区

1. 规范化

景区以建设国际旅游度假目的地为目标，应尽力保持原岛海山佛国的风貌，避免大规模、过度化的商业建设。将村民提供的住宿餐饮等服务规范化、标准化。

2. 特色化

大规模商业功能依托朱家尖岛，普陀山岛高品质、小众化发展特色民宿、禅修体验、生态养生等类型商业，业态引进、布局、建设应与自然环境相融合，突出佛教文化内涵。

3. 佛文化

培育佛文化商业品牌。以祖庭礼佛、禅宗人文、健康养生为主题，培育佛教文化书店、素斋馆、禅茶馆、佛艺馆等佛文化品牌，增强商业品牌影响力。

（四）奉化溪口—滕头旅游景区

1. 深化各景区的空间联系，打造大景区商业格局

通过管理一体化、交通一体化、营销一体化，实现各景区商业的联动发展，并形成业态互补，突出各区特色差异，形成大景区大商业大市场。

2. 鼓励雪窦山景区商业经营模式创新

雪窦山景区可探索包括入股、合资、招商等多种景区商业开发模式，积极引入外部资金、人才，改变景区目前商业业态单一、经营散乱无序、档次低端的局面。应充分结合佛教、张学良和自然山水的文脉打造特色品牌，提升旅游商品与服务质量。

3. 进一步提升景区休闲度假业态

随着休闲度假时代的到来，滕头景区需研究休闲度假市场的旅游新趋势，进一步提升休闲度假业态，重点培育特色乡村民宿、主题餐厅、养生会所、特色民宿等休闲度假业态，推动景区商业向更高层次发展。

（五）南湖旅游区

南湖—月河街旅游区，是城市与景区融合发展的典范，以景区发展推动城市更新与老城改造，是南湖探索出来的特有模式。未来，可在遵循这一总体发展思路的基础上，重点从商业品质提升、商业特色彰显、商业品牌建设等多方面着手，推动大南湖景区商业的转型升级。

1. 提升核心区商业品质，构建环湖特色商业圈

转变南湖核心区以配套服务型商业为主的商业发展理念，把握湖滨区综合开发机遇，大力提升休闲娱乐、主题度假业态的比重，并与环湖绿道、环湖生态绿地建设相结合，打造居游共享的环湖特色商业圈。

2. 培育红色主题系列商业，打造主题商业品牌

在南湖核心区，可重点将红色教育与特色商业相结合，培育红色主题餐厅、红色主题酒店、怀旧酒吧、怀旧电影院等创意商业业态，形成红色主题的商业品牌，对南湖的红色文化进行演绎与诠释。

3. 建立核心区与月河街、梅湾街的空间联系，打造大南湖商业格局

通过管理一体化、交通一体化、品牌一体化、营销一体化，实现南湖核心区与月河街、梅湾街的商业联动发展，强调各片区的业态互补和特色差异，并最终构建延续城市文脉、彰显城市性格的大南湖商业格局。

（六）根宫佛国文化旅游区

1. 加强根雕文化体验性商业业态开发

依托景区特色根雕文化，重点开发体验性、参与性商业业态，提升景区文化体验性，增强景区商业吸引力，促使景区商业提档升级，从而刺激游客消费。如开发游客能够直接参与的根雕工艺品制作。

2. 充分依托特色根雕文化，培育品牌商业

从全国来说，根宫佛国景区的根雕文化特色较为突出，景区可以着重对根雕文化产品进行开发，创建根雕文化自有品牌商业，用特色商品诠释景区文化，并在全国范围内进行品牌推广，提升品牌影响力。

3. 整治景区外围商业环境，实现景区内外联动发展

树立景区与镇区一体化发展的理念，全面启动景区周边商业街区的改造工程，提升景区外围商业氛围与商业景观，并强调景区内外的商业业态差异和功能互补，最终实现景区内外的商业联动发展。

第十章　屯溪老街与黎阳 in 巷旅游商品开发分析[①]

一、屯溪老街与黎阳 in 巷旅游开发现状

（一）基本状况

1. 地理位置和特征

屯溪老街和黎阳 in 巷，均位于安徽省黄山市市中心区域，地处新安江、横江、率水三江交汇处，在交通上临近黄山国际机场，距黄山北站 20 分钟车程，临近杭瑞高速市区三号出口，地理区位优势明显。在景区分布区位上，两街北距国家 5A 级风景名胜区黄山 69 公里，西距齐云山 33 公里、离世界遗产地宏村 64 公里，东距千岛湖景区 60 公里，具有良好的区位优势（图 10-1，10-2）。

屯溪老街坐落在安徽省黄山市屯溪区中心城区，是一条保存完好的古老而繁华的步行商业街。全长 1272 米，其核心段东起青春巷口，西至镇海桥，长 832 米，街宽 5~8 米不等，总占地面积 13 万平方米。屯溪老街的形成和发展，得益于古代的水运交通枢纽地位。顺流而下，可达杭州；逆水而上，可到达休宁上溪口。其物资转运能力既辐射近半个徽州地区又可直达海边，是古徽州的经济、交通中心。

黎阳 in 巷位于新安江、横江、率水三江交汇之处，与屯溪老街一桥之隔，东至占川桥，朝西南延伸，全长 500 米，由滨江休闲街区、徽州文化体验街区（黎阳老街）、特色美食街区三条主街组成，街面宽约 6~10 米，常驻店铺 180 家，其中黎阳老街以一座古老的路亭为界，分上下黎阳街。目前，黎阳 in 巷经过多年旅游开发，已经成为集旅游休闲、文化体验、非遗展示、美食购物等功能于一身的现代文化旅游综合体，拥有酒吧、咖啡吧、音乐厅、影城、特色民宿等多元化的休闲业态，素有“日游黄山，夜泊黎阳”之称，是皖南各观光式景区的休闲水岸体验中心。

① 执笔人：张明曦　陈丽嘉　宋昌耀　归航　贾然　傅林峰　漆家进　马蕾

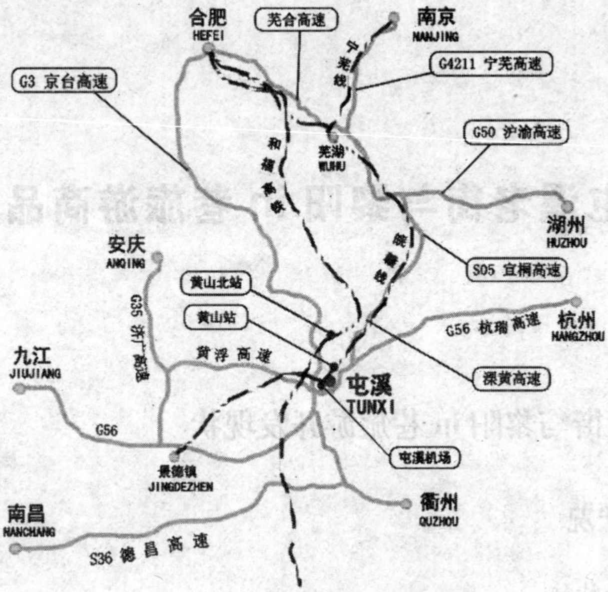

图 10-1　地理位置及周边交通示意

资料来源：黎阳 in 巷游客中心

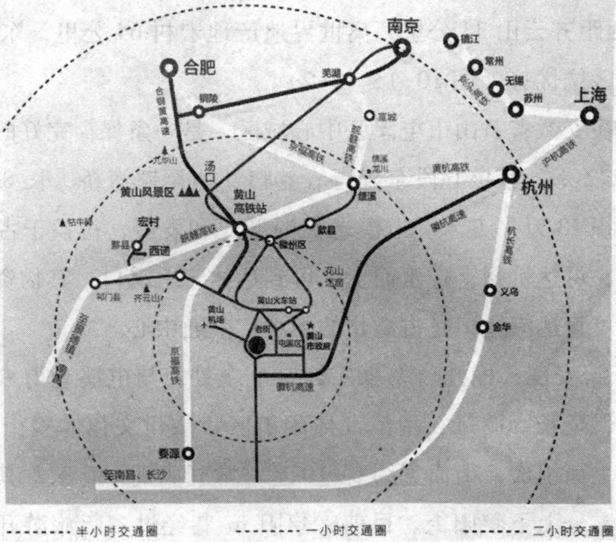

图 10-2　项目地两小时内交通圈

资料来源：黎阳 in 巷游客中心

2. 历史回溯

(1) 屯溪老街

元末明初之时，有婺源、歙县商人为方便土特产和食盐中转，在率水、横江和浙江聚汇的三江口附近，建立栈房，屯聚货物。明代永乐年间，休宁商人程维宗在此基础上再建新的店铺，还在店铺之间建亭阁，供来往行人休息，从此形成了有一定规模的屯溪街市。老街的西端即老大桥在桥头紧连的一段曲尺形街道，原名八家栈，是老街的雏形，也是屯溪的发源地。老街的形成和发展，与宋徽宗移都临安（即今日的杭州）有着密不可分的联系。外出的徽商返乡后，模仿宋城的建筑风格在家乡大兴土木，所以，老街被称为“宋城”。明、清两朝，徽商崛起，称雄海内，也刺激了屯溪老街的迅速发展。明弘治《休宁县志》中就已有“屯溪街”的名目记载，由此可见，屯溪老街的形成距今已有 500 余年的历史了。清康熙《休宁县志》记载：“屯溪街，县东三十里，镇长四里。”可见当时屯溪老街已经有了相当的规模。

屯溪老街独特的建筑风貌和深厚的文化底蕴、丰富的历史内涵，成了中外影视界拍摄古老街景的理想场所。自 1978 年以来，先后有来自荷兰、日本和我国香港、台湾地区以及北京、上海、四川、南京和广西的摄制组来此取景拍摄了百余部电影、电视片。老街的古朴与繁华，吸引了越来越多的国内外旅游观光者。1992 年，国家旅游局将老街列入 14 条国线游览点，来老街的游人与日俱增，每年都有百万人次以上的游客接待量，使屯溪老街从居民服务的综合商业街逐步演变为旅游、购物商业街。

屯溪老街 1986 年被安徽省政府确定为省级历史文化保护区，1995 年国家建设部城市规划司将屯溪老街作为全国唯一的历史文化区管理综合试点，2008 年 9 月被文化部命名为国家文化产业示范基地，2009 年列为全国历史文化保护街区。

（2）黎阳 in 巷

东汉建安十三年（208 年），在此设立犁阳县，归新都郡管辖，至晋时改犁阳为黎阳，南朝宋大明八年（464 年）并入海宁县，南朝梁承圣二年（553 年）复建，南朝陈天嘉三年（562 年）复撤黎阳县，并入海宁县（今休宁）。唐宋时，黎阳率水码头上下即形成街市，凭借“两江交汇，三省通衢”之地理优势，特别是在南宋建都临安之后，徽州的木、茶、漆等土特产多从此处沿新安江下泛至浙江杭州，使黎阳成为皖浙赣边隆货物集散中心和码头重镇。而明弘治四年（1491 年），《休宁县志》才开始有“屯溪街在县东南三十里”的记载。明嘉靖十五年（1536 年），镇海桥建成，黎阳街和屯溪街得以相通，屯溪成为“一邑总市”，故有“唐宋之黎阳，明清之屯溪”的说法。历经千年的岁月洗礼与光影流转，昔年的黎阳老街焕发出新的生机，古老的石板路上迎来游人无数，向世人演绎着一幅幅古徽州的现代文明画卷。

黎阳是徽文化的发源地之一，人文历史底蕴丰富。这里有渊源深厚的徽学，是我国三大显学（藏学、敦煌学、徽学）之一。这里有闻名天下的徽州三雕——木雕、石雕、砖雕，青瓦粉黛、卓然厚重，将徽州的淳雅之姿外化于形；源远流长的新安医学，肇自北宋盛于明清，内容丰富、理论系统，为中国医学史上著名流派；此外，徽商、徽派建筑、徽州茶道、戏曲、徽菜等都以独树一帜的文化形象，泼墨出历久弥新的纯粹真心。其中，徽派建筑是汉族传统建筑最重要的流派之一，徽派建筑作为徽文化的重要组成部分，历来为中外建筑大师所推崇。黎阳 in 巷保留下来的古民居深受徽州文化传统和优美地理位置等因素的影响，粉墙、黛瓦、马头墙、砖木石雕以及层楼叠院、高脊飞檐、曲径回廊、亭台楼榭等的和谐组合，构成徽派建筑的基调。贾家大院、石家大院等几栋老宅子规模宏伟、结构合理、布局协调、风格清新典雅，尤其是装饰在门罩、窗帽、梁柱、窗扇上的砖、木、石雕，工艺精湛，形式多样，造型逼真，栩栩如生，其高超的建筑技艺和不朽的艺术价值，充分显示了古代劳动人民的勤劳智慧和卓越才能。这些建筑的结构与构造、工艺的延续与传承、细节的尺度与比例等对现代建筑科学的发展具有重要的参考及借鉴价值，极具科学价值。

（二）屯溪老街与黎阳 in 巷旅游开发

1. 旅游开发演进

（1）屯溪老街

屯溪老街的形成与发展，得益于古代交通运输枢纽的地位。自元末至今 500 余年的历史使这里积累下了丰富的资源。屯溪老街上，百年老店比比皆是，老翼农药号开创于明崇祯十三年（1640 年），紫云馆改建于清咸丰年间（1851~1861 年），同德仁药号开设于清同治二年（1863 年），程德馨酱园创办于清咸丰十一年（1861 年），郑景昌南北货号的前身大昌南北货开设于清同治年间。清朝末年，屯溪老街已发展为钱庄、典当、银楼、药材、绸布、京广百货、南北货、盐、糖、日杂、瓷器、黄烟、锡箔、纸张、酒楼、饭店等行业比较齐全繁荣的市场了，这些都为后来的旅游开发奠定了基础。

屯溪老街的保护秉承“政府主导，规划先行”保护街区良性发展的思路。1954 年政府投资替换旧石板路；1984 年屯溪市人民政府发布《保护老街的六条决定》并拨款修护老街；1985 年“屯溪老街保护建设小组”成立并邀请清华大学协助编制《屯溪老街历史地段的保护和更新规划》；1993 年屯溪老街保护管理处成立；1996 年，在委托清华大学协助编制老街保护规划的基础上，黄山市政府颁布了《屯溪老街历史文化保护区管理暂行办法》；2003 年成立黄山市老街管理委员会修编《屯溪老街整治更新保护规划》并再次修订《黄山市屯溪老街历史文化保护区保护管理办法》。2008 年市委、市政府实施新安江综合开发工程，将老街整体改造提升工程作为重点工程纳入其中，2010 年对屯溪老街一、二、三马路实施特色街道打造工程，进一步推进老街的升级改造提升当地旅游发展的综合竞争力。

（2）黎阳 in 巷

黄山文化旅游股份公司于 2007 年通过拍卖取得首期黎阳老街地块，本着“让世界看徽州”理念，采用保留、移植和创新的开发之意，倾力达成“复兴黎阳老街、弘扬徽州文化、升级旅游产业、留住八方游客”的目标，将景区建设为集高档人文住宅、星级酒店、休闲商业为一体的旅游服务综合体项目。

黎阳 in 巷景区由专业运营管理团队对街区进行统一规划、统一招商、统一管理。其中，老宅的修缮及后期装修由安徽省文物保护中心进行设计，项目施工工作由黄山文化旅游股份公司组织完成、屯溪区文物管理所进行管理，后期装修在保护建筑的基础上，提供专业施工图纸，由当地文物部门审批后实施。黎阳老街作为传承徽州文化的重要载体，在保持原老街机理及保护、修缮部分有保留价值的老民居的基础上，以院落及少量店铺式艺坊的建筑形式，以明代徽州建筑风格为特色，采用传统的建筑装饰符号，如商字门、石雕漏窗、抱鼓石、大面积的白墙与少量的木质店面相对应，重视黎阳老街文化原生态的保护与发掘，力求有文化、有品位、有深度，重现黎阳老街旧日的繁荣与辉煌，让游客走进黎阳老街就能体味千年古镇的厚重历史。率水南岸的娱乐休闲区则在保持具有传统建筑特征的基础上加入现代的建筑语言如纯钢架玻璃建筑等，体现时尚都市的时代特征。项目规划实施过程中，首先对原有老街机理和具有建筑价值及文化价值的少数民国时期古民居进行保护，其次对一些已经颓废及失去保护价值的老民居，将其部件作为建筑元素吸收到新的建筑中，同时注意延续街区的历史脉络，建筑、街巷、空间、环境均体现地方文化特色，老宅和新房呈交叉编织状，相互对应使得建筑看起来既时尚又富于内涵，与老街相融合、相协调。最终建设为以徽文化旅游体验区、特色美食餐饮区、滨江娱乐休闲区三大街区为主，以纵横交错的支巷为贯穿，以牌坊、欢庆广场、迎宾广场为特色的休闲旅游街区，充分展示新老建筑与文化时尚的完美结合。

2. 景区经营管理

（1）屯溪老街

老街的保护管理遵循统一领导、地方行政管理与专业管理相结合的原则。黄山市人民政府设立屯溪老街保护管理委员会，统一负责老街的保护管理工作，其中老街保护管理委员会负责宏观管理，组织协调老街重大基础设施改造，负责起草向上级申报项目资金报告等。老街街道办事处负责老街的日常管理，老街办事处设于屯溪政府之下，下辖6个委员会。实行“市-区-街道-社区”四级管理。

（2）黎阳 in 巷

黎阳 in 巷管理机构有屯溪区文物管理所和黄山文化旅游股份公司，日常管理机构是自持该项目的黄山文化旅游股份公司商业管理部，统一负责黎阳 in 巷的规划管理、招商管理、日常运营和保护管理工作。

黄山文化旅游股份公司坚持产权自持的前提，由专业运营管理团队对街区进行日常管理，制定实施多项运营管理制度，如《外摆管理规定及审批流程》《客户投诉处理机制》《黎阳 in 巷商户装修管理手册》《游客中心管理制度》《观光车运行方案》《黎阳映像秩序维护队管理制度》等；设专职部门负责项目老宅保护，对老宅消防、结构安全定期巡检，对动用明火、白蚁防治、擅自结构改造、擅自开洞开窗等违规行为给予处罚。

游客管理方面街区设有客户投诉处理机制，公布单日和瞬时最大承载量，在游客服务中心为游客提供讲解、物品租赁、免费资料获取和紧急医疗等服务，如租借雨伞、婴儿车、领取景区手绘地图等。

3. 街道功能分区

（1）屯溪老街

屯溪老街核心保护地段路面全用赭红石板铺筑，街道蜿蜒弯曲。老街两侧有武兴趣巷、珠塘巷、祁红巷、渔池巷、海底巷、李洪巷、劳动巷、新河巷、立新巷、榆林巷、还淳巷、永新巷、风林巷、梧岗巷、德仁巷、地盘巷、枫树巷、青春巷共 18 条巷弄，它们和上、中、下三条马路把老街分割成鱼骨式结构形态。包括正街和一、二、三马路，原有游客来老街就是看主要正街，现在经过业态重新布局后，老街的一、二、三马路逐步形成了以古玩、休闲、小吃为主的特色街区，整个街区形成了“以纵为主，以横辅纵”的徽文化体验街区。

一马路 1941 年扩建而成，原名民生路，长 180 米，宽 9 米，1956 年再度扩建，仍为石板路面。1966 年曾改名为反帝路。该路原是横穿屯溪上街的一条巷道，叫司门前。抗日战争期间扩建，按新安江流向自上而下定名为上马路，俗称一马路。一马路是古玩一条街，现有经营古玩的店面 30 余间，平时入店交易，每逢周四，来自江西、浙江、福建等全国各地的古玩经营者都会携带他们的珍藏云集一马路，摆开一字长蛇阵，千余名古玩爱好者来此淘宝，场面极其壮观。

二马路 1943 年扩建而成，原名民权路，长 230 米，宽 9 米，石板路面，该路原是横穿屯溪中街的一条巷道，叫浴堂巷，抗日战争期间扩建为路，按新安江流向定名为中马路，俗称二马路。1977 年改为沥青路面。1966 年曾改名为反修路。是休闲一条街，有德阳楼、过客、阁楼等酒吧、茶吧，是游玩过程中可以休憩的地方，更是品香茗、喝咖啡、体验徽州风情的绝佳去处。

三马路 1941 年扩建而成，原名民族路，长 277 米，宽 9 米，石板路面，该路原是横穿屯溪下街的一条巷道，叫紫垣巷，抗日战争期间扩建，按新安江流向定名为下马路，俗称三马路。1956 年拓宽，1969 年拆除石板，改建沥青路面，1966 年曾改名为兴无路。这条街是小吃一条街，在这里可以品尝到当地特色的徽州馄饨、炸毛豆腐等特色小吃，以及霉干菜扣肉、臭鳜鱼等正宗徽菜。

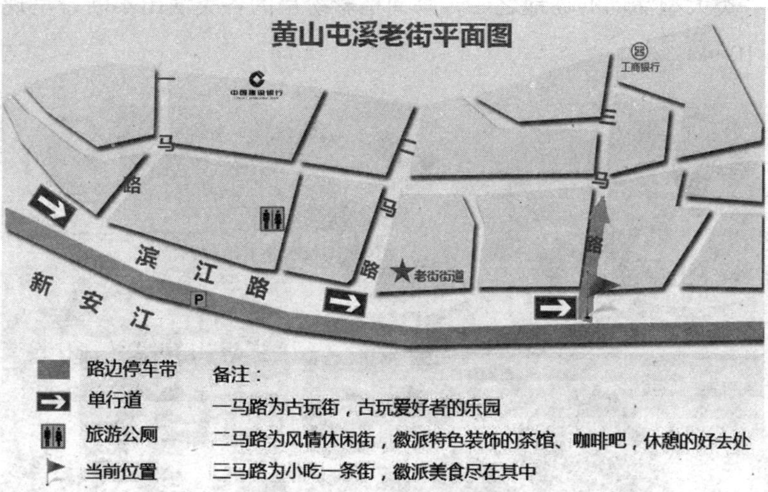

图 10-3　屯溪老街平面图

资料来源：屯溪老街旅游官网

（2）黎阳 in 巷

黎阳 in 巷整个街区由三条平行东西走向主街及一个广场组成，分别是徽文化体验街区（黎阳老街）、特色美食街区、滨江休闲街区及欢庆广场。主街与各兄弟巷交错分布，相互串通，在功能布局上也遵循主次分明，兄弟街辅助主街的原则，丰富业态的同时使人流动线更流畅。在交通组线上人车分流，机动车及人行线路便捷通畅，延率水路利用原有地形高差设计半露空花园地下停车场，地上一线江景，尽览无余。街区多元业态组合包括民俗体验、旅游购物、非遗文化体验作坊、高档餐饮、私房餐饮、特色客栈、休闲娱乐等，既满足外地游客观光休闲度假的要求，也能满足当地居民生活娱乐要求。

黎阳老街（徽文化体验街区）：黎阳老街依托原老街机理，建筑风格古新交织分布，是黎阳 in 巷游客必到之处，徽州建筑元素水口、水系、码头墙、徽州雕刻等均在本街区体现。老街以 2~3 层为主，一层业态构成为黄山当地品牌特产、徽州纪念品、当地非遗文化展示、特色旅游产品；二层以工作室、民宿客栈为主。

特色美食街区：以当地美食为基础，扩展安徽特色美食，同时点缀日韩小吃，形成当地最为集中的美食一条街、食品小吃卫生安全示范街。

滨江休闲街区：以三江交汇景观绝佳的自然资源为基础，著名建筑设计师倾力打造 5 栋风格迥异建筑，建筑本身时尚、大气，8000 平方米一线江景露天平台，业态组成为大型酒吧、KTV、咖啡西餐、主题餐厅，定位时尚、休闲街区。

欢庆广场：古戏台、西式婚礼堂、古宅、中式婚礼堂围合成欢庆广场，各类建筑风貌呈现出“古今中外”的映像，在这里有种穿越时空的感觉，是项目中心所在地，同时也是举办各类大型活动的场地之一，每周精彩纷呈的各类演出不断，呈现出欢乐祥和的景象（图 10-4）。

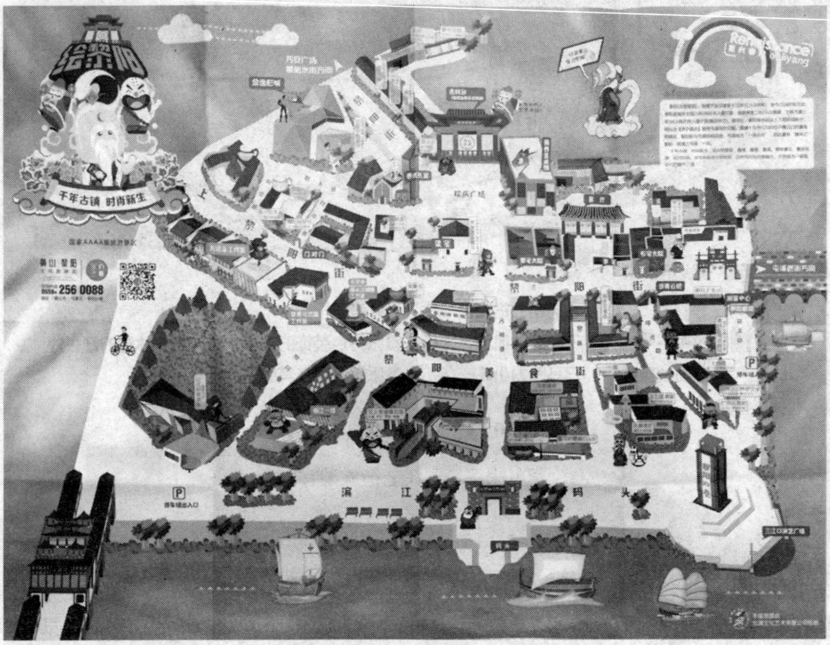

图 10-4　黎阳 in 巷手绘地图

资料来源：黎阳 in 巷游客中心

二、屯溪老街与黎阳 in 巷旅游商品管理

（一）街区经营管理

1. 经营模式

（1）屯溪老街

屯溪商业依赖新安江水系成长发展，屯溪老街是屯溪商业经营的载体。皖南山区茶叶、竹、木、桐油、香菇、笋干、箬叶等土特产在屯溪集散外运，同时沪、杭等工业产品及舶来品经屯溪转销上游各地。

屯溪街市由坐商、行商、摊贩组成，以坐商为主，行商数量少但资历和活动力较强，摊贩都是小本为生。坐商有独资和合股两类，大店二三十人，小店三五人。南北货的郑景昌、余福泰、裕和祥，布业的鸿泰、震大、九华，百货业的胡同和、新昌，药材的石翼农、同德仁等都是资力雄厚的商铺。也有部分商铺家店不分，俗称夫妻店，前面营业，后面是小手工业生产作坊，自产自销。行商有资金，无店面，从事各类商品贩运活动，大都是经营木材、桐油、香菇等土特产收购活动。抗日战争时期的程鹏飞、张彦昭、陈慰斋都是较大的木商。其次是旧货、古玩的收购。此外还有两种情况较为特殊，一是季节性的茶叶贩子，称“螺蛳贩”，从茶农手中收购毛茶转售给茶号，最高年份达千余人；二是抗日战争中兴起的“跑单帮”，旧时是从沦陷区采购商品偷运来贩给商店，间亦带土特产品运往沦陷区，他们不定时间，不分品种唯利是图，现在多指售卖周边其他产品的本地商铺。摊贩多为固定设点经营，以烟摊、小吃点心摊、水果为主。

屯溪街市商业经营方式上，既继承了徽商“以诚待人、以信接物、以义为利、仁心为质”等传统商业道德，又根据实际社会的发展，结合地方特点，积累了自身的经营特色。

（2）黎阳 in 巷

黎阳 in 巷属于典型的股份制旅游景区，由正规的投资商和开发商进行统一开发管理，坚持统一规划、统一招商、统一管理的原则，由专业运营管理团队对街区统一招商。景区以产权自持为前提，所有物业均为黄山文化旅游股份公司自持，其店铺经营模式以租赁为主，租期为三年，只租不卖。黎阳 in 巷作为传承徽州文化的重要载体，重视对黎阳老街文化原生态的保护与发掘，其规划理念就是黎阳作为古镇、古街的特点融合现代服务业和现代旅游休闲业的发展，做一个展示的旅游地产项目。在招商制度上严格遵循其发展理念，以保护黎阳 in 巷传统古建筑格局和风格为基础，对外进行招商，既要保证重现黎阳老街旧日的繁荣与辉煌，又要实现黎阳老街的现代化发展。

2. 业态配置规律

（1）业态介绍

①屯溪老街

屯溪老街在业态配置上遵循“文化展示、商贸流通、休闲娱乐、旅游接待、特色小吃”五大功能定位原则，全面提升屯溪老街的文化、旅游品位，丰富老街经营业态，努力将屯溪老街建设成一流历史文化街区。

在文化特色方面，屯溪老街是博大精深徽州文化的集中展示窗口，以白墙黛瓦马头墙和砖雕、石雕、木雕为主要特征的徽派建筑文化，以同德仁药店为代表的新安医学文化，以书画、匾额楹联为代表的新安书画文化，以老街第一楼、老徽馆为代表的徽菜文化，以歙砚徽墨为代表的文房四宝文化，以三味茶馆等为代表的徽州茶文化，以及以馆藏器物和工艺品为代表的民间器物文化等等，真正体现了徽州文化的内涵。屯溪老街古朴的徽派建筑艺术，幽雅的文化氛围、浓郁的商业气息，使人感受到徽州文化的综合效应。特别是老街两侧店铺门楣上流光溢彩的金字招牌，古色古香，耐人寻味。老街店铺的取名也很有文化气息，老街的近 300 家店号有很多就是从清人朱彭寿有过一首七律《字号诗》中选取一个、两个或三个字组合成的，如“同和”“华兴”“鸿大”“同益”“大吉祥”“同德仁”“合记春”等，深刻体现了经营者对吉祥如意的经营意境的向往和追求。老街中西段，文房四宝、书画艺术品等旅游纪念品比较集中，而这些店铺的招牌更给人翰墨书香的感觉，无不弥漫着民族文化丰富的韵味，如“醉墨山房”“文雕苑”“一品斋”“艺林阁”“集雅斋”“荟萃轩”“徽宝堂”“墨都画廊”等。老街不少金字招牌体现了徽商讲求仁德的“儒商”经营思想。如“同德仁”中药铺内柜台上竖有一块立牌，上书“桔井流香”四个金色大字，向群众展示该店济仁施德的经营宗旨。还有就是老街店号的书法艺术。

在购物方面，在屯溪老街上，百年老店比比皆是。大部分店铺都是批发与零售兼营，日用品、药材、土特产和古玩等一应俱全，此外老街的经营销售也有自己的特色，不仅有线下实体店，还有网上商城，购物环境十分好。屯溪老街的一马路是特色古玩街。

在休闲娱乐方面，屯溪老街的二马路形成了以茶吧、咖啡吧、酒吧、书吧为主要特色的休闲风情街，让游客在欣赏古朴风貌的同时，驻足休闲，品味老街古老、厚重的徽文化。转型后的风情休闲街，环境恬静幽雅、安宁祥和，目前已有20多家“吧”店开张营业。由老房子改装的暇湾咖啡吧是老街上最早的一家咖啡吧，店里的《7大本》，真实地记录着天南海北的客人对休闲风情街的赞誉。沿街开设的其他酒吧、茶吧、记忆书屋，处处展示了老街特有的古朴典雅的古徽州建筑风格，内设的洋酒和咖啡，凸显古老与现代“混搭”的风味，又让老屋多了一份温馨，让不少中外游客一来再来。

在旅游接待方面，屯溪老街官方网站提供旅行社信息、酒店预订、到有预约、会议预订等服务，旅游接待设施完备。

②黎阳 in 巷

黎阳 in 巷在发展之初，便将项目定位为徽文化休闲休憩街区、黄山水岸人文会客厅，因此其业态发展总体较为全面，将旅游、住宿、购物、餐饮、休闲娱乐融为一体，能够满足游客和当地居民的物质与精神上的消费需求。

在旅游购物方面，黎阳 in 巷拥有独具特色的徽文化体验街区。徽文化体验街区依托原老街肌理，建筑风格古新交织分布，徽州建筑元素水口、水系、码头墙、徽州雕刻等均在本街区体现，是黎阳 in 巷游客必到之处。其中黄山当地品牌特产、徽州纪念品、当地非遗文化展示、特色旅游产品能够很好地满足游客对购物和体验需求。

在住宿业方面，黎阳 in 巷内外都有住宿，在内的住宿以精品民宿客栈为主，在外的住宿以连锁型酒店集群为主。独具特色的徽州建筑风格的民宿客栈以及现代化风格的创意酒店让游客在住宿方面有了很大的选择空间，可以满足不同消费者的偏好，极富地域特色的民宿有山水微间、叙微舍、不见山、微自在等精品客栈。

在餐饮业方面，黎阳 in 巷拥有自己的特色美食一条街。除了有毛豆腐、徽墨酥、小酥饼等独具徽州风味的饮食料理，还将拥有创意料理、主题餐厅、时尚火锅、烤肉店等，加上装饰典雅的用餐环境，饮食品位端庄、精致，如老厨忆、徽阁8号、in 巷炭锅、韩都炭烧、煮火连城等。除了集中的美食街以外，景区内也散布着一些咖啡西餐、茶馆之类的较高档餐饮场所，使景区内的餐饮美食更加多样化，如银蝶一楼、蓝舍咖啡、猫公主的咖啡店、五龙袍茶院、6+T 茶体验空间、陆小羽茶舍等。

在休闲娱乐方面，黎阳 in 巷致力于打造传统、休闲、时尚的多元体验，将传统徽州文化与现代氛围相融合，给游客带来一次美妙的旅行。景区内既有非遗文化手作体验、徽剧表演、婚庆活动，又有大型酒吧、KTV、影院、电玩等时尚休闲项目，休闲娱乐种类多样且品质高，对来往的中外游客都具有较大的吸引力，其中滨江休闲街主要休闲轻吧有南国清吧、夜遇酒吧、兰桂坊、机械师酒吧等。

（2）业态分布

①屯溪老街

老街商业板块主要分为老街文化功能区、徽文化展示研究区、休闲风情区和特色旅馆区四个板块。

老街文化功能区又可以分为：徽商文化展示区：徽商文化陈列展示区、徽商发展史，徽商经营项目、线路、区域，徽商商业伦理道德，徽商著名人物等项内容的文字简介、图示及实物陈列等。新安医药保健区：新安医学发展史简介、徽州中药材展示、祁门蛇酒展示、新安中医保健服务。歙砚、徽墨、徽笔制作展示区：歙砚、徽墨、徽笔的历史发展、掌故传说、精品展示、工艺流程，以及游客参与等等。

徽文化展示研究区（海底巷、渔池巷和海底巷）利用老街海底巷、渔池巷和海底巷三巷原貌，结合渔池巷 8、9 号院建筑博物馆设置文化展示研究区。展示陈列研究以下徽文化内容：介绍性宣传牌、博物馆、陈列展示馆徽州建筑文化系列，徽州古建筑模型、实测图纸、大样、室内陈设、三雕；建筑家具、构造、构件、木作、传统工艺、园林；徽州饮食、服饰等。

休闲风情区，是屯溪老街里的二马路，将二马路作为步行休闲区域，设置露天茶馆、咖啡馆、酒吧、艺术创作室、画廊等设施，成为游客参与性很强的、同时有丰富游览、观光、购物、时尚休闲风情文化内容的区域。

特色旅馆区，屯溪老街的特色旅馆区主要是依靠老街里的文化局大院区域建设徽式特色旅馆区。

②黎阳 in 巷

黎阳 in 巷整个街区由三条平行东西走向主街及一个广场组成，分别是滨江休闲街区、特色美食街区、黎阳老街文化街区及欢庆广场。主街与各兄弟巷交错分布，相互串通，呈现出四主横六辅纵的网状格局。

滨江休闲街区定位为时尚、休闲街区，位于三江交汇处，整个街区呈直线型，由 8000 平方米一线江景露天平台和 5 栋风格迥异的建筑组成，时尚、大气，是景区人群集中的重要功能区之一。休闲街以黎明巷为界，往东为大型酒吧、KTV、健身会所和养生足疗会馆等业态，往西为集餐饮、演艺、住宿、会议功能为一体的酒店业态，如山水间微、临江一楼。

特色美食街区以当地美食为基础，扩展安徽特色美食，同时点缀日韩小吃，主要业态为当地知名徽菜品牌、知名连锁主题餐厅以及食品小吃卫生安全示范街（木制售卖车商业群），主要的餐饮场所有土食膳、老厨艺、in 巷炭锅、周一碗馄饨等，其中街区对木制售卖车进行统一管理，主要集中在花溪路、曙光路、黎新路、光明巷、黎明巷、黎川巷六个巷口，统一布局黎阳美食街南侧，欢庆广场南侧亦有少量木制售卖车。美食街位于滨江休闲街区北侧，处黎阳 in 巷整个街区的中部，呈直线型分布，北侧分布着徽派特色建筑，南侧为现代欧陆街区风貌建筑。另外，黎阳老街内还两两分布着几大特色餐厅，如韩都炭烧、徽阁 8 号、炎鱼主题餐厅、面货和花园式火锅餐厅煮火连城等。

黎阳老街（徽文化体验街区）依托原老街肌理，在尊重历史的基础上，对老街进行保护性开发，形成了建筑风格古新交织的情景，紧邻美食街区，位于整个街区的核心中部。老街南侧建筑楼层高度以 2~3 层为主，一层业态构成为黄山当地品牌特产、徽州纪念品、当地非遗文化展示、特色旅游产品；二层以工作室、民宿客栈为主。老街北侧以叙微舍为界，往东依次分布梁宅、贾宅、官厅、李宅、石宅等古建筑，往西为五龙袍、陆小羽茶舍等休闲茶吧。黎阳老街文化街区是黎阳 in 巷游客必到之处，徽州建筑元素水口、水系、码头墙、徽州雕刻等均在本街区体现；老街根据水系分布，全天候人工控制雾森系统，利用古墙面，夜晚进行蒙太奇影视艺术展示。另外，砚雕大师方见尘、漆器非物质文化遗产传承人甘而可等大师入驻，展示徽派技艺，展出艺术品；元一大观则将茶艺表演、徽剧等搬入场馆，使得文化街区的业态产品更具徽派特色。

欢庆广场是整个黎阳 in 巷的亮点，相较于三江位于整个街区的最内侧，呈块状分布。欢庆广场业态包括影院、电玩和欢庆仪式等，其东侧为新街美术馆、西侧为西式礼堂和金逸影城，其中最具亮点的当数当地的婚庆仪式，古戏台、西式婚礼堂、古宅、中式婚礼堂，各类建筑风貌的婚庆仪式让人有种时空交错的感觉，流连忘返。同时，这里也是举办各类大型活动的场地之一，每周都有精彩纷呈的各类表演。

从整体来看，黎阳 in 巷整体业态布局呈现如下显著特征，第一是条块状分布，从整个街区的业态分布来看，黎阳 in 巷的四大业态分布街区基本呈条块状分布，紧密相连，其中滨江休闲街区、特色美食街区、黎阳老街文化街区呈直线型条状，只有欢庆广场呈块状。条块状的分布使得黎阳 in 巷内的业态更加清晰明了，利于游客有目的地进行观光游览购物，也便于统一管理。第二是多样化、差异性分布，黎阳 in 巷拥有的业态整体上较为丰富多样，美食、非遗文化手作展示、异性建筑、酒吧等都能满足游客的多样化个性需求。而且黎阳 in 巷的业态分布具有差异性，一头是历尽沧桑的徽派古宅，将传统的徽州文化展示于世；一头是连接着现代建筑，充满着现代休闲娱乐性质的活动，在街区里逛一遍，能感受到怀旧与时尚、东方和西方、传统与现代的差异性，独具文化怀旧感与现代感。第三是业态规范化分布，由于统一的招商和规范化管理，黎阳 in 巷的旅游业态趋于规范化和成熟化。黎阳 in 巷坚持经营业态不破坏老宅结构，在业态招商时严格按照要求进行筛选，加上专门的经营管理团队，使得街区内的经营业态质量和信誉得到保障，游客的体验质量和完整性也得到保障。

（二）旅游商品管理

1. *旅游商品种类*

1997 年 4 月 1 日国家技术监督局《旅游服务的基本术语》中关于“旅游购物”的解释，将旅游商品分为旅游纪念品、旅游用品、旅游食品和其他商品四大类。

屯溪老街在旅游纪念品、旅游用品、旅游食品和其他商品方面都比较丰富，并且具有自己的特色。

从纪念品看，屯溪老街的纪念品有：古玩字画、药材、土特产和工艺品等，作为文化氛围比较浓的景点其中工艺品、茶产品、文房四宝的数量是最多的（表 10-1）。

表 10-1　屯溪老街主要经营店铺分类及数量

经营项目	专卖店数目	经营项目	专卖店数目
工艺品	44	土特产	11
茶叶、土特产	29	日用百货	11
文房四宝、字画	26	古玩	9

资料来源参考文献①

黎阳 in 巷因其定位为以徽文化为核心的水岸休闲体验区，所以其商业店铺主要集中在休闲和餐饮两大块，但也有不少商铺主营工艺品、茶叶、土特产、文房四宝、字画等旅游纪念品、旅游食品，总体来说黎阳 in 巷旅游商品的种类比较丰富（表 10-2）。

表 10-2　黎阳 in 巷主要经营店铺分类及数量

经营项目	专卖店数目	经营项目	专卖店数目
工艺品	5	餐饮	40
茶叶、土特产	14	休闲	42
文房四宝、字画	5	古玩	2
服装、日用百货	4	收藏	4

资料来源：黄山文化旅游股份公司商业管理部

① 杨钊，陆林，王莉. 历史文化街区的旅游开发——安徽屯溪老街实例研究［J］. 安徽师范大学学报. 2004, 32（5）.

2. 商品特征

从屯溪老街商品来看，屯溪老街商品相对比较成熟，且较为全面，兼具地域性，便捷性、美观性和多样性四个特点，其中其地域性和多样性的特点较为明显。尤其是其独特的历史文化是老街购物核心吸引力。从屯溪老街旅游商品的分布来看，屯溪老街旅游商品涵盖面广。另外，屯溪老街旅游商品由于基本都是在旅游商店里面进行交易和售卖的，因此其质量相对较有保障。

从旅游商品的角度来看，黎阳 in 巷旅游商品发展相对比较成熟，种类多样，具有相当高的地域性特点的同时，亦有很高的时尚、休闲属性。由于黎阳 in 巷街道布局基本保留了原来老街道的格局和明确了徽文化休闲休憩街区的项目定位，加上徽州地区物产丰富，街区内的旅游商品因而具有浓厚的徽州地域性特点。同时，街区内的旅游商品基本是在旅游商店里进行交易买卖，因此其质量相对较有保障。另外，街区内的旅游商品包装精美、创意独特，尤其对年轻旅游者能产生高度的吸引力。

三、屯溪老街与黎阳 in 巷旅游商品

（一）商铺及商品总论

1. 屯溪老街

屯溪老街商铺的店面多为单开间形式，一般两层，少数三层，基本为砖木结构，以梁柱为骨架，门楹和窗棂形态各异。总体而言，这些构造既拓展了店堂内有效的空间，方便店家和顾客观赏街景，又平添了店外的外观层次，使店堂显得更加恢宏大气和宽敞明亮。店铺之间均有马头墙封护相隔，屋面盖小青瓦，再配上赭红石铺成的石板路，营造出一种厚重的历史文化氛围。

通过调研发现，屯溪老街的业态类型较多，在零售业当中的旅游商品层面来看的话主要以土特产、工艺品、古玩字画、文房四宝产品为主，其他产品相对比较次要。具体来看黄山土特产主要包含：①茶叶（黄山毛峰、太平猴魁、屯溪绿茶、祁门红茶）、贡菊、野生菌等山货；②芡实糕、毛豆腐、黄山烧饼、各类酱菜等手工作坊型产品。文房四宝包括徽墨、歙砚、宣纸、湖笔。工艺品主要是以四雕（砖雕、木雕、石雕、根雕）等为主，还有泥偶、印章等纪念礼品。古玩字画主要集中在主街及上马路。

2. 黎阳 in 巷

黎阳 in 巷特色商业示范街区作为传承徽州文化的重要载体，在保持原老街机理及保护、修缮部分有保留价值的老民居的基础上，以院落及少量店铺式艺坊的建筑形式，

以明代徽州建筑风格为特色，采用传统的建筑装饰符号，如商字门、石雕漏窗、抱鼓石、大面积的白墙与少量的木质店面相对应，重视黎阳老街文化原生态的保护与发掘，力求有文化、有品位、有深度，重现黎阳老街旧日的繁荣与辉煌，让游客走进黎阳老街就能体味千年古镇的厚重历史。

黎阳 in 巷特色商业示范街区作为传承徽州文化的重要载体，建筑单体平面设计在保持传统徽州民宅内部空间“天井明堂”“四水归堂”“纵深序列”等基本构成方式的基础上，依据现代生活方式在建筑尺度及生活设施等方面加以改进，装修细节采用以传统徽州建筑特色的窗棂、雀替、美人靠、木雕、石雕以及仿古家具等形成新兴的旅游体验式建筑及商住两用的建筑。平面设计根据功能可分可合，便于灵活经营。

黎阳 in 巷在推出旅游商品时，既追求体现传统文化又紧跟时代潮流，因此，黎阳 in 巷的旅游商品主要集中在黎阳老街，产品兼有徽州传统特色和现代气息，主要可具体分为四类：名家艺术品、民间工艺品、特产零售和创意产品。

名家艺术品为徽州文房四宝，主要为天泽堂蔡永江砚雕工作室、甘而可漆器工作室、方见尘砚画工作室等；民间工艺品主要为就地取材手工制作茶器、砚台和复原老物件等，最具特色的是器而不舍、满谷青、小荞茶语、康业文玩；特产零售类旅游商品以徽州地区的土特产为主，包括茶叶、名吃和手礼特产，其中茶叶如黄山毛峰、祁门红茶、太平猴魁、金丝皇菊等；名吃如黄山烧饼、徽州墨酥、符离集烧鸡、八公山豆腐乳等；印巷手礼特产如极品云耳、高山野茶、干制山菇、油纸伞等；创意产品为街区增添了许多时尚的气息，如创意时尚饮品，五谷日记、闺米坊，甘茶度、黑泷太郎等；创意小商品，如城市拾遗手创馆、左手右手等；创意服饰、饰品，如花依缘、鼓饰等。

（二）屯溪老街商铺及商品介绍

1. 竹艺轩

该商铺的建筑机构也为两进两厢式，主要销售的是竹制工艺品。商铺进店前左右两边分别有一个展示橱窗，都用竹帘将橱窗部分与店内展示隔开。左边的橱窗由一个木质案几、垒起的竹筒以及摆放在地上的写意盆栽组成。右侧则是一个竹制的荷叶莲蓬工艺品。

进入商铺后，面对着大门有一个较高的展示台，上面摆放着竹制工艺装饰品以及竹筒，下方的电子液晶板则展示着一幅古画。商铺的天花板中部有一个巨型的长条竹筒，上书“竹艺轩”三个毛笔大字。商铺的中部的长木质展桌被分割为左右两个部分，左边的展桌①以挂件以及书桌上的竹制装饰工艺品为主，右侧的展桌②则以竹制书签为主。商铺左侧的展架组①共可分为三个部分，分别对竹编篮子、杯垫、臂搁笔架等进行展示。商铺右侧的展架组②同样也可以分为三个部分，分别对戒尺、竹筒以及书签进行了展示。

穿过中间隔断的小门后，来到了商铺的里间。里间的中部有一个利用木质隔断营造的小的茶座空间，其中摆放着八仙桌和太师椅，供店主招待客人品茶闲聊用，空间较为私密。里间中部靠后的位置同样也有一个长桌，可供客人累了休息。里间四周同样也有内嵌在墙壁中的展架组，以及靠墙的展示台，左侧以竹制装饰品为主，右侧则以工艺品为主（图 10-5）。

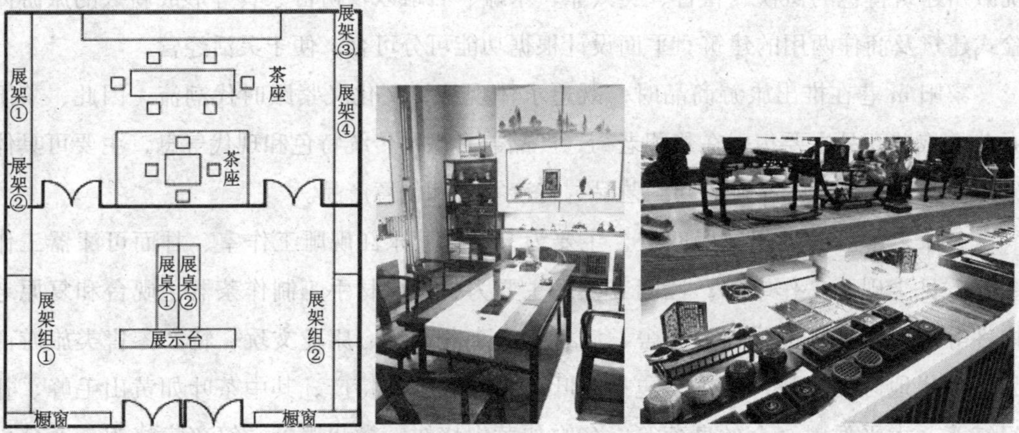

图 10-5　竹艺轩店面示意图及实拍图（摄影：张明曦）

2. 徽字号

徽字号主要经营的是徽雕文化工艺品，如竹雕、木雕、砖雕、石雕等。商铺的店门较为靠右，左侧有一个展示橱窗，展示了其木雕以及相关的证书。店门两侧地面上也摆放着一些花草盆景，墙上有砖雕进行装饰。进入商铺后，商铺中部有一个长展示台，从天花板上有一个舒展开的巨型竹简装饰贯穿长展示台，直至垂到游人眼前，上书烫金镂空的“徽字号”。中部展示台的两侧分别展示着竹筒以及木质手串。商铺右侧靠门处为收银台，上面还摆放了一些木制、竹制书签以及戒尺类的快销产品。右侧中部为一个弧形的展示架，陈列着书桌上的小屏风。右侧靠里则是一个较小的茶座空间。商铺中部木质屏风后是一个由长木桌以及太师椅组成的休息区茶座。商铺左侧中部有两个木质展台①、②，陈列着木制以及竹制的工艺品。左侧靠近展示橱窗放置有一个较大的木质屏风以及一个落地花瓶，显得十分典雅（图 10-6）。

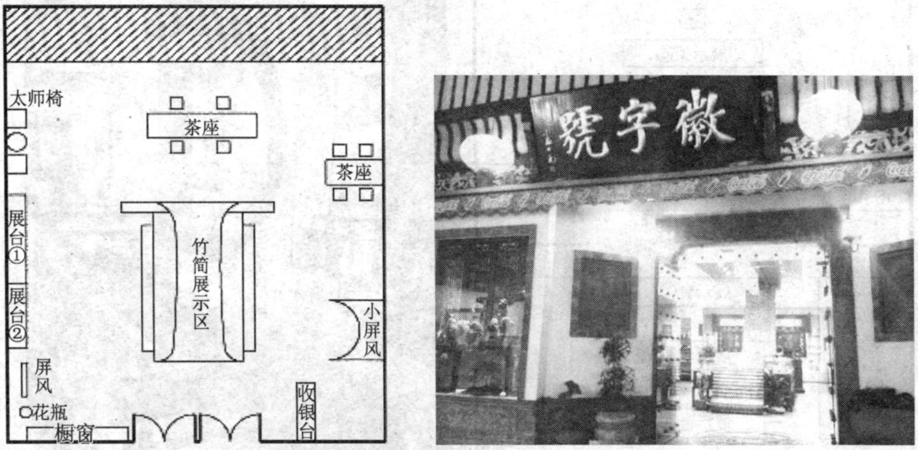

图 10-6　徽字号店面示意图及实拍图（摄影：张明曦）

3. 天工坊

天工坊是位于屯溪老街上的一家主营竹、木雕工艺品的商铺，店铺的整体布局富有空间感，店铺风格则比较古香古色，借鉴了苏式建筑的元素，例如借景设计等。店铺门口两侧是两个对称的玻璃橱窗，橱窗内布局简洁，摆放有木雕的佛像，并设有盆栽作为装饰。进店后正对着门口方向的是三个并排的展示台，用以展示一些尺量较小的竹木雕工艺品，同时，面向门口的展示台也以水墨画做装饰，映衬了店内的传统风格。店内靠墙的左右两侧分别是工艺品的展示柜，用以展示比较贵重并且富有观赏价值的工艺品。店内右侧靠外的墙面上则有相关的非物质文化遗产介绍。整家店铺被中间的两扇墙面分割为里外两个部分。

店铺的里间与外间的空间布置大致相同，也是采取了在靠墙的左右两侧设有玻璃展示柜的方式进行商品展示，与之不同的是在里间的中央立有一面窄墙，而墙正中采取了借景的方式设有较大的圆窗，店铺里间的茶桌可由该圆窗伸展出来，茶桌可供顾客休息、品茶等。无论顾客是身处外间还是里间，这扇借景墙的存在都不会阻碍顾客的视线，但会带来生动的视觉效果，极富空间感与画面感。

在屯溪老街的众多商铺中，天工坊属于较为高端的商铺之一，店铺设计富有中式特色，店内的商品价格也较为高昂，在几百至上万元间不等（图 10-7）。

图 10-7　天工坊店面示意图及实拍图（摄影：张明曦）

4. 雅缘

雅缘是一家位于屯溪老街的工艺品商店，同时也是一家研究与制作歙砚的商铺。店铺主营商品包括歙砚和手串等。大门的两侧分设有两个玻璃橱窗，正对着大门的方向则设有 6 个小型的展柜用作石质工艺品展示。在这几个展柜后设有长方形的展台①和②，用以展示以歙砚为主的工艺品，在这两个站台后面则设有屏风。该店铺的内部空间用数个屏风进行了隔断，将较大的店铺空间分割成了数个部分。靠近门口的部分以歙砚的展示为主，而店铺中部则主要是各类手串的展示，包括第一扇屏风后的手串展台和靠墙的几个展示柜。店铺最内侧的空间则用以设置桌椅茶座，作为休息区域。而比较富有特色的是这家店铺的面积较大，而靠后的休息区域上方则设有一个天井，为原本较暗的内侧提供了光源，不至于太过阴暗沉闷。店铺的整体布置风格依旧以传统的中式风格为主，映衬了店铺主营商品的特色（图 10-8）。

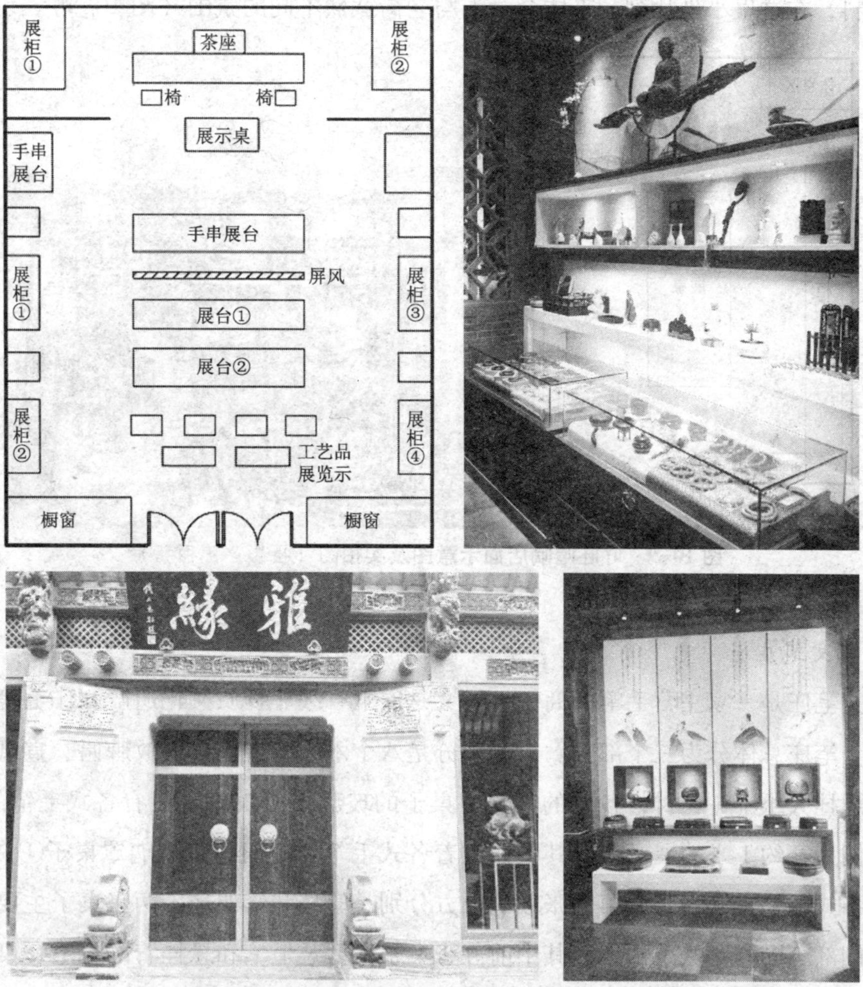

图 10-8　雅缘店面示意图及实拍图（摄影：张明曦）

5. 吖吥嘻嘀

这是一家以经营徽文化原创纪念品为主的小店，产品以明信片和创意手工艺品为主。门店前集中有一块区域放置了许多绿植，让人耳目一新，不由得想要驻足观看。门店内则是店家精心布置的生活场景。门口左侧是供游客书写明信片的桌子，游客写累了可以抬头看看在老街上的风景。右侧的拍照区是店家精心设计的一处复古情怀的生活小景，游客坐在老式座椅上打开桌上的复古台灯，以木窗为框从外向里拍摄，有一种文艺清新的质感。室内墙壁上被刷成了草绿色，富有青春活力，明黄色的灯光则让人心情愉悦。正中展桌上放置的是各类生活创意用品，有本、头花、书签等，每一种都是店家精心设计的手作。展柜①和②放置的是当地的特色明信片，收集了很多摄影爱好者的作品展示在这里，供游客选择。店内尽头是一家精致的水吧，喜欢这里氛围的游客还可以点一杯饮料，在这里小坐片刻，来体会一下与老街截然不同的氛围（图 10-9）。

图 10-9　吖呸嘻嘀店面示意图及实拍图（摄影：陈丽嘉）

6. 杨文笔庄

杨文笔庄是一家主营毛笔的商铺，杨文是安徽省级非物质文化遗产制作毛笔工艺的传承人。笔庄总体分为三个部分。右侧部分是八个木架，最上方摆放牌匾、宣纸等，中间两层悬挂大小不一、材料各异的毛笔，桌子的玻璃上方摆放着装有各式毛笔的瓷筒。木架左侧为宽约 1 米的展示台，其中摆放着各式毛笔。中间 5 张玻璃罩桌子①～⑤，前三张是各式毛笔，第一张、第二张玻璃上方分别是笔挂和笔架；后两张桌子主要是各式墨。左侧部分同样是八个木架，其中前五张桌子为盒装毛笔和悬挂着的毛笔，桌子上方摆放着小型砚台；后三张桌子主要是宣纸（图 10-10）。

总体而言，杨文笔庄是屯溪老街上唯一一家以毛笔为核心商品的商铺，店铺面积大、整齐的摆设、古朴的装饰给游客以专业、厚重之感，使其门庭若市、顾客络绎不绝。

图 10-10　杨文笔庄店面示意图及实拍图（摄影：陈丽嘉）

7. 艺兰轩

艺兰轩是一家主营砚台、兼营文房四宝的商铺。商铺分区明显，主要分为西侧纸画区、中部砚墨区和东侧毛笔区。左侧纸画区，墙挂①悬挂着江南山水画，展桌①②上摆放着各式小砚台，最里侧摆放着宣纸。中间砚墨区是艺兰轩中占地面积最大的区域，展桌组①②两排桌子上摆放着各式大砚台，其中，前三排桌子是前低后高，错落有致地展示着雕工精致、形状不一的砚台；后两排桌子上摆放着盒装徽墨，与砚台相搭配。东侧是毛笔区墙挂②悬挂着两层较大的毛笔，展桌③的瓷筒中插放着较小的毛笔（图 10-11）。

艺兰轩的特点同样在于专业化，以经营售卖各式砚台为主要内容，不仅使其能够降低经营成本、实现一定的规模效应，而且给游客以专业的印象，从而增加入店率和购买率。

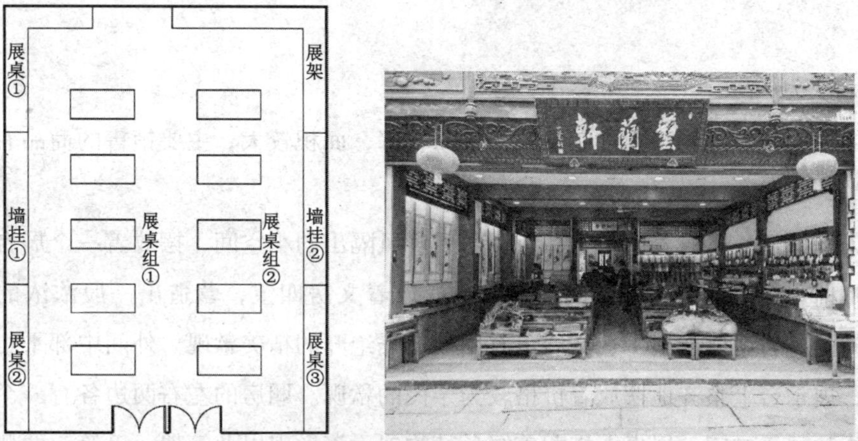

图 10-11　艺兰轩店面示意图及实拍图（摄影：陈丽嘉）

8. 云龙

该商铺是主街与三马路（即小吃街）交会后，位于主街左侧的第一家商铺。商铺主要销售歙砚，同时也搭配出售毛笔以及宣纸。商铺为两进两厢式建筑，门面由透明玻璃以及木质门框组成，两侧下方有石块作为门槛式的装饰。门面上方的木匾，上书烫金的繁体“云龙”二字，两侧还挂有红灯笼。商铺正中面对着门的雕花小木桌上摆放着两个体量较大的砚台。进入商铺后，左右两侧靠墙都摆放着展示台，左侧的展示台①主要展示毛笔和宣纸，右侧的展示台②上展示着各种砚台。同时，墙上还有内嵌式的展示架，展示架配合着射灯，面对客人稍有倾斜，便于砚台的展示。商铺中部平行地摆放着四张长桌组成展示桌组②，进行砚台的展示。穿过两个小门进入商铺的里间，摆设与外间相似，但展示的砚台价格相较外间较高（图 10-12）。

图 10-12 云龙店面示意图及实拍图（摄影：陈丽嘉）

9. 诚石屋

该商铺的建筑结构为三进三厢式，进深较深，面积较大，主要销售的商品有歙砚以及毛笔等。

进入商铺后，正对着店门有一个用木质屏风隔出的小空间，摆放着一个展台、木桌以及太师椅。展台上摆放着歙砚，木桌上摆放着文房四宝，营造出一股浓浓的书香氛围。外间的左右两侧展架①、②展示有用玻璃隔绝开的精美歙砚。外间中部平行放置着展示台，展示台上整齐地摆放着价格较为亲民的歙砚。厢房的左右两边各有一个用展桌组成的小的展示空间，展桌上搭配着绿色植物展示着歙砚以及笔架、毛笔，两侧的墙上悬挂着国画以及书法作品。里间为店主的招待以及客人的休息区，左右两侧靠墙有展台①、②，摆放着砚台以及一些小型的石雕装饰品。里间中部摆放着沙发供客人休息，墙面上悬挂着国画以及书法作品（图 10-13）。

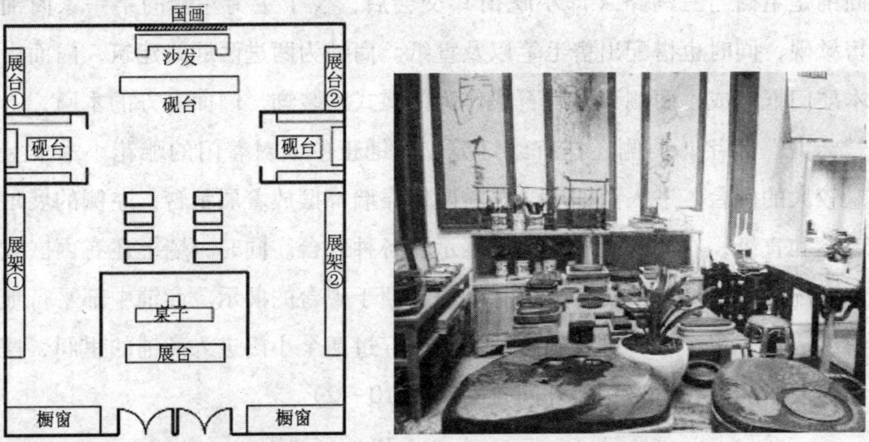

图 10-13 诚石屋店面示意图及实拍图（摄影：陈丽嘉）

10. 砚雕世家

该商铺的面积较大，为三进三厢式建筑，最靠里的里间不对外开放。商铺主要销售歙砚，门面的装饰较为大气简洁。中部为对开式木门，两边为透明的玻璃，上面贴有其国家级非物质文化遗产代表性项目的证书。门面的正上方有烫金的“砚雕世家”牌匾。进入商铺后，左右两边靠墙为商铺以及创始人简介，左侧的简介下方摆放有太师椅，右侧的简介下方摆放有案几以及装饰的小摆件。商铺正中有一个用护栏围起的巨大砚雕，砚雕后侧则是木质装饰品组成的屏风。外间的左右两侧墙上都有内嵌式的展架③、④展示着砚台，每个展示台都为正方形并镶有木质边框。穿过一个木质隔断以及四五级台阶，即来到商铺的里间。商铺里间中部是一个较大的玻璃展示台，陈列着一些砚雕产品。里间左右两侧有铁质的展架①、②，整齐地摆放着各种砚雕。砚雕在展示时，下方都摆放着方形包装盒，配合着展示台底部的蓝色灯光，显得神秘高雅（图 10-14）。

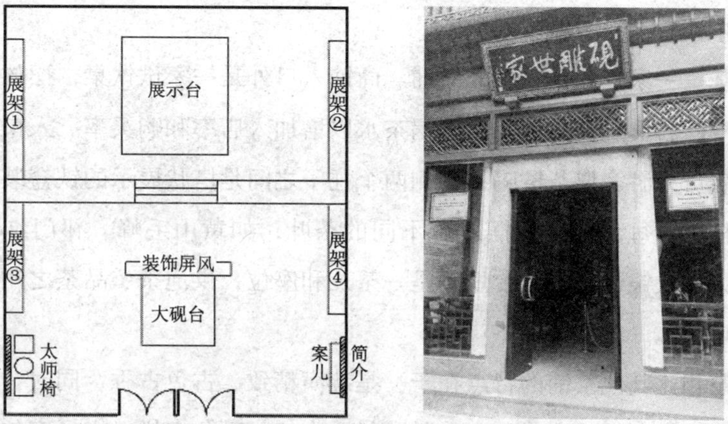

图 10-14　砚雕世家店面示意图及实拍图（摄影：陈丽嘉）

11. 名砚堂

这是一家主营砚台的店铺，内部装饰整洁干净，产品陈列有序整齐。正面展台①的位置上售卖的是手工真叶书签，展台②的位置上放置的是体量较大做工精美的大型砚台，颇具观赏价值。展桌及展架①上放置的是各类毛笔和小部分字帖，供游人选购。展桌及展架②上放置的是常规体量的砚台和笔架。环绕整个店铺墙上的是装裱好的国画和山水画，营造出了一种富有诗意的氛围（图 10-15）。

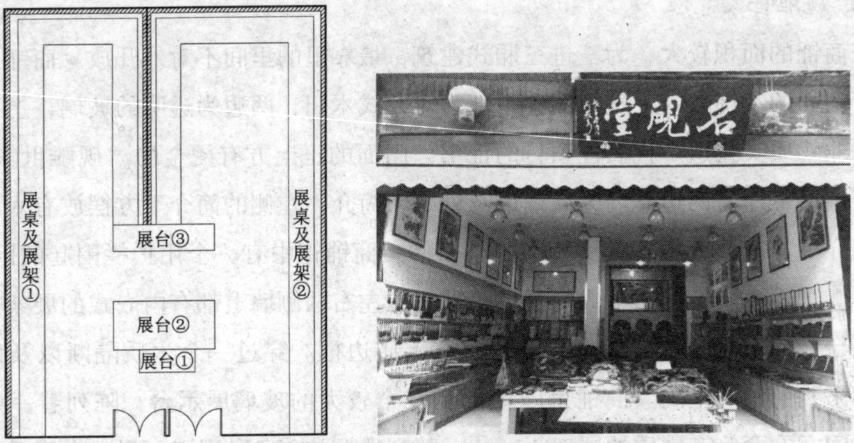

图 10-15　名砚堂店面示意图及实拍图（摄影：宋昌耀）

12. 老谢家茶

老谢家茶是一家主营各式茶的商铺。商铺入口外是一家试饮桌，摆放着铁盒装茶叶和茶水，有专门店员负责招徕游客试喝茶水以增加入店率和购买率。入口右侧是一茶几和座位，供店员为游客斟茶试喝；右侧两个柱子之间是塔状展示的铁盒装茶叶。左侧是木质格橱展柜②，每个格子中摆放着不同的茶叶，如黄山毛峰、祁门红茶等，包装精美。格橱前方是收银台，收银台里侧是一茶几和座位，供泡茶、品茶之用。最里侧为展柜①（图 10-16）。

老谢家茶相比其他茶铺的特点在于一是装潢精致、古色古香，同时，店铺空间不紧凑，给顾客以惬意、舒适之感；二是包装材质大气、颜色多样，市场定位是中高端送礼人群；三是店员统一着装、热心服务，给顾客以正规之感。

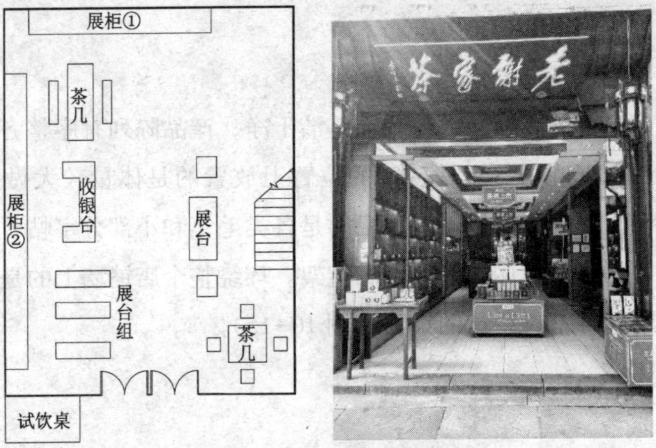

图 10-16　老谢家茶店面示意图及实拍图（摄影：宋昌耀）

13. 谢裕大茶行

谢裕大茶行主要销售茶叶，并搭配销售一些黄山本地的土特产。商铺大门的左右两侧有落地的玻璃，能使游人从商铺外即对店内的陈列以及所卖的商品有一定的了解。透过左侧的玻璃可以观赏到在店内左侧的茶座上进行的茶艺展示，吸引游人入内进行购买。进入商铺后，左侧有两个展架，展示着包装好的茶叶。展架的背景为镜面，配合上明亮的灯光，使产品显得更加清丽。两个展架之间有一个收银台。左侧靠里的区域有一个较小的茶桌，供店主招待客人使用。商铺的中部有一个较大的展台，展示着包装好的土特产，中部靠后有一个三层的回形展台，展示着散装的土特产。中部靠里的墙面上悬挂有一幅国画作品，靠近屋顶悬挂有黑底烫金的“皇品”匾额。商铺的中部偏右侧设有另一个茶座供客人品茶。右侧有三个茶类的展示台组，靠墙则是茶及土特产的展示架组（图 10-17）。

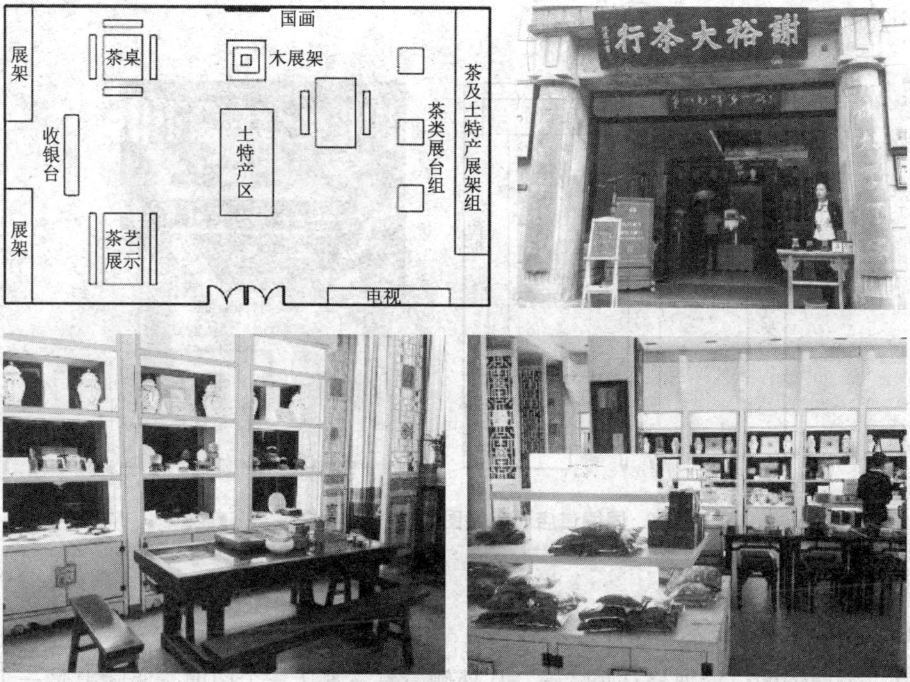

图 10-17　谢裕大茶行店面示意图及实拍图（摄影：宋昌耀）

14. 同德仁

同德仁创办于清同治二年（1863 年），以经销中药批发为主，兼坐堂行医。店名“同德仁”，既包含两人名字，还寓意“同心同德，办事仁义”，距今已有 140 年历史。该商铺是一座典型的徽派建筑，前店后坊，前面临街，后依新安江，店后作坊用于药材收购及制作丹、膏等。商铺的门面较为简单古朴，名医李汉亭先生30年代为同德仁坐堂医生，写得一笔好字，“同德仁”金字招牌，即是他的手笔。

商铺临街的靠右侧的墙壁上，悬挂仙鹿图，窗棂上刻有“灵芝瑞草”“桔井流香”的镏金大字，柜台外陈放有八仙桌和太师椅，备有茶水，供前来抓药的人休息解渴。商铺靠近主街的左侧靠墙处立有木质展架①，进行一些保健健康食品的销售。展架①靠近地面的柜门上，有对一些中药材的文字简介。店内中间隔有大半人高的木质L形柜台，将客人与抓药人的区域分割开来。右侧靠墙有高至屋顶的黑色药柜，每个药柜的左上角都贴有白色小标签表明所存放的药材名称。药柜上方还摆放着存储着药丸丹药的瓷罐。最上方则是用毛笔白纸黑字书写着的“各省名贵地道药材鲜明饮片丸散青丹”。右侧靠里用木质雕花窗框隔出了一个较小的空间展架②用于存放处方药。店内左侧靠里靠墙摆放着几把太师椅及八仙桌供客人休息。墙上悬挂着用风干后的梅、兰、竹、菊制作的立体画，古韵犹存。店后作坊，面积大，用于药材收购、磨切焙研以及制取丸、丹、散、膏等中药（图10-18）。

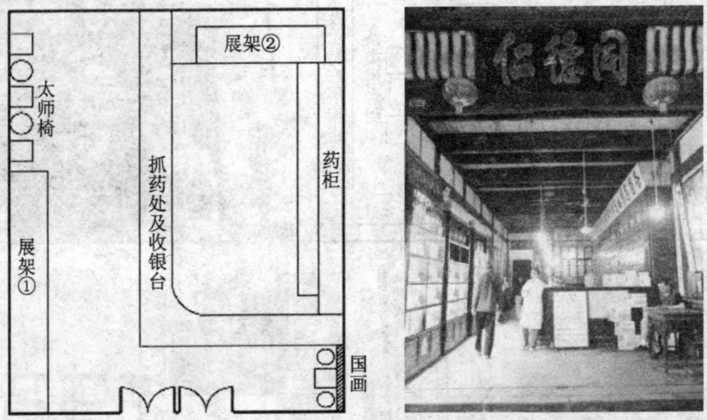

图10-18　同德仁店面示意图及实拍图（摄影：宋昌耀）

15. 怡新祥、五城茶干、泰昌米酒

这三家商铺的位置划分有些特殊，从外侧看是三家店三个门面，实际上是一个两进两厢的建筑在沿街的这部分隔出了面向主街的三个空间。

左侧的五城茶干销售的是茶干，商铺呈长方形，在店门前有一个小的展示柜，摆放着散装的茶干，方便游人试吃和购买。左右两侧靠墙的立柜上都摆放着包装好的茶干，左侧靠里的位置放着一个木质的三脚架，展示着一些做茶干需要用到的工具，旁边摆放着一个冰柜。

右侧为泰昌米酒，店门右侧有一个小的米酒展示区，高低错落地摆放着三罐传统酒缸。右侧临街的立柱上悬挂着繁体的“泰昌米酒酱园”招牌，吸引来往的游人。商铺左侧靠近主街的墙壁上悬挂着介绍商铺历史的老照片，下方摆放着盛有米酒的传统酒缸。左右两侧靠墙的木质立柜上都展示着米酒、酱油等商品，左边主要是酱油，右边则以米酒为主。

中间则是怡新祥茶号，主要销售茶叶以及茶具器皿。商铺的面积较大，结构也较为复杂。商铺的门面较小，左侧有一个较小的展示区，木柜上摆放着茶壶、装着茶的茶杯以及宣传的小摆件，悬挂着的招贴画写明“看街 · 聊天 · 品茶”，也表明了商铺的特征。右侧悬挂的繁体的“外公的老街茶庄”石联，也反映了其传统手工茶想要传达的温度。

进入商铺后，首先是一个空间较小的走道。商家并没有浪费这部分空间，而是在其走道左边靠墙的位置安放了一个悬挂式的展架④，用于对茶叶的展示。右侧则使用老照片对商铺进行简介。右侧靠里的壁柜上除了展示茶叶产品，还对一些传统手工艺挂件进行了展示。

穿过走道后，店内的空间豁然开朗，按照顺时针的方式对商铺进行游览。正对着走道有一个产品展示台，主要展示商铺的茶叶产品。展示台之后有一个用雕花木窗做成的屏风。商铺左侧有一个展示台，上面用白色的瓷碗装盛着各种茶叶茶品，同时用透明的玻璃罩将各个茶品罩住，显得十分精致。再深入商铺内部，走过一个摆放着小圆桌和两把椅子的休闲区域，即来到了一个茶具茶杯的展示区。展示区的墙上有三排浅色木质展架①，摆放着大小不一、颜色各异的陶质、铁质茶罐以及茶杯，错落中却又显得井然有序。商铺左侧靠里是一个由沙发以及书架组成的阅读休闲区。商铺的中部，即木窗屏风的背面，摆放着一个长桌及许多木椅。桌上整齐排列的茶具表明了店主以茶会友的待客之道。商铺右侧靠里是一个吧台样式的收银台，右侧中部则是另一个茶座。茶座有一个八仙桌以及四个太师椅，背景则是内嵌在墙体中的一个方形展架③。展架的两侧被划分成无数个小的方格，每个方格中都摆放着一个白底蓝色花纹的茶壶。立柜中间悬挂着一幅毛笔书写的“茶”字。下方有蓝色工艺品及青花瓷茶罐配合着芦苇进行点缀。右侧靠近走道处的墙壁上悬挂着对商铺的详细介绍，下方摆放着包装好的茶叶小盒。怡新祥所销售的茶叶包装多为迷你小铁盒包装，铁盒上装饰画简单大方（图 10-19）。

图 10-19　怡新祥、五城茶干、泰昌米酒店面示意图及实拍图（摄影：漆家进）

16. 胡兴堂饼铺

胡兴堂饼铺位于屯溪老街东部入口处，老街牌坊南侧，与救驾、城垦、皇品字号等数家商铺一样主营黄山烧饼，形成老街入口处的烧饼商铺“集聚区”。胡兴堂是从东向西的第一家，也是相对有特色的一家饼铺。

胡兴堂饼铺入口外是一家试吃台，有一专门人员负责招徕游客试吃以增加游客的购买率。进入饼铺正中是一个展示台①，主要展示的是胡兴堂饼铺的特色自制糕点和推销糕点。左侧前方②处是一整理台，店员在此处对糕点进行包装，其后是四把供游客休憩的座椅。右侧是三排三层木质展示架①、②、③，最上一层是胡兴堂饼铺纸袋，纸袋外侧是竹排状，体现出黄山所处的江南地域特色；中层和下层摆放的是不同口味的纸袋装烧饼。最里侧左边是制作间，直接展示面点师制作烧饼、芝麻酥等各式糕点的制作过程；右侧是收银台，提供现金、银行卡支付方式，仍无支付宝、微信等新兴支付方式。

胡兴堂饼铺的独特之处一是主营商品多样化，主营商品中不只是烧饼，还包括芝麻酥、花生酥等自制糕点；二是店铺空间休闲化，为游客提供座椅；三是制作空间展示化，给顾客以干净卫生、放心食用之感。这使得胡兴堂饼铺成为众多饼铺中特色突出的一个（图 10-20）。

图 10-20　胡兴唐饼铺店面示意图及实拍图（摄影：漆家进）

17. 徽味堂烧饼

这是一家售卖当地特产的小店，有各种口味的烧饼和咸菜。店门口的手工制作区通常会有两名员工在做腌制咸菜的展示，右侧的礼盒展示区则放着店内的热销产品包括原味烧饼和特色咸菜。店内的展桌上有十口大锅，锅内是做好的不同口味的咸菜可供游客自由选择分装。展架①摆放的是咸菜礼盒，展架②、③是各种烧饼的礼盒。内部装修简洁，但是物品摆放明确有序，方便游客找寻需要的商品（图 10-21）。

图 10-21　徽味堂烧饼店面示意图及实拍图（摄影：漆家进）

18. 陈漱芳

该商铺的面积较小，主要销售酱菜以及酱油，同时也售卖即食的冰镇酒酿以及包装好的蚕豆。商铺的门面较小，在门面的左侧设有一个较小的展台以及电视显示屏，展示台上展示着主营产品酱油以及酱菜，显示屏则循环播放着《舌尖上的中国》关于酱菜制作的部分。门面右侧有一个较小的冰柜，存放着小碗的冰镇酒酿，上面悬挂着一个显眼的冰镇酒酿的招牌。门面上方有一个黑色的金字招牌，昭示着其悠久的历史。进入商铺后左侧为商铺的收银台，收银台后有一个悬挂的展架，展示着酱菜包装盒。商铺的右侧靠近冰镇酒酿的墙上则悬挂着该商铺的老照片以及该商铺的历史介绍。商铺左侧靠里的木质展架②主要展示酱油等商品，右侧的展架③则展示各种各样的酱菜。酱菜产品装在玻璃包装瓶中，摆放在展架靠墙的位置。同时商家也提供试吃服务，在展示的酱菜前也放置着装在一次性小盒中的试吃产品，提供牙签供游人试吃。在商铺中部靠里的位置设置有一个休息区，摆放着一个小圆桌以及几个小凳子，供客人休息试吃使用。另有一个被屏风隔开的展架①，作为商铺存储酱菜使用（图 10-22）。

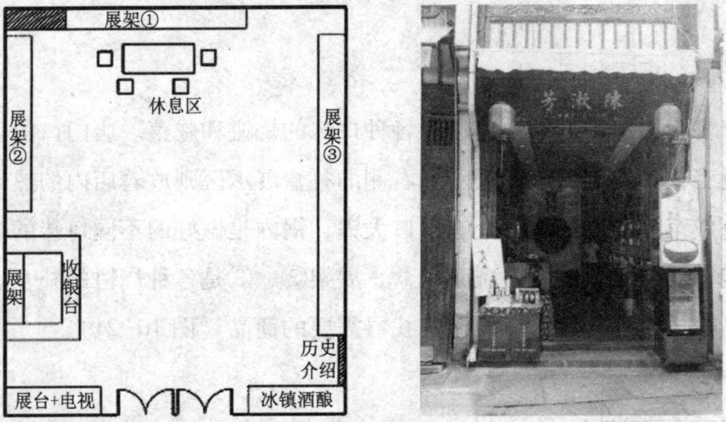

图 10-22 陈漱芳店面示意图及实拍图（摄影：漆家进）

19. 芳生茶业

芳生茶业同样是一家茶庄，同时这里也是一个茶品博物馆。橱窗内展示着前国家主席胡锦涛同志来这里参观时拍摄的照片，门口悬挂着店内产品所获得的各类奖项和证书。店内陈设也是在徽派传统民居装修的基础上增加了现代设计的风格。展架上放置的是简单包装的茶产品，展台上放置的是礼盒茶品，右侧展台组上则是按照不同茶品来分类摆放的产品。展柜①和展柜②放置着所有当季产品。店铺后院是店主开设的一家茶品博物馆，里面有很多该店自己设计创造的新品观赏茶艺产品，以及店主多年自己收集的古董石像。配以园林小景，独具韵味（图 10-23）。

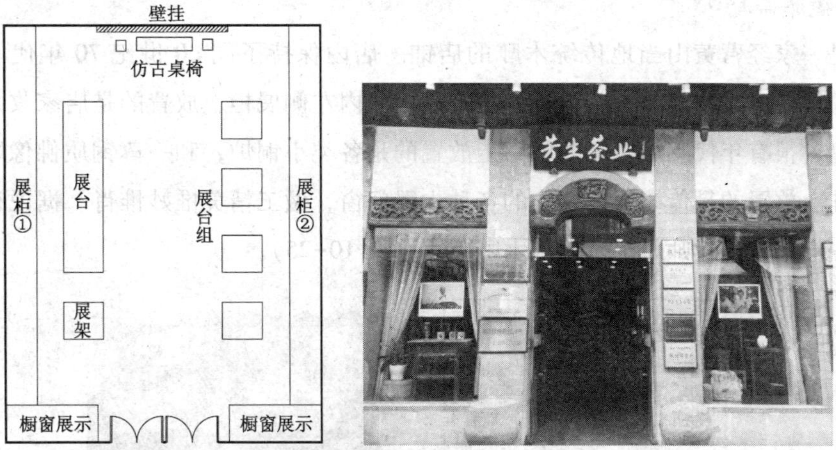

图 10-23　芳生茶业店面示意图及实拍图（摄影：漆家进）

20. 拙舍人家

这是一家售卖创意旗袍的服装店。门店上匾额处精致的木雕横梁与老街传统建筑相呼应，而门店正面的玻璃橱窗则体现着现代时尚的气质。复古与时尚的结合恰到好处，带给观者浓浓的兴致。橱窗里将精美的旗袍放置在充满故事的小景中，充满着情境带入感。店内进门处的两排架子上和店铺里侧的两排架子上挂着设计师精心设计的服装，每一件都是唯一的。除此之外，店内还有两处休息处，一处在店内进门右手侧，另一处在最里面。除此之外店内其他空间则大量留白，给人足够的自由活动空间。让顾客以及陪同游览的人都能获得良好的购物体验。店内服务员均身着该品牌的服装，头发统一在脑后束成髻，与店内环境融为一体（图 10-24）。

图 10-24　拙舍人家店面示意图及实拍图（摄影：漆家进）

21. 徽雅斋

这是一家经营黄山当地传统木雕的店铺。店内保持了同 20 世纪 70 年代一样的布置。门外展台上放置的是一些快销的小饰品，店内左侧展柜上放置的是店家收藏的各类古董瓷罐，很有年代感。中间的展桌上放置的是各类小铜炉，和一尊铜质佛像雕塑。右侧的壁挂上放置的是传统工艺制作的各种木雕门窗，做工精美惟妙惟肖。据说很多老宅子的住户会来这里找师傅定做传统木雕门窗（图 10-25）。

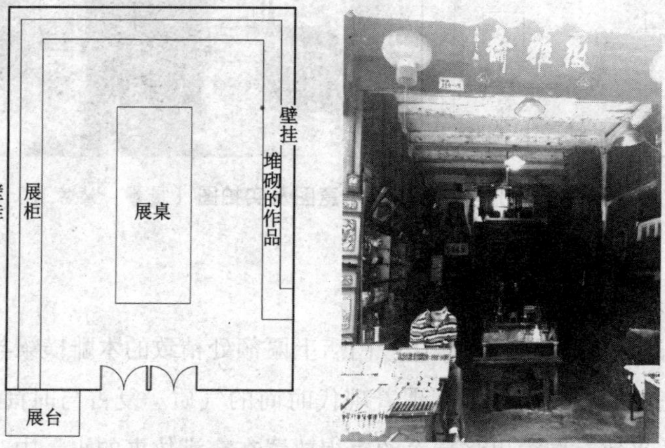

图 10-25　徽雅斋店面示意图及实拍图（摄影：漆家进）

（三）黎阳 in 巷商铺及商品介绍

1. 谢裕大茶行

谢裕大茶行，位于黎阳街黎阳 in 巷通往屯溪老街出入口处，位置优越。商铺外观为典型徽派建筑，有水体与黎阳老街隔离，入口处有四角攒尖亭，充满古风古韵。亭子左侧有大书黑底白字“茶食”“茶器”，能使游人从商铺外即对店内所卖的商品有所了解，吸引游人入内进行购买。

茶行有“黄山毛峰第一家”之称，主销茶叶和茶器，以黄山毛峰、祁门红茶为主，并搭配销售一些黄山本地的土特产。进入商铺后，正中有三个三层展桌，展示着包装简易、便于携带的茶叶和土特产；店内共有四个三层货柜组，货柜①、③、④展示精包装的茶叶，展架的背景为粉嫩绿背景，配合上米黄的灯光，使产品显得淡雅、清丽，货柜②主要为茶器展架；店内沿着墙体北侧设计两个半封闭茶室，为接待贵客雅座，其中茶座②墙体外观设计成古亭式样，茶座③、④分别为客人休息和招待客人品茶用（图 10-26）。

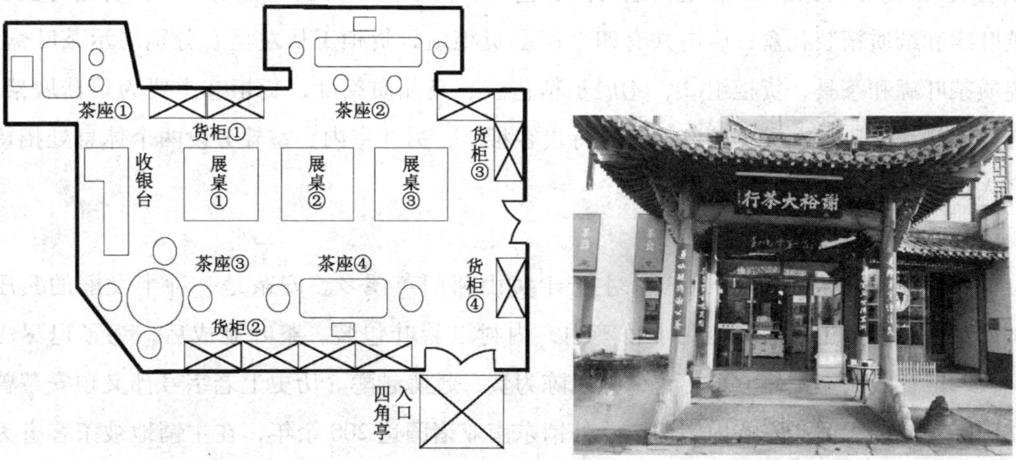

图 10-26　谢裕大茶行店面示意图及实拍图（摄影：贾然）

2. 祥源茶业

祥源茶是黎阳街规模较大的茶叶专卖店，主营小产区祥源茶，包括祁门红茶，易武普洱茶、白茶等，专营祁门红茶三大产品体系，即主题产品（两全祁美、传祁 1915、醉红吟）、金色庄园系列（丹华、丰华、宝华）、云岭山房系列（水境、山境、云境）（图 10-27）。

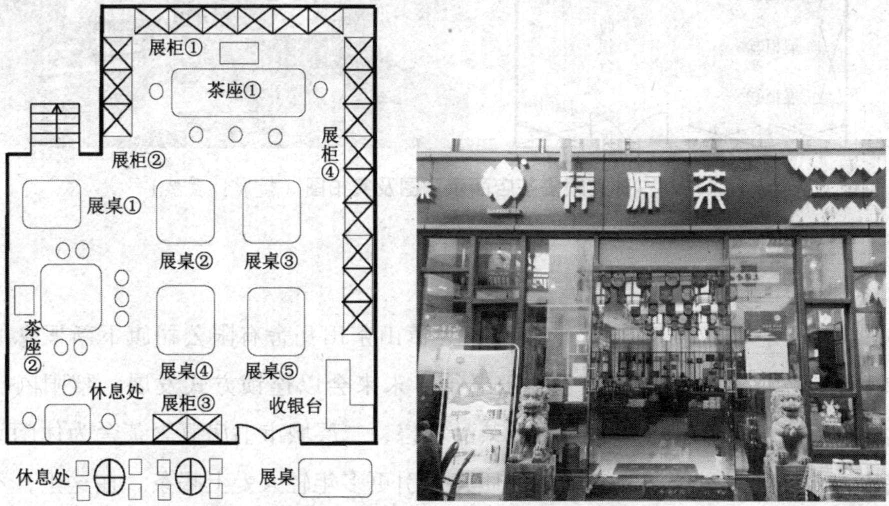

图 10-27　祥源茶业店面示意图及实拍图（摄影：贾然）

商铺装修风格以棕色木质货柜和橘黄色灯光为主，整体环境古朴典雅。正中有四个双层展桌，左侧展桌展示着塑料透明简易包装、便于携带的茶叶和土特产，右侧为铁质茶叶罐和纸质精装礼盒；店内共有四个四层货柜组，货柜①从左至右分别展示茶叶盒、瓷质茶叶罐和茶具，货柜组②、④展示精包装、高品质茶叶，货柜③主要为茶器展架；店内西侧和北侧各有一个茶座，为接待贵客雅座，另在室内、室外分设两个休息处招待客人。

3. 孙义顺安茶

祁门安茶，始创于元末明初，主产于黄山祁门芦溪乡。安茶是一种半发酵的紧压茶，系经过多道工序后紧装在小竹篓内，内衬以箬叶包装。茶叶制成后，为了退尽火气，一般存放两至三年方可出售，并以陈为贵，越陈越醇。历史上老字号孙义顺安茶曾获国际茶博会大奖。安茶内销两广、外销东南亚诸国达 200 余年，在主销地被茶客誉为“圣茶”（图 10-28）。

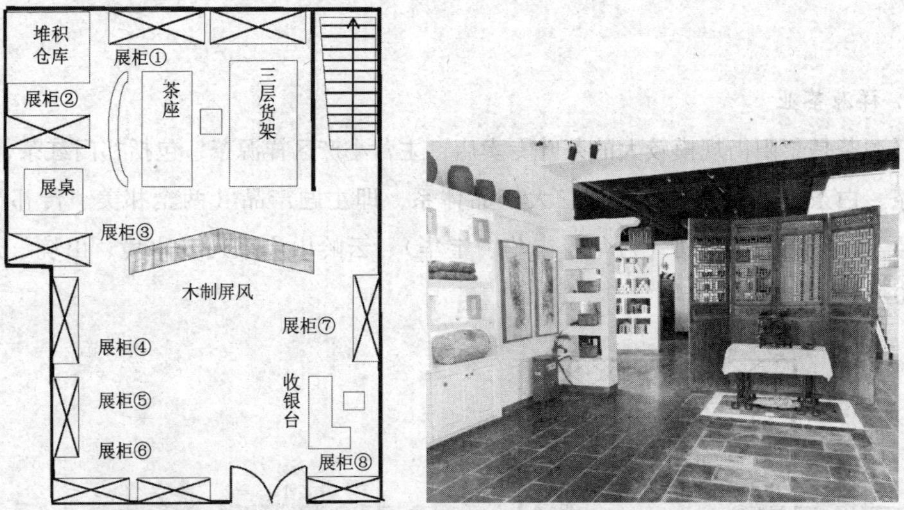

图 10-28　孙义顺安茶店面示意图及实拍图（摄影：贾然）

4. 茶事多

“茶事多”是“T’STORE”的音译，为黄山茶田瓦舍有限公司旗下新概念原创茶叶品牌大型专卖店，首家门店位于黎阳老街，未来会以连锁方式发展，黎阳门店为两层，共约 300 平方米，其中一层为特色茶品零售，二层城市书房概念茶舍为休闲阅读空间；茶事多希望通过赋予茶叶全新的气质，倡引更多年轻人爱上喝茶。在这里，不但有优质原产黄山茶，更有来自世界各地的西方好茶（图 10-29）。

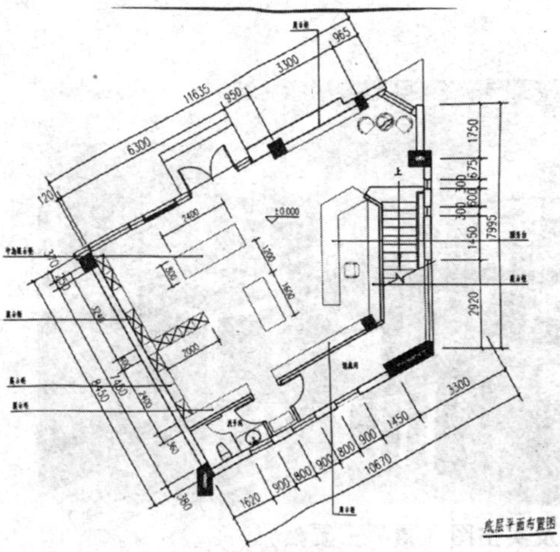

一层平面图

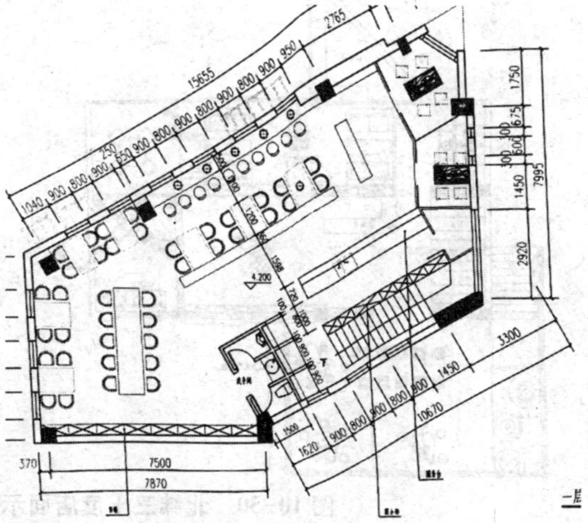

二层平面图

图 10-29　茶事多店面示意图及实拍图（摄影：贾然）

5. 北纬三十度

北纬三十度是采用“两端一体”的营销方式，主营北纬三十度主线特产的全国连锁专卖店。黎阳街北纬三十度店隶属于黄山市三十纬度商贸有限公司旗下，秉承原产地、原生态、纯手工、纯天然等理念，为游客提供天然食材、地方名产、名茶重器、养生补品等特产加工产品。商铺装修风格以黄、白食物色为主色调，配以白色灯光，愈发衬托出精装名优特产的高品质（图 10-30）。

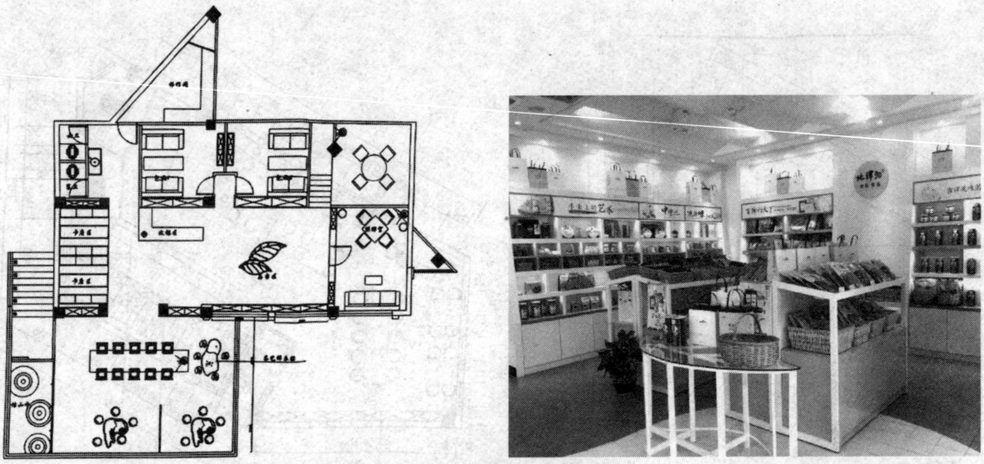

图 10-30　北纬三十度店面示意图及实拍图（摄影：贾然）

6. 徽州味道

徽州味道主营花山谜窟酒，产品包括洞藏年份酒，企业定制酒、百家姓定制、喜宴定制、礼品定制、旅游纪念品定制酒等。花山谜窟酒产自中国黄山花山谜窟风景区，采用传统的五粮液固态发酵，黄山优质山泉水酿造，老熟后口感协调，酒体丰满，醇香四溢，绵甜顺爽。

商铺左外侧设有一直径 1. 3 米左右棕色陶制酒缸，配以 6 个直径约 0. 5 米棕色土陶酒罐，视觉冲击力强；朝街墙面整体采用透明玻璃，使游客从外部即可对商铺格局与产品一览无余。店内环柱圆形展台展示旅游纪念品定制酒，有铁质红色记忆方瓶和印有黄山标志性景观的椭圆形水晶瓶包装，造型别致，富有地方特色。店铺内有四个展柜组和展桌，左侧展柜展示精装产品，右侧展柜和展桌展示裸装瓶装酒；陶瓷酒罐堆、三轮车架和两处挂饰装饰比较别致，挂饰①为虚构窗景，为女子油纸伞水乡徽州图，是 6 人品酒桌挂饰背景，挂饰②为“粮、酿、藏”三幅挂画，讲述花山谜窟酒的制作工序（图 10-31）。

图 10-31　徽州味道店面示意图及实拍图（摄影：贾然）

7. *五谷日记*

五谷日记旨在发现谷物的力量，研磨天然谷物香味，传递简单健康的生活方式，精选优质产区天然谷物原料，为游客提供现磨、堂食饮品、预包装三大系列产品，包括选用上等阿胶、核桃、西洋参、桂圆等制成固元膏、玉灵膏、阿胶膏等营养膏体，花草茶、褚茶、健康谷饮、美味果饮等堂食饮品，以及人群、家庭组合、伴手礼、酒店预购、私人定制等预包装营养产品。商铺亦销售由当地特产晒制、腌制而成的袋装干果、果脯等制品（图 10-32）。

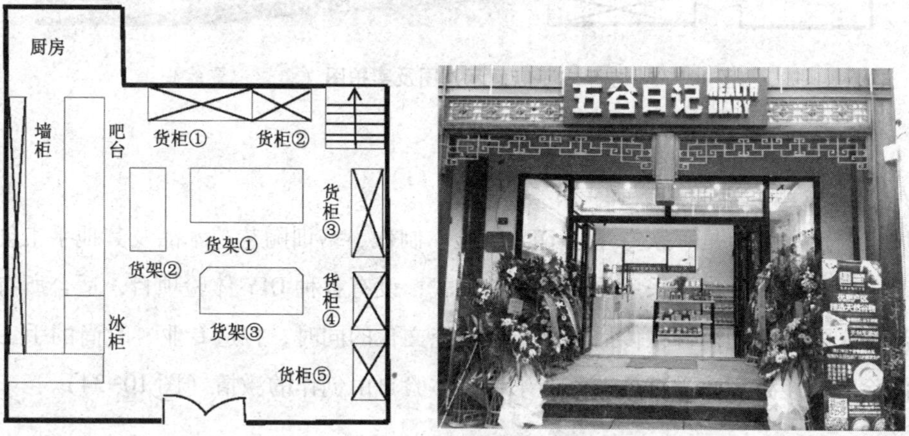

图 10-32　五谷日记店面示意图及实拍图（摄影：贾然）

8. *左手右手*

左手右手来源于我国台湾，扎根大陆，致力于多元化的文化创意和传统手工的传承与创新，倡导“人人都是设计师”的品牌理念，是集设计、生产、销售为一体的知名连锁品牌——“手工 DIY 体验馆”，商品包括原创布偶、手工布包、手工 DIY、配饰服饰、生活用品、办公文具、创意礼品等。

商铺位于黎阳街，朝街墙面采用透明玻璃装饰，游客可在街边对店内格局和售卖商品一览无遗，店内正中设有两个货架，货架①展示头箍、装死兔等挂饰，货架②展示米奇、叮当猫等塑料玩偶；店内共有 7 组 5 层货柜，货柜①、②、③、⑤展示各种各样的双背包、单肩包、手包产品，货柜④第三、第四层展示帽子和围巾，其余货柜层为双肩包，货柜⑥为墙挂，主要是各类卡通双肩包和围巾，货柜⑦展示小黄人布偶等。商铺内商品价格从 10 元到 300 元不等（图 10-33）。

图 10-33　左手右手店面示意图及实拍图（摄影：贾然）

9. 城市拾遗手创馆

城市拾遗手创馆是一家专注于 DIY 体验、制作、培训陶艺艺术品及其他手工创意产品的手工创意馆，手创馆采用前店后场的模式，设有各种 DIY 体验项目，适合所有年龄段的消费人群，手创馆旨在传播中国传统陶瓷文化的同时，打造专业、时尚的手工创意产品体验区，让游客感受自己动手的乐趣、体验自由创作的激情（图 10-34）。

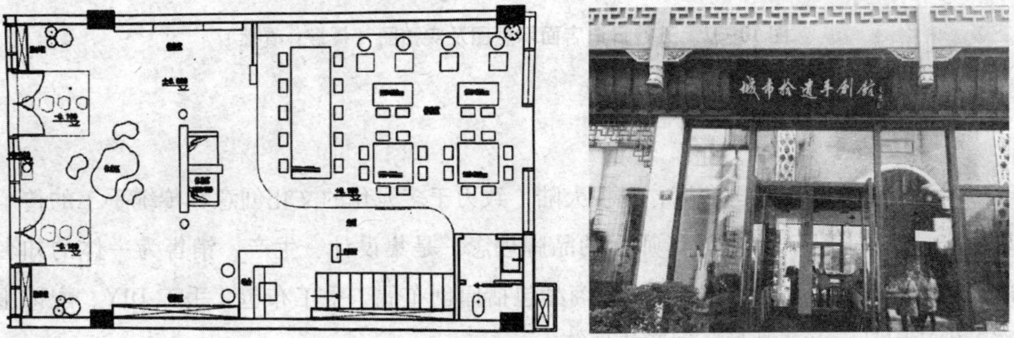

图 10-34　城市拾遗手创馆店面示意图及实拍图（摄影：贾然）

10. 花依缘

位于黎阳街，为真丝手工服装店，主营旗袍、女士围巾和手包等。店铺入口悬挂带发光管油纸伞，装饰别致。店内衣架、货架、展桌和展柜均用棕色实木，突出服装制品的高品质（图 10-35）。

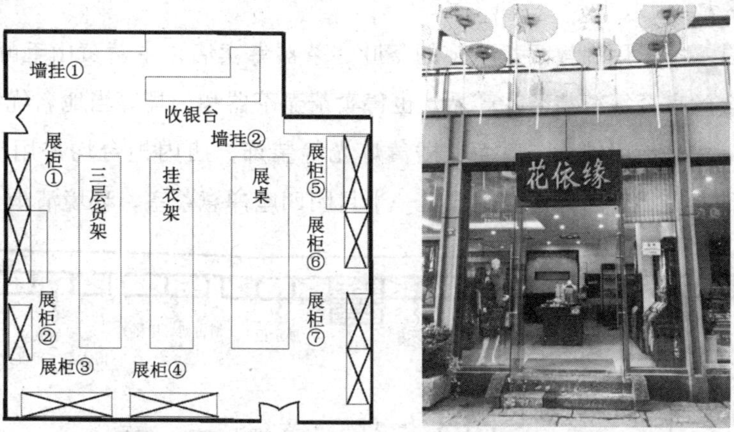

图 10-35　花依缘店面示意图及实拍图（摄影：贾然）

11. 器而不舍

器而不舍为主打手工茶具、砚台、金属制品以及老物件如木器、竹器、土布等工艺品专卖店，常用黄山及周边境内的河流中的金纹石，手工制作各类物件。商铺主要产品包括茶道、香道、文房等场景空间使用的物件，铜、铁、锡等金属制品，歙砚、石器、藏石等石制品，以及木器、竹器、土布、金属等老物件。

商铺使用蓑笠、秤砣、竹篮等老物件进行装饰，加上白底黑字的古字“器而不舍”，整体风格显得怀旧、古朴而典雅（图 10-36）。

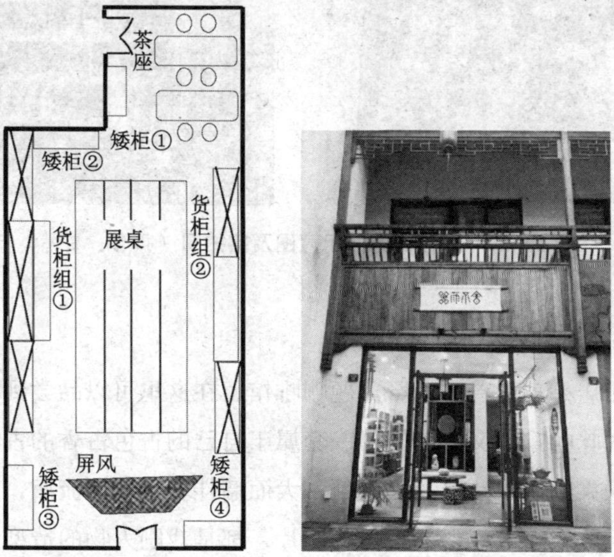

图 10-36　器而不舍店面示意图及实拍图（摄影：贾然）

12. 满谷青

满谷青是一家采用佛教元素装饰的茶叶、茶器专卖店，主营黄山毛峰、祁门红茶、太平猴魁、金丝皇菊等精装茶叶产品，也售卖茶壶茶器和云耳等当地名优特产。店铺入口采用屏风隔离，使用佛头、扇面、橘黄灯光等装饰，店内柜台均采用浅棕色实木货架，色彩淡雅高贵。店内另辟空间设立一半封闭四座禅意茶室，环境清幽（图 10-37）。

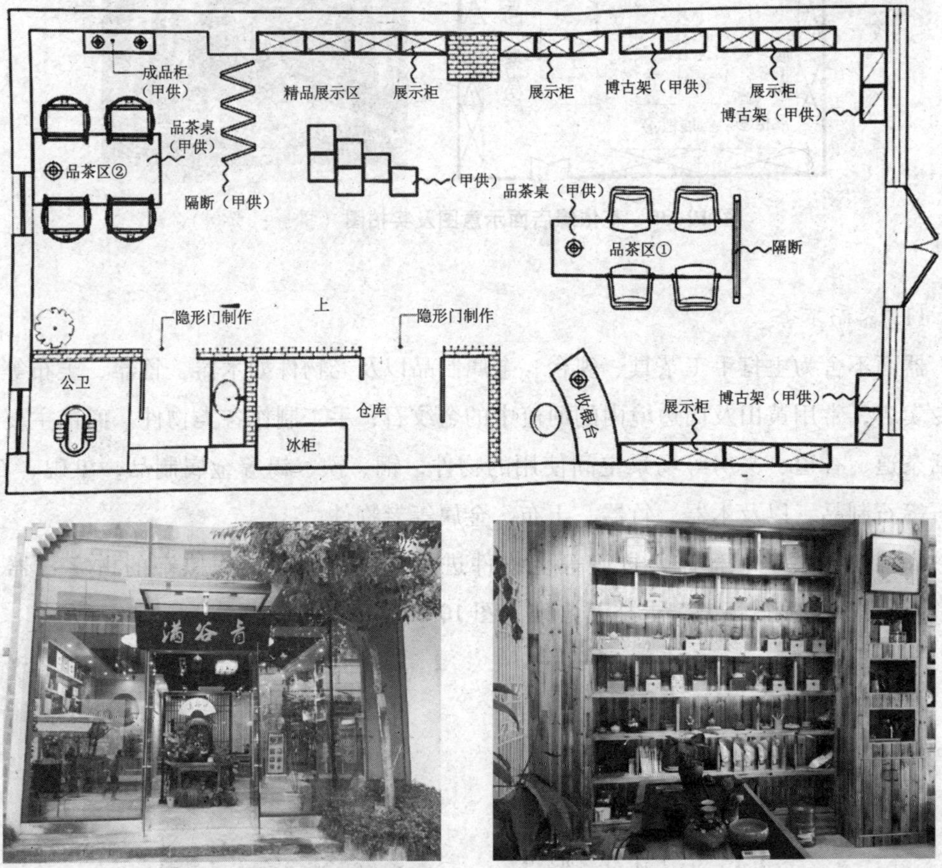

图 10-37　满谷青店面示意图及实拍图（摄影：贾然）

13. 猫公主的咖啡店

猫公主的咖啡店是黄山首家摄影主题咖啡馆，在这里可以品尝到猫家独具特色的纯手工制作的招牌猫咪咖啡，又可以拍摄一套属于自己的古色古香的古韵照片。咖啡店吧台边是一面寄给未来的明信片墙，入门处一大面墙挂着偶遇漂流瓶，每个人都可以写一份留下；房顶上吊着很多老板之前拍摄的照片，都是戏剧人物的造型。店铺二楼有一个摄影棚，里面有灯光、相机等摄影设备，客人租下后，可为自己通过遥控设备为自己拍摄照片（图 10-38）。

图 10-38　猫公主的咖啡店店面示意图及实拍图（摄影：贾然）

14. 无意咖啡

无意咖啡位于黎阳 in 巷上黎阳街，是黄山首家以动物为主题的咖啡吧，以花木马、小马驹、大抱熊、老虎、梅花鹿、眼睛鹿先生以及动物乐队等为装饰物，货架上摆满十二生肖，有可爱精致的大小象、羊、花兔子、长颈鹿等布娃娃。装修上采用北欧乡村风格，至璞归真，屋内用红砖砌成墙面，巧妙地将店内空间进行分隔，辟开了大大小小的多处雅座和私密空间，颇具质感的原木桌或搭配棉麻椅，或与真皮沙发组合，房内装饰有极具北欧风情的吊灯，造型各异。咖啡吧提供红酒、现磨咖啡、甜点、世界精酿啤酒、各种香甜奶茶和鲜榨果汁（图 10-39）。

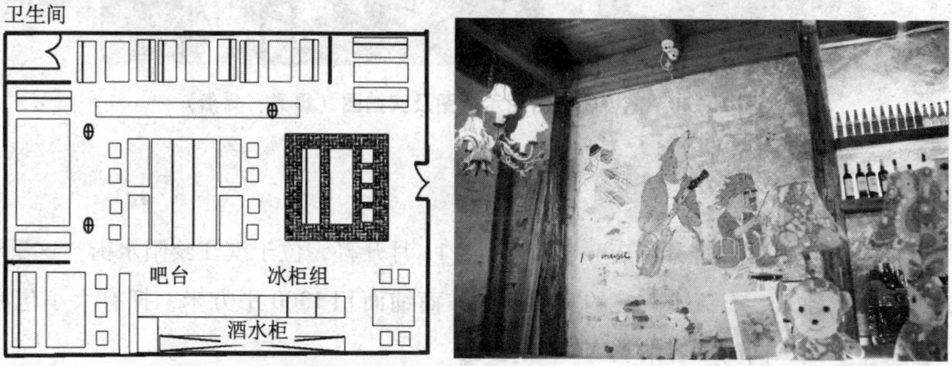

图 10-39　无意咖啡店面示意图及实拍图（摄影：贾然）

15. 蓝舍咖啡

蓝舍咖啡主要经营咖啡、西餐、牛排、煲仔等，装修风格使用中西混搭的手法，既充满禅意、又极富时尚和艺术气息。咖啡厅分上下两层，一层采用原木桌椅、手绘菜单、黑板、海报和立柜等装饰，每一个咖啡桌的形状、桌布和实木椅子样式和风格都不相同，吧台附近设有小型音乐台，有吉他、提琴等乐器，吧台一侧挂有青春不散场浅棕色海报，一层至二层楼道墙上挂有四层展柜，顶层展示马克思、列宁、毛泽东等伟人照片，其他层则展示极富年代气息的咖啡饮器和咖啡文化老照片。二层则配有沙发雅座、秋千座和原始木凳座等，有两排褐色铁质绿植栏柜对空间进行分割，屋顶悬挂中、英、韩等国国旗（图 10-40）。

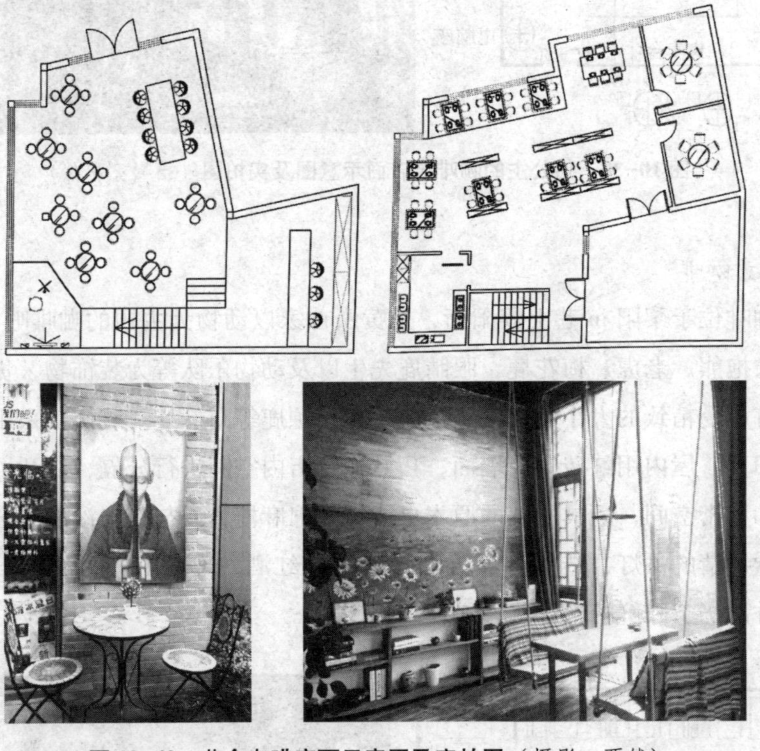

图 10-40　蓝舍咖啡店面示意图及实拍图（摄影：贾然）

16. 银蝶一楼

银蝶一楼（银蝶咖啡黎阳店）于 2013 年 11 月开幕，位于滨江黎阳水街，这里有古老清隽的徽派建筑，有流水蜿蜒的三江美景。商铺面积 1300 平方米，拥有大小包厢 21 间，会议室 1 间，同时可容纳宾客 260 余人。

银蝶咖啡秉承典雅、尊享的经营理念，在汲取欧洲百年历史的咖啡制作和文化精髓的同时，更将咖啡理念的核心部分融入现代都市人的生活美学，为客人提供各式香醇的咖啡、美酒、西餐及商务套餐，也有冷、热饮和精制的小点；每一个包厢都融入独特的风情，无论在灯饰的选择上，还是在氛围的营造上，都流露出欧式异国情调（图 10-41）。

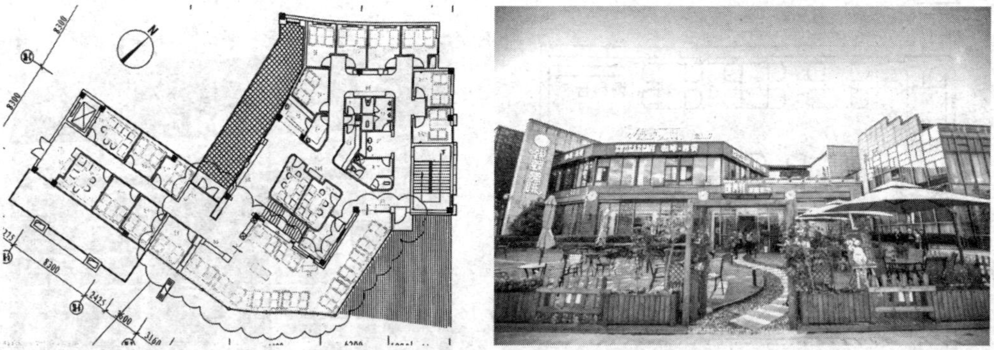

图 10-41　银蝶咖啡店面示意图及实拍图（摄影：贾然）

17. in 巷碳锅

in 巷碳锅涮肉店，位于黎阳美食街，店内采用工业风装修风格，色彩鲜明，个性十足，墙上满是各种有趣的墙绘，配置超宽敞餐和三间超大包厢。店内采用“新风系统”随时排除气味，导入新鲜空气，炭锅店灯具、桌椅、餐具、杯具都极具复古风格，人均消费仅仅 60 元左右（图 10-42）。

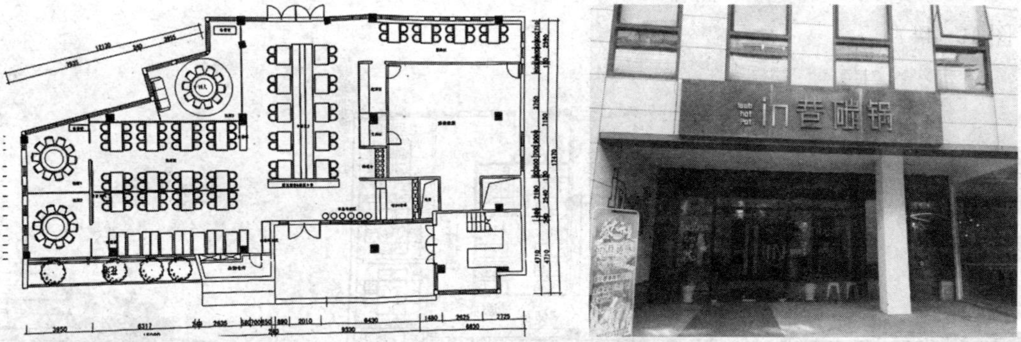

图 10-42　in 巷碳锅店面示意图及实拍图（摄影：贾然）

18. 煮火连城

由上海煮火连城餐饮管理有限公司策划，以花园式火锅餐厅为主题，秉承健康零添加的理念打造黄山美食新坐标的生态养生时尚火锅店。店铺朝街面采用透明玻璃装修，门两侧分立两组五层花卉柜台，展示各种花篮，店铺分上下两层，楼下为堂食，采用悬空花篮和垂吊金属镜面粉色灯罩装饰，二楼为花卉主题包间，分别为海棠苑、丁香园、芙蓉轩、水仙居、玫瑰坊、牡丹亭、紫薇阁。店内每一处都设计得比较雅致，环境十分优美舒适，犹如花店，赏心悦目，很适合年轻消费群体（图 10-43）。

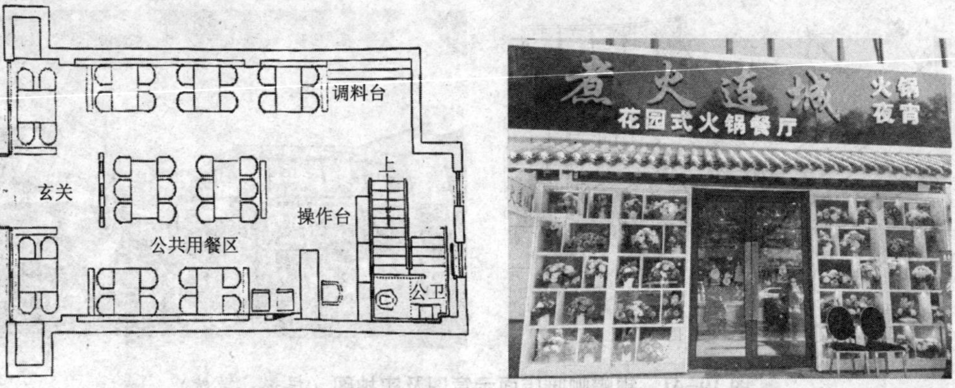

图 10-43　煮火连城店面示意图及实拍图（摄影：贾然）

19. 老厨忆

“老厨忆”是一家以“农”（乡村菜）为主题的特色餐厅，走进“老厨忆”，在古朴白灰的外墙下，一层层的老式砖瓦，堆出了无数人儿时的记忆。在厨房里的土竹篮及小盆里，并排放着洗净待用的生鲜菜品，颇有儿时老家的味道。店内的装饰，充满了时尚与传统的元素，古典与现代相结合，更体现了一种温馨、怀念、有爱的美食新理念（图 10-44）。

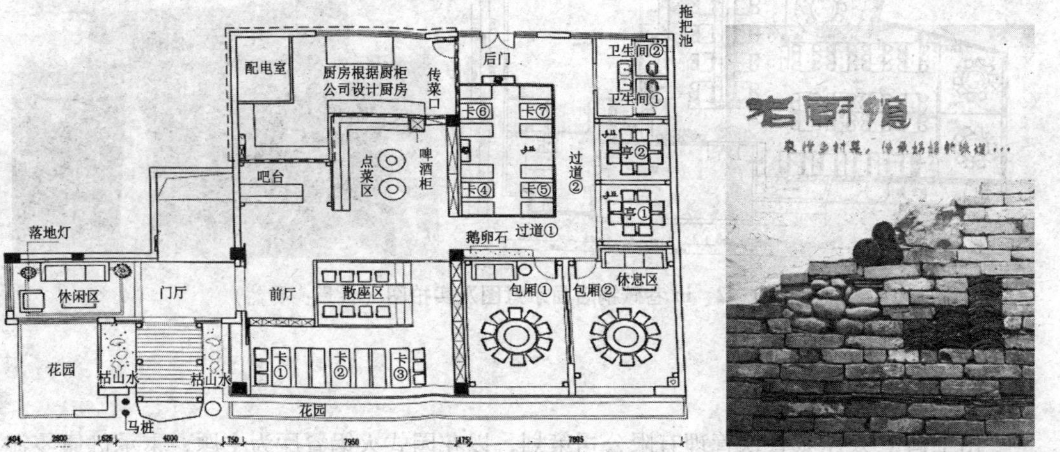

图 10-44　老厨忆店面示意图及实拍图（摄影：贾然）

20. 机械师

黄山首家以机械风艺术为主题的音乐酒吧，位于滨江黎阳水街，酒吧内各类机械元素造型设计、炫酷的灯光效果，营造出黄山独具特色的硬朗潮酷的酒吧风情。酒吧日常有来自大理及本地优秀的吉他驻唱，节假日还有各类舞蹈表演、B-BOX 秀及互动游戏节目，深受全国游客及本地小资人士的青睐。酒吧经营各类洋酒、红酒、鸡尾酒、啤酒等，并提供茗茶、果汁及风味小吃（图 10-45）。

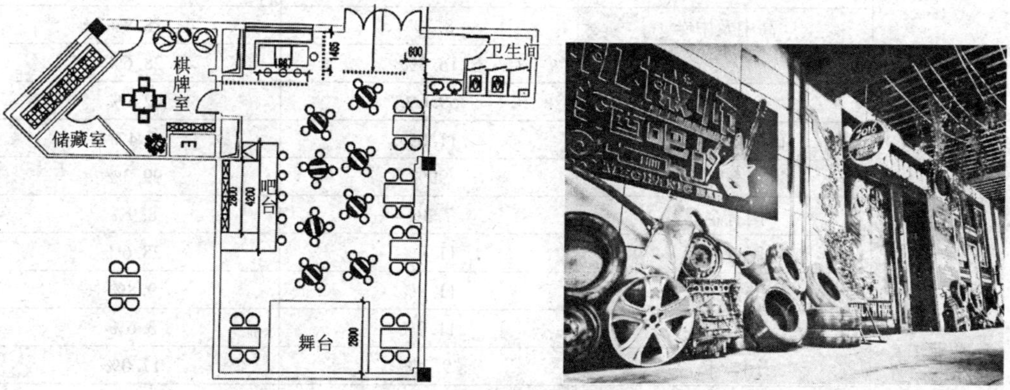

图 10-45　机械师酒吧店面示意图及实拍图（摄影：贾然）

四、游客视角的屯溪老街与黎阳 in 巷旅游商品

（一）人口统计特征

在屯溪老街景区共发出 115 份问卷，回收 109 份。有效问卷占 94.78%。

2017 年 1 月 3 日在黎阳 in 巷景区共发出 120 份问卷，回收 112 份有效问卷。有效问卷占 94%。

表 10-3　屯溪老街与黎阳 in 巷游客基本特征

项目	项目分类	屯溪老街有效百分比	黎阳 in 巷有效百分比
性别	男	51.4%	35.7%
	女	48.6%	64.3%
	合计	100%	100%
年龄	17 岁及以下	0%	2.7%
	18~24 岁	46.8%	21.4%
	25~34 岁	33.0%	42.9%
	35~44 岁	8.3%	16.1%
	45~54 岁	8.3%	12.5%
	55~64 岁	2.8%	2.7%
	65 岁及以上	0%	0.9%
	合计	99.2%	99.2%

续表

项目	项目分类	屯溪老街有效百分比	黎阳 in 巷有效百分比
学历	初中及以下	1.8%	3.6%
	高中及中专	8.3%	18.8%
	大专	18.3%	28.6%
	本科	59.6%	42.9%
	研究生及以上	11.0%	5.4%
	合计	99%	99.3%
职业	国有企业	7.3%	8.9%
	民营企业	11.9%	28.6%
	外资企业	11.9%	9.8%
	政府部门	11.0%	3.6%
	个体/私营	9.2%	17.0%
	学生	43.1%	16.1%
	其他	4.6%	16.0%
	合计	99%	100%
月收入	1500 元以下	25.7%	13.4%
	1500~3000 元	16.5%	22.3%
	3000~5000 元	12.8%	28.6%
	5000~8000 元	18.3%	24.1%
	8000 元以上	11.0%	9.8%
	合计	84.3%	98.2%

（注：黎阳 in 巷 112 份有效问卷中，有两位游客未填，个人信息不完整）

在采集到有效问卷样本中，回答问卷的人群特征如下：

1. 性别与年龄

由表 10-3 调查显示，到屯溪老街的游客，男女比例分布较为均衡，其中男性占 51.4%，女性占 48.6%。年龄层次分布较为平均，适合各个年龄段的游客游览。其中占最大比例的是 18 岁到 24 岁的游客人群；其次是 25 岁到 34 岁的游客人群。35 岁到 44 岁和 45 岁到 54 岁游客人群所占的比例均为 8.3%，55 岁到 64 岁游客人群所占比例为 2.8%。

黎阳 in 巷的游客，女性比例大于男性，占 64.3%，男性占 35.7%。年龄在 25 岁到 34 岁比例较高，其次是 18 岁到 24 岁，分别占 42.9%和 21.4%，其他年龄段比例较少。这说明黎阳 in 巷的客源结构呈现明显的年轻化。

2. 学历分布

屯溪老街的游客，在读学生所占比例最高，拥有本科学历的游客占 59.6%，其次是拥有大专学历的游客，占 18.3%，研究生及以上学历的游客占全部游客的 11%，此外还有 8.3%的游客拥有高中或中专学历，1.8%的游客拥有初中及以下学历。黎阳 in 巷的游客，拥有本科学历以及大专学历所占的比例较大，分别是 42.9%和 28.6%。这表明无论是屯溪老街还是黎阳 in 巷，其游客的学历水平均较高，具有较高的文学、艺术鉴赏力和理解力。

3. 职业分布

屯溪老街的游客，在读学生所占的比例最高，为 43.1%，其他职业的游客均匀分布，民营企业和外资企业的游客均占 11.9%，在政府部门就职的游客占 11%，个体/私营户所占比例为 9.2%，国有企业员工所占比例为 7.3%。

黎阳 in 巷的游客，民营企业、个体和私营企业员工及学生占较大比重，分别为 28.6%、17.0%和 16.1%。

4. 收入分布

屯溪老街的游客，由于在读学生所占的比例比较高，因此收入水平在 1500 元以下的比例最高，为 25.7%，其次是 5000~8000 元工资水平的游客，占 18.3%，1500~3000 元游客所占比例为 16.5%，3000~5000 元工资水平的游客占比为 12.8%，8000 元以上的游客占比 11%。

黎阳 in 巷的游客，职业分布比较广，游客的月收入呈现出在 1500 元到 8000 元分布比较均匀，其中 3000~5000 元游客所占比例最高为 28.6%；其次为月收入为 5000~8000 元和 1500~3000 元的游客，分别占 24.1%和 22.3%。

5. 结论

总体来说，屯溪老街在回答问卷的人群中 18~24 岁年龄层次所占的比例最高，但实际上前往屯溪老街旅游的游客年龄层次分布比较均匀，中老年游客所占比例不低，这类游客的收入通常比较稳定，在中等或偏高的水平。而问卷中涉及游客对老街旅游商品的意见和建议部分时，占比很高的建议是增强旅游商品的当地特色性以及差异性。

屯溪老街的旅游商品基本上以两个大类为主，一类是文房四宝等用具，另一类是徽州当地的土特产，以小烧饼、酱菜等为主。业态略显单一，而这两类商品都显然比较难以对较为年轻的学生群体以及对土特产和特定收藏品不感兴趣的游客产生吸引力。由此来看，屯溪老街可以通过增强旅游商品的特色以及差异性来吸引游客的购买。

而对黎阳老街的旅游者的基本信息统计表明，其主要客源地是安徽，占比例的 48.2%；其次为杭州和苏州，分别占 14.3%和 7.1%，从地域分布来看主要集中在南部等距离较近省份，其中女性及中低收入者群体是主要游客群体，具有购买能力但有一定限制。

（二）旅游商品特征

根据调查结果分析，在前来屯溪老街旅游的游客中，有 47.7%的游客对于当地旅游商品的购买抱有可有可无的态度，35.8%的游客则对当地旅游商品较为感兴趣，经常会在旅途中购买旅游商品。14.7%的游客则会在每次出行时均购买旅游商品，只有 1.8%

的游客从不购买旅游商品。由此可见，游客对景区旅游商品的购买态度持有较为积极的态度，只要旅游商品符合他们的需求，绝大部分游客还是会进行选购的。对于屯溪老街众多的旅游商品，有38.5%的游客已经选购了心仪的旅游商品，33%的游客则持有准备购买的打算，此外还有15.6%的游客持观望态度，选择不购买该地旅游商品的游客所占比例最小，只有12.8%。

来黎阳in巷的旅游者中，对于当地旅游商品抱着可有可无态度的居多，占总比例的42.9%，其次是经常购买和每次购买的游客，分别占33.9%和23.2%。而对黎阳老街旅游商品购买多持积极态度，其中打算购买占39.3%，已经购买占27.7%，还不确定是否购买占24.1%，而不准备购买的旅客仅占8.9%。由此可见旅游者对于黎阳in巷旅游商品的购买的动机比较大，此外购买态度取决于旅游商品是否能够激发他们的购买欲望。这就涉及游客希望购买哪种旅游商品、希望在什么样的环境下购买、商品具有什么样的特点、商品的价位如何等问题。

表10-4　屯溪老街和黎阳in巷游客希望购买到的旅游商品分布

商品类别	屯溪老街比例	黎阳in巷比例
土特产品	71.6%（1）	59.8%（2）
服装饰品	33.0%（4）	8.9%（5）
生活用品	12.8%（6）	6.3%（6）
工艺品	47.7%（3）	53.6%（3）
创意纪念品	51.4%（2）	72.3%（1）
收藏品	21.1%（5）	19.6%（4）
其他	3.7%（7）	4.5%（7）

1. 旅游商品种类购买偏好

根据表10-4，旅游者希望在屯溪老街景区中购买到土特产品的游客占有最大的比例，在接受调研的游客中占有71.6%，其次是希望购买到创意纪念品的游客，占51.4%，此外，希望购买到工艺品的游客占比47.7%，希望购买到服装饰品的游客占33.0%，希望购买到收藏品、生活用品的游客则占比较低，分别是21.1%和12.8%。

旅游者希望在黎阳in巷中购买到创意纪念品和土特产的游客所占比例最高，分别占72.3%和59.8%；另外，53.6%的游客希望在黎阳in巷中购买到工艺品。

2. 愿意承受的商品价格

屯溪老街旅游者愿意承受的商品价格统计结果分析表明，多数旅游者愿意承受的价格在50~100元，约占39.4%，34.9%的游客愿意承受100~300元的价位购买旅游商品，13.8%的游客愿意承受300~500元的价位购买旅游商品，9.2%的游客只愿意承受50元以下的旅游商品，而有2.8%的游客愿意花费500元以上购买旅游商品。

黎阳 in 旅游者愿意承受的商品价格的统计结果分析表明（除去 7 份填写不正确和未填写此项的问卷），旅游者对旅游商品的价格预期集中在 100~300 元区间，占总数 38.4%，其次为 50~100 元和 50 元左右，分别占 29.5%、11.6%，仅有 14.3%的旅游者愿意承受 300 元以上价格。

3. 购买旅游商品的目的

在购买旅游商品的目的方面，屯溪老街旅游者购买旅游商品的目的通常是赠予亲朋好友（76.1%），66.1%的旅游者也会选择自己使用或留作纪念，另外有 35.8%的旅游者会因为个人爱好和收藏而购买旅游商品，有 8.3%的旅游者会因为一时冲动而购买。

而黎阳游客购买商品的主要目的是赠送亲朋好友，占 76.8%，旅游者在自己使用或者留作纪念方面的购买目的也较强，占 71.4%，因为个人爱好收藏而购买的游客占 25.0%，因为一时冲动而购买的游客较少，占 21.4%。

4. 旅游商品店铺选择偏好

在旅游商品店铺方面，屯溪老街绝大多数旅游者会选择在特色的店铺中购买旅游商品，约占总数的 88.1%，36.7%的旅游者会在纪念品专卖店中购买，20.2%的旅游者也会选择在小摊点或流动摊点购买旅游产品。

在店铺倾向方面，黎阳 in 巷 82.1%的游客希望在特色小铺购买商品，49.1%的游客倾向在纪念品专卖店购买商品，20.5%的游客也会在小摊点和流动摊点购买商品。由此可以看来，特色小铺对游客具有巨大吸引力，可以促进其消费。

5. 已购买的旅游商品种类

屯溪老街的旅游者中，游客所购买的旅游商品主要包括土特产品（70.6%），工艺品（38.5%），创意纪念品（37.6%），购买收藏品、服装饰品以及生活用品的游客所占比例则较小，分别为 12.8%、11%和 11%。而屯溪老街销售收藏品与工艺品的店铺占有很大的比例，价格过高也成为阻碍游客购买的因素之一。屯溪老街的旅游者中，高达 72.5%的游客认为自己选购了具有独特性的旅游商品，由此也可以侧面看出游客对于具有当地地域特色、具有差异性的旅游商品的青睐。

在来黎阳 in 巷购物的游客中，购买的商品包括创意纪念品（59.4%）、土特产品（43.8%）、工艺品（28.1%），也有少部分游客会选购服装、生活用品以及收藏品。可见，具有地方特色的独特的旅游商品会更加受到顾客的欢迎，景区应该结合自身特色，增加原创特色产品的生产和销售。

（三）重要性评价

采用里克特量表，调查前往屯溪老街和黎阳 in 巷的游客对旅游商品与商铺的期望值，用 5 分法将游客对于各项的重要性感知分为：非常重要（5 分）、重要（4 分）、一般（3分）、不重要（2分）、非常不重要（1分）。

调查结果（表10-5）显示，游客对屯溪老街旅游商品的期望平均值为3.77，整体满意度略低于期望值，为3.59。其中，游客对于商品价格合理、便于携带、质量优良、实用性、文化性以及地域特色等特性的期望较高，均高于期望平均值；而对商品包装、知名度、纪念性以及收藏性的要求则低于平均期望值。由此可见，景区应尽量将商品价格控制在消费者能够接受的范围内，同时增强商品的可携带性，也可以通过代寄快递等方式为游客提供便利。此外，在多处数据中都可发现游客对旅游商品的地域特色性要求颇高。

调查结果（表10-5）显示，游客对黎阳 in 巷商品的价格合理性、质量、地域特色、纪念性、便于携带期望值较高，均在期望值平均值（3.75）之上。游客的整体满意度略高于于对旅游商品的期望值。根据调查中游客对于景区商品和店铺的建议表明，黎阳 in 巷应该加强旅游产品的丰富度和店铺特色建设。因此，在保存现状的基础上应该加强创新和营销，争取新的突破。

表10-5　屯溪老街和黎阳 in 巷游客对旅游商品的重要性评价

项目	屯溪老街重要性（排名）	黎阳 in 巷重要性（排名）
价格合理	4.04（3）	4.27（1）
便于携带	3.94（4）	3.70（5）
质量优良	4.38（1）	4.17（2）
包装精美	3.16（10）	3.68（6）
知名度	3.31（9）	3.36（9）
实用性	3.81（6）	3.66（7）
纪念性	3.74（7）	3.77（4）
文化性	3.82（5）	3.56（8）
收藏性	3.41（8）	3.35（10）
地域特色	4.11（2）	4.02（3）
均值	3.77	3.75
整体满意度	3.59	4.04

对商铺期望值的调查结果（表10-6）显示，游客对于屯溪老街商铺的平均期望值为3.66，其中店铺的口碑和服务态度的重要性要高于平均值，而对于商铺位置、外观、内部装饰和货品陈列的期待值则低于平均水平。在信息高度对称的互联网时代，游客显然更愿意相信同一群体的声音，因此商铺在经营过程中应当注重品牌的宣传，也应当提供质量优良的商品以及完善的服务，以此打开市场，提高商铺的口碑。

对商铺期望值的调查结果（表10-6）显示，游客对黎阳 in 巷的服务态度（4.42）和口碑（3.99）的期望值较高，均在期望值均值（3.84）之上。由此可见，商铺管理者应对服务人员服态度加以重视，以提高游客满意度。同时，做好口碑宣传工作，提高游客旅游购买过程中分享程度加大口碑宣传带来的溢出效应。

表 10-6 屯溪老街和黎阳 in 巷游客对商铺的重要性评价

项目	屯溪老街重要性	黎阳 in 巷重要性
商铺位置	3.06（6）	3.47（6）
商铺外观	3.26（5）	3.94（3）
商铺口碑	4.00（2）	3.99（2）
内部装饰	3.53（4）	3.59（5）
货品陈列	3.54（3）	3.63（4）
服务态度	4.56（1）	4.42（1）
均值	3.66	3.84

（四）总结

1. 屯溪老街

屯溪老街作为拥有丰富文化底蕴的历史文化街区，受到了各年龄层游客的青睐。而老街里的旅游商品则比较集中于文房四宝和本土特产两大类，沿街走过，随处可见古香古色的商铺，这些商铺大多销售笔墨纸砚，多数商铺有一定的同质性。同时，这类商品针对的特定游客群体较小，很难使大部分游客产生购买的欲望，也导致游客对于“更有本土特色的旅游商品”以及“旅游商品差异化”的呼声比较强烈。

对于屯溪老街的问卷调研带有一定的片面性，问卷的主体回答者是青年和中年群体，其中又以在校就读的学生为主体。学生的收入水平基本在 3000 元以内，由此决定了他们不会选购比较昂贵的旅游商品，并且他们倾向购买的旅游商品也比较集中。但通过对于这些问卷的归纳总结还是可以看出，游客对旅游商品是否具有当地的特色抱有很高的期待，他们也会尽可能去选择富有当地特色的旅游商品。安徽的徽墨以及砚台的确符合了游客群体的需求，但对于大部分游客而言还面临着价格过高（精品店）、质量欠缺（小商铺）以及实用性不强等问题。老街应该更加广泛地吸纳一些具有特色与创新的商铺，以附近的黎阳 in 巷为例，将古典的建筑与现代的设计融为一体，各类店铺的商品也更富有多元性。

屯溪老街的另一大类旅游商品就是当地的土特产，如烧饼、酱菜等，然而这类小商铺沿街望去比比皆是，同质性极高，价格上则存在恶性竞争的状况，使得一些没有价格优势的品牌店（如陈漱芳酱园）不得不退出市场另寻出路。而想要购买土特产的游客则面临着无从下手的状况，提出了“哪一家才是正宗的”这样的问题。

随着同类商铺越开越多，竞争也会逐渐激烈，大部分商铺的利润则会大大降低，与此同时，老街旅游商品的同质化现象也会愈发严重。在老街旅游商品的开发过程中，应当注意保留富有地域特色的概念，在此基础上进行创新，无论是土特产还是工艺品，在保留地域特色的基础上，越能够符合大众审美与口味的商品才越能够长久立足。

2. 黎阳 in 巷

通过分析问卷调查结果，可以从游客视角总结出一些有助于商品开发与店铺经营方面的经验。

首先，从购买意愿角度来讲，90%以上的游客对购买旅游商品持积极态度，对于景区商铺来说，游客的购买潜力是巨大的，因此如何满足游客需求来增加商品的销售是至关重要的。结合游客对商铺的重要性评价和意见来说，首先应该加强人员培训，提高人员服务质量，再以独特的外观吸引顾客，打造店铺特色，加强店内氛围的营造，从而使得游客为店铺做口碑宣传。

其次，从游客分布和游客购买偏好及实情来看，游客主要是购买创意纪念品、土特产品和工艺品赠送亲朋好友，这与游客多为女性及中少年群体有关，女性追求新奇时尚和具有文艺气息的事物，赠送亲友会买一些极具有地方特色的商品，因此如何将本土化特色和原始创新结合起来，打造独特卖点，成为景区商家应该考虑的问题。

最后，在商品定价方面，由于大部分游客以中低收入为主，并且学生群体占有一定比重，这导致了黎阳 in 巷的游客虽然购买欲望较强，但是购买能力相对较弱。愿意接受的商品价格在 100 元到 300 元之间，并且游客认为价格合理是商品最重要的因素，因此商铺应该注重产品质量，提高商品性价比，让游客有种“物超所值”的感觉。

五、屯溪老街与黎阳 in 巷旅游商品开发经验

屯溪老街作为一条以售卖特色文化旅游商品为主、集中展示徽商文化的历史文化商业街区，是经历长期商业活动而自然成长起来的传统商业街区，老街空间形态的发展延伸和商品业态的构成及布局是市场导向、从业人员自发经营的结果，老街未来的旅游商品开发具有原生内驱动力。而黎阳 in 巷作为一条以规划立街的时尚新街和水岸休闲体验区，很好地平衡了黄山旅游所面临的旅游观光型单一化问题，实现了该地旅游产品供给的休闲化、多样化转向。黎阳 in 巷空间形态的发展延伸和商品业态的构成和布局是后天规划管理、严格把控商家准入的结果，新街未来的旅游商品开发依赖于外力的加持。

屯溪老街和黎阳 in 巷仅一江之隔，两者具备几乎相同的地理区位、地域文化和气候条件，其旅游商品开发与经营表现出互相牵制、互相补充、整体发展的关系，因此在研究屯溪老街和黎阳 in 巷各自旅游商品开发与经营的成功经验时，宜将两者作为一个整体进行分析。

（一）组合制胜

屯溪老街和黎阳 in 巷均位于黄山市中心，地理位置优越，交通通达度高，远与世

界级景区黄山、西递、宏村相辉映，近则互相毗邻，远近组合、业态组合、传统与现代的组合，使得屯溪老街和黎阳 in 巷在组合中吸引大量的游客。

具体而言，一是与黄山、西递、宏村组合。黄山、西递宏村作为世界遗产是饮誉海内外的旅游景区，是游客前来黄山市旅游的主要动机和必去的景点。2015 年，黄山、宏村、西递分别接待游客 318. 28 万人次、186 万人次和 88. 96 万人次，这三个景区给屯溪老街和黎阳 in 巷带来了大量的机会客源市场。以黄山、西递、宏村为目的地，以黄山市中心为集散地或中转地的游客往往会前往屯溪老街观光、购物，前往黎阳 in 巷休闲、购物、住宿，所谓“日游黄山，夜泊黎阳”。

二是老街与新街组合。屯溪老街长期以来的商业活动，引驻了诸多徽州文化知名品牌和代表性厂商，形成了以徽州文化为主题、特色鲜明的历史文化商业街区，实现了文化品牌的自发性保护、输出与良性交流，成为黄山的形象塑造、文化展示的优良介质。而黎阳 in 巷作为大型旅游商业服务综合体，由分区明显的滨江休闲街区、特色美食街区以及徽文化体验街区（黎阳老街）三条街区构成，采用“保护、移植、创新”的规划建设手法打造出集现代与古典于一体、具有地标意义的休闲旅游商业综合体，逐渐成为吸引外来游客特别是青年游客的文化集聚区。两条街区文化与休闲互补、新老业态相应、内生与外生共驱动，旅游商品开发表现出日益强大的互补优势和生命力。

（二）文化制胜

屯溪老街作为国家级历史文化名街，集中展示着徽商传统和徽文化印迹，将以古徽州为中心彰显地域特色的饮食文化、建筑文化、艺术文化等体现在老街、展示在老街、凝结在老街的旅游商品中正是屯溪老街及其旅游商品成功开发的关键因素。而黎阳 in 巷作为成功的时尚新街，旅游商品的开发与经营也是围绕徽州文化，尤其是以徽式建筑为基底，深入挖掘地方特色文化实现商品的独特性以实现品牌构建。

具体而言，一是氛围体现文化。无论老街、新街，入口处的石牌坊、年代久远的青石板路、鳞次栉比的徽式建筑、夹杂着徽州话的叫卖声，无一不表现出厚重、儒雅的徽文化氛围，给予游客原始、正宗之感。二是文体场馆、演艺活动，有形无形组合展示文化。屯溪老街有以屯溪博物馆为代表的公共博物馆、以万梓楼为代表的私人博物馆糅合徽派民居、园林、府第、商铺等风格展示着徽派建筑文化，以及以徽州艺术珍宝博物馆为代表的市场型博物馆以古玩市场的形式展示着徽派艺术珍宝。各种形式的博物馆既是游客了解徽文化的窗口，也会促进游客购买屯溪老街的旅游商品。而黎阳 in 巷则依托欢庆广场古戏台，常年举办节庆活动、徽剧表演和婚庆演出，如黎阳嬉戏节、端午民俗河灯会、黎阳国际音乐节、黎阳文化艺术节等节事活动，向游客展示活态的徽州文化，聚集了大量的人气。三是商品凝结文化。屯溪老街各商铺销售的旅游商品以黄山烧饼、酱菜、茶叶、文房四宝、雕刻为主，地域特色浓厚，商品中无不凝结着徽文化，因而部分旅游商品兼具纪念性和收藏性，有助于提升游客的购买率。而黎阳 in 巷旅游商品地方特色更为显著，其独特的文化内涵深植于商品打造之中，街区内汇聚徽州民间工艺品、地方特色工艺品、特产零售与创意产品等。一方面黎阳 in 巷借助民间工艺与土特产，以体验方式面向游客开放，增强了游客在其中的互动价值与归属判断，从而增强其对于景区的情感认知，更好地传递其古今同辉的形象。另一方面，黎阳 in 巷凭借对于非物质文化遗产徽州漆器髹饰技艺与歙砚雕刻的推崇着力打造自身创意品牌，将地方特色与创意文化完美结合，将诸多元素融入产品之中，采纳创新视角与创意观点，打造文化旅游商品特色，令游客流连忘返。

（三）规划制胜

合理规划是屯溪老街商业及旅游商品开发中的重要因素，其中业态集聚和建筑风貌是规划的重点和亮点。业态集聚规划方面，在“以纵为主，以横辅纵”的总体格局下，屯溪老街业态呈现“大分散、小集聚”的分布格局，这既满足了游客多样化、忌重复的游览、购物需求，也能使游客有目的性地寻找到适合自己的商业集聚区。例如，一马路是古玩街，是古玩爱好者的乐园；二马路是风情休闲街，集聚着徽派特色装饰的茶馆、休闲吧；三马路是徽派美食餐馆集聚区。恰到好处的集聚—分散的业态规划极大地把握了游客的心理特征，满足了游客的观光、购物需求。建筑风貌规划方面，通过政府投资基础设施（旧石板路等）进行“修旧如旧”，相继编制的《屯溪老街历史地段的保护和更新规划》等一系列旨在保护和完善徽派建筑风格风貌的规划是屯溪老街发展顶层设计和发展红线，使屯溪老街始终保持徽文化的“原汁原味”。

而黎阳 in 巷旅游商品开发取得成功的一个关键因素也是“规划先行”，主要表现在两个方面，一是融合古今的建筑风格与技术支持优化商品供给结构，黎阳 in 巷将古典建筑与现代设计融为一体，通过提炼移植徽派古镇建筑构件和文化内涵，借助现代建造方式进行创新和演绎，实现新设计与老建筑的完美融合。在保持原老街肌理及保护、修缮部分有保留价值的老民居的基础上，黎阳 in 巷植入现代的建筑语言，力求在重视黎阳老街文化原生态的保护与发掘的同时，实现黎阳老街旧日的繁荣与辉煌，让游客走进黎阳老街之时，既能体味千年古镇的厚重历史，又能感受到现代都市时代特征，实现真正的“千年古镇，时尚新生”。无论是借助大型多媒体互动影像装置演绎的蒙太奇之夜徽州故事，还是重大场合应用的雾森系统，黎阳 in 巷面向当代，通过对高新技术的不断吸收实现对徽州文化底蕴的深入挖掘与深度展示，令游客驻足欣赏，沉浸在黄山的独特奇观以及徽州博大精深的文化之中，感受无形文化与技术实体相结合，体验勃勃生机与独特魅力。其独特的建筑风格与新颖的技术应用优化供给了环境，强化了供给特色，共同构筑起商品供给的大背景，通过多元意象的塑造，达到刺激游客购买需求的目的。二是整体管理下的分区式经营为商品集中供给与差异化补充提供保障，在黄山文化旅游股份公司的统筹之下，黎阳 in 巷的施工严格遵守保护与利用相结合原则、可持续发展原则、协调原则，通过景区的科学性保护、移植、创新，实现“复兴黎阳老街，弘扬徽州文化，升级旅游产业，留住八方游客”的愿景。以产权自持为前提，景区由专业运营管理团队对街区进行统一规划、统一招商、统一管理。同时由安徽省文物保护中心负责老宅的修缮及后期装修，黄山文化旅游股份公司负责施工，屯溪区文物管理所实施管理，设立相关部门定期巡检并制定相关规章及处理办法，从而在整体上更好地督促业态经营与老宅保护的同期发展。黎阳 in 巷由三条主街（黎阳老街文化街区、特色美食街区、滨江休闲酒吧街区）及一个广场（欢庆广场）组成，主街与其他街巷交错互联，相辅相成，不仅丰富了主街的业态形式，而且实现了景区内功能的串联。其整体布局有所侧重且层次分明，景观设计与设施建设因地制宜，街区安排既可满足游客观光休闲度假的要求，也能实现当地居民生活娱乐游憩的目的，成为集旅游休闲、文化体验、非遗展示、美食购物等诸多业态于一身的现代文化旅游综合体，达成体验式旅游生活与悦居城市的统一，形成了一定时间内，同类型产品对游客的连续刺激与差异化商品的相互补充，从而有效增加游客购买欲望。

（四）竞争制胜

屯溪老街是开放式的历史文化街区，其旅游商品市场近乎完全竞争市场，充分地竞争要求每间商铺不断地降低旅游商品的生产成本和销售价格、增加旅游商品的创意内涵、满足游客对旅游商品的需求。如胡兴堂饼铺在黄山烧饼竞争激烈的基础上推出芝麻酥、花生酥等糕点走差异化、品牌化之路，同时，将糕点制作过程展示出来，满足游客卫生、好奇的心理需求。激烈的竞争使得屯溪老街的旅游商品质量提升、便于携带、树立口碑，商铺积极地邀请游客免费体验（试吃、试喝、试用），以增加游客购买的概率。在充分竞争背景下商铺的一系列的创新与努力成为屯溪老街的旅游商品开发与经营的成功经验。

而黎阳 in 巷所有物业均为黄山文化旅游股份公司自持，由下属于公司的商业管理部进行统一管理，所有商铺只租不卖，租期为三年，对所有入驻商家实行严进宽出的准入机制，既保证了街区旅游商业业态的多样性和入驻商家的高品质，同时又充分尊重市场竞争规则，维持较高的商户更迭率，营造了良好的商业竞争环境。

项目统筹：谯　洁

责任编辑：郭海燕

责任印制：冯冬青

封面设计：中文天地

图书在版编目（CIP）数据

景区旅游商品开发与管理案例 / 徐挺编著. -- 北京：中国旅游出版社，2017.4（2018.8重印）
（蜗牛景区管理系列丛书）
ISBN 978-7-5032-5791-9

Ⅰ.①景… Ⅱ.①徐… Ⅲ.①旅游商品—开发—案例②旅游商品—商品管理—案例 Ⅳ.①F590.63

中国版本图书馆CIP数据核字（2017）第053375号

书　　名：景区旅游商品开发与管理案例
作　　者：徐挺编著
出版发行：中国旅游出版社
（北京建国门内大街甲9号　邮编：100005）
http://www.cttp.net.cn　E-mail：cttp@mct.gov.cn
营销中心电话：010-85166503
排　　版：北京旅教文化传播有限公司
经　　销：全国各地新华书店
印　　刷：河北省三河市灵山芝兰印刷有限公司
版　　次：2017年4月第1版　2018年8月第2次印刷
开　　本：787毫米×1092毫米　1/16
印　　张：19.75
字　　数：400千
定　　价：48.00元
I S B N　978-7-5032-5791-9